U0107245

Nation Building

格致社会科学

国家建构

聚合与崩溃

［瑞士］安德烈亚斯 · 威默 Andreas Wimmer 著

叶江 译

Why Some Countries Come Together While Others Fall Apart

格致出版社　上海人民出版社

译者序

虽然自 20 世纪 60 年代起,西方学术界对"国家建构"(nation building)问题就开始产生兴趣,但该问题受到颇为广泛深入的研究和讨论则从 21 世纪初开始,即与 2001 年"9·11"事件之后的阿富汗战争和伊拉克战争等相关联。2018 年美国哥伦比亚大学社会学与政治哲学教授安德烈亚斯·威默推出的《国家建构——聚合与崩溃》(以下简称《国家建构》)在很大程度上是近十年来西方"国家建构"问题研究领域中的扛鼎之作。哈佛大学肯尼迪学院著名国际政治经济学教授丹尼·罗德里克(Dani Rodrik)认为:"《国家建构》是社会科学研究的典范。通过定量和定性的实证方法,威默开展了一项非常雄心勃勃的工作,以解读国家地位形成背后决定性因素的复杂网络,他强调长期、缓慢移动的过程,但他对这些过程在代理机构、领导地位和政策策略方面的影响很敏感。其中的一个核心见解是,民族国家认同(national identity)不是族群同质性(ethnic homogeneity)的产物,而是由公共物品的包容性提供所产生的。"斯坦福大学政治学讲座教授戴维·D.莱廷(David D. Laitin)则指出:"《国家建构》史料丰富,通过理论、对照比较和统计测试解释了国家如何会兴盛又如何会失败。通过这本书,威默令人印象深刻的文献资料研究成果值得纳入历史社会学伟大作品的经典之中。"安德烈亚斯·威默教授也因此书荣获美国社会学协会比较历史社会学部巴林顿·摩尔图

1

书奖(Barrington Moore Book Award)。[1]

更为重要的是,威默教授的《国家建构》一书对国家建构问题作出了近乎全新的大胆诠释,引起西方学界的高度关注。詹姆斯·多宾斯(James Dobbins)等人在2003年为兰德公司(RAND Corporation)所做的一项研究中,将"国家建构"(nation building)定义为"在冲突后利用武装力量来巩固向民主制的持久过渡"[2]之后,虽然在用军队和武力推进民主制从而进行国家建构上有争议,但围绕民主进程的建立来定义"国家建构"则或多或少为西方学界所接受。[3]然而,威默却并不如此认为。他在这部新作中强调:"我们应该将国家建构与民主化区分开来······民主化不是国家建构的一个秘诀,因为许多最近已经民主化了的政府随后并没有变得更加包容。"[4]并且威默认为,国家建构应被视为公民与国家之间权力关系的问题,是通过国家与公民之间建立环绕交换关系的政治整合的包容过程,以及国家层面的民族和民族国家认同过程。[5]由此可见,将威默的这部专著译介给中国读者既有重要的理论价值,也有明显的现实意义。

然而,着手翻译威默此书后,首先遇到的问题就是该如何对书名及全书所展开讨论的"nation building"进行翻译。迄今,国内学术界对"nation building"这一术语的翻译尽管很不统一,比如既有翻译为"民族统一构设"[6],也有译作"民族构建"[7],还有翻译成"民族建设"[8]的,不一而足,但是,在翻译该术语中的"nation"一词时,却基本都译为"民族"。毫无疑问,英文"nation"一词确实具有中文"民族"的含义,即"nation"所表述的就是斯大林所言的"人们在历史上形成的一个有共同语言、共同地域、共同经济生活以及表现在共同文化上的共同心理素质的稳定的共同体"[9]。而斯大林所定义的民族就是我们通常所言的建构起国家的,如中华民族层次的"民族"——"nation"。因此,英文术语"nation state"中的"nation"一词当然必须被译为中文的"民族",整个词组自然就应该翻译为"民族国家"。但是,英文术语"nation building"是否也因此应该翻译为"民族建构"或"民族建设"?

必须注意的是,"nation"这一英文单词在表述"民族"概念的同时还具有"国家"概念的含义,就如西方学者在讨论"nation building"问题时指出的那样:"今天,'nation'一词常常与'state'(国家)同义,就像'United Nations'被称为联合国一样。"[10]事实也正是如此,西文百科全书和辞典对"nation"词条的释义至少会包含两个方面:第一,一种民族,即在共同语言、领土、历史、种族或心理构成的基础上形成的,表现在一种共同的文化之中,且希望或已经生活在一个特定国家中稳定的人们共同体;第二,一个国家,即具有相同语言、文化和历史的人们共同体生活在特定地区、拥有统一政府的社会和政治结构的实体。这也就意味着,"nation building"术语中的"nation"一词具有中文"民族"与"国家"双重含义。

尽管"nation"一词具有中文"国家"的含义,但是,其所指的"国家"主要是指与"民族"(nation)相互关联的现代"民族国家"(nation state),因此在相当的程度上,其外延要比同样可以译为"国家"的"country"和"state"相对窄一些。一般而言,"country"在表述"国家"概念时,所指称的是各种类型的"国家",其中包括那些不那么政治化的甚至没有政府地位的地区。"state"所表述的"国家"概念则具有很强的政治意涵,所表述的是各个历史时期拥有领土、人民和政府的政治实体,比如古希腊的"city state"(城邦国家)、中世纪的"feudal state"(封建国家),乃至近代以降所形成的现代"sovereign state"(主权国家)和"nation state"(民族国家)等。而"nation"实际所表述的就是现代"nation state",即由在历史上形成的有共同语言、共同地域、共同经济生活以及表现在共同文化上的共同心理素质的稳定的人们共同体所建构的现代民族国家。也正因为如此,《国家建构》一书作者在用"nation"表述现代民族国家的同时,常用"state"来表述前现代的国家,比如用"state formation"表述现代民族国家形成之前的"国家的形成",用"state centralization"表述现代民族国家建构之前的"国家的中央集权化"。

当然,需要提及的是,虽然"nation"一词主要用于表述现代民族国家,但是随着时间的推移,该英语词汇也渐渐被用于表述不同时期的"国家"概念,以至于目前广为国人知晓的美国著名经济学家德隆·阿西莫格鲁(Daron Acemoglu)和詹姆斯·A.罗宾逊(James A. Robinson)所著《国家为什么会失败》[11]一书,将17世纪被殖民化之前的中非库巴王国、古代玛雅城市国家等也都归入"nation",尽管该书主要讨论的还是现代民族国家的成败得失。这也就意味着,即便目前西方语境中确实有将"nation"泛化为古今不同时期"国家"的情况,即在用"nation"与"state"表述"国家"意涵时,将两者视为可以互换的词汇,但是,"nation"一词主要还是用于表述现代民族国家(nation state)。

实际上,西方学术界在20世纪六七十年代开始研究"nation building"问题时,就已经开始将"nation"和"state"视为可互换的词汇,以至于时有将"nation building"与"state building"交互使用或同时使用的情况,用它们来表达同一种意思——"国家建构"或"国家建设"。[12]第二次世界大战结束后,亚非拉殖民地和半殖民地独立运动蓬勃兴起,到 20 世纪 60 年代伴随着战后的非殖民化涌现出一大批后殖民国家,西方学者由此对这些新型现代民族国家的形成和建构问题产生了强烈的学术兴趣。一些政治学家和社会学家开始使用"nation building"的概念来描述国家(state)与社会(society)的更大程度的整合,因为公民身份带来了对现代民族国家的忠诚。卡尔·多伊奇(Karl Deutsch)在他与威廉·福尔兹(William Foltz)共同主编的《比较语境中的国家建构》一书的绪论中,专门讨论了社会交往和国家整合(national integration)在西方社会的国家建构(nation building)中的作用,从而为后殖民时期亚非拉新型民族国家的建构研究提供借鉴。[13]莱因哈德·本迪克斯(Reinhard Bendix)则在其名著《国家建构和公民身份》中考察国家和公民社会如何相互作用,以形成一个新的政治共同体,从而聚焦于国家建构过程中个人与国家之间所建立的关系。[14]

几乎与多伊奇和本迪克斯同时,美国著名社会学家及政治学家查尔斯·蒂利(Charles Tilly)主编了一部直至今日对"国家建构"问题研究依然颇具影响的著名论文集《西欧民族国家的形成》。在该论文集中,蒂利及其他作者同时用"state building""state formation""state making"和"nation building""nation formation""nation making"等来表述"国家建构""国家形成"和"国家建造"等。在其中的一篇重头文章《西方的国家建造和政治转型理论》中,蒂利用"战争制造了国家,国家也制造了战争"[15]这句名言高度概括其有关"国家建构"或"国家形成"的观点。威默在《国家建构》中对蒂利的这一著名学术观点作了深入分析与探讨。由于蒂利在他的相关文章中主要用"state"来表述"国家",因此国内相当一部分学者认为只有"state building"可以翻译为"国家建构"或"国家建设",而"nation building"则应该翻译为"民族建构"或"民族建设"。[16]殊不知就在蒂利所主编的这本著名的论文集中,英文术语"state building"和"nation building"是可以互换使用的。[17]

20 世纪 90 年代初冷战终结、苏联解体之后,尤其是进入 21 世纪,随着"9·11"事件之后阿富汗战争、伊拉克战争的爆发,以及西亚和非洲一系列所谓

"失败国家"的产生,有关如何从没有国家之处或从无法运作的国家之中——无论是因为旧秩序已经崩溃,如苏联,还是在战争中国家被摧毁,如伊拉克,或是国家从未真正正常运作过,就像阿富汗、索马里那样——建构一个能发挥作用的国家成为西方政治学和社会学界所关注的重点,关于"国家建构"问题的研究再度兴起。前文已经提及的詹姆斯·多宾斯和他在兰德公司的合作者们在相关的研究中,将美国在第二次世界大战后所参与的重新建构被战火摧毁国家的过程都称为"国家建构"(nation building),而美国著名政治学学者弗朗西斯·福山(Francis Fukuyama)则在其《国家建构:21 世纪的国家治理与世界秩序》里用"state building"来表述通过建立法治秩序、建立合法的政府和其他有效的社会制度,以及发行可靠的货币、实行运作良好的市场经济等进行的"国家建构"过程。[18]但是,2006 年,福山又主编了一本名为《国家建构:超越阿富汗与伊拉克》的论文集,其中基本都用"nation building"来表述所有"国家建构"的内涵。[19]

要而言之,不论是在 20 世纪六七十年代,还是在进入 21 世纪的十几年中,西方学术界所使用的术语"nation building"与"state building"都具有"国家建构"的含义,且两者经常可以互换使用。由此可见,将威默这部著作的书名"Nation Building"翻译为"国家建构"而非"民族建构"也就十分自然和贴切了。

当然我们必须注意的是,尽管西方学术界时有将"nation building"和"state building"互换使用的情况,但是两者之间还是有相当大区别的。根据西方学者阿尔贝托·阿莱西纳(Alberto Alesina)和布里奥尼·赖希(Bryony Reich)的说法:"'state building'总体上指的是为一个有功能的国家建构各项国家制度,而'nation building'则是指民族国家认同的建构以及同时建构有功能的国家。"[20]另一方面,西方学者还常用"state building"来表述前现代国家的形成和建构,而"nation building"则基本用于表述对现代民族国家的建构。威默在《国家建构》一书中就使用了"nation building"和"state building"这两个术语。为在本书中译本中区别"nation building"和"state building",我将前者翻译为"国家建构",而将后者译为"国家形成"。

正是由于西方学术界强调"nation building"术语的内涵包括建构现代民族国家的各项国家制度以促进国家的政治整合,以及建构对现代民族国家的国家认同两个方面(威默将这两个方面概括为"国家建构"硬币的两面),因此,"nation building"蕴含着建构民族国家认同所不可或缺的"民族认同"（national identity）意涵，这恰恰是"state building"所没有的。但是必须说明的是，这里的"民族认同"是与"民族国家认同"紧密相联的国家层面的"民族"（nation）认同，也即"国家民族"，或斯大林所强调的拥有共同语言、共同地域、共同经济生活、共同文化的"民族"——如"中华民族""美利坚民族"等的"民族认同"。[21]同时也是费孝通先生在30余年前提出中华民族多元一体理论时所说的"一体层次民族"（也就是中华民族层次的"民族"）的"民族认同"，[22]而非国家层次之下，费孝通先生所云的"多元层次民族"，即我国"56个民族"层次的"民族认同"。虽然在19世纪和20世纪上半叶，西方学术界常用"nationality"来表述一国之内国家层面民族之下的各民族群体，但是自20世纪60年代起，"nationality"术语逐渐被"ethnic group"术语所取代，因此目前西方学术界基本用"ethnic identity"来表述次国家层面，也就是费孝通先生所言的"多元层次民族"的群体认同，而目前一般将之翻译为"族群认同"而不是"民族认同"。

近年来国内有学者为了对中文"民族"概念的两层次性做区分，提出用"国族"替代一体层次或国家层次的"民族"（nation），认为实际上不论是"nation"还是"нация"，所表述的都是"国家民族"意涵，为此，"通俗地理解，一个民族就是一个民族国家的全体居民或全部享有该国国籍的人的总称。因此，将 nation 理解为'国族'是非常贴切的"[23]。显然，用"国族"来翻译"nation"在一定程度上能帮助厘清斯大林所定义的"нация/nation"就是"一体层次"或"国家层次"的"人们共同体"，从而将之与"多元层次"或非国家层次"，即我国56个民族层次的"人们共同体"区别开来——前者为"国族"，后者为"民族"。但是，果真如此则势必要将中华人民共和国国内的一体层次的"民族"或国家层次的"民族"——"中华民族"改称为"中华国族"，因为毋庸置疑，中文"中华民族"中的"民族"一词指的就是西语的"nation"和俄语的"нация"，即"中华民族"用西文来表述就是"Chinese Nation"。这也就是说，如果我们将"nation"翻译为"国族"，那么中华人民共和国国歌的歌词也将随之而做改变，在我们正为实现中华民族伟大复兴中国梦而奋斗的今天，将"中华民族"改称为"中华国族"是完全不能令人接受的。由此当威默在《国家建构》中用"nation"来表述一体层次或国家层面的"人们共同体"时，我坚持用"民族"来做对应的翻译，比如将"nation state"翻译为"民族国家"，将"national identity"翻译为"民族认同"等。

更为重要的是,包括威默教授在内的强调在研究"国家建构"过程中必须关注"国家认同"(national identity)建构的西方学者,十分注重研究各国内部各多元层次"民族"(ethnic groups)如何超越各自的群体认同,即超越多元层次"民族"的"民族认同"(ethnic identity)而建构更高层次的国家层面或一体层次"民族"的"民族认同"(national identity)。这样的"民族认同"建构也就是国家层次的"民族建构"的过程,意味着"国家建构"包含着"民族建构",而两者的英文表述都是"nation building",就如"国家认同"和国家层次"民族"的"民族认同"的英文表述都是"national identity"一样。但是,不同层次"民族"的"民族认同"则在英语中分别用"national identity"和"ethnic identity"来做表述。为了明确区分威默在本书中所使用的"national identity"和"ethnic identity",我将前者翻译为"民族认同"或"国家认同",将后者翻译为"族群认同"而非"民族认同"。

在我国学术界,自20世纪80年代引入英语"ethnic group"术语之后,对如何使用和翻译该术语进行了激烈的争论,有的学者认为其表述的就是多元层次的"民族",但为了与国家层次的"民族"(nation)相区别,应该将其翻译为"族群";有的学者则认为既然该术语表述的是我国"56个民族"层次的"民族",那么就应该将其翻译为"民族";还有的学者坚持认为该术语应该翻译为"族群",但并不能用来表述我国的"56个民族"层次的"民族"。然而,比较引人注目的是,目前中国共产党和中国政府的绝大部分官方文件,比如中国共产党第十九次和第二十次全国代表大会报告乃至《中国共产党章程》的英译本都已经用"ethnic group"及与之相关的"ethnic"英文词语来翻译我国的"56个民族"(56 ethnic groups)或"少数民族"(ethnic minority)。[24]但与此同时,我国的中文官方文件却并未将"56个民族"及少数民族"等改为"56个族群"和少数族群"等,而是继续用中文"民族"一词,既表述"一体层次民族",如"中华民族",又表述"多元层次民族",如"56个民族"或"少数民族"等。由此,我一方面为了在中文上区分原作中的"nation"与"ethnic group",以及与之相关的"national identity"与"ethnic identity",另一方面为了与国内对"56个民族"和"少数民族"等的中文表述保持一致,因而在大部分情况下将原著中的"ethnic group"翻译为"族群",并将世界各国的"ethnic minorities"及"ethnic identities"翻译为"少数族群"及"族群认同",但涉及中国的"ethnic groups"及其相关的词语,则保留"民族"的译法,比如用"少数民族"来翻译指称中国的"ethnic minorities",用"多民族国家"来翻译指称中国的"multiethnic country"等。此外,还有例如"ethnic cleansings"的翻译问题。目前国内一般翻译为"种族清洗",但是实际上应该是"族群清洗",即对族裔群体(ethnic group)而非种族(race)的杀戮("清洗")。本译著根据该术语所表述的不同对象或翻译为"族群清洗",或翻译为"种族清洗"。后者主要是针对后冷战时期在世界各地所发生的"ethnic cleansings"。

更值得注意的是,中文的国家层次"民族"的"民族认同"和对民族国家的"国家认同"在西方学术界均用同一个英文术语——"national identity"(在威默的书中有时写作"identification with the nation")进行表述,即"national identity"在英语中有两种相互联系甚至是重叠的含义:其一为对现代国家层面的"民族"(nation)的"民族认同",其二为对现代"国家"(nation)也即现代"民族国家"(nation state)的"国家认同"。不仅如此,当代西方相当一部分"国家建构"问题研究者和民族与民族主义问题研究者往往认为国家层面"民族"的"民族认同"与对现代民族国家的"民族认同"是相通的,即建构"国家认同"的前提就是国内各"族群"或我们依然称之为"民族"的"多元层次民族"共同建构国家层面"民族"的"民族认同",而随着国家层次的"民族认同"的建构,对民族国家的"国家认同"也就顺势建构了起来,因此在一定程度上,"民族认同"的建构就是"国家认同"的建构。

本书作者威默在讨论"national identity"或"identification with the nation"时,主要讨论的是对现代"民族国家"的"国家认同",但也兼及讨论对构成现代"民族国家"的"民族"的"民族认同",或将两者综合起来进行研究讨论。我将根据原作的原意,或将"national identity"翻译为"国家认同",或翻译为"民族认同",或在必要时翻译为"民族/国家认同"以示原文同时包含两种意涵。同理,当"nation"一词既表述建构现代民族国家的"民族",又表述现代民族国家本身时,我也会用"民族/国家"这样的方式来进行对应的翻译。

实际上,威默在其《国家建构》中深入探讨了世界各国内部的各族群如何在各自族群认同的基础上建构起民族/国家认同,其目的就是"考察在建立民族国家期间与族群成员身份有关的特定难题","为什么在一些国家,族群政治等级制在建国过程中始终存在,但在另一些国家,国家建构过程却成为化解这种族群政治分歧的契机"。[25]威默教授为解决这一重要的学术问题,不仅深入探讨"民族/国家认同"问题,而且注重通过比较历史研究,运用历史社会学的定性与定量研究相结合的方法,从最深的层次上说明早期国家的形成,以及贯穿整个领土的公民社会联盟的存在、公共物品的提供和共同语言的使用,能促使国内各族群的政治整合并在此基础上建构各项国家制度,从而导致国家建构的成功。毫无疑问,威默在其《国家建构》中相当有说服力地解决了这一与国家建构息息相关的难题,就如宾夕法尼亚大学的兰德尔·柯林斯(Randall Collins)教授所言:"威默是宏观比较研究者中最扎实、最有说服力的人之一,他非常接近一位公正的社会科学家的理想。他的国家建构理论具有启示性。"[26]在很大程度上,威默教授的这部著作对当今我国在实现中华民族伟大复兴中国梦的进程中,如何增强中华民族的凝聚力和铸牢中华民族共同体意识应该也有一定的启示性。

尽管威默教授的《国家建构》确实是一部历史社会学巨著,但是,书中依然有一些小小的瑕疵,尤其是有关中国历史的一些细节出现了史实性的错误。比如作者似乎没有弄清中国明清科举制的三级四试,对民国时期国民党内部派系的认识也比较模糊,甚至还将鸦片战争与八国联军的侵华战争(作者称其为"义和团战争")混为一谈。我对这些史实方面的错讹做了修正,并加以注释。然而,瑕不掩瑜,《国家建构》一书并不会因为这些小小的失误而失去其大大的光彩。威默教授为我们贡献了一部无与伦比的社会学和政治学领域的力作。这也是我愿意殚精竭力地将之译介给国人的重要原因。是为译者序。

叶　江

2024 年 1 月 5 日修订

【注释】

[1] 英文版《国家建构——聚合与崩溃》(*Nation Building：Why Some Countries Come Together While Others Fail Apart*)见普林斯顿大学出版社网站,https://press.princeton.edu/titles/11197.html。

[2] James Dobbins. et al. 2003. "Nation Building：The Inescapable Responsibility of the World's Only Superpower." *RAND Review* 27(2)，https://www.rand.org/pubs/cor-

porate_pubs/CP22-2003-08.html.

〔3〕Carolyn Stephenson. 2005. "Nation Building." https://www.beyondintractability.org/essay/nation_building/.

〔4〕参见本书第 268 页。

〔5〕英语"national identity"既表述国家层面的民族(nation)的"民族认同",也表述对民族国家(nation state)的"国家认同"。威默将国内制度建设方面的政治整合与对民族和国家的认同视为国家建构的"一体两面",或根据他的说法,就是"国家建构"硬币的两面。因此,从这个意义上说,"nation building"包含着国家层面的民族也就是一体层次民族的"民族建构",而这样的"民族建构"是"国家建构"的一个部分。

〔6〕〔英〕戴维·米勒、韦农·波格丹诺:《布莱克维尔政治学百科全书》,邓正来等译,中国政法大学出版社 1992 年版。

〔7〕杨雪冬:《民族国家与国家构建:一个理论综述》,《复旦政治学评论(第三辑)》,上海辞书出版社 2005 年版,第 84—107 页。

〔8〕饶志华、于春洋:《论民族建设与国家建设》,《西南民族大学学报(人文社会科学版)》2013 年第 11 期。

〔9〕斯大林:《马克思主义和民族问题》,《斯大林选集》(上卷),人民出版社 1979 年版,第 61 页。

〔10〕"Today the word nation is often used synonymously with state, as in the United Nations."参见 Stephenson, Carolyn. 2005. "Nation Building." https://www.beyondintractability.org/essay/nation_building/。

〔11〕这本书的英文原名为 *Why Nations Fail: The Origins of Power, Prosperity, and Poverty*,于 2013 年由皇冠货币出版社(Crown Currency)出版。

〔12〕Alberto Alesina and Bryony Reich. 2015. "Nation Building", note 10. NBER Working Paper, https://scholar.harvard.edu/alesina/publications/nation building.

〔13〕Karl Deutsch. 1966. "Nation Building and National Development: Some Issues for Political Research," in Karl Deutsch and William Foltz eds., *Nation Building in Comparative Contexts*. New York: Transaction Publishers, 1966, pp.7—8.

〔14〕Reinhard Bendix. 1977. *Nation Building and Citizenship*. Berkeley: University of California Press, p.2.

〔15〕Charles Tilly. 1975. "Western State making and Theories of Political Transformation," in Charles Tilly ed., *The Formation of National States in Western Europe*. Princeton, N. J.: Princeton University Press.

〔16〕饶志华、于春洋:《论民族建设与国家建设》,《西南民族大学学报(人文社会科学版)》2013 年第 11 期。

〔17〕参见 Samuel E. Finer. "State and Nation building in Europe: The Role of the Military"; Gabriel Ardant. "Financial Policy and Economic Infrastructure of Modern States and Nations"; Stein Rokkan. "Dimensions of State Formation and Nation building: A Possible Paradigm for Research on Variations within Europe," in Charles Tilly ed., *The Formation of National States in Western Europe*. Princeton, N. J.: Princeton University

Press，1975。

[18] Francis Fukuyama. 2004. *State Building*：*Governance and World Order in the 21st Century*. Ithaca，N. Y.：Cornell University Press.

[19] Francis Fukuyama ed. 2006. *Nation Building*：*Beyond Afghanistan and Iraq*. Baltimore，M. D.：Johns Hopkins University Press.

[20] Alberto Alesina and Bryony Reich. 2005. "Nation Building"，note 10. NBER Working Paper，https://scholar.harvard.edu/alesina/publications/nation building.

[21] 斯大林在其《马克思主义与民族问题》一文中明确地将"美利坚民族"列在他所讨论的"民族"范畴之内，参见斯大林：《马克思主义和民族问题》，《斯大林选集》（上卷），人民出版社 1979 年版，第 61 页。然而，近年来国内有学者认为："事实上，美国并不存在民族国家（nation-state）中的那个民族，一个所谓融合了国内各族群（ethnic groups）"的"国族"——美利坚民族（American Nation）。参见《世界民族》2021 年第 1 期。显然，这样的断语不仅与斯大林关于"美利坚民族"的论述相左，而且与威默所讨论的"国家建构"中的"民族认同"建构的理论大相径庭。

[22] 有关中文"民族"概念与英文"nation"概念的互译，以及斯大林所论述的"民族"概念和费孝通先生的"一体层次民族"概念之间的关系问题，可参见叶江：《民族概念三题》，《民族研究》2010 年第 1 期。有关"民族认同"与"国家认同"之间的关系问题，可参见叶江：《多民族国家的三种类型及其国家认同建构问题——民族学研究的视角》，《民族研究》2018 年第 1 期。

[23] 郝时远：《斯大林民族定义及其理论来源》，载王建娥、陈建樾：《族际政治与现代民族国家》，社会科学文献出版社 2004 年版，第 77 页。

[24] 参见叶江：《古希腊语词汇"ἔθνο"（ethnos）在古希腊文献中之内涵考辨》，《世界民族》2018 年第 2 期；叶江：《希腊文"ἔθνο"（ethnos）在西方古代后期文献中的内涵探析——从十九大报告中"少数民族"及相关概念的官方英译谈起》，《西南民族大学学报》2018 年第 4 期。

[25] 参见威默教授的同事，美国哥伦比亚大学罗伯特·林德（Robert S. Lynd）社会学讲座教授，《驱逐——全球经济中的残酷性与复杂性》（*Expulsions——Brutality and Complexity in the Global Economy*）一书的作者萨斯基娅·萨森（Saskia Sassen）对威默的《国家建构》的评价，https://press.princeton.edu/titles/11197.html。

[26] http://press.princeton.edu/titles/11197.html.

前　言

　　我成长于瑞士北部莱茵河畔的一个小镇,小镇就在德国边境的南边。这条边界时而沿着河流而设,时而在它的北面蜿蜒,有时则环绕着被瑞士土地包围的德国领土的小飞地。因中世纪小公国和教会辖地的拼凑而出现了锯齿形边界模式,这些小公国和教会辖地后来合并为两个相互间没有打过仗的民族国家(nation-states),而正因为相互间没发生过战争,因此两国间没有形成在欧洲其他地方常因战争而造成的更为明确的边界。

　　青少年时,我们会在莱茵河撑着木制平底船溯流而上,寻找一片没有树木的河边陆地生起篝火,在那里我们会烤鸡或烤猪肩扒,用吉他弹奏鲍勃·迪伦(Bob Dylan)的歌曲或巴萨诺瓦的曲子,并痛饮装在大玻璃瓶中的廉价基安蒂葡萄酒。有时我们听到有人在树林中破林而行,朝着岸边走去;我们不确定我们在哪国的边境,不得不等到看见边境卫士的制服,才能确定他是瑞士人还是德国人。这些边境卫士经常来与我们小聊一番,但从不查看我们的身份证明。虽然第二次世界大战时在莱茵河瑞士一侧留下的地堡让我们想起了一个不同的过去,但伴随我们成长的国界似乎相当无关紧要。

　　在许多方面,瑞士境内的族群界线也是如此。当瑞士青少年思考政治时,从来不与居住在该国不同地区的讲法语的、讲德语的或讲意大利语的人之间的关系相互关联。如果我们在比利时、加拿大或西班牙长大,那肯定会有所不同。在中学时,我们经常就女权主义、社会民主主义和保守主义的观点进行争论,这样的争论有时非常激烈。后来,诸如托洛茨基主义者、毛泽东主义者、新教原教旨主义者和嬉皮基督教团体等出现在高中的知识领域范围——但没有人关注族群认同问题,当然也没有人认为任何重大政治问题与我们共同的族群背景,比如讲德语的瑞士人等有关。

报纸上充斥着有关最近选票结果的故事——瑞士是个直接民主国家。但是在族群政治方面却没有太多报道:没有一个政党声称代表三个族群语言①群体中的一个,没有任何可见的政治运动可以让讲法语者或讲德语者围绕一个共同的事业集合起来,而且每个人理所当然地认为,当中央政府的一位部长必须轮换时,语言群体之间的整体平衡会得以维持。有时候,全国的选举投票会按语言上的分野而聚集——讲法语的人们通常比讲德语或意大利语的各州②在投票时对政府更友善、较少反移民、更为欧洲导向,这时往往会引起关注和抱怨。但是,下一次投票通常会以不同的结盟方式分散这样的局势。简而言之,在瑞士的政治舞台上,族群差异并不重要。

我们把这种情况视为理所当然,以至于当我们对外部世界越来越了解,发现全球范围内有如此多的斗争和冲突与族群的政治有关,它就显得令人疑惑。是什么问题让比利时讲佛兰芒语③的群体和讲瓦隆语④的群体总是在"掐对方的喉咙"? 北爱尔兰的新教徒怎么可以将天主教徒视为应由警棍控制的二等公民? 德里纳河(Drina River)将波斯尼亚与塞尔维亚本土分开,为什么波斯尼亚的塞族人要通过残酷的战争来加入他们在德里纳河以东的同一族群兄弟? 在神志清醒的人中,谁会认为像种族隔离这样的制度,即像内部殖民那样由少数白人民族统治多数黑人的制度可以被证明是合理,并且还是有效的? 为什么其他人不愿简单地像瑞士人那样正常处理族群间的差异?

---

① 族群语言(ethnolinguistic)也可翻译为"民族语言"。——译者注
② 瑞士联邦(Swiss Confederation)由 26 个州构成,州称为"canton"。——译者注
③ 佛兰芒语(Flemish)是比利时的佛兰芒族群(Flemings,主要居于比利时北部和西部的佛兰德斯大区)讲的语言,很接近荷兰语,也被称为比利时荷兰语(Belgian Dutch)。"Flemish"有时也翻译为"佛兰德语"。——译者注
④ 瓦隆语(Walloon)是比利时的瓦隆族群(Walloons,主要居住在比利时的南部和东部)讲的语言,事实上就是法语或比利时法语。——译者注

后来,这个相当天真的困惑由更为系统地寻找答案所取代。作为一名人类学学生和后来的社会学学生,我想了解:为什么某些国家能跨越族群界线而汇聚在一起,在国家层面的政府中给予大小不等的群体以政治代表权?为什么另一些国家没能达到类似的包容性安排,而是——极端而言——走与南非的种族族群统治(racial ethnocracy)相似的道路?为什么还有一些国家,像比利时,沿着族群断层线(ethnic fault line)而濒临分裂?为什么更有一些国家,比如伊拉克,早已陷入冲突和战争?一个国家是否会像瑞士那样,不同的群体自愿地组成一个共同的国家,或者是否像南非那样,某个群体通过征服,曾在历史上统治其他群体,这是因历史而形成的问题吗?抑或这是一个民主问题?瑞士或印度长久的和平选举记录能否解释为什么少数群体在国家层级政治中拥有发言权?这种智识挑战使我为此忙碌了20余年,通过跨越人类学、社会学和政治学的学科领域的研究,以及通过运用不同的研究方法,从大样本统计(large-N statistics)到细微历史案例研究,我对之追根溯源。

这样的努力产生了一系列学术专著,我希望这本专著是现在已成为四部曲的最后一本。本书解决了前三本书中未解决的一些难题。在《民族主义的排斥和族群冲突》(*Nationalist Exclusion and Ethnic Conflicts*,2002)一书中,我认为民族主义的政治合法性原则——政府应该以由民族来定义的人民而不是以上帝或王朝的名义来进行统治——从根本上改变了族群(ethnic)、种族(racial)或民族(national)边界的含义。这些群体之间出现了新的政治等级,从而取代了用诸如财产来分层的旧形式。为了表明这是世界各地普遍存在的情况,我讨论了一组相互间尽可能互不相同的国家:瑞士、伊拉克和墨西哥。

可以肯定的是,族群和种族排斥的各种新的界线极其不同,这取决于跨越族群分界线的政治整合是否成功:在国家建构过程中国家边界变坚固的国家,其移民往往被排斥在基本公民权利之外,就如在瑞士那样;在政治联盟网络包容性较少和国家建构失败的国家,其国内的少数民族会遭遇类似的命运,就如伊拉克和革命前的墨西哥那样。我认为,现代性有其阴暗面:在国民与外国人之间或多数民族(族群)与少数民族(族群)之间产生新的族群政治的①等级制度。这些阴影

---

① 族群政治的(ethno-political)也可翻译为"民族政治的",但这里的民族指的不是国家层面的民族"nation",而是次国家层面的"ethnic group",因此在本译著中基本翻译为"族群政治的"。——译者注

在很大程度上被强调当代社会的普遍性和开放性的摩登时代的经典和当代诸理论所忽视。2002 年出版的那本书还概述了为什么国家建构在一些国家(比如在瑞士)取得了成功,而在另一些国家(比如在伊拉克)则失败了的假设。《国家建构——聚合与崩溃》随着这一炭笔素描而描绘出完整的彩色图景。

第二本书不再像第一本那样关注宏观政治问题,转而探讨个人如何在日常生活中绘制各自的民族、族群或种族的边界。《族群边界制定》(*Ethnic Boundary Making*,2014)分析了在追求认同和权力的过程中,作为个体的人如何相互协商,以确认哪种族群、种族或民族的类别应被视为相关的和合法的。不同类型边界的产生,取决于这些个体的人所掌握的权力和资源的差异,以及他们是否能够就谁应该被归为哪一类人达成一致。它们(这些边界)或多或少会在政治上比较突出,或多或少会涉及歧视,或多或少会导致各种相似的文化,并会持续数代人或快速消解。

该书认为,研究人员应该更系统地探索和理解这种变化,而不必将族群性(ethnicity)作为本体论的原则问题,不断地讨论其是原生的还是"建构"的现象。该书的一系列章节展示了如何能通过关注各种主题,用实证研究来做到这一点。然而,该书并没有解释为什么有些边界以鲜明的权力等级制度为标志而有些边界却没有,并且为什么边界因此随着时间的推移几乎都是稳定的。[1]《国家建构——聚合与崩溃》则通过确定和识别族群政治等级制度产生的条件来填补这一空白,随着时间的推移,这些条件会稳定族群间的差异,而在其他情况下,扁平的等级制度鼓励个人在国家建构过程中消融这些边界。

第三本书《战争之波》(*Waves of War*,2013)回归宏观政治的讨论,其中的一些论点已在第一本书中大致概述过。在帝国不断解散后的不同时期,民族自我统治(national self-rule)原则的提出和引入导致了一波又一波的战争横扫世界各地。民族主义是这一历史现象的主要推动力,但主流的冲突和战争研究却大都忽略了它。民族主义通过把帝国的族群政治等级制度描述为"外人统治"的实例来使之非合法化。在国际均势允许民族主义者们推翻旧制度的地方,现在以民族(nation)名义来进行统治的新国家就产生了,且常常是通过暴力的民族独立战争来实现。

在后殖民地国家建构失败的地方,政治上被排斥的群体的领导人动员起来反对掌权的主导群体,导致就谁来控制国家政府这一争端引发的分裂主义战争或族群冲突。新成立的民族国家之间也在族群混杂的地区和跨越边界的相同民族（conationals）的命运上相互竞争，有时导致邻国之间的战争。《战争之波》一书使用新收集的覆盖了整个世界的很长一段时间内的数据集，详细地展示了过渡到民族国家确实是一个易于发生战争的过程，而反对族群政治不平等的斗争解释了为何会如此。然而，该书仍然没有提问，为什么一些新成立的民族国家比其他国家更不平等，以致这些国家更容易发生战争？这是由《国家建构——聚合与崩溃》来解决的难题。

本书与其他人的研究成果一起，试图帮助理解社会的全部历史复杂性及其在全球的多种表现形式。作为作者，我们经常互相争论，这是相当尖刻的学术世界或许不可避免的特征，在这样的学术世界中，我们最为激烈地不同意那些讲着相同理论和方法论语言的人。但是，我们仍然形成某种集体的努力：从我们自己的斗争、愿景和希望中脱离自己，更广泛或许更全面地理解将人类推向不同方向的多种历史力量。在过去的 20 年中，社会科学研究已经开始关注可以找到坚如磐石的经验答案的越来越小的问题，从历史现实的复杂性中逃离到实验室的安全环境中，或者到社会世界必须提供的准实验的罕见环境中。关注那些宏观历史进程且敢于在各种背景下进行比较的学者发现，他们越来越难以证明他们的努力是正确的。我希望这本书通过向年轻一代学者展示关注宏观历史的承诺尚未用尽，为重振这一知识传统作贡献。

关于在线附录的注意事项

两个在线附录数据显示，对于每个国家，国家建构的两个主要方面如何随着时间的推移而演变：在国家级的政府中没有代表的族群的人口比例（测量国家建构的政治整合方面）和公民为他们的国家感到自豪的程度（身份认同方面）。在线资料可以通过以下链接找到：http://press.princeton.edu/titles/11197.html。

【注释】

[1] 这一点在《族群边界制定》的最后一章中提到，并在玛拉·洛夫曼（Mara Loveman 2015b）对该书的评论中得到了批判性的强调。

致　谢

　　七年前我开始本书的写作。我对本书主题的思考受到了加州大学洛杉矶分校和普林斯顿大学的社会学系和政治学系同事的交流影响，其中最重要的是马克·贝辛格(Mark Beissinger)、罗杰斯·布鲁贝克(Rogers Brubaker)、米格尔·森特诺(Miguel Centeno)、米奇·邓奈尔(Mitch Duneier)、米里亚姆·戈尔登(Miriam Golden)、迈克尔·曼(Michael Mann)、迈克尔·罗斯(Michael Ross)、爱德华·泰勒斯(Edward Telles)和黛博拉·亚沙尔(Deborah Yashar)。我还与莱亚·巴尔塞尔斯(Laia Balcells)、尼桑·乔列夫(Nitsan Chorev)、道尔顿·康利(Dalton Conley)、尤瓦·范斯坦(Yuval Feinstein)、约翰·霍尔(John Hall)、斯塔西斯·卡利瓦斯(Stathis Kalyvas)、马蒂亚斯·科尼格(Matthias König)、米歇尔·拉蒙特(Michèle Lamont)、哈里斯·米兰塔斯(Harris Mylonas)、维奥莱纳·鲁赛尔(Violaine Roussel)、尼古拉斯·桑巴尼斯(Nicholas Sambanis)、吉赛勒·萨皮罗(Gisèle Sapiro)、帕特里克·西蒙(Patrick Simon)、托马斯·索尔(Thomas Soehl)，以及与华康德(Loïc Wacquant)保持长途电话对话——偶尔放在午餐或晚餐时进行。我感谢所有这些朋友和同事所提出的明智建议、坦率的批评——通常为英格褒·巴赫曼(Ingeborg Bachmann，1926—1973年，奥地利著名女作家)曾经所说的"在朋友面前表现出来的勇气"而充满活力——以及他们的精神相伴,没有这样的精神相伴,我的工作不可能蓬勃发展。

本书的大多数篇章都曾在系里的交流或会议上发表过,并从听众的问题和建议中获益。我还要感谢这些年有幸合作的研究助理们。普林斯顿大学高等研究院的一群研究人员在迪迪埃·法辛(Didier Fassin)的领导下讨论过本书的绪论。米奇·邓奈尔和安德烈·普恩特(Andrea Puente)就如何使绪论更容易阅读提供了很有帮助的建议。本书第二章收到了纽约大学社会学家们,尤其是托马斯·埃特曼(Thomas Ertman)的宝贵反馈意见。普林斯顿大学的莎伦·康尼利森(Sharon Cornelissen)概述和翻译了用荷兰语写的资料。第二章的部分内容先前已发表在《民族与民族主义》期刊上(*Nations and Nationalism*,17,no.4,2011,718—737),题为《异常的瑞士? 国家边界制定的关系说明》(*A Swiss Anomaly? A Relational Account of National Boundary Making*)。

如果没有本杰明·埃尔曼(Benjamin Elman,普林斯顿大学)、方松英(Sonying Fang,赖斯大学)、杨金仝(King-To Yeung,加州州立大学圣贝纳迪诺分校)、张涵(Han Zhang,普林斯顿大学)、斯蒂芬·科特金(Stephen Kotkin,普林斯顿大学)和亨利·黑尔(Henry Hale,乔治·华盛顿大学)提供的阅读建议,第四章是不可能写就的。方松英与张涵还对本章的中国部分提出了有益的评论,乔杰·德鲁古安(Georgi Derluguian,纽约大学阿布扎比分校)阅读并对整章进行了丰富的评论。安娜·奎斯敏(Anna Kuismin,赫尔辛基大学)非常友好地回答了我有关19世纪早期芬兰和波罗的海文化的问题。该章的中国部分曾在由人类学家恩里科·波尔克斯(Enric Porqueres)和历史学家让-保罗·祖尼加(Jean-Paul Zuniga)组织的巴黎高等社会科学研究院的研讨会上发表过。

就我记忆所及,第五章已在布朗大学、哈佛大学、普林斯顿大学、斯坦福大学、威斯康星大学和不列颠哥伦比亚大学的社会学系发表过,在加利福尼亚大学洛杉矶分校、耶鲁大学、加利福尼亚大学欧文分校和乔治·华盛顿大学的政治科学系也发表过,还在社会科学历史学会和分析社会学网络、柏林科学中心、柏林赫尔梯政府学院和加州大学洛杉矶分校的加州人口研究中心等发表过。斯泰利奥斯·米哈洛普洛斯(Stelios Michalopoulos)就该章的初稿提出了书面评论,埃文·舍弗(Evan Schofer)和卫斯理·朗霍弗(Wesley Longhofer)慷慨地让我提前获得了他们所收集的世界各地协会的数据。我很感谢尤瓦·范斯坦(Yuval

致　谢

Feinstein)在汇编我们之前项目中使用的有关扫盲和铁路数据方面所提供的极佳研究帮助。尼古拉斯·庞(Nicholas Pang)致力于记录自1400年以来在全球范围内战争的数据集。来自加州大学洛杉矶分校统计咨询小组的菲利普·恩德(Philip Ender)耐心地就建模方法提出建议,达尔顿·孔立(Dalton Conley)、克里斯·温希普(Chris Winship)和尼古拉斯·塞班尼斯(Nicholas Sambanis)帮助我理解了工具变量回归的逻辑。该章的最初版本曾在《欧洲社会学评论》(*European Sociological Review*,30,no.6,2014,1—28)上发表,题为《国家建构:长时段视角和全球分析》(*Nation Building:A Long-term Perspective and Global Analysis*)。我很感谢该文的匿名评审者,以及该文最终在《欧洲社会学评论》找到幸福归宿之前被拒绝的其他一系列期刊的匿名评审者。

亚伦·戈特利布(Aaron Gottlieb,普林斯顿大学)收集了第六章中用于分析的各种数据集。莎伦·康尼利森以及不知疲倦的亚历山大·王(Alexander Wang)和夏洛特·王(Charlotte Wang,均为牛津大学)将网络公关系统(EPR)中列出的"族群"与各种调查群体名单相匹配。托马斯·索尔(Thomas Soehl,麦吉尔大学)和约尔格·吕迪克(Joerg Luedicke,StataCorp)就如何解决统计问题提供了建议。安德鲁·戈尔曼(Andrew Gelman)和约拿·索·加布里(Jonah Sol Gabry,哥伦比亚大学)制作了斯坦(STAN)版本的模型。本章从柏林赫尔梯政府学院、华盛顿大学社会学系、特拉维夫大学、普林斯顿大学和纽约大学阿布扎比分校,以及蒙特利尔大学国际关系课程的听众评论和批评中获益良多。本章的最初版本在《世界政治》(*World Politics*,69,no.4,2017)上公开发表,题为《权力和骄傲:世界各地的民族认同和族群政治的不平等》(Power and Pride:National Identity and Ethno-political Inequality around the World)。我非常感谢该期刊五个非常有用的评审意见以及编辑们就如何解决这些意见所提供的指导。

第七章曾在两个会议上发表过,一个会议在哈佛大学召开,另一个在巴塞罗那大学,两次会议都是由普勒那·辛格(Prerna Singh)和马蒂亚斯·冯姆·豪(Matthias vom Hau)组织的,该章还在巴黎社会科学高等研究学院发表过,我在2015年春天应吉赛勒·萨皮罗邀请在该学院做访问教授。该章以《多样性有害?族群分化、公共物品供给和国家特性的历史遗产》(*Is Diversity Detrimental? Ethnic Fractionalization,Public Goods Provision,and the Historical Legacies* of Stateness)为题名发表在《比较政治研究》(Comparative Political Studies，28，2015，1407—1445)上。丹尼尔·卡雷尔(Daniel Karell，纽约大学阿布扎比分校)和克里斯托弗·泽克尔(Christoph Zürcher，渥太华大学)指导我学习第八章中的相关文献以及有关阿富汗的分析数据。丹尼尔·卡雷尔慷慨地对相关部分作了评论。

最后，我要感谢普林斯顿大学出版社的团队，感谢他们对手稿进行了如此好的处理：感谢我的编辑米根·利维森(Meagan Levison)欢迎本书在普林斯顿出版社出版，以及就如何构建章节所提出的有益建议；感谢珍妮弗·巴克尔(Jennifer Backer)和约瑟夫·达姆(Joseph Dahm)对本书进行精确和耐心的编辑；感谢卡丽·哈达克(Carrie Hudak)协调整个出版过程并使之始终走在正轨之上；最后，要感谢三位匿名审稿人，感谢他们严肃而引人入胜的评论。

目　录

目 录

插图目录

表格目录

绪　论

为什么是国家建构?

　　为什么一些国家通常沿着族群断层线而分崩离析,而另一些国家虽然拥有多样化的人口,但几十年乃至几个世纪都仍然在一起? 换句话说,为什么国家建构在某些地方获得成功而在另一些地方却遭到失败? 本书所演示的就是各种世代相传的缓慢移动过程如何影响全世界不同国家的国家建构前景。在中央集权国家早已出现并统治数代、数十代人的地方,公民在今天说着同一种语言,因此就能更容易地跨越族群、种族和地区的分界线而建立政治联盟。继承了官僚集权传统的政府也能为其公民提供公共物品,从而鼓励他们在政治上支持国家并培养他们的忠诚感。最后,公民社会组织的早期兴起使政治家们能够将一个国家的不同地区编织成一片政治网络。这些弥合分裂的联系减少了族群在政治上的显著性,削弱了对分裂主义的支持,使暴力冲突和战争不太可能发生,最终导致公民认同国家并将其视为一个团结一致和共享政治命运的共同体。

　　政治整合(political integration)和国家认同(national identification)由此构成了国家建构的两面。要实现这两者,至关重要的是要建立公民与国家之间的政治联系,这种政治联系跨越族群分界线(ethnic divides),并将多数民族和少数民族整合进一种包容性的权力安排之中。如果公民通过权威和拥护的关系与政府相互连接,那么就会出现一个包容性的国家共同体,国家建构由此可被认为获得了成功。我认为,这种联系是通过民主选举还是通过其他政治机构产生,并非主要应该关注的问题。相反,不是所有的民主制都能成功地建立一个整合的国家。例如,美国在其民主实体存在的前 70 年中维持着奴隶制,并在奴隶制结束后的另一个世纪中在政治上排斥非洲裔美国人,从而造成了主从关系和种族隔离。

这种对国家建构的理解与大多数当代政策制定者的理解不同。在美国领导的阿富汗战争和伊拉克战争之后,西方智库、政府和军队的专家试图制定能在短短几年内就促进国家凝聚的计划。他们经常在使用"国家建构"这个术语时将其与民主化等同起来(Dobbins 2003—2004),或者更广泛地将"国家建构"与西方军队在遥远的地方推翻当地政府后重建国家等同起来(参见 Osler Hampson and Mendeloff 2007 的总结)。在美国,这一辩论的大部分基本假设是,当美国政府认为适合时,就有权推翻世界各地具有威胁性的政权,只要美国政府能以自己的资本主义和民主形象"重建"这些国家并"教导那里的人民自我治理",一位著名的公共知识分子如是说(Fukuyama 2004:162)。

本书则与其他一些著述(Mylonas 2012;Sambanis et al. 2015)一起努力从这些辩论和假设中拯救国家建构的含义。本书提出一套不同的政策处方。正如本书最后一章所论述的那样,如果国内条件并不利于跨越族群边界的政治融合,那么通过外部力量来进行国家建构,就如在阿富汗、伊拉克和波斯尼亚所做的那样,其结果很可能是失败。更重要的是,如果目标是在陷入困境的各国中培育政治凝聚力,公共物品就需要由当地政府而不是由外国人来提供。此外,本书介绍的国家建构的构造理论表明,在美国总统的一个或两个任期内是无法修复失败国家的,也无法建构起国家。国家建构是几代人的努力,而不是几年就能完成的事情。

对现代化著述的现代化

对国家建构的这种理解直接跟随早期的、现在基本被遗忘的社会科学的著述。诸如卡尔·多伊奇(Karl Deutsch 1953)、莱茵哈德·本迪克斯(Reinhard Bendix 1964)、克利福德·格尔茨(Clifford Geertz 1963)和爱德华·希尔斯(Edward Shils 1972)等知名学者,试图了解在那时新近因非殖民化而独立的非洲和亚洲诸国所面临的政治整合的挑战。正如我在本书中所做的那样,他们将民族国家的形成和国家建构区分开来:通过创建国旗、军队、国歌、铸造新币和印刷新护照来创建一个独立的民族国家,并不能保证本国公民能认同这一新国家或保证他们接受该国家的权威。这些学者还区分了政治稳定和国家建构。并非所有保持和平的新民族国家都是因为国家建构取得了成功而维护了和平。在许多新独立的国家,专制政权持续了数十年。这种稳定是无情镇压的结果,而不是政治上对国家的成功整合。

第一代研究国家建构的学者还确认和标示出国家建构所经常带来的冲突及其所面临的障碍。从殖民地独立而新建立的国家政府比其殖民地前任更能侵入地方的日常生活,地方的人们由此会抵制这样的国家政府。各路政治精英为控制这一新的权力中心而你争我夺。经济贫困、人为划定的边界、殖民者原先分而治之的政策遗产,以及羸弱的国家能力等使得国家政治整合困难重重。第一代国家建构问题的学者——本着自马克斯·韦伯以来的历史社会学经典传统——毫不犹豫地勇于做比较:主要以广泛的历史类比的形式,将从 18 世纪和 19 世纪欧洲学到的经验教训迅速应用于亚洲和非洲的发展中国家。

在论证这些比较的过程中,大多数作者依赖于现代化理论:他们认为现代官僚制的引入、加速沟通和信息流动的技术变革,以及赋予下层阶级公民权利都会改变国家与国民之间建立关系的方式,无论是明治时期的日本、俾斯麦的德国,还是当代印度。换言之,他们视国家建构为一种挑战,这种挑战来自无论什么地方产生的现代性使以前规模较小且自足的社会单位彼此更紧密地联系起来。

从 20 世纪 70 年代开始,马克思主义者对这一思想流派展开了批评,批评其忽视这些新国家中的阶级剥削和它们对资本主义世界体系中心的持续依赖。新兴理性选择流派的支持者批评国家建构的研究者,认为他们没有问为什么自私自利的人会从事像“国家建构”那样理想而崇高的事情。多元文化主义的倡导者则指责国家建构者侵犯少数群体的权利并通过强制同化摧毁他们的文化(例如,Connor 1972)。方法论学者强烈反对国家建构研究者“扶手椅理论创建”①的习

① “扶手椅理论创建”(armchair theorizing)是指依赖前人的理论来做理论分析的方法。——译
者注

惯及其倾向于总是挑选适合论证的范例,避免对消极和积极案例进行更系统和训练有素的分析。很快,这个关于国家建构的话题被放弃了或归入其他研究领域,如对内战、经济发展、民主化等的研究。

本书重新激起了对国家建构这一主题的早期兴趣。像第一代学者的作品一样,它追求广泛的比较议程,将我们带到世界各地,上下几百年来引入现代民族国家模式的任何地方:一个国家应该以平等公民组成的民族的名义,而不是以上帝或王朝的名义来统治的理想。这种情况出现在 19 世纪的瑞士和比利时、20 世纪初的俄罗斯和中国,以及 20 世纪 60 年代的博茨瓦纳和索马里。以下各章详细讨论了这六个例子。

然而,与前一代该课题的学术成果不同,本书精确地识别和确定国家整合的发生过程,而不是指向现代化的抽象力量。并且本书不是收集说明性的例子来支持广泛的理论主张,而是用更高的分析精度和方法论的严谨性来探究旧有的问题。我使用三对精心挑选的国家案例来说明培育国家建构的特定机制如何在历史过程的细节中运作。然后,本书通过对大型数据集的统计分析来证明这些机制在世界其他地方也同样起作用。因此,本书有效地利用"嵌套方法"(nested methods)设计,其中将不同的研究策略结合起来支持相同的理论论证(参见 Lieberman 2005;Humphreys and Jacobs 2015)。如果这些不同的实证调查引出相同的结论点,那么就应该增加我们对所假设的诸因果力量确实在世界上的"那里"起作用的信心(关于方法原则的更详细讨论,参见第一章的讨论)。

国家建构问题的重要性

但是为什么要复苏国家建构这样一个如此深刻地根植于冷战时期的观念的问题? 当时西方的决策者们和社会科学家们都认为全球南方新独立的国家能够现代化为西方式的民主、资本主义和个人主义的社会,而不是转向西方的共产主义对手(参见 Latham 2000)。更重要的是,现在我们已经进入后国家时代,越来越多的人拥有多个公民身份,在各大洲之间来回迁移,组织跨国社会运动,并在自由流动的数字信息和通信流推动下创造新的后国家的身份,谁又需要一本关于国家建构的书? 换言之,是不是研究国家建构已经过时了? 我认为有必要重新审视这个问题的原因有三个。

第一,国家建构带来和平并且促进经济发展。在之前的研究中,我和我的同事们证明,缺乏跨越族群分界的政治整合经常导致内战(Wimmer et al. 2009):在很大一部分人口没有代表且他们在国家层面的政治和政府中没有发言权的国家中,武装叛乱到处蔓延。如果边缘化群体的精英可以逃脱监视并招募追随者,并且如果国家对这种初步动员作出不加区分的暴力反应,那么武装冲突就很可能发生(Lindemann and Wimmer 2017)。简而言之,国家建构的失败是内战的一种原因。

就如伯尼尔和瓦格斯帕克的研究所示,族群政治的排斥还会抑制经济增长(Birnir and Waguespack 2011;另见 Alesina et al. 2016)。以族群为中心(ethnocratic)的统治者青睐支持由自己族群背景的公民主导的企业、经济部门和职业。因此,他们选择并不利于整体经济的政策。相反,东亚发展型国家的成功显示出,国家的政治整合——而不是不受政府干预干扰的自由市场,或曾经所谓的华盛顿共识——才是经济发展的关键前提(参见 Rodrik et al. 2004)。

第二,国家建构的主题很重要,因为不仅仅在全球南方,世界上许多社会都在与过去遗留下来的族群政治的不平等做斗争。苏联解体后的许多继承国都面临着与 20 世纪 60 年代从殖民帝国独立的新成立国家所面临的相同挑战:区域整合解体、分裂主义、族群精英之间不断升级的政治竞争等。乌克兰最近的事态发展说明了这一点。在许多立国已久的国家,民族政治(national political)的整合问题现在比以往任何时候都更加支配着国内政治,其中包括比利时、玻利维亚、埃塞俄比亚、西班牙和英国。

我们还应该注意到,放眼望去,民族政治整合几乎没有其他选择。欧盟,曾经是那些认为后国家时代正在到来的人们的王牌见证,似乎已经在更高的欧洲层面的"国家建构"上失败了,就如希腊的金融问题和随后的难民危机所显示的那样。对那些自己所持有的世界愿景依然还是由 19 世纪和 20 世纪的国家建构工程所塑造的人而言,泛欧洲团结的观念很难被灌输进他们的头脑之中。在全球范围内,互联网无疑创造了前所未有的信息流,并使新的各种后国家形式的身份认同和团结一致得以蓬勃发展。此外,对于拥有多种护照和具有全球公司所需求的销售技巧的精英移民而言,国界越来越易于穿透。但世界上只有 3% 的人生活在他们出生的国家之外。更一般地说,政治仍然与民主合法性相关,而民主合法性仍然在民族的国家(national states)内组织起来。同样,提供道路和保健诊所、组织军事防御和社会保障也是如此,甚至在欧洲联盟那样的超国家政治单位内也还是如此。因此,最近的西方民族主义政治运动的复兴并不令人感到意外。后国家时代尚未到来。

第三,"国家建构"术语易于去除某些人可能认为与之有关联的意识形态内涵。国家建构并不意味着"从部落到民族国家"的连续统一的现代主义"进步"(Cohen and Middleton 1970)。作为在一个领土内扩展政治联盟网络的过程,无论其性质如何,国家建构可以不必用进化论和目的论术语来理解。正如博茨瓦纳的例子所示,一个国家(nation)可以建立在"部落"(tribal)的基础上。在研究国家建构时,我们也不必持有民族主义者的看法,他们将历史视为实现建立民族国家工程的单向道路[参见威默和格里克·席勒(Wimmer and Glick Schiller 2002)讨论的"方法论的民族主义"]。为了避免这样的陷阱,我将考虑反事实可能性,即一项国家建构规划或其他规划——可能聚焦于不同定义的国家共同体——可能失败了(或成功了)的反事实可能性或许会在历史斗争中胜出。比如我将详细讨论,中国可能会沿着其深刻的语言鸿沟线而崩溃分裂,罗曼诺夫王朝的俄罗斯或瑞士也可能同样如此。换句话说,做国家建构问题研究,不必假设历史上稳定的"民族"(nations)是相关的观察单位,也不必假设国家建构的成功或失败是由某种政治命运预先确定的。

这里所定义的国家建构也不是民族主义政府强迫同化少数民族的同义词(如 Connor 1972),更不是寻求将同族的人们聚集在国旗周围的沙文主义运动使少数民族成为替罪羊的过程。恰恰相反,族群(ethnic groups)之间的政治平等是国家建构的关键决定因素,就如稍后我们将看到的那样。压制甚至肉体上伤害少数群体的个体显示出该国家建构计划已经失败,而不是表明它正在走向成功之路。

有一个例子似乎足以说明这一点。俄罗斯罗曼诺夫帝国垮台后,在乌克兰,一个独立的、尽管是昙花一现的国家,通过新成立的民族主义政府和军队的宣传,伴随着乌克兰民族大众认同的各种标志而兴起。它显示出在俄罗斯内战期间,英勇的哥萨克部队在与布尔什维克和反布尔什维克军队的战斗中,保卫着统一的乌克兰国家。在这些年里,乌克兰的犹太人遭受了一些历史上最严重的大屠杀,其中许多犹太人就是同样被这些武装部队杀害的。在国家建构成功的案例中,比如瑞士和博茨瓦纳,当然也同样有很多民族主义言论和仇外心理,特别是在国家建构的早期阶段。然而,这些言论和心理从未直接针对国内的少数群体,且从未达到过草菅人命的程度。

也许是时候暂停一下并从规范的观点简要讨论国家建构了。鉴于其在防止战争和贫困方面的作用,许多观察者认为国家建构是积极正面的,我个人也是如此看。然而,我们可以辩论的是,这是否意味着我们应该根据哪种民族主义在道德上更优越、更具世界主义的政治意识形态,从而拥抱"自由民族主义"的政治哲学,因为它有助于提供和平、福利和文化尊严感等公共产品(Miller 1995;Tamir 1995)。正如我之前所说,即使在国家建构获得成功和国内少数民族能融入权力配置的情况下,我们仍然会观察到新的排斥的分界线,这是规范性的问题:非国民的他者仍然处在国家的整合领域之外,并且被有组织地歧视(Wimmer 2002;Shachar 2009)。规范地说,国家仍然像其他拥有强大成员权利的政治共同体一样,是存在问题的。

就什么是能在其中促进政治整合的适当单位而言,我也是个不可知论者。我们应该在庞大而异质化的国家提倡国家建构,还是规范性地优先选择诸如爱沙尼亚、亚美尼亚或哈萨克斯坦等更小、更同质化的单位来建构民族国家更可行?我没有听到任何令人信服的论辩来证明,为什么像韩国、波兰和冰岛那样的同质性国家应该比像印度、坦桑尼亚和瑞士那样的异质性国家更优先考虑来进行现代国家建构,尽管在经验上,就像我们将要看到的那样,多种语言国家的国家建构确实更加困难。这就意味着研究国家建构既不反对分裂,也不提倡分裂。这种为研究所支持的规范性不可知论表明,分裂和建立更加同质化的国家并不是建立未来和平的一种处方(Sambanis 2000;Sambanis and Schulhofer-Wohl 2009);族群同质的国家也不因此而更和平(Fearon and Laitin 2003;Wimmer et al. 2009)。同样,大型经济体与那些对贸易更加开放的小型经济体一样可以促进增长(Alesina et al. 2005)。小型和大型,异质和同质——所有国家都面临着政治整合的同样任务。本书旨在了解这种政治整合在哪些条件下能够取得成功,而不是证明它应该如何在道德理想的世界中进行。

论证

第一章

为了理解为什么国家建构会失败或成功，我想使用所谓的"关系"视角，并将其与交换理论的诸要素结合起来。从关系的视角来看，个人与组织之间的联系构成了社会的核心。我们因此并不聚焦于管理行为的制度规则、协调决策的市场逻辑，或驾驭行动的个人动机，就如其他的理论方法那样。相反，我们试图了解政治联盟是如何形成的，一方面是国家层面的政府之间，另一方面是志愿性团体、政党、专业组织等。

这些关系有三个方面：它们如何组织、它们交换什么样的资源，以及合作伙伴如何相互协商和沟通。对于这些中的每一个，我确定了一个关键因素，这个关键因素使联盟能够达到跨越区域和族群的界线，产生包容性的政治权力配置，从而培育和促进国家建构。第一章详细地阐述了这一理论。第二章到第四章通过分析三对国家的历史来展示这三个因素是如何运作的，每一对国家和每一章说明三种机制中的一种。

第二章

组织方面关系到政治联盟所假定的制度形式。它们可以以临时形式出现，例如当投票反对实施特定政策的承诺时，或者在紧急情况下将被庇护者政治忠诚与恩主①的支持交换时。或者他们可以完全制度化，就像拥有强大独立政党的国家那样，或者有着诸多志愿性组织（如地方的政治俱乐部、读书会、工会、专业协会等）的国家那样。

志愿性组织帮助建立跨族群共同体和地区的联盟。在某种程度上，他们将

---

① 这里的"被庇护者"和"恩主"指恩庇关系中的两方，其关系由恩庇网络或赞助网络构成。恩庇网络是指统治者即恩主或赞助者与被统治者即被庇护者或接受赞助者两者之间构成的垂直政治关系网络，在这样的网络中，前者将权力、保护、资源、福利等提供给后者，作为控制和取得后者支持与服务的工具，以此维护前者的统治地位和利益。——译者注

个人利益捆绑在一起,使政治家或国家机构能更有效地与他们联系。相比之下,在恩庇赞助系统中,每个联盟都需要单独管理:恩主或赞助者需要在个人基础上为每个被庇护者或接受赞助者提供政治保护或政府的关爱。大体上,他们与政府的接触因而更受限制。再者,志愿性组织可以相互建立横向联盟,例如加利福尼亚州所有当地护理协会的联盟,因此联盟网络可以横跨全境和跨越族群分界扩散开去,从而形成一个全国性的伞形组织。相比之下,恩庇系统倾向于在权力较多和较少的行为者之间垂直传播,因此往往在族群共同体内而不是跨越族群分界展开。

这样的志愿性组织的发展程度十分重要,尤其是在专制君主政体被推翻或者前殖民地获得独立的国家过渡到民族国家的最初几年,这显得更为重要。如果这些组织的密集网络已经出现,新的权力持有者可以利用这些网络来扩展全国范围内的权威和支持关系。在这种情况下,在国家层面的政府没有代表的少数族群(ethnic minorities)甚至多数族群(ethnic majorities)难以维系,因为志愿性组织往往已经在该国各地的不同族群社区建立了分支机构,新的政治精英即从其中招募。

这在第二章通过比较瑞士和比利时而获得了经验的证明。18 世纪末和 19 世纪上半叶,在瑞士由于境内所有主要区域经济的均衡发展,也由于政治体制的分散和民主性质,志愿组织——射击俱乐部、读书会、合唱团等——在整个领土上扩展。相比之下,在比利时,拿破仑以及在拿破仑灭亡后加冕的专制的荷兰人国王压制了这些民间社团。更重要的是,比利时的民间社团持续局限于更富裕、受教育程度更高的法语地区和讲法语的群体。

当比利时于 1831 年从荷兰王国独立出来时,该国的新统治者与这些讲法语的社团网络相互连接在一起。他们将法语定为行政、军队和司法等的官方语言。尽管讲佛兰芒语的人们形成了一个微不足道的少数群体,但是其人口却不是这些社团网络的一部分并且被统治着,直到 19 世纪末一直作为内部殖民地。早期的国家建构失败了,语言问题后来变得非常政治化。该国现在沿着语言的分界线接近分裂。

在瑞士,向民族国家过渡发生在 1848 年短暂的内战之后。赢得战争并统治国家几代人的自由派精英依靠已经存在的跨地区、多族群的(multiethnic)民间社会组织来征召追随者和领导者。因此,政治精英就像整个人口一样是多族群的。在之后的大部分历史中,语言的多样性从未成为瑞士的严重政治问题,直到今天依然如此。

第三章

政治经济学层面所关注的是国家与公民之间如何相互交换资源。公民更有可能在政治上支持通过提供公共产品来换取向公民收缴税款、会费和各种费用的政府。统治者和被统治者之间的关系不再是基于在武力威胁下的榨取——就如在民族国家之前存在的那些典型的更具强制性的政权。某个政府越能够在一个国家的所有地区提供公共物品,其作为交换伙伴的吸引力就越大,并且更多的公民将愿意尝试与该政府中心建立联盟。政府精英的构成方式会反映出这种包罗万象的联盟结构,并由此也反映出人口的族群多样性。

第三章所阐述的就是上述第二种机制,并对索马里和博茨瓦纳进行了比较。在博茨瓦纳于1966年成为一个独立国家时,其政府为了牛的健康和卫生设施有效地扩大了出口机会,并在会定期摧毁养牛经济的干旱期间提供紧急救济。这些举措给国内所有地区平等地带来利益,并且几乎没有证据表明在公共物品的分配方面存在对某些族群的偏袒。相应地,执政党获得了跨地区和跨族群选区的支持,这反过来又使得议会和内阁能在很大程度上反映人口的族群构成。随着时间的推移,这种包容性的权力配置导致对国家和茨瓦纳多数族群的强烈认同,久而久之,越来越多的少数族群便逐渐融入其中。

在索马里,国家建构的条件就不太有利。英国和意大利的殖民地统一成独立的索马里之后,该国几乎没有能力向国内全体人口提供公共物品。快速扩张的官僚机构由外国援助来滋养,其特点是宗族和血统的庇护主义,以及地方普遍腐败。西亚德·巴雷(Siad Barre)的军事政变只是暂时改变了这种态势。由于缺乏体制能力,他的政权试图通过军事风格的运动来提供公共物品,例如该政权派所有的初中和高中学生到农村去教游牧人口如何阅读和书写,而不是通过全国范围内的基础教育体系来这么做。政府无法以这种方式在索马里的各个宗族之间建立持久的政治联盟。巴雷越来越依赖自己的(以及他母亲的)宗族联盟的忠诚追随者来巩固自己的统治。那些在权力的游戏中失败的人憎恶这种具有族群偏向的权力结构。促使宗族联盟不断变化和军阀混战的内战很快就爆发了。

第四章

第三方面涉及在谈判建立政治联盟时各行为体如何相互沟通。我认为，如果不同的个体间能用共同的语言互相交谈，那么建立跨地区和跨越族群分界线的联系就更为容易。这可降低"交易成本"，易于作出了解彼此意图所需要的努力、解决分歧和谈判妥协，并由此建立持久的信任关系。根据多伊奇早期的国家建构理论，语言分歧因此会导致在一国领土范围内减缓政治网络的扩展。

第四章通过比较 19 世纪早期到 20 世纪末的中国和俄罗斯帝国，说明传播机制是如何运作的。中国的全体居民说不同的语言，这应该使国家建构更加困难。但是信件、报纸、书籍和政治小册子都用统一的文字写成。这种统一文字的本质使得讲不同语言的居民可以轻松地相互理解。在整个帝国时期，经典文字的同质性也使得中国朝廷能够通过书面考试制度招募其管理者和军队指挥官，而没有给帝国中持任何一种语言的人以特权，这反过来又确保了政治、军事精英与整个居民人口一样是讲多种语言的。这个士大夫阶层中的各政治派别也包含了来自所有语言群体的成员，19 世纪后期形成的反帝制民族主义会党成员也都是如此构成的。这些民族主义势力在国民党的领导下于 1911 年推翻了清朝而夺得政权，其权力结构由此仍然是多区域的，几乎没有语言倾斜的迹象。1949 年以后，共产党领导下的中国也是如此。相应地，在多数民族汉族中不讲普通话的各群体从未产生过语言民族主义。汉族被认为是一个族群同质而语言多样的民族。在汉民族中，语言民族主义是沉默的。

然而，在整个俄罗斯的现代历史中，语言民族主义却做过这样的事情，帝国两次沿着族群语言（ethnolinguistic）分界线而解体：1917 年 10 月布尔什维克革命之后，以及 1989 年左右的戈尔巴乔夫改革之后。我会证明，在很大程度上，这是因为很难在一个全体人口所说和所写的语言极度不同的国家内形成政治联盟，这些完全不同的语言包括了芬兰语和德语、俄语和突厥语、韩语和罗马尼亚语，还用不同的文字来书写，包括拉丁文、阿拉伯文、西里尔文和蒙古文。当大众政治时代在 19 世纪后期出现后，政治网络沿着语言界线聚集在一起，因为用外国语言和文字来动员追随者们被证明是相当困难的。通过意第绪语宣传小册子动员犹太人能最清楚地说明这一点。因此,在 19 世纪末和 20 世纪初的俄罗斯,大众政党专门迎合特定的语言共同体,或者他们类似于受到语言限制的联盟网络的拼凑物。民族意识在几十种不同的、由各种语言定义的模子中加以铸造,而不像中国汉民族那样在总体身份中造就。1917 年革命后的苏维埃民族政策通过字母化、用他们自己的语言教育少数民族,以及给予他们在新形成的由语言界定的省和地区特殊的权利,来巩固这种状况。这确保了在这些族群划分中会形成庇护网络。这个整合的多族群民族,即苏联领导人所梦想产生的"苏维埃人"根本无法建构起来。

国家形成和国家建构[①]

进一步回首历史,人们想知道政府提供公共物品的能力和全体居民的语言同质性从何而来。我将论证,它们都是在 19 世纪晚期大众政治时代来临之前以及随之产生的对国家政治整合的挑战出现之前就已经建立的国家遗产。在土著精英能够垄断和集中政治权力的地方,就会出现官僚体系的政府,这些官僚体系政府习得了如何在组织上整合并在政治上控制本国的各个地区。在 20 世纪,或在独立之后,接管政府可以依靠这种诀窍和官僚基础设施,在全国各地公平地提供公共物品。从长远看,政治的中心化还鼓励下属精英及其追随者采用中央精英的语言(或像中国案例那样,采用中央精英的文字),这样既促进他们自己的事业,又宣称拥有与政治中心相关联的声望很"高"的文化。

博茨瓦纳的案例说明了这一点,在前殖民时期和殖民时期,那里的茨瓦纳王国发展成六个高度集中和紧密结合的政体。这些王国政体在独立后被归入一个国家并被国家政府所制服,这极大地促进了在后殖民时期该国官僚机构的公共物品供应。在整个前殖民、殖民和后殖民时期,这些中央集权的小国还促使非茨瓦纳人与主导的茨瓦纳文化和语言同化,从而创造了一个语言更加同质化的社会。在索马里历史上,从未出现过中央集权的政体对其内部土地及占多数的游牧民实行统治。就如第三章所示,这代表着在后殖民时期会形成提供公共物品

---

① 本小节的标题原文是"State Formation and Nation Building",前者是指现代民族国家形成之前的国家(state),后者则是指现代民族国家国际体系形成后由"民族"(nation)来建构的"民族国家"(nation-state),也即本书所研究讨论如何进行建构的"国家"(nation)。——译者注

的障碍。因此,殖民统治常常依赖的中央化的土著国家为成功的国家建构提供了重要的背景条件,因为它们官僚系统的能力和统一的语言,有助于在全国范围内建立联系。

从成对案例研究到大样本定量研究

选择这三对案例是因为它们以最清晰和最有效的方式说明了这三种机制。瑞士和比利时在地理位置、人口规模和语言多样性方面相似,但在 19 世纪上半叶,这两个国家在志愿性组织扩展的程度方面却大不相同。索马里和博茨瓦纳同样有非洲的殖民地经历,其族群多样性程度相似,且均以养牛业为经济基础。但博茨瓦纳的后殖民政府更有能力向广大民众提供公共产品。中国和俄罗斯形成了它们自己的文明引力中心,拥有巨大的讲多种语言的人口,且都从未受过西方殖民统治。然而,中国的精英们用共同的文字在不同的语言环境中进行沟通,而俄罗斯的交流空间却因语言和文字都具多样性而碎片化。

非常明显,这些案例研究并不允许我们视三种机制中的某一种机制比其他的机制更为重要。一旦我们跨越成对的案例进行比较而不是仅在成对之中做比较,这就变得十分明显。索马里人都说同一种语言,而瑞士人在语言上更加多样化,但这两段国家建构的历史却恰恰相反。在瑞士,组织机制似乎已经就如它显示的那样,"压制"了语言多样性机制。这是否意味着组织机制总是压迫其他机制?另一个交叉成对比较则表明情况并非如此。与瑞士相比,中国在 1911 年之前缺乏民间社会发展,但由于共享的文字建立的整合的交流空间,同样出现了类似的跨族群(transethnic)联盟结构。换句话说,当我们仅仅在少数几个案例中进行比较时,其他条件拒绝不变,这是比较社会科学家一直在努力解决的问题。

也许更重要的是,其他因素对于国家建构可能至关重要,却未在国家个案研究中以任何系统的方式被考虑。殖民地经历本身不会导致有什么不同吗?像索马里和博茨瓦纳这样的国家曾经被欧洲殖民国家所征服并为其分治政策所塑造,这可能使这些国家的政治整合的任务比瑞士、俄罗斯或中国更加困难。

或者,难道不是政治制度在确定国家建构的前景吗?瑞士、比利时和博茨瓦纳等民主国家在建立跨地区和跨族群的政治联盟方面可能更容易一些,因为它们的精英需要赢得国内居民中大多数人的选票。相比之下,在罗曼诺夫王朝或苏维埃俄国、中国或西亚德·巴雷领导下的索马里等政权则依赖于较为狭隘的联盟。或者我们也许应该关注全球进程,并论证如果政府受到多元文化正义的全球观念影响,并因此寻求征召来自不同背景的精英,那么这样的政府就会更具包容性。

再或者,国家建构主要不就是经济发展问题吗?如果没有在本国的沙土中发现钻石,博茨瓦纳可能无法如此有效地提供公共物品,而索马里仍然依赖于向沙特阿拉伯出口骆驼和绵羊。或者像瑞士这样宗教和语言边界不重叠的国家建构起来是否更容易?相比之下,在罗曼诺夫俄罗斯,大多数语言少数群体加入了与讲俄语和信俄罗斯东正教的多数群体不同的宗教。如果是这样的话,族群分隔可能会使政治变得更加分裂,国家建构也会因此变得更加困难。或许我们应该采取一种更为好战的观点,并论证与其他国家进行过多次战争、通过全面的战争动员将其人口黏合在一起的那些国家,它们的现代国家建构易于成功。同样,也有可能欧洲国家更容易建构现代国家,因为几个世纪的边界调整和族群清洗(ethnic cleansings)产生了更加同质化的人口,从而促使他们融入一个一致性的民族国家政体。

为了回答上述这些问题,接下来三章转向了另一种分析模式。这三章旨在论证同样的论点,但通过分析大量数据集,其中包含世界上几乎所有国家的信息,由此利用大样本研究的比较作用。这将使我们看到其他一些可能的因素是否确实影响了全球国家建构的轨迹。它还将使我们确定,我的理论所强调的三个机制在瑞士、比利时、索马里、博茨瓦纳、中国和俄罗斯等以外的国家是否都有效。

第五章

第五章聚焦于国家建构的政治整合特征。对于定量分析,我们首先需要测量政治整合成功的程度,以及特定国家的权力配置有何等的包容性。我和几位合著者此前一起收集整理了族群权力关系(Ethnic Power Relations, EPR)数据集(Wimmer et al. 2009),提供了这一测量结果。它使我们能够确定和识别出在国家政府层面没有代表的族群共同体,由此计算出政治上被排斥人口的百分比。[1]这些数据来自1946—2005年的155个国家,几乎涵盖整个世界,除了加勒比海、欧洲和太平洋的一些迷你小国。

在统计分析的第一步,我证明了,在人均志愿性组织很多、政府提供很多公共物品以及居民在语言上是同质的地方,政治整合更有可能。为了使不习惯于统计研究的读者能够接受这种分析的结果,我计算了其他条件保持不变的情况下,在一个普通国家,如果我们将公共物品供应减少到一定数量,被排除在政治之外人口的百分比会有多大的变化。然后,我们可以对志愿性组织的数量和语言同质性进行同样的计算。公共物品的供应将通过铁路轨道的密度和受公立学校系统强烈影响的识字成年人口的百分比来衡量,志愿性组织的发展则通过简单计算人均非政府团体数量来衡量。为了衡量语言同质性,我们可以计算一个国家的两个随机选取的公民说同一种语言的概率。

图 0.1 显示了结果,应该易于解释。每个独立变量由其列表表示,表明如果该自变量增加一个标准差,那么会减少多少政治排斥。标准差测量 2/3 的数据与平均值的差异程度。[2] 例如,平均而言,将识字率提高 28％,则被排斥人口的比例降低 30％。如该图所示,族群政治的排斥与促进国家建构的三个主要因素之间的联系非常强烈。

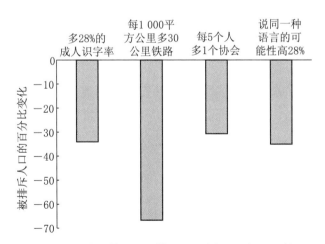

注:这些图表基于表 5.2 中的模型 1 和模型 10,并表示 z 标准系数。

图 0.1　国家建构的决定因素

对于上文简要讨论过的国家建构的其他可能的解释,我没有找到多少证据。虽然民主国家确实比非民主国家更具包容性,但这不是因为民主会带来对少数群体的政治包容。当然,排斥性的政权,例如阿萨德统治下的叙利亚,不太可能过渡到民主,因此保持着专制体制。国家如果过去有着长期的殖民经历;如果受到帝国分裂政策的特别约束;如果继承了奴隶制或定居者殖民主义的种族分化;如果经济上贫穷;如果仍然在少数群体代表的全球理想的庇护之下;如果宗教和语言分歧重叠;或者如果有长期的国家间的战争或族群民族主义冲突的历史,那么这些国家的国家建构将遭遇失败的论点也没有得到什么支持。

在第二步中,我论证了语言上更加同质化的社会以及能够提供公共物品的政府,往往是由之前数百年出现的高度中央集权的国家所形成的,在非洲和亚洲的案例中,即为西方殖民统治之前。这是本书介绍的国家建构的构造理论的另一个关键要素。我依据两个数据集来测量国家权力中央集权化程度。第一个来源于亚洲和非洲的 74 个国家,它们的前殖民政治结构记录在由人类学家们在 20 世纪 50 年代中期汇编的《世界文化地图集》(*Atlas of World Cultures*)中。这种测量方法对于新世界的定居者社会来说没有多大意义,在那里,原有的土著国家在几个世纪前就被瓦解了;对于欧洲来说,欧洲的国家要么保持独立,要么在许多代以前就被并入了罗曼诺夫王朝、哈布斯堡王朝或奥斯曼帝国。第二个是由经济学家收集的数据集,涵盖 141 个国家并测量在 19 世纪下半叶原住民国家控制当今现代国家领土的程度。这一测量对于美洲、太平洋以及欧洲的移民社会同样有意义。统计分析表明,19 世纪下半叶由中央集权化政府统治的国家在第二次世界大战后能在国内提供更多的公共物品,其语言多样性也较少。

第三步是通过探询这些当地原有的高度中央集权化国家来自何方,来追溯更久远的历史。我将以一种更为试验性的方式来评估关于领土国家兴起的一些经典论证,从蒂利的著名论断"国家制造了战争,并且战争又制造了国家"到更近期的国家形成的人口和地理理论。我发现蒂利式的观点很可能适用于西方国家形成的历史,但不适用于世界其他地区。在西方以外,拥有高高山脉和深深谷地的国家似乎已经发展了中央集权,也许是因为农民无法通过迁移而逃离,国家建构者们因此而更为成功。在世界各地,人口密度高到足以支撑中世纪末期的非生产性政治精英的地方,后来就出现了中央集权的领土国家。通过这一分析,我们得出了地形和历史前因等因果力,这些因素不可能受到当代国家建构的影响。用社会科学术语来说,它们可以被认为是"外生的"(exogenous)。因此我们可以停止在历史道路上拖延,避免进入无限倒退的黑暗领域。

第六章

第六章聚焦于国家建构的第二个方面:人们对国家的认同和对国家的忠诚程度。在具有由相似的多数族群或少数族群组成的包容性统治联盟的国家,民族主义应该更受欢迎。那些与中央政府交换网络紧密相连的人与那些被视为二等公民而在国家层级政府中没有任何重要代表的人相比,应该会更发现那种认为民族/国家(nation)是一个团结一致和共享政治命运的大家庭的想法是合理的。

为了考察探讨这一假设,我与我的研究助理团队一起,收集组建了一个数据集,该数据集基于全球 123 个国家,约占世界人口约 92% 的具有代表性的调查。所有的调查都包含同样的问题:"你作为自己国家的一位公民有多自豪?"我把这个问题作为一个粗略的指标,用于表明个人在多大程度上内化了社会世界的民族主义观。通过将这些调查中的族群背景问题与族群权力关系数据集中的族群列表相联系,我们可以探询被排斥的群体是否较少认同其国家,从而通过群体层面的分析来证实整体层面的论点。64 个国家内的 223 个族群可能适用于这样的研究。

根据交换理论的论点,更具排斥性国家的公民对他们的国家不那么自豪。在族群层面,受歧视群体的成员对他们自己国家的自豪感远远低于在国家层面得到代表的群体。平均而言,在从 1(根本不自豪)到 4(非常自豪)的自豪尺度上,受歧视的个人比得到代表的个人低 1.5 分。在一个更动态的分析中,我还证明,最近失去权力的群体比其他群体更缺乏自豪感,因为他们与中央政府的交换关系不太有利。

第七章

第七章侧重于本书的中心思路。本章把公共物品供给作为加强国家建构的三个关键因素之一进行着重讨论。经济学和政治学的大量文献认为,族群多样性会阻碍公共物品的提供。一些作者认为,这是因为个人无法跨越群体边界轻易合作,而另一些人则认为他们无法就国家应提供什么样的公共物品达成一致。

然而,以本书所倡导的长期和历史的观点来看,在语言多样性和公共物品供给程度低之间产生统计关联的因果过程是不存在的。

相反,正如前面几章所论述的那样,高度多样性和提供公共物品的低能力都会出现在没有中央集权国家历史遗产的社会中。第七章通过统计分析论证了这一点。一旦我们在方程式中包括对国家过去中央集权水平的测量,多样性和公共物品供给之间的统计相关性就会消失。这可以通过对公共物品供应的一系列不同测量和对多样性的一系列不同测量来证明。

因此,本章提出应重新审视多样性与公共物品供给之间的联系,并将这方面的研究纳入长期的、历史的视角之中。总的来说,本书认为多语言人口在国家建构中取得成功的可能性确实较小,但正如第七章所示,这并不是因为多样性对公共物品的供给不利,而是因为如果公民说许多不同的语言,则在一国的领土范围内建立政治网络会更加困难(第四章和第五章)。然而,正如许多经济学家会认为的那样,多样性与地形不同,不是人类交互领域之外的"外生"变量。多样性不是命运,而是历史的产物。它在国家形成和国家建构的长期过程中被内生地(endogenously)转化和变更。

第八章

最后一章梳理了前面几章的分析所产生的政策意涵。如果民主不是国家建构的理想处方,那么外人可以做些什么来将一个国家的人们团结在一起?能做的并不是那么多,这是本书的答案,是建立在长期历史的视角之上的。毕竟,诸如继承中央集权国家地位的传统之类的历史遗产是不能事后操纵的。此外,如果国家建构确实是由本书确定的三个缓慢移动的力量所驱动的,那么国家建构需要时间。在后殖民时代,任何外部力量都没有足够的合法性或必要的耐力来持久等待政治联盟网络在不同的领域蔓延。最后,从外部提供公共物品并不能像国家政府通过提供安全、教育、基础设施、医疗设施等那样有效地建立这种政治联盟网络。

第八章以阿富汗的调查数据为基础,实证地论证了这一点。在过去十年中,各种公共物品项目确实鼓励了那里的人们认同自己是阿富汗国家的成员,而不是某个族群或穆斯林成员。这为公共物品供应如何促进国家建构提供了一些直接证据。相比之下,由国际非政府组织或美国军方提供的公共物品项目远非国家建构的有效手段。此外,外国赞助的项目甚至增加了对塔利班的支持,而不是像"赢得人心"战略所预期的那样减少对塔利班的支持。

这些警示性说明并不应该让我们得出结论认为,根本不能做任何事情。第一,外部行为者可以通过国家政府引导资源,尽管这可能首先意味着投资于他们的提供公共物品的能力。诸如世界银行等国际发展机构长期以来一直专注于这种能力建设,并且已变得更擅长此道,尤其是因为与许多西方政府相比,它们并不遵循直接的政治议程。因此,对这些组织的支持可能是促进全球南方的国家建构最有希望的方式之一。外部行为体也可以继续支持志愿组织,这些组织为族群恩庇网络提供了替代方案;他们可以帮助资助建立强大的公立学校系统,以教育孩子们掌握本国语言。

第二,即使历史条件不利,政治技艺也可以帮助整合一个国家的人群。第八章的统计分析表明,一些国家在政治上融合多元化人口方面做得相当不错,尽管这些国家缺乏政治中央集权的历史,提供的公共物品也很少,并且要对多语言的人口进行治理,或仅有很少的志愿性组织。其中的许多特殊国家由致力于包容性国家建构计划的熟练国家领导人长期进行管理。

第三,外部行为者可以识别这些领导者,并在政治上支持他们。在一些国家,致力于国家建构目标的政治运动可能已经在与排斥性的、族群主义的政权作斗争。对这些政治运动和领导人的外部支持可能最终会导致更具包容性的权力格局,从而促进未来的和平与繁荣。遗憾的是,在绝大多数当代冲突中,识别这种政治力量是非常困难的。外部支持甚至军事干预虽然从短期外交政策的角度来看可能是权宜之计,但是如果当地的政治家们尚未致力于实现国家建构这一目标并且不能集聚足够广泛的联盟来实现这一目标,那么从长远来看,这些外部支持和干预可能无助于国家建构。

定位论证

我将比较我的总体论点与最近社会科学研究中占据突出地位的其他论点,

从而总结本绪论。本书的理论和实证的发现可以很容易地用图形来表示(参见图 0.2)。本书的前半部分阐明主要的机制如何形塑三对国家案例的历史发展,后半部分使用统计技术和全球数据集来确认这些机制对世界各国的平均影响与效应。

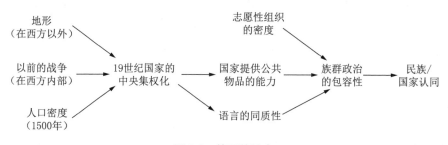

图 0.2　简要的论点

在将本书与广义定义的相同领域内的其他著述进行比较时,主要关注点的某些差异变得很明显。查尔斯·蒂利(Charles Tilly 1975)及其后的一系列作者(Vu 2009)对近代早期中央集权国家的崛起感兴趣。在本书中,我聚焦于早期中央集权国家对 19 世纪和 20 世纪民族/国家整合前景的影响,以及聚焦于过去的国家中央集权对当前的国家建构产生影响的机制。许多关于民族主义的文献都探询民族主义出现的原因并确认其形成的主要结构性力量,比如印刷资本主义(Anderson 1991)、工业化(Gellner 1983)、政治现代化过程中从间接到直接统治的转变(Hechter 2000),或者在将古代族群传统重置于民族主义叙事中的知识分子的作用(Smith 1986)。在本书中,我不询问为什么世界的各种民族主义愿景会出现,而是询问它们随后在多大程度上被人们所实现和采用。

其他有关国家建构的探讨方法聚焦于快速前进的当代过程,例如精英与其选区之间建立联盟的逻辑(Slater 2010;Roessler 2011),或国际行为体的作用,例如敌对国家所扮演的角色(Mylonas 2012)。本书提出的国家建构理论突出强调结构转变,而不是寒来暑往。从长远来看,关系网络是进化的,并且相对独立于全球的推测、国际干预或联盟政治,所有这些都重塑而不是从根本上改变政治发展的方向,就如我们将在案例研究中看到的那样。

一些著名的理论家已研究了偶然事件(Sewell 1996)、政治运动与国家之间的跨国联系(Subrahmanyam 1997)或者政治领导(Read and Shapiro 2014)如何形塑各种历史轨迹。本书的六个案例研究当然包含大量材料来支持这样的历史观:瑞士和比利时深受法国大革命的影响;索马里的西亚德·巴雷与苏联建立了深厚的联系;中国的民族主义者受到了通过日本所获得的欧洲思想的启发;没有拿破仑,比利时的历史也许会走另一条道路;如果博茨瓦纳没有其才华横溢的第一任总统,它可能看起来不会像今天那样。但是,本书将其他的结构性力量放在限制范围内,在这一范围内,各种事件、跨国影响和意志坚强的个人能够移动历史轨迹。如上所述,在这些结构性力量不利的情况下,政治技巧可以在某种程度上提升国家建构的前景,但却只能在这些力量确定的范围之内行事。若要将此变成一个隐喻的图像,我最感兴趣的是为什么世界的某些地方是被某种植被所覆盖,而不是解释某一特定的鹿群(偶然)穿过森林。

在两本寻找对长时段内社会的"成功和失败"进行解释的畅销读物中,意外偶然事件扮演着至关重要的角色。这两本书值得作更进一步的讨论。两本书的实证重点再度略有不同。阿西莫格鲁和罗宾逊的《为什么国家会失败》(Acemoglu and Robinson,*Why Nations Fail*,2012)主要对经济增长感兴趣,而福山的《政治秩序与政治衰败》(Fukuyama,*Political Order and Political Decay*,2014)试图理解为什么有些国家在几个世纪以来保持稳定而有些国家则陷入无政府状态。根据阿西莫格鲁和罗宾逊的说法,经济在有利的制度环境中发展:个人财产权得到保障,政治制度基础广泛且具有包容性。资本主义民主国家通过熊彼特(Schumpeter)的创造性破坏为创新和生产提供动力,形成维持高增长率的必要经济动力。

同样,福山明确了稳定的国家所具有的三个特征。它们需要具备政治权力和有能力的政府管理部门:没有官僚的国家做不了多少事,在其领土内没有建立暴力垄断的国家也做不了什么事。各国政府还应该响应广大民众不断变化的观点和利益,最好(但不一定)是通过定期的多党选举来实现。最后,一个稳定的国家是建立在法治的基础上的:公正的官僚们公平地遵守法律规定而不偏袒他们的家庭、亲属或部落。

这两部作品都没有提供太多的因果论证,却像食谱书一样提议:要有一个成功的社会,你需要有 X、Y 和 Z 等成分。但是,两本书没有分析为什么历史这位主厨会将某些成分放入这个社会的锅中，而将其他成分放入另一个锅中。阿西莫格鲁和罗宾逊的观点在这方面更为明显：他们认为，可以没有这样的分析，因为作为主厨的历史是随机组合各种成分的，这一观点得到了经济学同行的掌声（Boldrin et al. 2015）。为了说明作为纯粹的偶然性历史理论意味着什么，请想象一组实验室老鼠，每只代表一个不同的国家，在食物稀少的迷宫中四处奔跑。一些老鼠完全出于巧合，最终会撞到一扇门，挤过去之后发现自己处于一个有很多食物的良好制度环境中。其他不太幸运的老鼠则继续挨饿。

然而，如果与强烈的路径依赖（path dependency）观念相结合，这个观点也仅限于某种真正的理论：幸运老鼠能挤出去的开口必须是单向门。但就如阿西莫格鲁和罗宾逊所展示的那样，历史充满了逆转。近代早期威尼斯拥有良好的制度，但随后出现了坏的制度。在凯撒终结罗马的原始民主之前，罗马走在正确的轨道上。因此，在历史的实际情况中，迷宫里的门是双向的。有些老鼠很幸运，能够穿过通向制度化天堂的大门，另一些老鼠则从未碰撞到这扇大门，还有一些老鼠发现了这扇门，却通过另一扇门回到了稀缺的境地。国家的"成功"或"失败"很随机，我们不太知道为什么。

本书提供了一种更为确定的历史观。实验室中的所有老鼠并非都是一样的。有的老鼠比其他老鼠胖——我冒着过度引申的风险继续使用这个比喻。肥胖的大老鼠穿过通往国家建构大门的可能性始终低于瘦老鼠最终到达那里的可能性。用更实质的术语来说，诸如索马里这样的在 19 世纪晚期还有没形成国家的社会，最终将在 150 年后从政治上整合为现代国家的可能性要远低于中国，而中国有两千年的国家中央集权化历史。下一章将更详细地概述这一理论。

【注释】

[1] 这种测量并非没有问题。它无法区分族群战争结束后，中央的权力共享是从外部强制执行的（如波斯尼亚），还是在没有外部干预的情况下通过合作和联盟建设而产生的（如瑞士）。显然，波斯尼亚不应被视为一个国家建构成功的案例，因为塞尔维亚、穆斯林和克罗地亚精英之间的权力共享安排将在没有外部执法的情况下迅速瓦解。为了检验这个问题是否超越了具有启发性但特殊的波斯尼亚案例，从而具有系统性，我使用了一个通过谈判而结束的内战的数据集（Hartzell and Hoddie 2003）。10 个国家在族群内战结束后，在第三方的执法之下通过权力共享安排而进行治理，与波斯尼亚的案例大致相当。这些国家的权力配置难以与其他所有的国家作区分。因此，强制的权力共享总体上不会带

来更具包容性的安排,如在波斯尼亚。如果我们把这 10 个国家在达成战争和解后的几年排除在外,所有的主要分析基本保持相同。

　　［2］例如,识字率的标准差为 28％。1945 年以来,世界上每个国家每年测量的所有识字率中 2/3 的数据与成人识字率 65％的全球平均值相差不超过 28％。换句话说,2/3 的识字率数据介于 37％—93％之间。如果我们将普通国家的识字率提高 28％,现在就可以计算出被排斥人口所占比例平均要低多少。使用标准差允许我们比较以不同单位(例如百分比、千米或美元)测量的变量的统计关联的大小,并且显示这些变量或多或少的变化。

第一章　关系理论与嵌套方法

定义国家建构

与社会科学中的大多数其他概念一样,对"国家建构"的定义并没有共识。然而,大多数学者都认为,国家建构势必需要民族/国家认同:公民超越他们对某个族群、部落、村庄共同体(village community)或宗教的依恋,开始将自己视为民族/国家共同体(national community)的成员并对他们同民族的人怀有忠诚感。但共识仅到此为止。

在斯坦·罗坎(Stein Rokkan)有影响力的作品中出现了一条思路(参见Flora et al. 1999)。在该思路中,民主和福利国家是国家建构的重要工具,但也是重要的后果。今天我们仍然可以发现这种广泛的理解,例如,在那些专注于民主化层面的美国外交政策制定者之中(Dobbins 2003—2004;Fukuyama 2004)或在那些强调支持国家建构的教育、福利和基础设施政策的政治经济学家之中(Miguel 2004)。

另一种思路则将国家建构视为公民与国家之间权力关系的问题。这是我在本书中假设的观点。它首先出现在莱因哈德·本迪克斯的著作中,对他而言,"国家建构的中心事实是全国范围内公共权力的有序运作"。他继续说道:"私人对公共利益及私人对公共决策的一些从属性因此是政治共同体的必要条件。政治共同体的成员在交换某些公共权利时,更隐含而不是更明显地同意这种从属关系。"(Reinhard Bendix 1964：18—19)因此他经常被引用的书籍是《国家建构和公民身份》(*Nation-Building and Citizenship*)。勒内·勒马尔尚更明确地追求这种交换理论的论证。他提出：

> 那些审视非洲的国家建构过程的新观点为：从群体和个人之间互动的传统模式之微观政治观点来看，国家建构与其说是变为一种与可用环境材料脱离而构造的、唯意志论的模式，还不如说是变为如何最好地将存在于地方和区域层面的离散垂直团结扩展到国家层面。(René Lemarchand 1972：68)

换句话说，与本书类似，勒马尔尚将国家建构理解为通过国家与公民之间建立环绕的交换关系的政治包容过程。相应地，国家层面的民族认同将从这样的关系中得出，即公民不再将他们自己首先定义为某个行会、城市、村庄、部落或族群的群体成员，而是引用安德森的著名理论（Anderson 1991），更多地将自己定义为（建构现代国家的）民族这一想象的共同体的成员。

在国家建构的硬币两面——政治整合和认同，国与国之间存在着很大的差异。在法国等一些国家，个人已不再过于关注他们的地区、地方、行会或族群身份认同，并将国民（nationals）视为自己最重要和最主要的身份。形成对照的是，比利时人认为自己最重要的身份是瓦隆人或佛兰芒人，而不是比利时人。国家建构的政治整合方面也同样如此，如图 1.2 显示的那样。在一些国家，某些大型族群仍然被排斥在从政府的席位一直延伸到基层腹地村庄的政治联盟和支持网络之外。在叙利亚，阿萨德部族和他们的阿拉维派同胞在过去几十年里一直坚定地控制着高级别的政府和军队的职位。与逊尼派或库尔德人相比，阿拉维派在低级别政府职位中的人数也明显过多（Mazur 2015）。在其他社会中，出现了更具包容性的权力结构，绝大多数公民被纳入以国家级政府为中心的联盟和支持网络之中。包括瑞士、马来西亚和布基纳法索等都是很好的例子——这些国家都是族群异质性国家。

为了进行说明，图 1.1 展示出权力配置的包容性和排斥性。圆点代表政治行为体（组织或个人），直线描述交换关系，位于图中较高处的行为者拥有更多的政治权力，那些处于顶端的代表国家层面政府。有两点需要说明。第一，图 1.1 所示的两个国家具有相同的族群人口特征：它们由多数族群（灰色圆点）和少数族

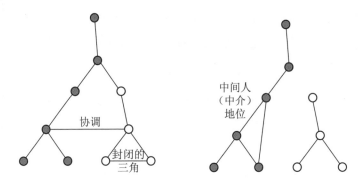

图 1.1　包容性(左)和排他性(右)的权力配置

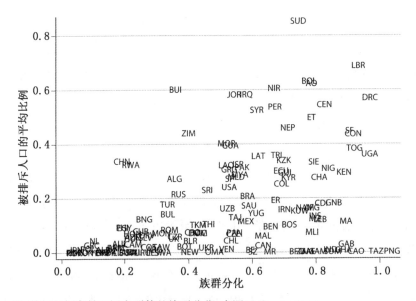

注:数据包括宗教和语言群体的族群分化,来源于 Fearon 2003。

图 1.2　世界各国的国家建构和族群多样性(1945—2010 年)①

群(白色圆点)组成。这说明族群多样性和族群包容性是不同的概念。图 1.2 显示,这两者还需要经验地区分,之后的章节将对此进行更全面的解释和探讨。纵轴报告了在中央层面政府中没有代表的族群共同体的人口比例。它粗略地测量了国家建构成功的程度(比例越低越成功)或失败的程度(如果它很高)。横轴代

---

① 图中各国国名英文缩略语的中文翻译参见译者所做的附录"世界各国三字母代码一览表"。——译者注

表一个国家的族群多样性,以两个随机选择的个体具有相同的族群背景的可能性来测量:1 为完全同质的国家,0 为每个个体都属于不同的族群。从图中可以清楚地看出,正如我们将要详细讨论的那样,国家建构和族群多样性可能彼此相关,但它们在概念上是截然不同的。

第二,政治包容和国家建构也需要与民主化区别开来,这与诸如多宾斯2003—2004 年的著述(Dobbins 2003—2004)以及许多决策文献所说的截然不同。在一党制政体中,比如通过族群的支持网络也能组织少数群体获取国家权力(如布基纳法索;Rothchild 1986)。完全民主的国家可以是排斥性的(例如直到民权改革之前的美国就是这样),非常不民主的国家也可以更具包容性[例如在费利克斯·乌弗埃-博瓦尼(Félix Houphouët-Boigny)担任总统期间的科特迪瓦;参见Rothchild 1986]。图 1.3 显示出这一情况,其中横轴现在描述的是国家民主的程度。测量的范围从完全不民主的-10 到完全民主的+10。如图所示,同样民主(或不民主)的国家在国家建构方面可能会取得非常不同程度的成功。我将在第五章中实证地分析民主与国家建构之间可能存在的关系。在这里,我只想提出一个更为简要的观点,即国家建构和民主化需要被视为不同的现象。

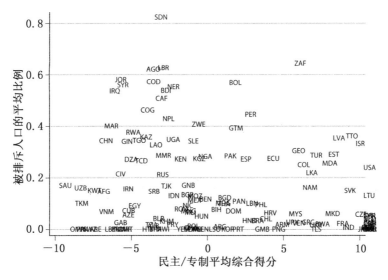

注:数据来源于政体数据库(Polity IV)。

图 1.3 世界各国的国家建构和民主(1945—2010 年)

国家建构的关系理论

我们如何解释为什么在政治上整合多元化人口的程度以及这些人口对国家的认同程度上，不同的社会之间会有如此大的差异？许多政治学家（例如，Diamond 1995）认为，民主或特别的民主制度，最著名的就是比例代表制和议会制（Lijphart 1977），为政治家提供了建立大型多族群联盟以赢得选举的动力。总的来说，这应该导致更多元化的、包括少数群体代表的管理精英。还有一些政治学家则指向殖民主义的遗产：作为其分而治之策略的一部分，殖民政府经常招募少数族群成员进入官僚机构、警察部队或军队。其范例就是卢旺达的图西人和锡兰的泰米尔人（Horowitz 1985：第 11—13 章）。这些少数族群同样也主导后殖民政府，从而导致族群政治权力赤裸裸的不平等结构（Chandra and Wilkinson 2008）。

另有学者认为全球化起着重要作用。联合国等国际组织、国际生存组织等全球运作的倡导性团体，以及欧盟等超国家机构等已经为如何让少数族群进行政治发声设定了新标准（Kymlicka 2007）。越来越多地面临这一新的全球机制的各国政府承受着内部改革的压力，在国会给予少数族群代表权，在内阁中为代表不足的群体留出位置，等等。随着时间的推移，面对全球少数群体权利机制的现实会导致更公平的代表性和更加包容的权力配置。

还有一些作者观察了那些对自己的政治生存很感兴趣的政府领导人的算计。如果这些领导人有充分的理由担心联盟伙伴会在未来的政变中或通过要求大选，将他们从权力位子上驱逐出去，他们可能会选择先发制人地将他们的竞争对手赶出政府。在统治精英联盟内部的承诺问题难以摆脱的环境中，排斥由此产生（参见 Roessler 2011；其他有关精英讨价还价的论点，参见 Slater 2010；North et al. 2009；Acemoglu and Robinson 2006）。

除了研究殖民遗产的方法之外，这些不同的理论都强调相对短期的因素和过程。独裁政权可以转变为民主制，民主政权则会在政变中被推翻。选举议会的比例规则可以取代原有的多数派，或者反过来。精英的讨价还价来来去去。各国可能会欣然接受全球的少数群体权利话语，或者如果政府更替，则也可以拒绝接受。全球的霸权文化本身也会发生变化，就如最近对多元文化主义的放弃和新同化主义的兴起那样(Brubaker 2002；另见 Loveman 2015a)。

相比之下，本书认为，长期且更缓慢的政治发展过程对于解释族群政治的包容和国家认同至关重要。本书采用关系视角[1]，专注于在国家精英和公民之间的联盟和支持关系有可能跨越一个国家的整个领土，从而能跨越族群分界的各种条件。这些影响深远的联盟一旦被制度化并被视为理所当然，就会鼓励个人将自己首要地认同为建构国家的民族共同体的成员，民族主义的思想和感情框架将深入大众意识。接下来将解释这样的过程是如何形成的。

1. 国家建构与政治发展。

根据交换理论的原则［exchange theoretical principles①，参见 Blau 1986(1964)］，我首先打下相关论证的理论基础。我们可以将国家与全体公民之间的交换关系分为三个基本且不可简化的方面。政治经济方面是指他们交易的资源。组织方面描述了他们的关系是否制度化以及如何制度化。他们之间的意图和信息交换代表的是沟通方面。对于每个方面，我们都可以构想出一个假设，该假设为我们所期望的交换关系能跨越族群界线而指定条件，由此在整体上导致国家建构。

公共物品的提供。国家层级政府的代表们提供公共物品并影响政治决策，相应地，非精英个人和组织作为回报可以在政治上支持政府(包括通过投票)、提供军事服务(例如在普遍征兵系统中)，以及减少他们对征税的反抗。[2]如果国家有能力提供公共物品，统治精英就代表更有吸引力的交换伙伴。越来越多(来自任何族群背景)的非精英个人和组织都希望与国家精英建立联系，提供军事、政治和财政支持。换句话说，在能够提供公共物品的国家，国家建构较为容易(Kroneberg and Wimmer 2012；相关分析参见 Levi 1988)。

相反，能力较弱国家的统治者将不得不限制他们可以提供公共物品的公民范围——如果教育部缺乏足够的资金支付给教师，那么不是每个村庄都能有小

---

① 这里指社会交换理论(social exchange theory)的原则。社会交换理论是社会交往研究中最具有影响的理论。该理论对社会交往中的报酬和代价进行分析，认为那些能够给我们提供最多报酬的人对我们的吸引力最大，且我们总是尽量使自己的社会交往给自己提供最大报酬。然而，为了得到报酬，我们也要付出报酬，因为人类社会的原则是互相帮助，别人给了你好处你要回报，社会交往过程因此可以说是一个交换过程。——译者注

学。由于在现代民族国家中,政府管理精英应该关心"他们自己的人民",因此他们将为具有自己族群背景的个人和社区提供特权。公共物品由此成为族群的肥肉(参见 Fearon 1999;或者参见康格尔顿的术语"排他性的俱乐部物品",Congleton 1995)。联盟网络将沿着族群分界进行划分,部分人口将始终与以政府管理精英为中心的交换网络相脱节。

关于族群性和恩庇之间关联还有其他的解释。费伦(Fearon 1999)坚持认为,族群标记比阶级成员的标志更"黏"——一个人的肤色或流利的语言不像一个人的衣服或汽车那样容易改变。这使联盟的建构者能够阻止过多的个人加入恩庇网络,从而稀释其利益。[3] 由此,恩主和被庇护者以族群为基础理性地选择建立他们的关系。同样,钱德拉(Chandra 2004)认为,与其他类型的社会类别(比如宗教、专业或阶级)相比,个人的族群背景更容易从面部特征、姓氏或言语模式中辨别出来。当有关政治家未来行为的信息有限并且基于政治计划的投票因此成为问题时,选民就能够形成某种恩庇主义联盟。

这两个论点都有道理,但不容易被归纳推广。首先,许多族群分类系统具有分段嵌套结构(某个赫蒙族人是越南人,也是亚裔美国人,又是美国人;参见Wimmer 2008;附图 6.1)。这在非洲尤其如此(Scarritt and Mozaffar 1999),在非洲,恩庇政治普遍存在(Bratton and van de Walle, 1994)。在这种情况下,族群性不能为限制恩庇联盟提供稳固的界线。此外,在许多环境中,族群成员资格不容易从政治家的面孔或名字中读出,许多族群恩庇体系也不是以投票为基础的(参见 Rothchild 1986)。

志愿性组织。 组织方面涉及资源交换的不同渠道。它们可以是非正式的(例如在恩庇网络中),也可以正式化为组织之间的关系(例如在政党之间的联盟中)。如果交换关系建立在志愿性协会的网络之上,比如俱乐部、工会、政党青年组织、合唱团等,那么更有可能跨越族群边界。族群性将不那么政治化,统治精英则更加多元化。为何会如此这般呢?

协会的网络包含许多水平"协调"位置(Hillmann 2008)和许多封闭三角形(Baldassari and Diani 2007),如图 1.1 所示。相比之下,恩庇结构则建立在垂直的经济人结构(Gould and Fernandez 1989)和开放的三角形之上(经典作品参见Scott 1972):被庇护者与他们各自的恩主联系,而不是彼此之间联系。当存在着许多志愿性组织时,政治联盟趋于横向伸展而跨越族群分界,因为不同族群背景的协调者很容易相互联系起来。相反,恩庇关系从底层向顶层伸展,而不是连接具有相同政治地位的个人。因此,它们往往造成而不是弥合族群间的分隔,致使国家建构更为困难。

显然,这代表着一种趋势而不是一种规律。在某些案例中,其他组织渠道被用于建立跨越族群分隔的联系。在塞内加尔,穆斯林苏菲派修道会(marabout)①的宗教领袖早在独立之前就建立了当地的赞助网络。这些联盟提供了超越该国主要的族群分裂的联盟网格。塞内加尔独立后的主要政党依靠这些网格动员选民并组建多族群联盟(Koter 2013)。在其他情况下,恩庇主义也能跨越而不是加强族群界线。在印度,党派恩庇主义有时胜过族群偏袒,并导致包含各种政治联盟的跨族群网络,尽管族群配额制度为动员特定族群选民中的追随者提供了强大的动力(Dunning and Nilekani 2013;更广泛的分析,参见 Scott 1972)。

但塞内加尔和印度是相当特殊的案例。在塞内加尔,苏菲派在现代民族国家出现很久之前就以持久的方式预先建立了政治联盟。这种制度化良好且影响深远的网络很罕见。印度的种姓群体太小,无法在国家层面有效地积聚政治利益。这鼓励政治家们在全国性的恩庇主义政党内建立多族群联盟。坦桑尼亚和巴布亚新几内亚等其他非常异质化的国家的情况也可以这样来解释。

语言的同质性。沟通方面涉及行为者如何交换有关他们相互间提供和要求得到资源的信息。沟通基本上代价高昂。当个人说和写不同的语言时,启动和稳定交换关系会更困难,因为很难弄清楚他人的资源是什么,她要求什么,以及她的意图到底是什么。反过来,这又使得相互信任变得更加困难(这方面的经验证据,参见 Knack and Keefer 1997:1281)。当建立联系和信任他人更加困难时,联盟网络往往不那么深远,因此这样的网络也不太可能纵横交错于一个国家的整个领土。换言之,语言的多样性会减缓国家建构。

在半个多世纪前,多伊奇(Deutsch 1966)已经提出了这一点。他认为,成功的国家建构取决于人口的均等"社会动员",并且这种动员受到诸如语言差异等沟通障碍的阻碍。然而,本书有关中国的章节则表明,用不同的语言读取的共同

---

① *marabout* 是指由北非伊斯兰教隐士或修士组成的修道会。——译者注

的书面文字可以弥补诸个体在讲话交流时不能相互理解的问题。在这种书写系统出现的极少数情况之下,书写的同质性可以克服语言异质性的问题。对于每个人都能完全流利地使用通用语的多语种社会也是如此。因此,交际障碍并不总是呈现为语言界线的形式,但是通常如此。

也许这是停下来并借机将此论点与其他有关语言多样性如何与国家整合有关的研究方法进行比较的好时机。在本尼迪克特·安德森(Benedict Anderson)有关民族作为想象的共同体而出现的著名叙述中,本土语言的大众识字率起着至关重要的作用。新兴的阅读公众共享一个叙事体系,该叙事体系是由报纸、书籍和用流行习语写成的小册子等建立起来的,这些大众很快将自己想象成一个拥有共同起源和未来政治命运的共同体(Anderson 1991:第3章)。言外之意,语言异质性将使得创建一个统一的国家变得更加困难——这和我的观点相当一致。

安德森还预见到第二种机制来解释为什么在拉丁美洲没有出现单一的一个讲西班牙语的国家,以及为什么在西非创建单一的一个法语国家的尝试也失败了,尽管能读能写西班牙语或法语应该使得想象形成这两个大型共同体很容易。但土著的、低级官僚的政治视野仅限于西班牙或法兰西帝国的一个特定省份。他们的职业生涯被限制在后来成为墨西哥等的殖民地区,并且他们从未见过布宜诺斯艾利斯或拉巴斯的同事。因此,他们将各省想象为国家,而不是将西属美洲或法属西非的整个领域想象为国家。

与安德森的研究方法相比,我的政治网络研究方法对为什么民族/国家认同与语言边界有时一致、有时不一致提供了一个更简约的解释。政治联盟网络的覆盖范围——而不是用共享语言沟通本身——变得至关重要。在这些网络受到诸如帝国各省份等政治边界限制的地方,民族主义者们就分隔了共享语言的空间,就像在拉丁美洲一样。在帝国领域内的语言障碍阻碍了这种联系的建立,语言共同体就被设想为建构国家的民族。这就是在罗曼诺夫俄罗斯所发生的事情。如果民间社会很早就繁荣,就如瑞士那样,或者国家在提供公共产品方面能力卓越,政治网络就跨越族群的分界,建构国家的民族就被想象为讲多种语言的群体。换言之,政治联盟网络的轮廓决定哪些共同体将成为建构国家的民族。

基思·达登的书(Keith Darden 2013)同样值得在这里进行简要的讨论。他也将大众识字率与民族主义联系起来,但与安德森的方式不同。他主要关注东欧和俄罗斯,认为当一群人首次按字母来标示后,这群人将坚守在其集体意识中被反复灌输的民族认同。他认为,大众教育和识字率并不缺乏政治内涵,而是带有一种特定的民族主义世界观。这种民族主义的叙事随后在家庭中世代相传,并且之后以不同的民族主义精神写成的学校课程不能将其改变。他论证道,首先受到奥匈帝国的乌克兰民族主义者的教育的乌克兰人发展并保持了乌克兰民族意识,而被灌输泛俄罗斯民族主义的乌克兰人则成为俄罗斯人。因此,这意味着,如果整个人口以相同的民族主义信息在相同的课程中接受教育,那么国家建构将会更加成功,而不管这些人口实际使用的语言为何。

我想扭转一下这个论点,把它与上面讨论的国家建构的第一个机制联系起来。给文盲和多语言人口扫盲需要相当大的国家能力,就如苏联、中国和其他共产主义国家开展的扫盲运动所显示的那样。很可能个人忠于这些国家,并认同其民族主义计划,是因为他们获得了公共物品,而不是因为民族主义的灌输。

根据达登的观点(并且极度反对民族认同的建构主义理论),一旦一群人已经认同某个现代民族国家及其民族主义计划,以后他们的身份认同确实将难以改变。然而,我会提出,正如达登所看到的那样,同化到另一个民族/国家并非不可能。那些在提供公共物品方面更为成功的继承国家,从长远来看,可能会很好地获得以前认同另一个民族/国家共同体的人口的忠诚。南斯拉夫人变成塞尔维亚人或克罗地亚人;在宾夕法尼亚州或威斯康星州的德语学校接受教育的德国人会同化进入美国的主流社会。

2. 国家建构之前的国家中央集权化。

总结一下到目前为止所提出的论点:提供公共物品的强大国家能力、发达的志愿性组织以及低沟通障碍,使得统治者和被统治者之间的政治联盟网络能够在本国领土上传播。在第五章中我将根据实证评估,因果箭头是否也可能指向另一个方向:国家建构为志愿性组织的繁荣提供了肥沃的土壤,增强公共物品的供应并同化形成共同语言。就目前而言,我将这种复杂性放在一边,转而将分析进一步推回到历史之中。

我们如何解释为什么不同的社会一旦获得国家独立,有的有较多的语言同质性有的则较少,有的拥有许多志愿性组织有的则很少,并且在国家提供公共物品方面存在着能力上的不同？我认为，语言同质性和提供公共物品的能力都受到在国家建构的尝试之前中央集权国家是否已经出现的影响（与 Englebert 2000 观点相一致；Bockstette et al. 2002；Gennaioli and Rainer 2007）。对于欧洲、新大陆的殖民地、奥斯曼帝国，以及日本和中国来说，这是指 1875 年前后，在公民大众被带入政治舞台和国家建构成为的议事日程之前不久，中央集权国家是如何形成的。然而，国家建构的历史水平并未影响促进国家建构的第三个条件：志愿性组织的发展。另一方面，志愿性组织经常作为对始终更具侵入性且不断扩张的国家的反应而如雨后春笋般出现，就像 18 世纪西欧许多绝对主义政权中所出现的情况那样（Mann 1993）。然而，在许多其他的案例中，中央集权程度高的国家有效地抑制了这样的组织。正如我们将要看到的那样，在帝制中国和俄罗斯以及在法国和荷兰统治下的比利时就产生了这种情况。总的来说并且平均来说，这两个历史趋势由此相互抵消，并且在之前的国家中央集权与当代公民社会之间没有产生明确的联系。

为什么 19 世纪的中央集权国家在第二次世界大战后留下了语言同质性的遗产？首先，它们剥夺并整合了地方政治精英的权力，并鼓励他们采用主导群体的语言，并最终同化为建构国家的"民族/国民"（*Staatsvolk*）①。普通公民也学会了主导性语言，以便更容易地与国家的官员沟通，更有效地要求提供服务、参与国家事务和得到承认，或自己变成公务员。国家干预其公民日常生活的能力越强，就越可能最终出现统一的语言情形。[4]

因此，从长期的历史角度来看，语言多样性不是外生给予的，而是来自缓慢移动、跨越代际的同化和异化过程。根据社会学最近的论证，我们预料宗教或种族差异对这种同化更具抵抗力。宗教与特定的文化规范和实践密切相关，因此其改变的成本比语言或文字的改变成本更高昂（Brubaker 2013）。种族面貌不能在个人层面上改变。因此，为了将少数种族群体纳入主导群体，种族分类系统本身必须改变，这种改变需要通过重新解释哪种表型特征被视为种族群体的原型来实现（参见 Loveman and Muniz 2006）。我们由此预料国家建构对语言多样性

---

① 作者在这里用德语"*Staatsvolk*"来表述国家层面的"民族"——"nation"。"*Staatsvolk*"也可翻译为"国民"。——译者注

的侵蚀会比对宗教或种族多样性的侵蚀更厉害（我在第七章会再简要地讨论这一点）。

举一个我想到的语言同质化过程的例子。在17世纪的法国，国王开始扩大统一和整合官僚机构，以王室成员为代表。在19世纪最后25年的第三共和国，国家接管了很多之前由教堂或地方社区承担的工作。巴黎开始授权和资助公立学校、为穷人和病人办新医院、在国内的每个行政区设立警务等（详细信息参阅Kroneberg and Wimmer 2012在线附录）。就如尤金·韦伯（Eugen Weber 1979）在一项开创性的历史研究中所表明的那样，由于国家的中央集权化和官僚化的加剧，以讲普罗旺斯语、阿基坦语、奥克西丹塔尔语等少数族群语言为主的人越来越少，而不是以讲法语为主的人。在接受用法语教学的学校学习并被征入以标准法语来指挥的法国军队后，能够说这些语言的人也越来越少了。[5]

上述情形与坦桑尼亚大陆形成对照，坦桑尼亚大陆没有出现多于村庄和部落群体的政治实体。从18世纪初开始，桑给巴尔岛的阿拉伯苏丹军队控制了该大陆。掳掠奴隶的人们在整个地区开展活动，但苏丹却从未直接管理过内陆人口。到19世纪末，也就是在法国第三共和国时期，坦桑尼亚已受德国的统治。殖民强权以武力而不是通过建立强大的国家基础设施来控制领土。与此相符的是，坦桑尼亚今天依然是世界上语言最多样化的国家之一。

但是，难道殖民主义，比如德国以及后来的英国在坦桑尼亚的统治，没能深刻改变非洲和亚洲的族群语言情形？到19世纪末，这些地方的大部分划归西方或日本。殖民时期的语言多样性几乎没有增加，但是甚至在殖民统治者摧毁前殖民国家（如传统王国）的地方则得以维持或进一步减少（论述殖民地罗得西亚的马塔贝列人，参见Ranger 1966；论述刚果的巴刚果人，参见Lemarchand 1964：193—194）。更常见的是，前殖民地王国被纳入殖民地国家并继续在它们原有的领域内同化较小的群体（我们将会看到博茨瓦纳就是这样的情况）。在殖民化之前没有这样的国家存在的话，较小的族群常常由于其他的原因而被融合到较大的族群，以在殖民政府建立的新政治舞台上能更有效地竞争权力和地位（Peel 1989；关于加蓬和喀麦隆的芳人的论述参见Fernandez 1966）。这常常被那种将较小的前殖民政治共同体带入更大的行政实体的殖民政策所强化，在这些更大的行政实体中，同化过程得以展开[参见特福特描述的越南高地"山民蒙塔格纳德人"(montagnards)的案例,Tefft 1999;关于加丹加的讨论,参见 Young 1965]。在其他地方,传教士对相似语言进行标准化和同质化,从而促进语言同质化(关于南非的特松加语的论述,参见 Harries 1989)。最后,殖民地劳动力市场中的移民常常学习当地多数群体的语言。[6]

简而言之,殖民时期的同质化过程要么受到前殖民时期国家的强烈影响,要么通过殖民政策得到加速,尤其是在那些帝国统治采取更直接和干涉主义方式的地方(关于殖民风格,参见 Young 1994)。然而,选择直接还是间接统治,又是由前殖民政治现实所形塑的。就如格林及其合著者所展示的那样(Gerring et al. 2011),在遇到中央集权化的土著国家时,殖民统治者经常进行间接统治。因此,殖民政府及其促进语言同质化的程度受前殖民时期的政治现实的影响深远(但拉丁美洲的情况参见 Mahoney 2010)。正如下文将论证的(参见附表 7.4),殖民统治的时长和风格因而都不与国家如今的语言多样性程度系统地相关。

在美洲和太平洋地区,土著国家通常无法免受欧洲殖民。那里的定居者后裔完全统治了 18 世纪末和 19 世纪初建立的独立国家。在东亚和欧洲,大多数国家要么保持独立(例如法国或日本),要么在数代人之间,成为欧陆哈布斯堡王朝、奥斯曼帝国或罗曼诺夫王朝的一部分。这些独立国家或帝国各省的土著精英设法垄断政治权力和延伸至内地的官僚统治在很大程度上影响了语言同质化的过程。这可以在 19 世纪美洲独立的国家(有关墨西哥的情况,参见 Wimmer 1995:第五章)和西欧(比如前述的法国案例)以及在第一次世界大战之前的哈普斯堡王朝、奥斯曼帝国或俄罗斯罗曼诺夫王朝的各省中观察到。如果这些省份是在当地居民控制下由高度集权的省政府统治,例如在俄罗斯化政策制定之前的俄属波兰(参见第五章),语言少数群体(例如即将讨论的例子中讲乌克兰语和立陶宛语的人)就逐渐采纳了统治精英的语言。

中央集权国家不仅将本国人口的语言同化为主导语言,而且还留下了官僚和基础设施遗产,使国家建构者更容易提供公共物品。举个例子来看,中国曾拥有两千年官僚国家建设、行政集权以及有效干预普通臣民日常生活的历史。中华人民共和国一成立,这一传统极大地促进了完成向农民群众提供公共物品的任务。相比之下,在扎伊尔,比利时殖民政府在摧毁了内陆和沿海的小型土著王国之后,于离开之际带走了他们的所有东西——从如何组织国家的知识一直到打字机。作为独立国家,扎伊尔既没有物质基础设施,也没有人力资本或组织知识,以致无法为其公民提供最低限度的公共物品。

在非洲和亚洲的许多其他案例中,中央集权的前殖民地国家被重塑并纳入殖民地政府之中(就如我们将在博茨瓦纳案例研究中看到的那样)。正如我们已经讨论的,殖民国家有时会深刻地改变前殖民地政体的运作和功能。但国家本身往往适应前殖民政治现实并被其塑造,很少完全取消国家建构在殖民征服之前所取得的成就。度过了殖民时期的传统国家有时会与后殖民政府争夺权力和合法性,他们在当地社会的根深蒂固使得国家政府更容易在全国范围内扩大其权威,因为人们已经习惯于政治等级制度和官僚统治,并且因为政府可以利用一批土著官僚和政治精英为新兴政府工作。所有这一切都使得用有效和公平的方式提供公共物品变得更加容易(对于这种路径依赖的非洲证据,参见 Gennaioli and Rainer 2007)。[7]相比之下,就如第七章将简要讨论的那样,殖民统治的持续时间及其风格对后殖民国家提供公共物品的能力的影响更为有限。

在中国和日本、美洲与太平洋以及在欧洲的定居者社会,到 19 世纪末政治权力集中在国家手中或(在哈布斯堡王朝和罗曼诺夫王朝的案例中)集中到省级的精英手中的程度,以及他们所建立运作的官僚机构的程度影响了继任政府在第二次世界大战后能够提供公共物品的范围。与非洲和亚洲的前殖民地相比,19 世纪以降,中国和日本、美洲诸国以及西欧等地的国家建构更具连续性。路径依赖机制由此以更直接的方式展开运作。简而言之,历史上所达到的国家中央集权化水平通过留下物质基础设施、管理官僚机构的专门知识、致力于为国家服务的人民,以及习惯于受遥远的首都统治的人口,促进了当代公共物品供应。

3. 国家中央集权化的决定性因素。

根据到目前为止所提出的论点,19 世纪出现的历史国家通过留下官僚机构能力和控制力,以及政治联盟可以借以跨越遥远的地区进行谈判的通用语,来增强第二次世界大战后的国家建构。这提出了一个关键问题:为什么这些国家出现在一些地方(比如中国)而不是其他地方(比如坦桑尼亚)?为了找到答案,我们需要将分析进一步推向过去,突出强调国家形成的历史本身的外生因素。换言之,我们正在寻找反过来不受国家中央集权化过程影响的国家使能条件。因此,在这一宽泛粗略的背景下,我将回避过去更为具体的国家形成理论,比如埃特曼提出的国家形成理论(Ertman 1997)。如果我们能辨析出一些国家形成的"外生"因素,我们就可以避免论证上的无限历史倒推的可能性,即对现在用新近的历史来解释,而反过来对后者又用新近的历史的新近历史来解释,于是出现无限的循环往复。

我想起了相关文献中提出的一些最重要的论点,然而,其中的两个论点突出强调内生因素。第一,长期以来人类学家和历史学家都认为,只有基于农业或畜牧业的经济体能够供养非生产性的国家精英,而狩猎采集者们缺乏这样做的经济盈余(有关这一论点最近的复苏,参见 Boix 2015)。就如美索不达米亚、埃及和中国的灌溉农业所示,国家建构与农业之间可能存在"正反馈"循环,因为一些国家组织了大型水力计划,使得农业进一步强化。第二,蒂利(Tilly 1975)的著名论证认为,战争与国家建构齐头并进的事实,很好地体现在他的名言中,即"战争制造国家,国家也制造战争"。各个国家从其人口中攫取资源以便在与邻国的战争中生存下来,因为成功地攫取资源并因此使得国家建构允许它们用更庞大、装备更精良的军队发动更昂贵的战争。由此,战争和建造国家之间的关系是内生的,呈现出自我强化的反馈循环形式。

在本书的语境中,我们因而对以下三个外生性因素更感兴趣——尽管我将在第五章中尝试对上述两个内生性因素的论点进行实证评估。第一,卡尔内鲁斯将"环境征兵"确认为前现代农业国家兴起的条件(Carneiros 1970)。这种在山脉地带(如在墨西哥高原,那里出现了阿兹特克国家)或在沙漠地带(如在伊拉克,古代巴比伦的中心)的"征兵"使人们无法轻易逃离国家建构者的控制。第二,根据最近在地理和经济发展文献中复兴的环境主义论点,国家形成也可能受到气候的影响(Diamond 1997;Sachs 2003)。高温和使人衰弱的疾病的盛行使得在赤道附近建立国家变得更困难。事实上,最近的研究已经表明,这种地理条件间接地影响着经济增长,因为越靠近赤道的地方由更加欠发达的国家治理(Rodrik et al. 2004)。第三,赫伯斯特(Herbst 2000)认为,低人口密度以及其他因素解释了为什么在非洲几乎没有出现庞大的国家。当人口稀缺时,显然更难以获取足够的经济盈余来滋养常备军和一众专业官僚。

综上所述,以上概述的理论强调了在殖民时代和民族国家出现之前就已开始的长期政治发展过程。它从地形、气候和人口密度等外部因素转向中央集权国家缓慢发展的政治制度,再到时间上更接近的三个因素:组织的密度、提供公共物品的能力和沟通的同质性。这些因素使得政治联盟能够在当代独立民族国家跨越族群分隔而扩展。反过来,这种跨族群的联盟鼓励个人更强烈地认同民族/国家。

嵌套方法

1. 关于时间性的说明。

哪种方法论的策略最合适?我们需要什么样的经验数据才能证实这一理论?要回答的第一个问题是,我们是否应该收集有关缓慢的历史趋势的数据,而不是快速展开的事件的数据。正如已经反复提到的,我的国家建构理论指向了使风从一个方向而不是另一个方向吹的气候力量,且不是在破碎波边缘吹起泡沫的气候力量——如果我可以玩味一下费尔南·布罗代尔采用的比喻的话(Fernand Braudel 1995:21)。

专注于这种气候趋势具有经验意义,因为就如数据显示的那样,族群政治上的排斥和国家认同的水平只会随着时间的推移而缓慢变化。对比来看,图 1.4 显示了墨西哥的稳定结构,其中土著人口自第二次世界大战以来一直被排除在国家层政府的代表之外,并且占总人口的份额变化缓慢。相比之下,在南非,种族隔离的结束急剧改变了权力的构造,就如右图所示。然而,大多数国家都像墨西哥而不像南非,就如表示所有国家的完整图表所显示的那样(参见在线附录中的附图 A.1, http://press.princeton.edu/titles/11197.html)。

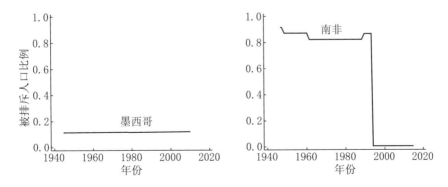

图 1.4　南非和墨西哥的被排斥人口随时间变化的规模(1946—2010 年)

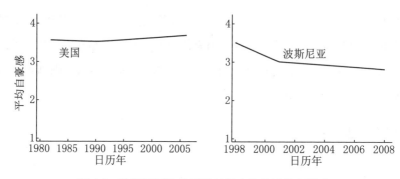

图 1.5　波斯尼亚和美国随时间变化的平均自豪感

图 1.5 显示，在可获得数据的较短的时间段内，国家认同如何随着时间的推移而变化——这是国家建构硬币的另一面。该数据追踪了各国公民的平均自豪感，如具有代表性的调查所记录的那样（见第六章）。在大多数国家，对国家自豪感的回答相当稳定，这可以从美国的数据中得到证明。同样描述在图 1.5 中的诸如波斯尼亚这样的案例则很罕见（参见在线附录中的附图 A.2 提供的完整图集）。因此，有必要关注缓慢移动的过程，这样的过程逐步且持续地产生国家之间的差异。如果这种缓慢移动的力量达到某个阈值，则也可能导致权力配置的突然变化（对于这种阈值效应的探索，参见 Pierson 2003）。因此，并非所有类似南非的案例都需要通过更快速、具有更多事件的历史过程来解释。

这并不意味着这种快速移动的因素不可能发挥作用——就如布罗代尔所说的那样，它们不仅仅是"表面干扰"。就像我将要在最后一章中所讨论的那样，熟练的政治家们的行动可能会对创造一种民族/国家的归属感有所助益（Miguel 2004）。在战争中获胜可能会产生类似的效果（Sambanis et al. 2015）。政府决定屈服于少数族群代表的压力，或者他们决定不这样做，都取决于政府联盟内不断变化的那群杰出人物（Slater 2010）。敌对国家可能会激起少数族群的不满，政府可能会通过将有少数族群背景的部长们作为"叛徒"而开除来应对这种外部干涉（Mylonas 2012），从而改变族群政治的权力配置。我们将在国家案例研究中遇到许多这样的历史事件。然而，就如我们将要看到的那样，这样的历史事件都没有将国家建构的进程引向完全不同的方向。它们似乎仅仅是修改而不是重新设计建造本书所关注的长期历史力量。

2. 让大局保持活力。

从长远来看,这种对缓慢移动力量的强调贯穿于由卡尔·多伊奇(Karl Deutsch 1953)、克利福德·格尔茨(Clifford Geertz 1963)、莱因哈德·本迪克斯(Reinhard Bendix 1964)及其他人开发的关于国家建构思想较老的学派之中。他们的作品因其方法论的草率而受到指责,因为他们经常择优选取一些例子来支持他们的论点。[8]另一种反复出现的批评是,他们没有太多关注国家建构等大规模进程如何在个人层面的运作:为什么新成立国家的公民最终会接受像民族/国家这样更大规模的身份认同?换句话说,早期的国家建构理论缺乏"微观基础"。

今天,方法论和理论的标准已经断然不再是这种进化的"扶手椅理论创建",而转向对严格限定的论点的严谨论证,这样的论证来自坚实的个人层面理论。重点落在了短期过程之上,例如关注一个选举周期,而不是关注跨越代际的发展趋势。关于特定制度规则如何影响政治行为的实验已经取代了历史的解释,这些实验通过在线游戏或现场操控来实现,如个人群体在严格控制的条件下互相分发小额美元等。

甚至以国家作为观察单位的大样本统计分析也已经不再流行。这种方法从21世纪初开始,取代了"扶手椅理论创建"成为首选的宏观比较方法。对其主要批评在于,这些分析不能将简单的相关性与实际的因果关系区分开来。相反,研究人员现在在次国家层面挖掘更多的分类数据,最好是在一些随机分配过程起作用的地方进行。理想情况下,研究人员设法说服援助机构或国家政府就某些国家的村庄或选区偶然地分配发展项目或为议会候选人提供选举规则。这提供了关于什么是独立原因(随机分配的"处理")和什么是效果的确定性,最终去除因果倒置的问题。

这些方法论的发展有诸多益处。然而,因果严谨的代价着实很高。没有实验可以在整个国家或超过几年的时间段内进行。从村庄到国家、从一次性实验到跨越代际的过程的推断仍然很难。当所提问题的类型由检验因果效应的适当方法确定时,整个19世纪和20世纪期间政治学家和社会学家感兴趣的大型宏观政治发展问题可能会从人们的视线中消失(参见 Thelen and Mahoney 2015 著述中的批评)。我的观点是,另一种选择是通过在原来的努力中加入理论精确性和方法严谨性来重振这一宏观政治和历史的传统。

3. 策略性比较。

本书向这个方向迈出了一小步(对于其他类似的项目,参见 Boix 2015)。它结合了三种方法和各种数据来证实上述理论。我将比较几对国家的历史发展,以说明国家建构的三个主要机制如何在历史进程中运作。为了最有效地执行研究,我选择了"最大化差异"案例(Flyvbjerg 2006;另见 Lieberman 2005:444)。每对国家中的两个国家在核心自变量方面互异最大,这两个国家的国家建构成功的程度也极不相同,这与本书的理论相一致。例如,用非洲的标准看,博茨瓦纳发展出了非常高的提供公共物品的国家能力,并且其政治权力的初期配置也具有异常的包容性。相比之下,索马里政府缺乏能够在整个领土上提供公共物品的行政机构,而且其宗族之间的政治整合基本上失败了。

换言之,我选择这两个案例不仅因为它们证实了理论(它们是"在回归线上"),而且因为它们以最清晰的方式说明了有效的机制。也就是说,它们位于想象中的回归线的不同端:自变量在高端,因此结果变量也在高端;同一个自变量在低端,那么结果变量也相应在低端。

与此同时,这两个国家在其他方面则尽可能相似。它们拥有相似的历史经历、地理位置、规模大小和经济发展水平。如同社会科学术语所说的那样,将这些其他因素"保持不变",应该更容易将所关注的主要变量的影响离析出来。然而,实际上不存在除了核心变量之外其他方面都相同的理想的成对国家。因此,案例研究章节将讨论成对的两个国家之间的其他差异,并探讨这些差异是否可能导致国家建构的不同轨迹。但是,通常情况下,对世界上所有国家的数据进行统计分析将更有效地排除这样的其他解释。在适当的时机,我会在案例研究讨论中预测这些统计结果。

在解释性研究中使用案例研究方法有许多不同的类型。就西赖特和格林的类型学而言(Seawright and Gerring 2008),我的方法结合了"极端案例"研究,其中核心自变量的值彼此相距很远,通过"最相似"的案例研究设计,其中对比的两个国家的其他自变量则相互匹配。[9] 马洪尼和格尔茨指出(Mahoney and Goertz 2004),人们需要将特定事件发生或某个制度出现的"正面"案例与未发生或出现的案例("负面"案例)作比较。如果我们不同时研究失败的案例,就无法理解国家建构。然而,我们不应该选择不能产生有意义结果的负面案例。至少应该存在某个促进条件。本书所讨论的负面案例，情况确实如此：索马里在语言上基本是同质的，因此，国家建构在理论上是可行的。比利时和俄罗斯这两个国家，即另外两个负面案例，都能够提供公共物品（多亏了集权的国家机构），因此原则上也可以建立整合的国家。[10]

六个案例研究使我们能够探索通过哪些精确的因果机制和历史过程，公共物品的提供、组织网络的发展和沟通交流的整合会产生整合的现代国家。在社会科学的术语中，这被称为"过程追踪"①（Mahoney 2012）。根据经常被引用的一种类型学（Van Evera 1997；Bennett 2010）的分析，过程追踪可以实现不同的目标。理想情况下，一个案例会考虑到早期方法学家（Stinchcombe 1968：24—28）所谓的"关键实验"：假设的过程必须被遵守才能使理论有效，同时这个历史过程仅与所提出的理论相容而不与任何其他可替代的论点相容。

遗憾的是，我的案例研究并不等于这种"双重决定式检验"。我确实会证明，瑞士早期的民间社会发展促成了政治联盟跨族群网络的兴起，博茨瓦纳的公共物品供给也做到了这一点，中国的书写文字的同质性同样产生了类似的作用。但是，这些历史过程也可以根据不同的理论来解释。中国的书写文字的同质性可以促进本尼迪克特·安德森所提出的民族共同体的想象，而这反过来帮助政治联结跨越族群界线。博茨瓦纳的公共物品供应可以通过其民主传统得到加强，这反过来鼓励了各党派寻求跨族群选民的支持，从而产生包容性的权力结构。我的成对案例研究由此相当于一个"环式测试"而不是一个证据：它们增加了本书所提出的理论的合理性，但没有为它提供无可争辩的证据。[11]

4. 大样本。

我因此而使用第二套方法，并使用统计技术分析大量国家的数据。这将使我们能够排除六个国家历史中发生的事情的一些其他可能的解释。例如，我们可以"控制"民主，以便将其影响从我的理论中提出的公共物品机制中理出来。在本书的大多数统计分析中，样本包括世界上所有国家，除了加勒比海、欧洲和太平洋地区的一些微型国家之外。在其他方面，我不得不将自己局限于世界上

---

① "过程追踪"（process tracing）是社会科学中的一种研究方法，即将原因和结果联系起来的因果机制研究法，也被视为定性案例分析的核心方法。通过运用"过程追踪"，研究者可以进行有力的推论，解释某个原因或一系列原因如何导致某个或一系列的结果。——译者注

大约一半的国家,所有的这些国家都位于非洲和亚洲。

探索这些庞大数据集也将确保所假设的过程不仅在六个案例研究的国家中运作,而且在世界其他地区也同样运作。这种分析显然会比较粗糙,因为许多主要机制必须通过不太理想的数据来识别。与成对的案例研究相比,统计分析也较为缺乏历史知识和情境背景。

作为第三种方法论途径,我利用了过去几十年出现的几十项多国调查成果。与之前将国家特征进行比较的分析不同,现在的观察单位是填写调查问题的个人。欧洲晴雨表调查现在也被复制到其他大陆,为我们提供了非洲晴雨表调查、亚洲晴雨表调查、中东晴雨表调查和拉丁美洲晴雨表调查。国际社会调查、欧洲价值调查和世界价值观调查是其他重要的数据来源。我使用这些数据集的组合来探索我的论证中的一个关键部分:跨越族群分界的政治整合与国家认同是相辅相成的,并构成了国家建构硬币的两面。就如绪论中已经提及的那样,本分析将涵盖123个国家和92%的世界人口。

关于在因果条件中的各变量之间解释统计关联的问题已经写了很多。以下是显示相关性如何被误认为因果关系的一个标准笑话。为了证明鹳会带来孩子的理论,我们所需要的只是数据显示有许多鹳的地方有更多的孩子出生。然而,这个证明存在着被称为"遗漏变量"的问题:导致大量婴儿和在屋顶上筑巢的大量鹳出现的因素是人口密度,这一因素需要被放到情境之中以真正了解婴儿出生的地方。另一个常见问题在于确定因果关系的方向。例如,族群排斥导致公共物品供应量低,是因为统治者喜欢将公共物品分配给他们的同一族群吗,或者如我在本书中所论述的,公共产品供应量低导致族群排斥?

我使用一些标准技术来论述这两个问题。第一,我有时会为样本中的每个国家添加不同的自变量,例如博茨瓦纳为1而所有其他国家为0,瑞士为1而所有其他国家为0,依此类推。这些变量表现了我们无法测量的各种国家特征,因此必须从分析中省略,就如鹳和婴儿例子中的人口密度变量那样。这被称为"国家固定效应"模型。第二种技术是"工具变量"回归。它包括寻找一个仅影响(比如说)公共物品供给的第三变量,但不是族群政治排斥。然后,我们创建一个新的合成变量,该变量仅由公共物品供应的差异组成,这是由于它与这个第三变量的关联。如果这个合成的公共物品变量与族群包容性相关,我们可以更加确定这不是由于反向因果关系造成的。

大样本统计分析和在策略性选出的成对国家中进行过程追踪的结合使我能够像行话说的那样，在从不同方法论途径获得的结果之间做"三角测量"。换言之，本书建立在"嵌套"研究设计之上（Lieberman 2005；另见 Humphreys and Jacobs 2015），将比较案例研究与所有案例的统计分析相结合。如果我们通过这些不同的途径得出相同的结论，就应该增加对这种分析的信心，并支持贯穿全书的因果关系。

让我用一个地质比喻来加以说明。将社会现实想象为一座覆盖着各种森林和灌木植被的大山。我们想要了解产生山丘形状及其山峡和溪谷的地质力量。我们在山上挖三条隧道，每条隧道都从不同的高度开始，朝不同的方向延伸。如果三个隧道工程的总工程师都同意这座山有一个倾斜的平台结构，底部有一层火山熔岩，顶部有两层柔软的沉积物，这就很可能是这座山在植被下的结构。如果我们只挖了一条隧道并从山麓开始，我们可能只遇到了熔岩层，于是就会断定这座山必定是一座古老的火山。

我以对研究设计做更为一般性的说明来结束本章。如图 0.2 所示，论证的因果关系流从三个与地形和气候相关的外生因素开始。然后它导向一个中间变量（在向民族国家过渡之前的政治集权程度），这个变量在很长的历史时间跨度里被从当代过程中移除——因此排除了反向因果关系。随后这些当代过程在案例研究中可以追溯到比利时的 1830 年至大约 1900 年，瑞士的 1848 年至 1900 年，中国的 1911 年至 1950 年，俄罗斯的 1917 年至 1989 年，索马里的 1960 年至 1990 年，博茨瓦纳的 1966 年至 2010 年，在国家层面的统计分析中可追溯到从第二次世界大战（或各国的独立日期）到 2005 年，或在调查数据中可追溯到 1980 年至 2014 年。这可称为"堆叠式"研究设计：在不同时间点观察历史发展，使我们能够追踪因果过程如何展开并确定它们流向哪个方向。这种研究设计不是不惜一切代价避免内生性，也不是清除了所有污染环境和在历史的实验室中找到"纯粹的"因果关系，这样的研究设计使我们能够解开内生的历史过程并理解其内在逻辑。

我们现在准备挖掘通过这座大山的第一条隧道。它将把我们带到两个小的西欧社会，两者都享有高标准的生活和持续的民主治理；两者都分为操德语方言和操法语方言的群体；当然，两者都以它们的巧克力而闻名。然而，它们的国家建构历史却大相径庭。

【注释】

[1] 关于政治的其他关系说明，参见 Gould 1995，1996；Tilly 2006；Barkey 2008；Ikegami 2005；Levi Martin 2009。

[2] 克朗伯格和威默（Kroneberg and Wimmer 2012）已经采用了这些交换关系的正式模型。

[3] 有关支持这一理性选择论点的基于代理的模型，参见 Laitin and van der Veen 2012。

[4] 有关语言同质性的其他解释，参见 Nunn 2008，Michalopoulos 2012，Ahlerup and Olsson 2012，Kaufmann 2015。

[5] 这一论点假定有能力的国家正试图在族群和语言方面使其人口同质化。显然，这是一个强有力的假设，因为一些国家（如瑞士）奉行维护而非消除语言多样性的政策。

[6] 参见米切尔（Mitchell 1974）关于罗得西亚采矿城镇的经典研究。然而，有时会出现反同化运动（Chai 1996）。

[7] 为了更准确地理解路径依赖性，参见 Mahoney 2000。

[8] 这种批评在对阿西莫格鲁和罗宾逊的书的评论中再现了（Easterly 2012）。

[9] 根据这一类型学，其他研究的重点是典型（或代表性）案例、对感兴趣的独立变量上具有不同价值的各种案例、不符合假设的异常案例、负责变量之间整体关联的有影响力的观察，或者在大多数变量而不是在核心自变量上出现分歧的案例（排除其他可能的原因）。

[10] 根据利维（Levy 2008）的类型学，这里所采用的方法是假设检验这不同于旨在理解特定案例的表意文字的案例研究、假设生成案例研究或探讨论证合理性的"说明性"案例研究。

[11] 通过交叉制表的确定性和唯一性，我们得出了过程追踪允许的另外两种因果推论：在"确凿证据"（smoking gun）的测试中，该过程不需要为了理论的有效性而被观察到，但它的存在排除了其他可能的解释；"风中稻草"（straw in the wind）测试考察的是一个过程，这个过程不需要假设为真，也不与其他解释相矛盾。

第二章　志愿性组织:瑞士与比利时

　　对比瑞士和比利时的政治发展将显示志愿性组织如何促进国家建构。在前一章中,我认为这些组织使得联盟网络能够在一个国家的领土上扩展,因为它们具有通过在诸协调位置之间架起桥梁而形成横向链接的"内置"倾向。相比之下,恩庇赞助网络趋向于在族群共同体内垂直扩展,因为它们包含更多开放的三角形和垂直的中间人位置。为了详细说明这一点,我们需要有关19世纪早期瑞士和比利时联盟网络结构的充分详细的信息。然而,却没有这样的信息可用。

　　因此,我将集中讨论这一论点的历史影响:在转变为民族国家之前,如果志愿性组织在一个国家的不同地区获得发展,那么此后将出现包容性、多族群的权力配置。为什么会如此? 当这些组织化的网络有足够的时间遍布一国领土时,它们将包括不同族群共同体的成员。在向民族国家过渡之后,政治精英将同样具有包容性,因为该国的新统治者将依靠这些现有的网络来招募政治领导人并动员民众的政治支持。然后,包容性的多族群权力配置使得包括少数族群在内的广大民众认同自己为总体的构成国家的民族共同体成员。

瑞士

　　瑞士的政治历史大致符合这种情况。其公民由71％讲德语的人、23％讲法语的人和6％讲意大利语和罗曼什语的人组成。自19世纪中叶以来,学者们一直在思考，为什么瑞士能在日益由语言统一的民族国家——讲德语的德国、讲法语的法国、讲意大利语的意大利等占主导地位的欧洲继续存在。对于那些将一种共同的语言视为现代民族国家基础的人，其中最明显的就是对欧内斯特·盖尔纳而言，瑞士代表着一项重大的干扰。他因此选择将其视为正常历史进程中的一种失常（Gellner 1964：174；Gellner 1983：119）。对于那些像马克斯·韦伯[Max Weber 1968(1922)：397]那样强调共同的政治历史作为民族情感来源的人而言，瑞士则成为比较研究"裁判所"的"证人"而大受欢迎。[1]

正如其他许多学者所指出的，瑞士与比利时、加拿大、西班牙以及西方其他多语种国家形成了有趣的对比，因为瑞士的四个语言群体中没有一个曾经争取过政治独立[2]，或者争取与自己的群体为主导的多数民族的邻国实现统一。这不是因为给语言少数群体以自己的自治省份从而满足其自治的愿望：瑞士各州的边界不是以语言来划分，法语-德语边界在大部分情况下从北到南贯穿各州，意大利语也是这样的情况。伯尔尼州、弗里堡州、格劳宾登州和瓦莱州都是多语言州。更确切地说，族群差异似乎与政治无关。没有任何单一语言的重要政党；要想找一个代表讲法语的人的瑞士法语地区党（*parti romand*）①将会是巨大的失败。没有一个主要的政治组织会试图仅代表四个语言群体中的某个语言群体的利益。正如我们将要看到的那样，瑞士完全缺乏族群民族主义和分裂主义的情况与由各种语言群体构成的中国汉民族的情况相似。

因此，最好将瑞士理解为一个多族群国家建构的案例，在这个案例中，国家被想象为几个要求尊严和政治权力平等的语言共同体构成的综合体（Dardanelli and Stojanovic 2011）。从1848年起始的现代瑞士开始，在中央政府和联邦行政机构中，讲法语和意大利语的人与他们在总人口中的比例相同，甚至略高。自其19世纪末期成立以来，不同的语言群体在一个政治屋檐下和平共处成为官方民族主义的主要焦点。对于今天普通的瑞士人来说，这是他们相当自豪的原因之一。因此，瑞士在国家建构的身份认同和政治整合两个方面都取得了成功。

为了理解这是如何产生的，我将分析志愿性组织在两个关键转折点中的作

---

① 作者虚构的党。*parti romand* 为法语，其中"*parti*"为"党"，"*romand*"指瑞士西部讲法语的地区。——译者注

用,这两个关键转折点具有各个地方的国家建构历史的特征。第一个转折点是
向现代民族国家的转变。就瑞士而言,它发生在 1848 年的短暂内战之后,当时
一个联邦国家取代了几个世纪以来存在的由独立小国构成的松散联盟。第一个
联邦政府废除了最后的中世纪特权,依据宪法授予所有公民平等地位,并建立了
联邦政府和军队。第二个转折点,我聚焦于新的联盟结构可能出现的重大政治
危机时期。第一次世界大战期间,瑞士就处于这种情况之下,当时在瑞士的历史
上第一次也是唯一的一次,在对德国还是对法国忠诚的冲突的影响下,不同的语
言群体在政治上疏离。因此,第一次世界大战代表了一个可能的转折点,在此期
间,历史可以走另一条道路,朝着族群民族主义的方向发展,国家可能被重组为
三民族(tri-national)的实体,甚至可能沿着语言界线分裂。但这一切都没有发
生。多族群的志愿性组织所提供的向心拉力对理解其原因至关重要。

志愿性协会的早期和均匀的扩散

在 17 世纪和 18 世纪的欧洲,独立媒体和哲学及科学书籍的大量出版打破
了教会以前在印刷媒体上的垄断。在瑞士,文学社团和各种阅读圈子在全国各
地均匀扩散;比利时却并非如此,就如我们将要看到的那样。三个历史因素促成
了这一发展。首先,与比利时、法国或西班牙等宗教同质的国家相比,瑞士仍然
分为信仰天主教的州和信仰新教的州。这种宗教拼凑物反映了旧政权的政治结
构:自从三个阿尔卑斯山区的州在 13 世纪晚期不再向哈布斯堡王朝统治者进
贡,瑞士代表了一个松散的自治城邦军事联盟,其共同利益是与周围欧洲列强保
持距离。与邻国法国、奥匈帝国(比利时在属于拿破仑帝国之前属于该帝国)或
巴伐利亚相比,瑞士没有大的封建或绝对主义国家。一旦在《奥格斯堡和约》
(1555 年)中接受了"教随国定"(*cuius regio*, *eius religio*)的宗教原则,这些国家
就能够将国家的宗教强加于本国的人口。在瑞士,州政府之间的政治竞争促使
宗教分裂双方的神职人员将时间精力用于提升属于他们宗教团体的信众的阅读
技能,以使他们能抵抗异教的侵袭。由此,各州之间的竞争产生了瑞士全国的高
识字率。

其次,由于政治体制的分散性,瑞士政府控制早期资产阶级协会的难度超过
了诸如哈布斯堡王朝、法国和后来荷兰统治下的比利时那样更为专制的国家。

兴盛的阅读圈和开明的社团内有来自所有阶层的男性,甚至包括农民和工匠,引发了有关阅读小说和成人教育作品是否会对公共秩序和基督教信仰构成威胁的热烈讨论(de Capitani 1986:152)。但这些讨论很少促使统治当局压制这些协会,最重要的是因为他们自己也经常参与这些活动。虽然模仿邻国贵族的城市贵族阶层统治了一些州,例如伯尔尼州,但在大多数州,长期存在的资产阶级精英拥有权力——他们就是这些协会开始赖以蓬勃发展的同一批精英。与长期由政治强大的贵族统治的比利时等社会形成鲜明对比的是,瑞士的旧制度中更为资产阶级和民主的特征使志愿性协会在全境扩散。

最后,分散的、工业化的地方特征也有助于这种发展(Senghaas 1982)。在基本上获得了发展的不同地区之间没有出现明显的差异,更不用说不同语言的区域之间。更确切地说,瑞士的工业化进展得很早,这同样是得益于缺乏政治障碍以及有利的自然条件,其中包括山区充足的水力供应。工业化包括法语区(日内瓦和纳沙泰尔的手表和巧克力工业)以及德语区(格拉鲁斯和圣加仑的纺织工业、苏黎世的机械工业,以及后来的巴塞尔化学工业)。早期和均衡的工业化有助于在全国范围内开展志愿性协会,因为它创造了各种社会阶层——资本家、监督者和管理者、交易员和银行家,他们对这些现代社交形式非常感兴趣。

资产阶级、开明的协会因此在国内几乎所有地区蓬勃发展。这些协会往往致力于一个特定的事业:为了"改善农业",为了推动科学的进步,为了增加历史知识,为了各个州的军队改革,为了某个文学圈的图书馆等。在 18 世纪,有超过100 个这样的社会团体,其中许多明显地聚焦于地方事务——这与政治体制的分化相对应。然而,这些社会团体中的许多团体逐渐相互连接起来,形成了跨区域的协会,这与前一章概述的理论相一致。由让-路易斯-本杰明·勒舍尔(Jean-Louis-Benjamin Leresche)于 1836—1837 年编辑的《瑞士地理统计字典》(*Dictionnaire géographique-statistique de la Suisse*)列出了 14 个在整个联邦领土内活跃的社团(de Capitani 1986:104—105)。

这些早期跨区域组织中最重要的是成立于 1761 年的赫尔维蒂社团(Helvetic Society),其目的是团结所有的进步精神,决心与旧秩序作斗争,跨越各州、宗教、区域和语言的障碍而加强启蒙,并由此将前现代的马赛克社会不同部分联系在一起。他们的爱国聚会活动在 18 世纪末聚集了大约 200 人(Im Hof and Bernard 1983；Im Hof and de Capitani 1983:504—505)。另一个早期的跨区域社团是瑞士自然研究学会(Schweizerische Naturforschende Gesellschaft),该学会于 1797 年由德语区的伯尔尼和法语区的日内瓦的科学家们创立。

在 1798—1803 年拿破仑对瑞士的短暂占领之后,受到法国大革命启发的各种新的社会团体显出生机。已经存在的社会团体现在开始将它们自己重建为跨区域组织,并建立了德语、法语和后来的意大利语部分。1806 年,瑞士艺术家协会诞生;1807 年,赫尔维蒂社团重组;1808 年瑞士协会和 1810 年瑞士公共利益协会(Schweizerische Gemeinnützige Gesellschaft)成立。1811 年,瑞士历史研究学会成立,随后是 1815 年的瑞士自然研究学会,1819 年的措芬根学会(Society of Zofingen,为学生会),1822 年的瑞士阿尔卑斯共济会(Grand Loge Alpina of the Freemasons),1833 年的瑞士军官协会(当时仍然没有国家军队),1838 年的吕特利协会(Grütli-Association)(Im Hof and Bernard 1983:10；Andrey 1986:576ff.,585,以及各处)。

上述这些协会大多数是精英俱乐部,而其他协会有更多的会员。联邦步兵协会成立于 1824 年,七年后拥有成员 2 000 名(Im Hof and Bernard 1983:20),相比总人口不到 200 万,这是一个很大的数字(McRae 1983:50)。差不多每 500 名男性中就有一人是步兵协会的成员。其他受欢迎的有大量会员的协会是瑞士运动协会(Schweizerischer Turnverein),该协会成立于 1832 年,受德国体操运动和两年后以"全国歌咏"(Le chant national)为名的歌手运动的启发。运动员和歌手赞扬自由和开明之人的情谊,享受革命时代的解放精神。运动训练意味着克服着装规范的限制和旧政权的行为规则。一起歌唱则显示出每个人都有提高自己声音的能力,并能为自由和团结的音乐会作出贡献。

协会生活的跨族群性质

所有这些协会每年都在全国各地举行年度会议,主要是在不为普通公民所知的地方。通过这种方式,协会的成员们就会熟悉后来成为国家领土的其他地区。大多数协会认真确保每个州都包含在这个轮换会议场所的体制中。其中绝大多数——公共利益协会等是重要的例外——也由各州轮流担任主席。需要注意的是,这种轮换会议地点和主席的制度仅限于瑞士联邦范围内,不包括来自德国、法国或意大利的协会或会议。因此,即使与德国、法国和意大利类似性质的组织进行交流和偶尔接触,这些协会的网络仍然局限于瑞士领土。

这些组织在多大程度上成功地整合了不同的族群群体?赫尔维蒂社团可以作为一个典型案例(下面的内容借鉴了 Im Hof and Bernard 1983:15ff.)。在法国大革命之前,在该社团的会议上使用法语遭到强烈反对,因为法语象征着法国宫廷及瑞士社团决心要与之斗争的绝对主义秩序。这种抵制渐渐消失,在法国大革命之后,讲法语的成员受到了欢迎。1790 年,该社团的大会通过热烈鼓掌欢迎第一次用法语发表的演讲。遗憾的是,关于该社团成员的族群背景我们知之甚少。然而,记录表明,在 1829 年联邦步兵协会的 2 000 名成员中有 1 200(或60%)是日耳曼人(该族群占人口的 70%)。公共利益协会共 631 名成员中有 127名讲法语者(Im Hof and Bernard 1983:20),这再次反映了瑞士整个人口的族群构成比例。

这些运动发展出了什么样的社会和历史愿景?启蒙运动的理想随着"赫尔维蒂主义"(Helvetism)的意识形态而在瑞士境内大为盛行。缺乏绝对主义和封建主义的国家形态以及在城市公民范围内的自由的小型实验,倾向于促使开明的瑞士人最积极地实现资产阶级革命的理想。然而,这些滋养了瑞士在世界历史中起作用的愿景的主要思想却来自外部:卢梭赞扬了受到英雄的阿尔卑斯山地形保护的瑞士牧民和农民的自然民主。席勒 1804 年创作的《威廉·退尔》成为爱国剧作家的经典。[1]

这个早期的爱国运动具有独特的共和感。共同体的边界从未以族群或语言来界定。反之,所有那些曾经并且继续与周围的封建帝国做斗争的人士和瑞士城邦的爱国精英,都属于促成新的社会秩序的进步共同体。这种典型的作为进步的现代历史观念在各种传说和故事中得到体现,而新成立的学术研究院中的瑞士历史教授们则神圣化并教授这些传说与故事。约翰内斯·冯·穆勒(Johannes Non Müller)的《瑞士历史》(*Histories of the Swiss*)成为标准的爱国和进步作品大约有一个世纪。相关的协会在传播这种新的历史观方面发挥了至关

---

[1] 威廉·退尔(William Tell)是瑞士民间传说中在 14 世纪反抗哈布斯堡王朝统治的英雄,瑞士国父。1804 年德国诗人、剧作家席勒撰写了著名的剧本《威廉·退尔》歌颂他的事迹,1829 年意大利音乐家罗西尼据此谱写了同名歌剧,其中的序曲闻名世界。——译者注

重要的作用。历史研究学会成立于 1811 年，1841 年则成立了瑞士历史研究总会。

值得注意的是，这些爱国主义协会没有大发展，因为之前就存在的民族情绪最终找到了它的组织化表现方式，正如安东尼·史密斯（Anthony Smith 1996）对瑞士案例所做的解释那样。瑞士这一"进步和现代性将获得特权地位"的地方作为祖国的观念是一个新的观念，这一新观念与根深蒂固的瑞士各州的身份认同之间几乎没有连续性，这种州的身份认同产生于长期的瑞士各城邦之间的争斗，或者与生活在各州的个人在 18 世纪之前思考和感受到的宗教信仰相关。虽然一些早期的爱国者们将人类视为一个整体而成为即将来临的革命的承载者，但大多数瑞士人原本就将他们对新社会的愿景限制在他们各自的州（Kohn 1956：24—25）。当然，有些协会，特别是赫尔维蒂社团，则遍布全国各地，因为它们的目标是克服瑞士的社团因各州的分割而碎片化。然而，许多赫尔维蒂社团的成员也是（也许主要是）各州的政府、协会和进步俱乐部的成员。相应地，甚至赫尔维蒂社团充其量也只是原始的民族主义者：它的目的是将进步力量联合起来反对古老的寡头秩序，而不是将相互脱节的各个州打造成一个国家机构。简而言之，这些原始的民族主义组织跨越地区和语言鸿沟并不是因为它们受到民族主义的驱动，而是因为民间社会组织蓬勃发展的社会基础——普遍的识字率、城市资产阶级或受过教育的农村精英、早期工业化——已在旧联邦的整个领土上发展起来。

以天主教会和联邦的阿尔卑斯山中心地带的保守派为核心的反启蒙联盟网络反对这些协会，并且断开了与这些协会的联系。这些保守派旨在遏制和制服资产阶级的启蒙运动，并将信仰、对传统秩序的遵守以及与欧洲其他天主教国家教皇绝对权力主义者的联合置于爱国主义、理性和平等之上。

内战后的政治整合与国家建构

瑞士自由的、强调改革的各州在 1847 年短暂的内战中战胜了天主教特别联盟（Catholic Special League）。这一系列事件转折的诸种原因显然超出了这里所要讨论的范围。这里需要注意的是，取得内战胜利的各派力量将邦联的国家转变为一个拥有中央政府、宪法、联邦行政机构和军队的新型的民族的国家。宪法废除了所有内部关税和道路税,确立了国家公民身份原则,保证了所有基督徒公民自由选择居住地的权利(并且从 1866 年开始,犹太人也得到了这方面的权利保障),还宣布了选择职业和进行贸易的自由、法律面前人人平等、新闻自由和舆论自由,以及男性普遍选举权。

这个新成立的民族国家的大多数政治精英来自先前的自由派资产阶级协会网络。因此,这些新精英反映了这些协会的族群构成,他们由三个主要语言共同体的成员按比例构成。由此,一个具有包容性的跨族群权力结构发展起来了——当然在议会中主要是信仰新教和讲德语的人员,但还包括讲法语和意大利语的人员(其中许多是世俗天主教徒),在代表最高级别政府的中央行政部门和联邦部长理事会中也是如此。这种跨族群的权力结构并不是因为语言"少数群体"在与"多数群体"争取实现均衡代表性的斗争中取得了成功,也不像协商民主的著名理论家对瑞士案例所作出的解释那样,是由讲法语、德语和意大利语的精英相互之间明确达成的权力分享协议所产生的(参见 Rothchild and Roeder 2005 对这一解释的批评)。

相反,跨越族群分界的政治整合在既没有任何少数群体的政治斗争,也没有经过三个语言群体的代表进行任何谈判的情况下产生了。崛起的自由主义运动早已建立在跨族群联盟网络的基础之上,而这个网络恰恰是在以前的志愿性协会内部建立的。因此,新的政治精英将多族群性和不同语言共同体之间的平等原则视为理所当然。据说第一届议会几乎忽略了要在宪法中加入确定所有三种语言都是国家和官方语言的条款。沃州的代表提出了相应的要求,然后讲德语的苏黎世州提出相应的提案并在没有进一步辩论的情况下被一致通过(Weilenmann 1925:215—224)。显著的是,有关联邦委员会、议会、行政部门、军队或法院的语言构成没有明确的规则。相反,每个人都充分理解不同的语言群体应根据其人口比例确定他们在国家机器中的代表。这种理所当然的非正式性持续到 1948 年,即在瑞士作为现代民族国家成立 100 年之后,瑞士联邦委员会才作出一个世纪以来已经在实行的规定:所有语言群体应该在政府不同的分支中平等地拥有代表(McRae 1983:136)。又过了 50 年之后,瑞士宪法才将所有地区和语言群体都应该在联邦委员会中占有一席之地的提议写入,从而将一个已经存在了一个半世纪的政治现实编入法典。

其结果是,在国家的不同等级层面,权力获得了显著的公平分配,这是国家建构的政治整合。根据麦克雷的研究,1848—1981 年间 37％的联邦委员是非德语人士,而他们的人口比例仅为 27％。[3]就如我们所期待的那样,法语和意大利语人士在中央政府中的职位(自 1930 年以来为 22％)仅略少于其人口比例,而讲法语的人在薪酬最高的公务员职位中的比例高于其人口比例(McRae 1983:131—135)。因此,瑞士从未像比利时那样被特定的族群精英控制,族群性从未被问题化或政治化。

协会网络不仅为新的国家提供了跨族群精英,而且还使得这些精英能动员民众支持赢得全国选举或全民公决。由于直到 19 世纪 70 年代政党才形成(Meuwly 2010),因此是由两个主要的政治运动——一个"激进的"和一个"自由的"运动,来利用这些协会网络招募追随者并动员选民。例如,激进派得到了由 1835 年成立的州人民协会(Cantonal Peoples Associations)、全国协会(National Association),以及 19 世纪 50 年代起学生协会资深人士的支持(Ruffieux 1986:682)。呼吁语言群体的共同利益因此绝不是一种争取选票的选择或必要条件。相反,群众的政治动员是通过教会的或者是资产阶级的跨族群协会的组织化网络进行的。由此,政治冲突刻上了一种前现代的、等级的、神圣化的社会观念反对现代的、世俗化的和平等主义模式的痕迹,也有天主教徒反新教徒痕迹,但从未有讲法语的人反对讲德语的人的特征。[4]

正如我们已经看到的那样,激励新国家精英的共和爱国主义以独特的非族群措辞来界定瑞士民族和国家。在 1848 年赫尔维蒂社团或步兵协会成员上台执政和获得国家统治权时,他们绝不会像比利时讲法语的精英们在 19 世纪更早些时候所做的那样,宣布德语是唯一的官方语言。这些人也从来没有想过将人口中讲意大利语的那部分人描绘成落后群体,并由此提出实行同化政治。讲法语的人士也不会根据当时讲法语的人的观点,认为讲德语的人文明程度较低,从而将占据多数的讲德语的人排除在权力席位之外。而这正是比利时讲法语的精英为世代排斥占多数的佛兰芒人进行辩护的理由。

相应地,新国家的教育政策避免哪怕只是很轻微的民族沙文主义或多数群体对文化霸权的渴望。各个州的主导语言(以及在多语种州的都市中占主导地位的语言)成为当地公立学校系统的强制性教学语言。这种所谓的语言地域性原则与许多同时期的民族化国家所采取的政策形成鲜明对比。例如,意大利试图通过将托斯卡纳语提升为国家语言来"塑造意大利人",并在本国所有的学校进行传授。早期的比利时历届政府也试图通过教授所有人法语来建立一个有凝聚力的比利时国家。

在国家建构硬币的身份认同这一面,瑞士民族主义在 1848 年之后仍然是新精英意识形态纲领的一小部分。他们仍将自由主义和共和主义视为他们所创造的国家的意识形态基础。他们当然是爱国者:瑞士被视为世界的榜样———一旦自由主义运动从整个欧洲大陆在 1848 年遭遇的挫折中恢复过来,瑞士就是欧洲其他国家应该效仿的政治自由和平等的先驱。他们以这些普适原则的名义而不是以瑞士民族的名义来进行治理。爱国主义是一种主要的动力和文化力量,但它仍然从属于自由主义和共和主义的理想。并且当他们经常提到瑞士的语言多样性,以及更重要的是州的多样性时,他们当然为此感到自豪,但他们并不认为这是国家的一个决定性特征。因此,这些瑞士早期国家建构的爱国者最好被描述为族群无关紧要派,而不是有意识和有纲领的多元文化派。

这种情况从 19 世纪 80 年代开始发生变化,那时起官方的、由国家支持的民族主义取代了共和爱国主义。这种新的政治意识形态是对在此期间蓬勃发展的法国、意大利和德国民族主义的反应,并且提醒了瑞士人,从语言民族主义者的角度看,他们的国家并不存在当时法国、意大利和德国的民族主义(Siegenthaler 1993:326;Zimmer 2003)。官方民族主义也意味着抵制社会主义运动,这种运动开始在不断壮大的工人阶级中扎根,且主要归功于德国劳工活动家的努力(Bendix 1992)。最后,瑞士民族主义的发展还因为 1874 年的宪法改革引入了直接民主制度,从而使投票(男性)群众进入政治舞台。自由派新教精英现在被迫通过将天主教政党的拥护者纳入联邦委员会(从 1891 年开始)而对外开放。他们还不得不通过减少自由主义和共和主义思想的重要性,并将更多的亲天主教精英们的社团主义社会愿景整合进来,从而重新协商确立瑞士国家的官方形象(Kriesi 1999:15;Zimmer 2003:pt.2)。

至少在政治精英中,新的由国家支持的民族主义慢慢地掩盖了宗教分歧。在其核心,它(新的民族主义)认为缺乏宗教、文化和语言的同质性并不是一个缺陷,就如跨过边境另一边的泛德意志和泛意大利意识形态所认为的那样,而缺乏同质性恰恰是瑞士国家的美德。国家的多族群特性不再被视为理所当然，而是被推入民族主义话语的中心。瑞士民族——而不是自由主义事业——成为政治合法性的主要来源。自由主义宪政律师希尔蒂（Hilty 1875）创造的"意志国家"（*Willensnation*）一词，作为描述瑞士情况特征的口号，迄今几乎在每一次庆祝国定假日的演讲中仍在使用。

第一次世界大战：第二个重要的转折点

在第一次世界大战期间，这个多族群国家建构工程面临越来越大的压力。在此之前的几十年里，周围"真正的"民族国家中蓬勃发展的民族主义获得了部分瑞士知识分子和政治家的追随。在战争期间，紧张不安的气氛升级为严重的政治危机。在瑞士历史上第一次也是唯一一次，政治联盟在沿着语言分裂界线进行调整。第一次严重的危机在与德国皇帝有亲戚关系并公开同情德国的军官威勒（Wille）当选为陆军上将后爆发，陆军上将的职位仅在战争期间产生。接下来的一些政治丑闻向讲法语的公民表明，讲德语的精英显然倾向于同盟国，并且仅仅是口头上支持瑞士官方的中立原则（Jost 1986：746；du Bois 1983：80ff.）。不仅精英阶层将族群政治化，而且军队的官兵也如此行事，在军队里讲法语的新兵抱怨讲德语的军官试图坚持的普鲁士式的训练。在双语城市的街头爆发了小规模的骚乱，在某些时候和某些地方说"错误"的语言可能是危险的（du Bois 1983：68，78）。

族群民族主义也在知识分子中获得了支持。1916 年亲法知识分子圈成立了讲法语爱国主义者同盟（Ligue patriotique romande），威廉·沃格特（Villiam Vogt）等同盟内的著名人物宣扬对讲阿勒曼尼语瑞士（the Alemannic Swiss）的仇恨[例如在他的著作《两个瑞士》（*Les deux Suisses*）中就如此宣称]。该同盟不仅抱怨国家政府的亲德外交政策，还抱怨中央政府和军队中对讲法语者的歧视（du Bois 1983：82）。讲德语的知识分子迅速作出回应，创立了瑞士德语协会（Deutschschweizerischer Sprachverein）并映照沃格特的观点，比如在《风暴中的声音》（*Stimmen im Sturm*）杂志中刊文攻击瑞士法语区（du Bois 1983：85）。

然而，这种极端主义并没有主导战争期间有关瑞士外交政策调整的辩论。情况恰恰相反。自两代人之前成立瑞士联邦政府以来，一直统治着联邦政府的多族群政治精英,试图通过沿着他们在过去几十年中设计的民族主义轴心调整政治感情来镇定各种极端的情绪。在 1917 年一位亲德联邦委员辞职后,他们通过选举亲协约国的讲法语人士古斯塔夫·阿多(Gustav Ador)为联邦委员,使联邦委员会的七名委员中讲法语的委员占了三名,从而精心地重新平衡了瑞士的外交政策。总而言之,他们的这种绥靖、和解和妥协的政策取得了相当大的成功。通常情况下,在丑闻的情绪浪潮消退之后,普遍的、跨族群民族主义的征兆就有所显现:威勒将军在法语城镇受到热烈欢迎,讲法语的陆军分队则在本国的德语区列队行进。

在捍卫多族群民族主义和对抗族群竞争及冲突的挑战取得最终胜利的过程中,跨族群的诸协会发挥了至关重要的作用。在这方面尤其令人印象深刻的是新赫尔维蒂社团(New Helvetic Society, NHS)发挥了重要的作用,该协会成立于 1914 年,其明确的目的就是振兴瑞士民族主义,以反对日益增长的族群沙文主义浪潮。在第一次世界大战期间,新赫尔维蒂社团制定了一个一致的反击族群民族主义和反宣传计划,其中心是瑞士作为"意志国家"的观念。

1915 年,新赫尔维蒂社团开始出版发行一份爱国主义的星期日周报,以对抗在本国阿勒曼尼语地区取得某些影响的德语报纸。该社团还推出一份双月刊——《瑞士同志》(Swiss Comrade),向年轻的公众喊话,传播同样的爱国精神。在战争期间,还开办了新闻办公室,在当地报纸上刊登了大约 2 000 篇文章。该协会在全国各地组织会议、集会和演讲,其中包括诗人卡尔·斯皮特勒(Carl Spitteler)的著名演讲,他劝告他的同胞保持团结,并记住他们的先辈所传下来的兄弟情谊。在一份德语报纸和一份法语报纸的编辑之间所展开的题为"让我们保持瑞士人这一身份"的讨论,与新赫尔维蒂社团发表的知识分子康拉德·法尔克(Konrad Falke)的文章《瑞士文化意志》一样,受到了广泛的欢迎。其主席贡扎格·德·雷诺德(Gonzague de Reynold)经常参加本国不同地区的会议(Im Hof and Bernard 1983:17)。其他协会,如瑞士军官协会、公共利益协会以及教授和讲师协会,都发挥了类似的作用,尽管它们没有开发出与新赫尔维蒂社团相当的全面宣传工具。

这些协会的活动有效地抵消了政治领域中出现的离心力。[5]同样重要的是,它们提供了微观政治黏合剂,将跨族群精英凝聚在一起,并且防止政治联盟和个人友谊网络沿着语言分界而破裂。瑞士跨族群志愿性组织的重要性解释了为什么在 1848 年民族国家形成的关键转折点之后会形成包容性的权力结构；它也有助于解释为什么国家在第一次世界大战期间的第二个关键时刻没有沿着语言界线而分裂。

比利时：从法语一族统治到双民族联合

比利时的国家建构历史呈现了有趣的对比。简而言之，整体上的民间社会组织较少，并且同样重要的是，它们并没有在讲法语和讲佛兰芒语的人中统一传播。这些人分别占 1846 年人口的大约 42％和 50％，其余人既讲法语也讲佛兰芒语或德语（Heuschling 1851：24）。不平等的工业化和低识字率阻碍了民间社会组织在比利时佛兰芒地区的传播。更重要的是，在 1830 年独立的比利时国家成立之前的一个世纪，佛兰芒土地上的大部分工业的、商业的和专业的精英，包括高级神职人员，已经转为讲法语人士。换句话说，即使在该国的佛兰芒地区，导致志愿性组织兴盛的社会环境事实上也是讲法语的。

相应地，比利时几乎所有的志愿性协会都用法语处理他们的事务，受启蒙运动启发的绝大多数早期出版物都用法语印刷。当这些圈子内的成员在 1830 年获得国家权力（在最初几年与保守的天主教徒建立不稳定的联盟实行统治）时，他们理所当然地认为独立国家的官方语言就应该是法语，而中央政府、法院、军队、大学和中学都应该用法语运作。通过这种方式，随着占少数地位的法语使用者"夺得"了中央政府及其行政机构，便出现了一种扭曲的权力分配。佛兰芒知识分子和民族主义者逐渐将族群分界政治化，并越来越愤慨于将他们的语言及其使用者们置于二等地位。

在第一次世界大战结束后，这种族群化的权力结构才开始发生变化，并且仅仅在第二次世界大战之后，讲佛兰芒语的人们才能不必转而讲法语就可在国家政府中担任权力职位。经过 150 年的族群政治之后，最终出现的权力分享安排来得太晚，以致无法像在瑞士那样产生强大的替代性的国家认同。在独立的最初几十年，跨族群的政治网络太少以致无法建立一个包罗万象的国家，而政治认同则明显地沿着语言界线形成。我认为,当代比利时的许多政治挑战——例如将越来越多的国家机构分成佛兰芒语和法语分支所导致的问题——来源于 19 世纪国家建构的失败。

作为法语事务的民间社会组织

需要重点关注的第一个历史转折点依然是现代民族国家的成立。1815 年拿破仑帝国被打败后,比利时成为荷兰王国的一部分,在 1830 年短暂的战争之后,比利时从荷兰王国分离出来。法国则从更早的 1794 年开始对比利时实行统治,当时法国革命军队席卷欧洲北部。在受法国控制之前,哈布斯堡王朝统治了比利时几个世纪,先是来自西班牙后是来自奥地利的统治。17 世纪哈布斯堡王朝失去荷兰之后,设法保留了对比利时领土的统治。

与瑞士稳定的语言人口形成对照的是,佛兰芒语区域的新兴资产阶级中转而讲法语的人数不断增加(以下引自 Murphy 1988)。语言同化在 13 世纪就已经开始了,当时比利时的土地成为勃艮第公国的一部分,该公国的行政机构讲法语。17 世纪荷兰从西班牙独立后,法语化进程得到了加强,因为来自比利时的许多讲佛兰芒语的精英越过边界进入荷兰以逃避哈布斯堡王朝的统治。但这个过程的主要驱动力是 17—18 世纪法语和法国的声望。当时法语成为整个比利时(以及整个欧洲)的文化、政治、教会和经济精英的语言以及大学的教学语言,鲁汶的一所大学继续以拉丁语授课是个例外。在漫长的几个世纪中,法语是比利时的哈布斯堡行政机构的语言,而佛兰芒语部分的省级和地方事务也以该语言进行。

在拿破仑帝国时期,佛兰芒资产阶级的法语化进一步加速。法语成为整个国家的法院和行政机构的强制性语言,新成立的大学和中学都用法语授课。拿破仑政权将法语视为开明和进步的语言,并将佛兰芒语与非理性、落后和保守(天主教)的反革命倾向联系在一起。当时启动了一项积极的法语化政策:1805年,法令禁止佛兰芒语进入学术界和文学界;佛兰芒语书籍和报纸的出版通过审查而受到限制(Schryver 1981);所有佛兰芒语杂志和其他期刊都必须同时出版法文译本;北方讲佛兰芒语省份的官员逐渐被讲法语的人士取代(Busekist 1998);等等。

这些政策的结果是,人们必须彻底掌握法语,才能有自己的事业。法语从高级资产阶级和牧师向下传播到商人、低级专业人士、公职人员和治安法官。在受过教育的人中,只有佛兰芒北部的低级神职人员抵制法语化,并坚持用他们的传道群体以及世界布道群体守护者的语言:拉丁语。许多第一代佛兰芒语活动家参加的神学院继续用佛兰芒语教学。顺带说明一下,佛兰芒语精英融入法兰西文化和语言的过程说明了本书整体论证的另一个方面:强大的中央集权国家为语言同化提供了刺激。由此,反事实的情况会是,如果法国的统治再持续一个世纪,佛兰芒语可能会遭遇与在法国的布列塔尼语(Breton)或阿基坦语(Aquitaine)一样的命运而逐渐消失。

然而,历史又转向了。1815 年拿破仑帝国崩溃,欧洲的边界在维也纳①重新划分,比利时的领土与荷兰北部"再度统一",成为荷兰国王威廉一世治下的统一王国。威廉一世最初试图通过将讲佛兰芒语的地区重新荷兰化来扭转语言潮流,将荷兰语作为这些省份的行政语言,将中学转变为佛兰芒语教学,并让所有讲法语的人将佛兰芒语作为第二语言来学习。佛兰芒地区讲法语的精英强烈反对这一政策。在 19 世纪 20 年代,一份反对荷兰化政策的请愿书收集了 320 000个签名,其中 240 000 个来自该国的佛兰芒地区,实际就是来自当地法语化的资产阶级(Polasky 1981:41)。

荷兰国王无法扭转佛兰芒北部资产阶级的法语化。他声势浩大的语言政策很快就通过给予其臣民"语言自由"而被放弃了,这事实上意味着佛兰芒北部的法语精英可以自由地恢复讲法语(Schryver 1981:21)。可以肯定的是,法语化仍然局限于北方人口中的精英阶层。佛兰芒地区绝大多数人继续讲佛兰芒语。在比利时独立的 1830 年,佛兰芒地区的安特卫普(Anvers)只有 1.7％人口在日常生活中讲法语,林堡(Limburg)只有 5％,东佛兰德(Oriental Flanders)只有1.6％、西佛兰德(Occidental Flanders)也只有 5.3％(Busekist 1998:64)。

正如我们将看到的那样,佛兰芒资产阶级的法语化与另外两个进程一起将民间社会组织的发展限制在讲法语的人口之中。第一个是工业化进程不均衡。与瑞士一样,比利时也是欧洲大陆的早期工业化国家。在佛兰芒北部地区,城市

---

① 　这里的维也纳是指在 1815 年拿破仑战争后召开的维也纳会议。——译者注

制造商建立在悠久的纺织工艺传统之上。在南部法语区,由于桑布尔-默兹(Sambre-Meuse)山谷有煤炭储量,典型的 19 世纪钢铁工业在那里发展了起来。然而,与瑞士形成对照的是,绝大多数讲佛兰芒语的农村腹地却没有受到任何形式工业化的影响,并且仍然植根于农业的、面向本地的经济和社会。在瑞士中部发展起来的水力驱动的农村工业化并没有在比利时出现。此外,由于上述原因,虽然北方的工业化确实产生了制造商、商人等新的资产阶级圈子,但这些实际上只是比利时法语社会的一部分。换言之,工业化并没有在不同的语言群体中平等地传播资产阶级的社会圈子。

第二个与瑞士自治城邦的联合体形成对照的进程是,比利时长期由外国势力以更为中央集权的方式进行统治,先是绝对主义的哈布斯堡王朝统治者,后来是拿破仑治下强大中央集权的法国政府,再后来是同样集权的荷兰王国。这导致两个后果。一方面,就像哈布斯堡王朝的其余部分以及法国一样,比利时人口几乎完全是天主教徒。由于没有新旧教会之间的竞争,因此在国家开始承担教育群众的责任之前,天主教会的神职人员教导人们如何阅读和写作的动机很小。比利时的识字率由此远低于瑞士的识字率。早在 1785 年,瑞士就有大约 65% 的人口可以读写(根据 Messerli 2002 和 Grunder 1998 计算而得),但是在 1800 年,比利时甚至只有 48% 的人口可以手签他们自己的名字(Reis 2005)。

另一方面,比利时的外国统治者更担心新思想的蓬勃发展,特别是担心比利时人对民族自治和独立的渴望。他们控制甚至压制民间社会组织的程度远远超过瑞士的情况,瑞士各州的政府缺乏这方面的动力和能力。例如在 1785 年,奥地利皇帝约瑟夫二世担心共济会在其比利时土地上的影响越来越大,由此控制这一运动的发展,极大地限制了共济会地方分会的数量(比如在布鲁塞尔仅幸存三个;Arvelle 1995:23)。就如我们将要看到的那样,在拿破仑时期,虽然共济会分会数量反弹,但是志愿性组织的活动仍受到密切监视和限制。1810 年拿破仑的《刑法典》到 1830 年比利时革命之前一直有效,它指出:"没有政府的同意,不允许超过 20 个人的协会每天或在特定的日子聚集起来处理宗教、文学、政治或任何其他事务,只有在公共当局认为合适的条件下才能行事。"(笔者翻译,引自Vries and Vries 1949:24)虽然这一条款实施的有效程度尚不清楚,但与许多州政府成员加入此类协会的瑞士所形成的鲜明对比则相当具有启发意义。

佛兰芒资产阶级的法语化、语言群体之间的工业化不平等、较低的识字率以及更加明显地对政治生活的控制等,在总体上共同限制了整个民间社会组织的扩散,更具体地说,主要是将它们限制在了讲法语的那部分人口之中。为了说明这一点,让我们首先考察一下在比利时独立前的政治生活中发挥重要作用的共济会(Ertman 2000)。

在哈布斯堡王朝统治时期,一些共济会的地方分会由贵族组成,一些分会大多由神职人员或军官加入,另有一些则包括律师、商人、高级公务员和实业家等。所有的分会都有法语名字,并且常常是讲法语的人参加,包括比利时佛兰芒地区的精英(Arvelle 1995:21)。约瑟夫二世的政策受挫之后,在拿破仑时期,共济会的分会再度蓬勃发展,尤其是致力于皇帝崇拜的军事分会。会员人数大幅增加,并将资产阶级包括进来,分会的会员共有2 500名男性,或每820名男性中约有一名为其成员。在荷兰统治时期,共济会分会具有相同的社会成分,但扩大了其目标以包括文学教育、科学事务以及传播新的启蒙精神等。这些分会继续在全国各地扩展,但主要是由讲法语的精英参与(Arvelle 1995)。与此相符的是,他们在反对威廉一世的荷兰化政策方面走在了前列(Busekist 1998:41)。

从出版和图书市场也可以看到近代早期社团的不均匀分布,出版和图书为这些志愿性协会提供信息和思想。在我们关注的革命前存在的17种报纸中,只有5种以佛兰芒语出版,而佛兰芒语却是大多数人口的母语。在革命11年之后的1841年,报纸的数量增加到80份,其中3/4仍然是法语。革命9年之后(没有更早的数据了),政治小册子、书籍等原创著作中,197个用法语出版,只有88个以佛兰芒语出版(Heuschling 1851:88,341—342)。这些数字表明,现代的社团和知识分子生活未能跨越语言界线,仍然只限于讲法语的瓦隆人和佛兰芒人。

独立的国家:讲法语者的一族统治

随着时间的推移,讲法语的、越来越政治化的、比利时民族主义的、反君主制的和自由主义的协会数量不断增长。与瑞士一样,它们在建立现代国家方面发挥了至关重要的作用。1830年革命是下述一系列事态发展的综合结果:威廉一世的荷兰化政策在比利时各地讲法语的精英中引起了反感;神职人员担心威廉国王授权引入的"宗教自由"意味着荷兰新教团体在国王的保护下可自由地改变比利时天主教徒的信仰,以及国王建立公立学校的政策会破坏教会的教育权威;南方煤炭和钢铁地区的工业家反对低地荷兰的关税;邻国法国反君主制七月革命对比利时的启发等(Busekist 1998;Murphy 1988;Schryver 1981)。

虽然比利时革命者的支持基础是异质性的,但领导角色则显然落在已经在诸如共济会那样的志愿性组织中组织起来的城市群体手中。就如威特及其共同作者所写的那样:

> 宣称中产阶级是革命活动核心的说法不存在夸大其词的危险。它创建了行动小组并建立了以报纸为工具的反对派网络。在每个城市,它控制着抵抗委员会。他们准备了包括请愿在内的更大的抗议行动,在此期间,他们获得了大部分非知识分子人口的支持。当他们利用8月10日的社会动荡来煽动革命火焰时,他们的政治技巧显现无疑。(Witte et al. 2009:23)

相应地,在推翻荷兰君主制之后,这些自由主义的城市资产阶级政党取得了权力,并确定出新独立国家及其政府的轮廓。然而,他们必须在独立后的最初15年间与天主教神职人员和其他保守派团体分享权力。我们由此到了历史叙事的第一个转折点:现代民族国家建立的那一刻,其宪法原则被确定,新的族群政治权力形态出现了。

与瑞士一样,资产阶级的社团网络和相应的社会环境与保守的天主教神职人员一起主导着新的国家。然而,与瑞士的关键区别在于,这些社团网络以及高级神职人员几乎完全由讲法语者组成。新的精英因此几乎完全是讲法语的(Murphy 1988:50,52),而在瑞士则就如我们已经见到的,这样的社团网络包括所有讲德语、法语和意大利语的人。与瑞士一样,再经过一代,语言问题也并未被视为主要政治问题。主要的政治分界线也如瑞士那样,是天主教保守派与自由派的对立。与瑞士更加一样的是,新统治者宣称他们自己的语言是本国的官方语言。但与瑞士将官方语言定为多语言形成了鲜明对比的是,比利时将法语定为唯一的官方语言。著名历史学家亨利·皮雷纳关于宪法会议如此写道:

> 佛兰芒人和瓦隆人(即讲法语的人)之间的对立比天主教徒和自由主义者之间的对立要少。所有人都属于同一个社会环境,所有人都说同一种语言——法语,所有人都为同一个目标而投票,并且为了创造一个共同的民族

(nationality)，所有人都小心地避免任何分裂。（Henri Pirenne 1902：440）

根据宪法第 23 条，法语成为军队、司法、中央行政机构和议会的语言。宪法还保证"自由使用语言"，这实际上意味着北方精英可以在北方地区的公共行政中使用法语。与瑞士形成对照的是，新的国家模仿邻国法国实行高度中央集权。五年后，这位新的比利时国王颁布了一项法令，要求所有高等教育机构（包括中学）使用法语，而北方的小学教育则继续用佛兰芒语（Murphy 1988：63—64）。对投票权的严格财产限制（只有 2% 的男性可以投票）使权力结构有效地向有利于讲法语者的方向扭转，正如我们所看到的那样，这些讲法语者包括该国北部佛兰芒地区的资产阶级。

许多革命领导人希望这些政策能够最终将比利时转变为法语国家。革命的雅各宾领导人之一，其临时政府成员和后来的总理查尔斯·罗吉尔（Charles Rogier）在一封经常被引用的信中明确表达了这一观点：

> 良好管理的首要原则是基于一种语言的专用，很明显，比利时人的唯一语言应该是法语。为了实现这一结果，必须将所有民事和军事职能委托给瓦隆人和卢森堡人，这样，佛兰芒人暂时被剥夺了担任公职的机会，但是却会被迫学习法语，由此我们将在比利时一点一点地摧毁日耳曼元素。（转引自 Hermans 1992：72）

当时，建立一个由讲法语者统治的一族国家在占多数的佛兰芒人中遇到的阻力很小，因为佛兰芒地区缺乏有组织的基础设施来建立这样的反对派。佛兰芒农村人口仍然紧密地整合在天主教会建立的政治等级制度之中（Ertman 2000：164）。在这种情况下，值得注意的是，直到 1883 年，那里只有 20% 的儿童上过公立学校，其余的人在天主教学校接受过小学教育。正如施莱佛（Schryver 1981：22）指出的那样，在佛兰芒人群中"没有明显的知识分子觉醒"。换言之，讲佛兰芒语的人尚未形成一种政治化的族群意识，他们的身份认同视野继续以教区和省为中心，这是自中世纪以来就一直存在的政治状况。

虽然佛兰芒运动的知识分子先辈可以追溯到 18 世纪晚期的杰出人物〔如简·巴蒂斯特·维洛伊（Jan Babtist Verloy）〕，但这一运动的势头在革命之后才开始猛增，并且是对新国家完全将佛兰芒语边缘化所作出的反应。正如经常发生的那样,民俗学家和诗人形成了民族运动的第一波浪潮。1836年,一个名为"佛兰芒语言和文学研究促进会"(Maetschappij tot Bevordering der Nederduitsche Tael-en Letterkunde)的文学社团成立。1841年,佛兰芒语言代表大会(Taelcongres)紧随其后成立;1842年,佛兰芒语言和文学协会(Nederduitsch Tael en Letterkundig Genootschap)成立。最后,一个伞形组织——佛兰芒语言联盟(Taelverbond)于1844年成立,其第一次大会由500人参加。1849年,出现了佛兰芒社团(Vlaemsch Middencomiteit),提出了一些更为明确的政治考虑[Busekist 1998;关于佛兰芒运动另见 Hroch 2000(1969):第17章]。

1840年,这一早期运动产生了一份由30 000人签署的议会请愿书(Schryver 1981:27)。它要求将荷兰语用于各佛兰芒省的官方事务,并要求根特大学提供双语教学。请愿书在很大程度上被执政的法语精英们所忽视。在19世纪五六十年代,该运动势头更盛,变得更具政治胆识,要求各佛兰芒省获得自治以及在中央政府中讲佛兰芒语的人们有更加平等的代表权。自由派政治协会威廉姆斯基金(Willemsfonds)于1851年成立,前进佛兰芒(Vlamingen Vooruit)成立于1858年。不久后设立了第一批自由佛兰芒联盟,诸如1866年在安特卫普的佛兰芒联盟(Vlaamse Bond)和1861年在根特、1877年在布鲁塞尔、1878年在布鲁日设立的佛兰芒自由协会(Vlamsche Liberale Vereeniging)(Busekist 1998:83)。

1856年,这些运动收获了第一次成功,一份官方报告建议提升佛兰芒语的地位:佛兰芒语应该在佛兰芒地区各省的中学教授,根特大学应该开设佛兰芒文化和文学课程,应允许公民选择与政府机构沟通的语言,荷兰语或法语应该是中央政府与佛兰芒各省相互交流的语言,法院应该使用诉讼当事人的语言,等等(Murphy 1988:66—67)。1861年,第一个佛兰芒政党会议党(Meetingpartij)在安特卫普成立。19世纪60年代,佛兰芒运动的成员最终在安特卫普议会赢得了席位,从而在政治体系中获得了最低限度的代表权。

这里要强调的重点是,所有为占多数人口的佛兰芒人发声的志愿性协会和政治组织,都只在现代国家建立之后的那一代人时期发展起来。相比之下,瑞士的情况则是,讲法语的少数群体早在现代国家建立之前,就已作为讲法语者并用法语建构这些组织化网络不可分割的一部分。在新成立的比利时国家中获得权力并建立其一族统治基础的联盟网络完全由讲法语的人组成——就如我们所看到的那样,其中包括来自该国佛兰芒地区的大量个人,他们早在几代人之前就同化于当时占主导地位的语言和文化。

现在还不是详细考察 100 年后最终克服这种一族统治权力结构政治发展的时候。简而言之,佛兰芒运动最终在 19 世纪 70 年代获得了大量追随者。由讲佛兰芒语的专业人士和白领工人组成的新资产阶级支持这一运动,因为他们由于比利时社会向上流动的语言要求而处于不利地位。该运动取得了一系列成功,从 1873 年强制要求在北部省份以荷兰语进行刑事审判的法案,到 1883 年允许中学的一些预备课程用佛兰芒语教授的法案,都显示了这一点。最终的成就发生在 1898 年,那一年佛兰芒语被承认为该国的官方语言。20 世纪二三十年代,在取消对投票权的财产限制并且大量贫困的讲佛兰芒语的人获得选举权后,一系列改革最终使佛兰芒语成为行政、小学和中学教育以及北方法院的官方语言,并在根特建立了用佛兰芒语教学的大学。这一系列改革是对一族统治政权的第一次严肃修订,使讲佛兰芒语的人们在地区层面获得自治。

佛兰芒运动在 20 世纪六七十年代重振力量,并且最终开始瞄准国家权力配置本身。经过一系列日益激烈的艰难斗争之后,比利时国家分为两个大部分自治的、由语言来界定的次国家,这两个语言共同体在一个弱势的联邦政府中分享权力。作为国家中的族群分割的最后一步,就连社会保障机构也被分为两个独立的实体。在 19 世纪最后 25 年形成的政党制度也在语言分界中进行了重组和分裂,从而产生了一向统一的基督教民主党、社会主义者和自由党的佛兰芒和瓦隆的分支。

在国家成立一个多世纪之后,一族统治的政权终于被一个容易发生冲突和危机,但明显更具包容性的权力分享安排所取代。一族统治政权在过去几代人之间的持续存在,以及改造它所需的长期斗争解释了为什么比利时的国家建构在政治认同层面也是失败的。在比利时,拥有共同的政治命运的观念和忠诚感变得非常难以企及。调查结果显示,在 20 世纪 90 年代中期,分别只有 17% 和 25% 的讲佛兰芒语和讲法语的人认为自己"更是比利时人而不是佛兰芒人/瓦隆人"(Billiet et al. 2003:246)。由于过去几十年去工业化经济的关系,佛兰芒地区的经济发展超过了法语地区的经济发展,佛兰芒地区因此成为福利国家的净贡献者,而法语地区则成为净收益者,这引起了激烈的争论(Cantillon et al. 2013)。

这种不平衡也可以在瑞士找到，例如在国家失业保险制度问题上。但似乎没有人认为它们是政府需要解决的族群间的不公正问题。

结论

比较瑞士和比利时的两个案例表明，国家建构依赖于控制新建成的民族国家的精英所维持的政治联盟的范围。在这些联盟跨越族群分界、变得制度化并且组织稳定的情况下，族群从未被政治化，出现了整合的权力结构，并形成了泛族群的国家认同。然而在精英网络被族群分界所限制，因此使人口中的某些重要部分始终被排除在政治代表之外的情况下，国家建构就遭到失败，政治竞争使不同的族群共同体相互斗争，族群认同在政治上变得比民族这一想象的共同体更为重要。因此，在民族国家形成初期的精英政治网络范围决定了国家建构的前景。

更具体地说，比利时与瑞士之间的比较显示了志愿性协会在这一过程中所发挥的重要作用。因为志愿性协会促进了跨越整个领土的横向联系，所以在民族国家得以创建的时期内，所建立的协会网络越多，新的统治精英就越容易依靠这些网络来建立跨越族群分界的联盟。就如上述案例研究所表明的那样，志愿性组织能够扩散到多大的程度取决于政治体系的性质、工业化的地理格局和教育的普及。

但我们怎么能确定两国之间没有其他差异来更好地解释它们不同的国家建构轨迹呢？在许多方面，这两个国家确实非常相似，但这些相似之处显然不适合解释为什么国家建构在此国成功而在彼国没有成功。瑞士和比利时两国都分为有声望的"高级文化"及语言（法语）和更为边缘化的文化及语言（阿勒曼尼语和佛兰芒语）两个群体，而在人口统计上，讲后者语言的人口则占多数。这两个国家都是早期的工业化国家。然而，在其他方面，这两个国家则彼此不同。

瑞士有三个主要的语言群体，而比利时只有两个大致相同的语言群体。就如蒙塔尔沃和雷纳尔-克罗尔（Montalvo and Reynal-Querol 2005）所说，我们难道不应期待更分化的结构会更具冲突性吗？答案取决于我们如何解释两国的语言人口统计；如果我们聚焦于更高级和与政治更相关的语言差异，那么我们会发现瑞士有 63％的人讲日耳曼语，37％的人讲拉丁语（意大利语、法语和罗曼什语），而在比利时，这一比例为 60％（59％的人口讲荷兰语，1％讲德语）与 40％。因此，语言的分化水平大致相当。

另一个人口统计上的差异是，瑞士在宗教上也是异质的，天主教与新教沿语言边界横切分裂。比利时人主要是天主教徒。著名的政治学家认为，像瑞士这样的"横切"分裂，能使得切开的双方相互平衡，导致冲突减少（Lipset 1960）。在第五章中，我将用 107 个国家的系统数据来评估这一论点。没有证据表明，当宗教和语言边界相互交叉时，国家建构会更容易。虽然瑞士和比利时在这方面肯定存在差异，但宗教和语言分裂的性质不太能用以解释为什么国家建构在此国取得成功而在彼国遭到失败。

另一些人可能会指出，19 世纪和 20 世纪初两国的政治制度不同。瑞士在1848 年之后是一个完全民主国家，而比利时在独立后像一个半威权王国，并且仅在接下来的那个世纪才逐渐扩大民主权利和制度。政体数据集将各个国家的民主程度编码为从－10（完全专制）到＋10（完全民主），给予瑞士从 1848 年开始就一直是＋10 分，比利时则在 1830 年以－4 开始，直到 1932 年对投票权的财产限制被取消后才达到＋10。不同程度的威权控制当然有作用：我已经论证过，在瑞士由于政体的分散和更民主的本质，瑞士的民间社团因此更加繁荣。

但也许民主本身能促进国家建构，因为政治家必须在本国的每个角落寻求选票，而且不能拒绝来自不同族群背景的支持者。同样，第五章用世界各地 155 个国家的数据对这种可能性进行统计评估。在这里我不准备作详细说明，但我确实发现民主与国家建构密切相关。然而正如我将要表明的那样，这不是因为民主导致跨越族群分歧的政治整合，而是因为政治排斥阻止了民主化。根据这一发现，对佛兰芒多数人的政治排斥可能有助于解释为什么比利时赋予其所有（男性）公民完全投票权如此之晚。相反，瑞士早期的国家建构使得建立民主制度更为容易，因为该国的新统治者不必担心赋予不同族群背景的选民以权力。

鉴于这两个统计结果，我们可以更加确信，比利时和瑞士的国家建构的不同轨迹确实受到这两个国家建立政治联盟的基础组织结构的影响。志愿性组织的早期崛起促进国家建构，这显然代表了一种趋势而非规律。有些关键的节点会不时地打开偶发事件的空间,让人想象某种不同的未来。在第一次世界大战期间,瑞士可能沿着语言断层线分裂。比利时本可以在 19 世纪末或 20 世纪初通过促使讲佛兰芒语的人能够在中央政府占据一席之地而不需要他们融入法语文化和语言,从而发展出更具包容性的权力配置。

但是,形成早期国家建构的同样的结构性力量使未来的发展保持在同一轨道上:第一次世界大战期间瑞士的跨族群民间社会组织在维护国家统一中共同发挥了重要作用,加强了跨越族群分界的政治纽带并普及了新发展出来的泛族群民族主义。在比利时,路径依赖以另一种形式奏效:雄心勃勃的讲佛兰芒语的政治家被同化为执政的讲法语的精英,因为这是他们投入政治生涯的唯一途径。由此只讲佛兰芒语的人口不断被剥夺挑战一族政体所必需的领导能力。将这种路径依赖的看法用比喻的方式表达的话就是,当然有很多事件会导致这两艘船改变方向,因为在驾驶台上和普通水手中有很多政治戏码。但他们是在风所允许的运动范围内上演各种戏码——没有一艘航船可以逆着风操纵航向。

【注释】

[1] 有关民族主义古典理论如何处理瑞士案例的评论,参见 Wimmer 2011。

[2] 唯一的例外是拿破仑时期的一个小插曲。当时一群激进分子试图将讲意大利语的提契诺州与被称为西阿尔卑斯共和国(今天的意大利北部)的拿破仑的傀儡国家统一起来。随后,瑞士爱国主义在整个意大利语区爆发,分离主义分子就此被压倒(Stojanovic 2003)。

[3] 根据斯托扬诺维奇(个人沟通)的说法,1848—2010 年期间讲法语者和讲意大利语者担任联邦委员会委员的比例为 32%。

[4] 然而,在具有双语人口的州中,族群语言的差异经常被政治化。对这些发展的分析超出了本书的范围。

[5] 可以肯定的是,战后社会主义工人运动的兴起也有助于巩固现有的跨族群精英联盟(参见 du Bois 1983:88—89)。

第三章　公共物品:博茨瓦纳与索马里

　　本章聚焦于第二种机制,它能产生更具包容性的政治联盟网络,整合来自不同族群背景的个人。一个组织良好、有能力、能够提供公共物品——道路、学校、医疗服务、清洁用水、防止专横暴力等——的国家,代表着管理精英和公民之间不断交流的有吸引力的合作。大部分人口将寻求与国家建立联盟,以换取他们对国家的政治忠诚和支持。在民主国家,公民更有可能投票支持这种政权。在非民主国家,他们就不太倾向于对之进行常见的抵抗——做事拖拉、说三道四、嘲笑统治者,或者不举报反对政体的秘密组织。在民主国家和非民主国家中,公民将同样遵守这种官僚规则和法律规定,从而促进公共政策的实施和税款的征收。他们将抵制那些不接受国家现行宪法形式的分裂分子和其他反对势力的诱惑。

　　公共物品供应如何产生政治忠诚可以用以下摘自 2014 年 9 月 14 日《纽约时报》的乌克兰轶事来说明。记者问一位女士她对卢甘斯克人民共和国的看法,俄罗斯分离主义者经过几个月与乌克兰军队的战斗,刚刚在那里宣布独立。"他们会在哪里得到钱?"她反问道。"如果他们(分离主义者)有钱,他们本可以开始筹建建设工程队或其他什么。我不在乎我们生活在什么国家或它被称为什么,我只想要和平。我只想要煤气、水和孩子们的学校。"我认为,随着时间的推移,这个女人会开始认同一个能够为她提供日常生活所需并使她的孩子拥有更美好的未来的国家。她将变得忠于这样一个国家,支持该国从而融入以政府为中心的联盟网络。最终,她的孩子们将视自己为这个国家的成员,不论它被称为卢甘斯克、俄罗斯还是乌克兰。

在本章中,我将再度通过在宏观层面和较长的时段内追述两个国家的历史,来说明公共物品的供给如何能够产生国家建构。与比利时和瑞士一样,我选择了很符合该假设的两个案例。与之前的比较一样,这两个国家位于"回归线"的两端:一个是特别擅长提供公共物品并在国家建构方面取得成功的国家,另一个则是很少提供公共服务并且无法在政治上整合其多样化人口的国家。这一次,这些例子来自撒哈拉以南非洲,对比博茨瓦纳和索马里。这两个国家的特点是天气都异常干燥,国土面积相近,经济几乎完全基于饲养牛或骆驼,在获得独立时都非常贫穷,并且在大致相似的时间内被西方列强殖民。

不过,这两个国家的殖民经历又互不相同。索马里作为殖民地被分为英国的和意大利的领土,而博茨瓦纳整体成为大英帝国的一部分。英国人在统治博茨瓦纳以及索马里北部时,不太干预当地人的事务。意大利人则在索马里南部建立了一个更直接统治的定居者殖民地。在我开始详细讨论这两个案例之前,探讨这一情况是否能用以解释国家建构的不同轨迹可能是有用的。在下面的详细分析中,我将找不到太多证据来证明这种观点,即使殖民地官僚的确切性质和向独立的过渡相当重要,正如我们将会看到的那样。但是,在这两个案例之外,殖民主义的风格可能有助于解释为什么有些国家在殖民者离开之后在政治上聚合,而另一些国家则在抗争性的族群政治甚至是暴力的分离主义冲突中挣扎。在第五章中,我通过对来自世界各地的许多国家的统计分析来探索这种可能性。我发现既不是前定居者殖民地(如意大利的索马里),不是实行间接统治的前殖民地(如英国的博茨瓦纳或索马里),也不是特定殖民国家的前势力范围(英国、意大利、法国、奥斯曼等的势力范围)会使国家建构更加成功或更加不成功。此外,像索马里一样被一个以上殖民强权殖民的国家并没有比其他国家更难在政治上融合(与 Vogt 2016 的观点不同)。因此,我们可以更加确信,提供公共物品的能力确实是理解为什么博茨瓦纳与索马里的后殖民命运大相径庭的关键因素。我首先来讨论博茨瓦纳。

博茨瓦纳：非洲的法兰西

博茨瓦纳是一个内陆国家，南部与南非接壤，西部和北部与纳米比亚接壤，东部与津巴布韦接壤。它的气候干燥，大部分地形都是由喀拉哈里沙漠（Kalahari Desert）构成的，所谓的布须曼人（Bushmen）曾经在那里的游牧区过着狩猎采集者的生活。这个国家和乌克兰、得克萨斯州、法国、西班牙或肯尼亚一样大，但人口稀少，只有 200 多万。他们大多生活在与南非和津巴布韦接壤的较为肥沃的东部边缘。

博茨瓦纳被视为非洲的成功故事之一。它保持着高水平的经济增长，主要是由于钻石矿藏的发现和开发。然而，与整个非洲大陆和世界其他矿产出口国形成对照的是，博茨瓦纳对钻石的依赖并未导致由寻租的专制精英所造成的与"治理不善"相随的"资源诅咒"①。相反，博茨瓦纳政府没有腐败盛行，自 1966 年独立以来一直实行民主选举，并且能够避免普遍存在的冲突，更不用说武装冲突了（Robinson and Parsons 2006；Handley 2017；du Toit 1995；Samatar 1999）。

至少按照非洲的标准，博茨瓦纳通常被认为是一个族群同质的国家。许多经济学家认为，这种同质性促进了经济增长和公共物品供给（La Porta et al. 1999；Alesina and La Ferrara，2005；参见第七章）。博茨瓦纳是否因为绝大多数人口都说茨瓦纳语而能成功地提供公共物品？这种解释忽略了这样一个事实，即茨瓦纳人内部分化为一系列较小的族群政治群体（du Toit 1995：18；Binsbergen 1991），类似索马里讲索马里语的不同宗族。

此外，博茨瓦纳在 20 世纪 30 年代比现在更加异质。从前殖民主义的过去继承的强有力的集权的各小土著国家，那时起通过融合和同化到政治上占主导地位的茨瓦纳文化和语言来使这种多语言景观达到平衡。由于历届政府所追求的国家建构计划具有合法性，独立后博茨瓦纳的语言和身份同化不断加速。换

---

① 资源诅咒（the resource curse），也被称为"充足的悖论"（the paradox of plenty），是指拥有丰富自然资源的国家，特别是拥有矿产和燃料等不可再生资源的国家，其经济增长、发展成果、国家治理水平等要比自然资源较少的国家差很多的现象。——译者注

句话说,博茨瓦纳的国家形成和国家建构的非凡历史解释了为什么大多数博茨瓦纳人今天说同一种语言,而不是相反(更全面的分析,参见本书第七章)。

我认为,国家建构计划是成功的,因为有效和公平的公共物品供给允许统治精英扩大其在整个领土上的政治联盟和支持网络。那么,在某种程度上,博茨瓦纳的故事类似于法兰西第三共和国,当时由于中央政府有效地提供公共物品——学校、医院、道路、福利等,讲普罗旺斯语、阿基坦语、巴斯克语等的各地区农民群体被同化为法兰西民族。《农民变为法兰西人》(*Peasants into Frenchmen*)是尤金·韦伯1979年出版的著名书籍,该书描述了这一过程。如果描述博茨瓦纳,《部落人变为茨瓦纳人》(*Tribesmen to Tswana*)可能是较为贴切的类似书名。

殖民化之前在马赛克社会中的中央集权化

八个茨瓦纳王国统治博茨瓦纳数世纪之久。[1]它们的人口规模很小,很少超过10万居民。但是,与大多数非洲王国,其中包括东部和南部在军事上更强大的祖鲁和恩德贝勒政体相比,它们在内部分层整合并在地域上高度集中。它们能最恰当地被描述为中央集权的迷你国家。[2]这些国王的大多数臣民被要求住在国王宫殿周围的大村庄和小城镇中。这些城镇由几个村庄组成,每个村庄有几个区(wards),每个区都由一群相关的家庭居住,由一位国王指定的首领统治(Schapera 1938;Maundeni 2002)。每个区、村庄和王国都有成年男子会议[称为"克戈特拉"(kgotla)],讨论公众关注的问题。国王和他们的私人顾问、首领理事会以及知名且有权势的家庭的代表严密地控制了这些会议的议事日程。国王也位于宗教系统的中心,负责其臣民的精神幸福。没有平行的宗教权威存在(Maundeni 2002)。当国王在19世纪后期皈依基督教,废除一夫多妻制、喝啤酒以及人工降雨时,他们的臣民采用古典的"教随国定",接受了同样的基督教教派。

在经济上,这些王国依靠养牛业和农业。牛代表财富、声望和权力。在非洲南部其他牧牛群体中很有名的马菲萨(*mafisa*)体系处于政治经济的核心地位:除了他的私人牧群之外,每个国王都控制着他的王国本土上的广大牧群,用于为公共仪式提供肉食和养育穷人。更重要的是,至少到20世纪70年代之前,马菲萨体系还存在且健全(Murray and Parsons 1990:160n1),它在王室家庭的从属成员与首领之间建立起恩庇关系:首领通过效忠国王并为其提供服务,换取放牧王室的牛,消费这些牛的牛奶,并使用这些动物进行耕作。这种体制有时被描述为"牛封建主义"(cattle feudalism)(参见 Murray and Parsons 1990:160)。国王的权力还取决于他是否有能力禁止持反对意见的王室成员或首领进入他的领地并没收他们的牲畜,从而使他们失去自己的国家和权力,并且贫困无助。严格的长子继承制规则进一步巩固了权力等级制度,因为它限制了在互为对手的王子和首领之间的政治竞争。

与其他非洲南部王国相似,茨瓦纳的国王可以依靠一个以年龄组团的系统来耕种他们的土地或建设公共基础设施。各年龄团由年龄相近的男性组成,每个团队的人员负责某些特定的职责和仪式。一旦某个王子达到适当的年龄,就会形成一个新的年龄团。在战争时期,这些由年龄分组的团队也可以被动员成为民兵组织。相比较而言,诸茨瓦纳王国在军事上相当薄弱,因为它们没有常备军。

诸茨瓦纳王国还合并其他群体[3],这些群体要么是被诸王国征服的,要么是来自邻近冲突的难民。通过指定这些群体组成新的区或村庄并任命他们自己的首领,就将这些新群体并入各个茨瓦纳王国。这个国家的原始居民(其中许多人曾作为狩猎采集者而生存)在 19 世纪被征服,并作为王室和首领的世代农奴。他们大部分人被雇为牧牛人,没有自己的区和首领,所以没有政治表达的机会。执政的茨瓦纳精英使用"萨尔瓦"(Sarwa)(或英语中的布须曼人"Bushmen")来指称这些讲克瓦桑语(Khoisan)的群体(Bennett 2002;Gadibolae 1985)。这片土地上的其他原始居民讲班图语(Bantu)并被称为"卡加拉加迪人"(Kgalagadi)。因此,每个王国都由拥有不同祖先和母语的群体像马赛克那样拼接而成。直到20 世纪 30 年代和 40 年代早期,当人类学家艾萨克·沙佩拉在为关于茨瓦纳王国族群构成的书收集数据时,这种情况依然存在(Isaac Schapera 1952:65)。在我进一步描述这种马赛克情况之前,应该简要介绍博茨瓦纳族群差异的结构。

与世界其他地方一样(参见 Wimmer 2014:第 2 章),我们发现了一个复杂的嵌套类别系统。例如,类别 A 和类别 B 可能属于一个超级类别 α,α 与 β 相反,但β 又由类别 B 和类别 D 组成(例子参见附图 6.1)。并非所有这些级别的分类差异在给定的时间点都具有相同的相关性。此外,不同类型的类别以复杂的方式重叠。为了简化,我们可以在族群政治类别和族群语言类别之间作出区别,前者基本上是指在政治上相互支持的拥有共同祖先的诸个体,后者是指一群讲同一种语言的人。在后者中,茨瓦纳的各种方言都嵌入茨瓦纳类别之中,该类别构成了南班图语族[与卡加拉加迪语、茨瓦蓬语(Tswapong)和比尔瓦语(Birwa)一起]的一部分,南班图又是班图语支的一部分,卡兰加语(Kalanga)、赫尔罗语(Herero)和其他一些语言也属于班图语大类别,但萨尔瓦人所说的各种克瓦桑语则不属于该语支。一般而言,族群政治类别与后独立时期更为相关。语言类别,如茨瓦纳语,直到殖民时期晚期甚至此后仍然毫无意义(Wilmsen 2002:829;Selolwane 2004:10)。

族群政治类别有两种使用方式。从狭义上讲,族群政治类别是指拥有共同起源的个体,他们一起迁移到今天的博茨瓦纳,并且经常在过去和现在形成不同程度的政治单位(一个区、一个王国、某位王子的后代)。从这样的狭义意义上讲,每个王国都被某个"名义上的"所谓的族群所主导,例如恩瓦托王国中的恩瓦托(Ngwato)族群。作为比较,想象一下,奥匈帝国中讲德语的人称自己为"哈布斯堡人"。这就是沙佩拉使用恩瓦托这个词的方式。[①]

然而,在更具包容性的意义上,每个王国的从属群体也可能认同王室和国家。因此,"恩瓦托人"也可指恩瓦托国王的所有臣民——与他们的起源和语言无关。殖民当局和后殖民时期的管理者和政治家经常使用术语"部族"(tribe)来表述(参见 Bennett 2002;Selolwane 2004)。想象一下,我们将奥地利双重君主国(奥匈帝国)的所有臣民,包括意大利人、匈牙利人、罗马尼亚人、斯洛伐克人、克罗地亚人和讲意第绪语的人,都称为"哈布斯堡人"。

根据沙佩拉在狭义的、以祖先为基础意义上的族群政治群体的名单(Schapera 1952),我计算了每个王国的族群构成。事实证明,"名义上"占主导地位的族群在各王国总人口中只占 7%(在最大的王国中)到 82%。平均而言,名义上的族群群体只占所有王国总居住人口的 32%。即使我们统计所有茨瓦纳族

---

① 艾萨克·沙佩拉(1905—2003 年),殖民时期研究非洲南部部落社会的人类学领军人物。他将殖民前和殖民时期博茨瓦纳的恩瓦托王国中讲班图语的居主导地位的人口称为"恩瓦托族"。——译者注

群政治的群体，他们也只占所有王国总人口的 55%。因此，除了一个同质的小国之外，所有其他王国的人口非常多元，计有 3—26 个不同的族群政治的群体。

殖民主义之光

如上所述，这些族群多样化、高度集权化和居民密度高的王国在军事上相当薄弱。在 19 世纪中叶，不断扩张的寻求土地和水的布尔定居者①建立了白人主导的独立的德兰士瓦国(Transvaal state)，并攻击了其中一个茨瓦纳王国。更远的西部，德国传教士和商人获得了势力范围，最终于 1884 年（在今天的纳米比亚）建立了德国的非洲西南保护国。面对如此形势，茨瓦纳的国王决定寻求欧洲殖民大国的保护以求安全，特别是为了对付不断扩张的阿非利加人，并邀请英国人在 1885 年建立一个保护国——这是一个罕见但并非独一无二的主动要求殖民主义的案例，我们在索马里北部将会再度见到。

在邻近罗得西亚（今天的津巴布韦）的恩德贝勒(Ndebele)被英国南非公司的机关枪及其茨瓦纳盟友制服，阿非利加人的国家于 19 世纪被英国军队打败，以及德国在第一次世界大战后失去了非洲殖民地之后，英国很快就失去了对贝川纳兰保护国(Bechuanaland Protectorate)的战略兴趣，贝川纳兰保护国是那时博茨瓦纳的名称。因此，对贝川纳兰的统治非常松散。被宣布成为保护国 30 年后，其政府只有 277 名工作人员(Lange 2009:9)，其中大多数人居住在边境另一边的南非一侧。后来在 20 世纪 30 年代中期，只有 22 名殖民地管理员（除了警察以外）实际上居住在保护国的边界内。博茨瓦纳也幸免于殖民定居者的涌入——至少与肯尼亚、南非、刚果和许多其他非洲殖民地相比是如此。讲南非荷兰语的牧民确实获得了一些与南非接壤的肥沃土地和内陆的甘孜区(Ghanzi district)，但他们的存在和影响非常有限。

在 20 世纪 30 年代，英国总督通过了一系列公告，有效地使诸国王成为殖民政府的一部分，这令一些最强大的国王感到震惊，他们认为保护国是主权国家之间的条约，而不是屈服于外国势力(du Toit 1995:24—25)。然而，支持英国统治

---

① 布尔定居者(Boer settlers)，指讲荷兰语的南非白人，也称"布尔人"，现称"阿非利加人"(Afrikans)。——译者注

者加强而不是削弱了国王的力量。殖民政府通常在英国统治者与相互竞争的政治家或不守规矩的臣民发生冲突时支持他们,并使他们在缓慢进行的水塘和牧场私有化方面处于领先地位。[4]

直到英国统治的最后几年,殖民政府几乎没有在为其臣民提供公共物品方面做任何事情。然而,茨瓦纳诸王国却建立了一个初级政府,并开始为他们的臣民建立小学。这些小学首先由国王自己的税收和王室金库资助,后来由收取殖民地 1/3 人头税的部落财库资助。1933 年,王室政府管理着 98 所小学。第二次世界大战后,四个王国开办了自己的中学,直到殖民统治结束时,在保护国也仅有这几所中学(Murray and Parsons 1990:165—166)。在 1950 年,总共有 20%—35% 的贝川纳兰保护国人口可以读写,而当时估计只有 1%—5% 的英国和法国统治的索马里兰人口能读写(UNESCO 1957)。

虽然由此保留了前殖民时期的权力结构,但殖民统治确实还是改变了日常的经济情况,特别是在 1899 年引入人头税之后。它旨在为殖民政府产生足够的资金来统治保护国而不让伦敦花任何成本。为了付税、躲避长期干旱带来的普遍贫困,越来越多的人开始迁移到南非以便到那里的矿山工作(Murray and Parsons 1990:163—164)。根据杜·托伊特的研究,在保护国之外被雇用的男性人数从 1910 年的 2 000 人增加到 1935 年的 10 000 人(du Toit 1995:27),而到 1960 年则高达 50 000 人(不同的估计,参见 Murray and Parsons 1990)。

间接统治的时期在 20 世纪 50 年代后期结束,当时殖民政府开始逐步投资于土著行政精英的教育,以便为该殖民地的独立做好准备。这在 20 世纪 60 年代早期变得有些紧迫,当时伦敦的殖民地办公室意识到它不能像过去很长一段时期曾经计划的那样,将保护国交给毗邻的被国际社会排斥的种族隔离国家(详见 Lange 2009)。早在 20 世纪 40 年代末,菲茨杰拉德委员会就建议培训非洲人进行殖民统治。然而,进展非常缓慢:第一位非洲人助理地区官员是在 1951 年任命的,直到 1959 年才任命第二位。到 1962 年,也就是独立前四年,殖民政府在 155 名行政和专业雇员中只任命了 4 名非洲人(du Toit 1995:26—27)。在殖民统治的最后两年,英国人发起了一项重点举措,即为管理后殖民的官僚行政机构创造更多的工作人员(Selolwane 2004:45ff.)。该计划由一个小型委员会监督,该委员会为学生提供奖学金,以使他们在国外接受高等教育。[5]

与此同时,殖民政府狂热地开始为未来的独立国家建立一个首都,将给保护国的拨款和贷款从1953—1954年的12万英镑提高到1964—1965年的180万英镑(Murray and Parsons 1990:166)。政治改革的目的是建立"现代"制度,一旦该领土逐渐独立,就能以此来进行治理。1957年,地方理事会公告推介由民选部落理事会来协助诸国王。1965年的《地方政府法》建立了九个由选举产生的区理事会,取代了部落理事会。这些理事会将构成政府的基本单位(du Toit 1995:24—25,50)。

在独立前夕,出现了两个相互竞争的未来愿景。一个是由诸国王和他们的随从提出的。它预见到一个由他们的各个小国家共同组成的联邦化的国家,国家政府对由诸国王任命的立法委员会负责(Maundeni 2002:124—125;Selolwane 2004:12)。后来,国王主张由他们那样等级的人员组成一个拥有全权的上议院(du Toit 1995:32)。另一派由强大的恩瓦托王国的前国王领导,他因为在牛津大学学习期间与一名英国女人结婚而不得不放弃王位。他的派系包括数量很少的受过良好教育的殖民地公务员精英、在王室学校教书的教师,以及一些对其他茨瓦纳国王们的权力感到愤慨的讲卡兰加语的人(Selolwane 2004:12)。然而,最重要的是,他得到了殖民地官僚机构和伦敦政治精英的支持,他们致力于创造一个"适合"独立的现代化国家。出于各种原因(而解释这些原因超出本章的讨论范围;参见Lange 2009),这位前国王周围的"新人"胜出了,还将大多数其他国王吸引到他们这一边并投入博茨瓦纳民主党的怀抱(Lange 2009;Selolwane 2004:32)。1966年,博茨瓦纳成为一个独立的国家,是葡萄牙语领域之外非洲大陆最后的前殖民地之一。

独立后的国家建构

接下来的故事非常引人注目。它表明,依靠已有的前现代国家的政治基础设施,人们几乎可以从零开始建立一个有效的现代化政府。需要区分和强调这整个过程的两个方面:(1)新政权如何将以前以各王国为中心的政治联盟和支持网络纳入新国家的方法;(2)在国家政府层面有效的官僚机构的出现。接下来我将讨论这两大方面的问题。

博茨瓦纳的后殖民国家形成在很大程度上依赖于殖民前的国家机构。可以肯定的是,茨瓦纳国王扮演的正式政治角色有明显的不连续性。如上所述,他们的权力在殖民时期是稳定的。但是新独立的政府在独立的头几年进行的一系列政治改革中,通过引入高度集权的总统制来大幅削减他们的影响。[6]随着土地委员会的建立,国王失去了对牧场分配的控制权;小学教育和公共工作不再是诸王国的责任,而是中央政府的责任;国家层级的政策由区理事会和专员们而非初级王室政府来执行;最重要的是,国王实际上成为了公务员——至少在理论上——并且对地方政府的部长负责并由总统任命(参见 Jones 1983;du Toit 1995:28)。

然而,中央国家并没有取代或破坏王室机构中所包含的政治能力,而是将其融合进来。正如杜·托伊特正确地强调的那样,新的国家不是否定茨瓦纳诸王国,而是建立在它们的基础之上。国王继续代表传统法律制度的最高点,并听取涉及习惯法的所有案件(du Toit 1995:29)。此外,由酋长主持和控制的王室会议的作用在民主选举时代并没有减少。正如兰格所写的那样(Lange 2009:14),它们成为"就政治改革教育公众并让他们参与新机构的重要手段",并为这些新机构提供合法性(另见 du Toit 1995:60—62;Holm 1987:24)。最后,国王在区理事会、土地委员会和乡村发展委员会中拥有依职权的职位(Maundeni 2002:125—126)并以各种重要方式影响这些机构的决定。

20 世纪 80 年代卡特伦区(Kgatleng)的一个案例研究显示了国王仍然拥有多少权力,实际上他们的权力比任职的"新人"更多,并且独立于法律和法规的规定。国王"任命代表和首领,使用团工,直接控制人数增加且地位增强的部落警察"(Tordoff 1988:190—191),等等。国王的权力"自从独立以来,一直在稳步增长,尽管理论上他已经在失去它"(Grant 1980:94)。同样,在地方一级,对中央政府负责的村庄发展委员会只有与当地的克戈特拉会议和由国王任命的当地首领保持一致才能顺利运作。

和平、通过谈判且缓慢的过渡到独立是博茨瓦纳后殖民政府能够在短时间内建立有效管理的第二个原因。受过牛津大学、剑桥大学训练的殖民地官员仍然作为有偿顾问留下,在第一任总统领导下成立的后殖民政府聘请了新的外籍管理人员。外籍高级公务员的比例在 1965 年为 89%,该年是殖民统治的最后一年,随后在 1966 年略微下降至 80%,在 1970 年降至 58%,1975 年降至 36%,1986 年为 35%,最后在 2003 年下降到仅仅 2%。鉴于中央官僚机构的大规模快速扩张，从1964年的2 175个职位到10年后的6 317个职位，再到1985年的21 000个职位，这意味着外籍人员的绝对数量基本保持稳定（du Toit 1995：33—34）——与我们将看到的索马里的情况形成鲜明对比。为了用当地工作人员来填补不断扩大的官僚机构，政府招募了几乎所有新建中学的毕业生并迅速提拔他们（Selolwane 2004：47）。

大多数观察者认为，这种缓慢本土化的官僚机构保持了高水平的专业能力，在德才的基础上招募和擢升公务人员，并形成了奉献公共物品的道德操守，从而成为人们在非洲大陆能见到的接近理想型的韦伯式官僚机构。过去的殖民地行政者及后来的外籍人士的技术和专业思维为组织文化奠定了基础，这种组织文化在他们逐渐淡出后幸存下来（du Toit 1995：58ff.；Selolwane 2004：47—55；Handley 2017；Samatar 1999：第3章）。与追求自己的议程和优先事项的西方援助机构或国际组织资助的外籍人士相比，博茨瓦纳的外籍官僚仍然处于政府的政治控制之下，对各项决策几乎没有影响，就如对土地改革案例详细研究项目所显示的那样（du Toit 1995：59n39）。

第一位受过牛津大学教育的总统——恩瓦托的前国王——对精英政治的承诺加强了这种韦伯式道德操守，这种精神本身还体现在各种法律和程序中（Selolwane 2004：51）。例如，宪法不允许公务员竞选公职，使官僚机构免受社会和政治压力的影响，并增加其自主规划的能力（Holm 1987；du Toit 1995：60—62），这再一次与索马里形成对照。此外，至少到20世纪90年代，当一些小问题浮出水面之前，政府顶住了快速晋升或加薪的压力，并严格按照德才来招募和拔擢（du Toit 1995：48；Selolwane 2004：52—55，57）。

作为精英统治的一种无意的结果，讲卡兰加语的人最终在官僚机构的高层中占据了大量的代表。这是因为他们在教育系统中处于领先地位：他们是农民，而不是牧牛人，并且一旦学校建立后这些人就可以将他们的男孩子们送到学校去学习，而不是送他们去牧场放牧（Binsbergen 1991：154—155）。讲卡兰加语的人大约占总人口的11％，但在独立的第一年占据了40％的高级公共服务职位，并且在随后的10年中，其代表人数仍然同样程度地超过比例（Selolwane 2004：49—51）。这引起了一些关于族群偏袒的抱怨和谣言。结果，议会于1968年启动了一项调查，并为来自偏远农村学校的学生启动了一项不针对特定族群的肯定性行动计划(Selolwane 2004:49—51)。至少在之后的 20 年内,谣言和投诉消失了。讲卡兰加语者在高级官僚中的比例到 2003 年逐渐下降至 24%。

行政管理中的少数群体过多以及对某些群体偏袒的指控使其他许多国家的族群问题政治化,其中包括索马里。例如,在斯里兰卡,由于早期在教会学校接受教育,泰米尔人在殖民地官僚机构中的比例过高。这导致了代表多数群体僧伽罗族的诸政党具有民族主义情绪的强烈反对。当他们在国家独立后上台执政时,就从最高级别的行政机构中清除了泰米尔人。动员和反动员的螺旋式下降出现,并导致该国陷入持续几十年的内战。

我认为,讲卡兰加语的人在政府中有过多的代表并没有引发类似的发展变化,因为讲卡兰加语的官僚从未系统地支持卡兰加地区和人口,这与大多数其他国家的公务员特别是索马里的行政管理人员形成鲜明对比,后者以专门为自己的同族同胞提供资源而闻名(Franck and Rainer 2012)。精英主义的、反裙带关系的道德操守及其相关的制度阻止了博茨瓦纳的官僚们将公共物品转变为族群的政治分肥。根据霍尔姆和莫鲁茨的说法,“政府工作人员经常在全国各地轮换,而不考虑他们的族群身份。晋升并不受族群平衡的影响。为了进一步打击狭隘主义,教育部将更好的中学生安置在他们家乡以外的寄宿学校,其中大多数人毕业后会进入公务员队伍”(Holm and Molutsi 1992,引自 du Toit 1995:59)。

无论这些措施或公共服务的专业操守是否是从英国管理者那里继承而来,博茨瓦纳的官僚机构有能力和政治意愿在全国范围内平等地分配公共物品,就如我们将在下一部分的分析中会看到的那样。因此,从总体上看,国家的中央政府中族群代表的偏斜性在很大程度上无关紧要。在要求国家提供服务时,普通公民没有理由从同一族群那里寻求支持,族群纽带并没有太多的政治意义。

简而言之,在建立起超越自己任命时段的精英专业化组织文化的外籍工作人员的帮助下,博茨瓦纳政府在短时间内获得了提供公共物品的行政能力。官僚机构能够达到村级,因为它是在由前殖民时期的、具有强力集权和合法性的国家所奠定的基础上建立制度机构。正如我们将在下面看到的那样,索马里政府从未成功过,主要是因为它们在社会中的根基薄弱,将宗族体系纳入独立的政府架构中,并且仍然由相应的政治力量控制,而不是去控制这些政治力量。

公共物品的提供

这个新独立的国家管理着世界上最贫穷的经济体之一。在独立五年后发现钻石之前,该国仍然以牧牛业和农业为基础。在第一个十年期间,政府专注于有形的基础设施[首先建设新的首都哈博罗内(Gaborone),但也用沥青铺路了],以及在国际市场上主要出口的产品:牛肉。关于王室精英和许多新任命的官僚和政治家是该国最大的牲畜拥有者这样的事实已经作了很多讨论。因此,经济利益和政治精英在很大程度上是一致的,并为有效管理和促进牛的出口奠定了基础(Handley 2017)。

然而,大多数较小的牧场主也从国家管理经济的方式中获益。博茨瓦纳肉类委员会(BMC)是殖民统治最后几年建立的一个全国性机构,保证价格不受世界市场波动的影响,管理外汇汇率而不高估本国货币,只为牛出口商的利益服务而不赚取利润;设法进入欧洲市场(作为英国进入欧洲经济共同体的一部分;有关博茨瓦纳肉类委员会的讨论,参见 Samatar 1999)。从 1971 年到 1973 年,牛肉出口量翻了一番,因此,从 1971 年到 1976 年,牧场主的收入几乎增加了两倍(Murray and Parsons 1990)。

毫无疑问,这种由国家管理的出口制度主要使最大的牧场主受益,并且 20 世纪 70 年代中期的土地改革进一步有利于大牧场主(Good 1992:83)。[7]但即使是持批评态度的观察者们也承认这两者"使得任何规模的牧场主都能更有效地为市场生产,而不仅仅是对最大牧场主有利"(Parson 1981:254)。罗宾逊和帕森斯也得出了类似的结论,指出促进出口的计划提供了"比其他非洲国家的任何形式的派系世袭主义更普遍的'涓滴'经济利益"(Robinson and Parsons 2006:121;另见 Handley 2017)。

实际上,大多数家庭都是牧场主。1980 年,大约 55％的农村家庭拥有牛,而其余的则依靠外出打工和小规模农业来养家糊口(Parson 1981;Good 1992:77)。由于对养牛业的有效管理,大多数农村人口支持新政权,执政的博茨瓦纳民主党(BDP)在数十年中主导着政治局势(Handley 2017)。政府为大部分公民提供了重要的公共物品——市场准入、有利的贸易条件和奖赏的稳定性,这使得执政党能够在整个领土上建立联盟网络,我们将在下面对此有进一步的了解。

对农村人口群体更重要的是,政府大规模扩大交通基础设施,兴建学校、健康和卫生设施,以及制定应对干旱的紧急方案。其中大部分项目的资金来源是在 1969 年通过海关联盟与邻国南非的重新谈判而获得的,这使得来自海关及关税的国家税收从 1969—1970 年的 510 万普拉(*pula*)增加到 1972 年的 1 250 万普拉(约 1 700 万美元)。1971 年开始了钻石生产,四年后,政府与戴比尔斯公司达成了一项非常有利的合同,该合同预设利润均分。这促使政府的开采业收入从 1972 年的 280 万普拉上升到 1975 年的 1 800 万普拉(Murray and Parsons 1990:168)。许多观察者都指出,由于政府机构是在钻石资金填满政府金库之前建立的,博茨瓦纳建立了特别良好的政府记录,并且像挪威一样避免了"资源诅咒"这一困扰着许多其他资源丰富的发展中国家的问题。

尽管如此,来自海关及关税和钻石开采的资源并没有消失在政治家们的私人银行账户中(如政府资金在索马里所出现的情况那样)并且不被用于"白象"(white elephant)①声望项目或用于建设大规模的军队(再次像在索马里那样)。[8]相反,它们被用来在全境范围内提供公共物品(du Toit 1995:21;Taylor 2002:4)。一些标准的指标显示出这样做的重要影响。入读小学的儿童比例从 1970 年的 43% 上升到 2009 年的 84%;成人识字率从 1950 年的 20%—35%(UNESCO 1957)提高到 2013 年的 87%;5 岁以下儿童的死亡率从独立当年的每 1 000 个活产儿中 138 个死亡下降至 2012 年的 53 个,而婴儿死亡率从独立时每 1 000 个活产婴儿中 108 个死亡(Taylor 2002:3)降至 2012 年的 28 个。5 岁以下儿童的营养不良率从 1978 年的 25%(Taylor 2002:3)下降到 2007 年的不到 11%。从 1973 年开始,每个村庄都有一个卫生站,拥有 1 000 多名居民的大村庄则设有永久人员的诊所。每 10 万人中的医生人数从 1965 年的 4 人增加到 2010 年的 34 人。能直接获得饮用水的家庭比例从 1981 年的 56%(Murray and Parsons 1990)增长到 2012 年的 93%。政府还大量投资于道路等有形的基础设施——这是广大农村地区日常生活的一个重要方面。铺设的道路从独立时的 25 公里增加到 2005 年的 8 410 公里,铁路交通量增加了三倍。在独立时,每 1 000 个人有 2 条电话线,到 2013 年则有 9 条(所有数据来自世界银行发展指标,除非

---

① 指昂贵而无用之物。——译者注

另有说明）。

博茨瓦纳政府提供公共物品效率的另一个例子是抗旱救灾计划。当1984—1985年的降雨未能出现时，2 000万美元花费中的大部分似乎已发到穷人手中。营养不良情况仅略有增加，且找不到饥荒的证据（Holm 1987：25）。食品分配计划覆盖了所有农村家庭的90％，以工代赈项目雇用了60 000人（du Toit 1995：56）。

与公共物品供给的平均水平一样重要的是其区域分配情况。尽管官僚机构中讲卡兰加语的人数过多，但没有任何迹象表明在公共物品如何分配方面存在着族群偏袒。塞洛尔旺就博茨瓦纳的族群政治和公共行政撰写了一份优秀的报告。她指出，政府承诺"在不同部落和族群共同体生活的诸地区中尽可能平均地分配发展基金，以减轻族群不平等可能产生的政治化"（Selolwane 2004：16）。霍尔姆的观点与之相应，他观察到"几乎无一例外地，执政党在地区范围内高度公平地分配政府计划的成果"。一位研究干旱救济计划的专家甚至得出结论，政府如此痴迷于不显得倾向于某个地区的政治需要，以致政策制定者甚至不可能向"最弱势的群体"倾斜（Holm 1987：22）。

族群政治的包容和国家建构

根据第一章介绍的理论论点，公平有效的公共物品供给使政体能够将联盟网络扩展到整个国家。博茨瓦纳政治体系的许多不同的观察者得出了同样的结论。默里和帕森斯把博茨瓦纳民主党的一系列选举胜利归功于"它是成功地提供物品的政府"（Murray and Parsons 1990：169）以及"促使大多数博茨瓦纳人生活富裕，特别是在教育和健康领域。在20世纪80年代的干旱期间，他们没有重演20世纪60年代干旱期间所经历的痛苦——这是足够的进步"（Murray and Parsons 1990：171）。根据杜·托伊特的说法，博茨瓦纳民主党"通过促进增长和稳定的技术专家优先政策（以牺牲大众参与和公平为代价），在非部落、非地区基础上建立了一个能够提供公共物品（道路、学校、灌溉设施、诊所等）的有足够偿还能力的国家……以确保国家被视为中立的而不是某个族群的实体……从而有助于确立其合法性及其政权的合法性"（du Toit 1995：121）。

现在是时候探讨通过公平和有效的公共物品供给的推动，跨越族群分界的政治联盟网络的扩展是否产生了包容性的权力配置——这是国家建构的两个关键方面之一。博茨瓦纳是一个拥有合理的选举自由和新闻自由的多党民主国家。议会由通过多数主义的、得票最多者当选的制度选出,议会的族群构成因此是联盟的权力配置和结构的首要理想指标。为了估计该议会制度中的代表比例过高或不足,我们需要更多地了解该国人口的族群构成。这不是一件容易的事,因为政府没有收集关于个人的族群背景或他们所说语言的任何系统数据。比如人口普查让个人仅选择一个"母语"。这与法国对待族群多样性的方法惊人相似。

为了估计人口的族群构成,我使用了两个数据。第一个是讲不同语言者(包括讲第二语言者)的人口比例。这些数据来自民族语(Ethnologue),这是一个由新教传教士维护的网站,他们将《圣经》翻译成世界上的各种语言,以"拯救"讲不同语言的人们。第二个数据是由各种"名义上的"茨瓦纳群体主导的不同地区的人口,这使我们能够粗略估计所有人都说茨瓦纳语的族群政治群体的人口比例。但请注意,如上所述,这些"名义上的"群体的许多成员居住在这些地区之外,其他群体也居住在以茨瓦纳语为主的地区。

表3.1将这两项估计与独立以来议会成员的族群背景数据结合起来(基于Selolwane 2004)。议会代表性在很大程度上与不同语言群体的人口比例相对应,这是跨越族群分界的成功政治整合的标志。这种相互对应随着时间的推移而增加,因为议会中的席位数从独立时的37个增加到2000年的47个,再到2009年的57个,这使得伯瓦(Birwa)、茨瓦蓬(Tswapong)和叶伊(Yeyi)等少数族群有更好的机会在博茨瓦纳多数代表制中赢得席位。尤其值得注意的是,在议会中讲茨瓦纳语的人的代表比例略不足而不是过多:76%的博茨瓦纳人讲茨瓦纳语言,而只有65%的议员是讲茨瓦纳语的。我们根据对茨瓦纳的族群政治定义可得出类似的结论:茨瓦纳人主导地区的人口比例为71%,仍然高于茨瓦纳人在议会中的代表性。第二个数字还表明,许多居住在茨瓦纳人主导地区的少数族群(他们常常导致大量人口,就如我们所看到的那样)却投票支持茨瓦纳政治领导人。塞洛尔旺对区域投票结果进行的详细分析证实了这一点(Selolwane 2004)。

表3.1没有显示议会议员属于哪个政党。如前所述,博茨瓦纳民主党赢得了自独立以来的每次选举。被选入议会的少数族群个人是否大部分是竞选中失败

表 3.1 按族群背景的议会席位分布（1966—2000 年）

族群	语言	2000年估计人口比例	1991年分区人口比例	以茨瓦纳人口为主的地区的总人口规模	议会席位百分比(%)								
					1966年	1970年	1975年	1980年	1985年	1990年	1995年	2000年	平均
恩瓦托人	茨瓦纳语		31.15		22	25	24	21	19	30	21	23	23.13
昆纳人	茨瓦纳语		12.86		11	14	14	16	11	10	6	6	11.00
恩瓦凯策人	茨瓦纳语		9.73		8	8	14	13	13	10	13	11	11.25
卡特拉人	茨瓦纳语		4.36		11	6	5	5	6	5	9	11	7.25
罗隆人	茨瓦纳语		1.39		3	3	3	3	4	3	2	2	2.88
特洛克瓦人	茨瓦纳语		3.29		3	3	3	3	2	3	2	2	2.63
塔瓦纳人	茨瓦纳语		8.20		8	8	5	5	2	5	2	2	4.63
莱特人	茨瓦纳语				0	0	3	3	5	3	2	2	2.25
库胡鲁特什人	茨瓦纳语				?①	?①	?①	?①	?①	?①	?①	?①	?
全体茨瓦纳人		75.71		70.96									64.88
伯瓦人	伯瓦语	1.06			0	0	0	3	2	3	4	2	1.75
茨瓦蓬人	茨瓦蓬语	0.14	2.35		0	0	3	3	2	3	2	2	1.88
卡拉加迪人	卡拉加迪语	2.83	2.35		3	6	5	5	6	8	6	6	5.25
卡兰加人	卡兰加语	10.61	3.27		11	11	11	13	15	13	17	17	12.13
叶伊人	叶伊语	1.42			0	0	3	3	2	3	2	2	1.88
赫雷罗/恩鲁人	赫雷罗语	2.19			?①	?①	?①	?①	?①	?①	?①	?①	?
伊姆库库苏人	廷雷亚库布苏语	1.42			0	0	0	0	0	5	4	2	1.63
苏比亚/库汉人	苏比亚语	0.21			?①	?①	?①	?①	?①	?①	?①	?①	?
萨尔桑人	科伊桑语	2.78			0	0	0	0	0	0	0	0	0.00
阿非利加人	阿非利加语	1.42	1.79		16	8	5	5	4	3	2	0	3.38
印度人	古吉拉蒂语	0.21			0	0	3	0	0	0	0	2	0.25

注:①可归入表中未显示的"其他"项下。

了的与执政党竞争的政党的成员？该表中的数字是否因此掩盖了茨瓦纳人的政治主导地位？塞洛尔旺就选民的族群背景有限的数据提供了尽可能详细和令人信服的说明(Selolwane 2004:33—44)。在最初几年,反对党明确地界定了族群选区——一个在东北部城市的卡林加(Kalinga)地区,另一个在南部的恩加维特斯(Ngakwetse),以及叶伊和伊姆布库苏(Hambukushu)党(Selolwane 2004)。然而,随着时间的推移,执政的博茨瓦纳民主党失去了其准垄断地位——其得票份额从1965年的82％下降到1999年的55％,诸反对党赢得了更多元选民群体的信心。从1966年至2000年,反对党赢得的累积议会席位中,69％归于人口统计上占主导地位的三个族群的政客(恩加韦斯特族、卡兰加族和恩瓦托族;Selolwane 2004:29—30),其中两个族群是讲茨瓦纳语者。相反,博茨瓦纳民主党却持续得到跨越族群分界的支持。在对区理事会的投票进行详细分析后,塞洛尔旺得出结论认为:

> 对政党的选举支持受到族群-部落隶属关系的影响,这一点再也站不住脚。或者某些政党代表着或被族群-部落共同体挟持,以代表族群的利益。现在,每个选区都具有更多的多样性,因此有更广泛的政治代表的选择。(Selolwane 2004:41)

尽管程度较低,但议会选举也基本如此,这表明:

> 博茨瓦纳的选举不只是自然地给予某个政党以特权的族群人口统计问题,而是议会代表中的族群不平等从来就不是一个政治问题。与霍洛维茨(Horowitz)、霍尔姆(Holm 1987)和其他政治分析家所断言的相反,执政党本身从未成为主要讲茨瓦纳语的族群的政党。(Selolwane 2004:43)

但即便是塞洛尔旺在此批评的作者也同意,博茨瓦纳民主党也赢得了不讲茨瓦纳语的人的选票,他们将这一成功归功于全国范围内公共物品的公平分配。霍尔姆写道:

> 由于这种对待所有族裔群体的策略,即使在反对派获胜的地方,博茨瓦纳民主党也能确保有可观的追随者。博茨瓦纳民主党在获得关键名人的支持上胜出,并给他们提供赞助以让他们再分发给他们的支持者。在一些强

大的反对派领域,博茨瓦纳民主党在 1984 年的选举中也能够获得超过 40%
的选票。(Holm 1987:23)

与明确的族群投票模式不同的是,我们发现城乡之间的分裂越来越大,城市
地区和人口的贫困地区的大多数选票现在流入反对党。因此,博茨瓦纳民主党
的权力依赖于动员来自不同族群背景的农村选民(Selolwane 2004:37—38)。

对执政党的广泛支持也体现在国家中央权力的核心,也就是体现在内阁的
组成上。被定义为跨越族群分界政治整合的博茨瓦纳国家建构的成功,在表 3.2
中清晰可见。人口的族群构成和各届不同内阁的几乎完全相同。讲茨瓦纳语的
人或任何主要讲茨瓦纳语的族群都没有过多的代表。然而,讲卡兰加语的人所
拥有的内阁席位却超过了他们的人口比重,这符合我们的期望——反映出上面
曾讨论过的他们在较高级别公务员队伍中的强大地位。正如我们稍后将要看到
的那样,这鼓励了政治家在近几十年提出了卡兰加人代表比例过高的问题,然
而,相对而言,族群性并没有成为博茨瓦纳政治舞台上争论的主要内容。从表
3.2 中可以明显看出,博茨瓦纳人口中讲阿非利加语的白人群体代表比例显著过
高,这是殖民政权的遗产。然而,随着时间的推移,他们在内阁的职位数量直线
下降。

不提及讲科伊桑语(Khoisan)的群体,有关博茨瓦纳国家建构的讨论就是不
完整的,该群体中的许多人以前作为狩猎采集者而生存,完全被排除在政治体系
之外。多数群体班图人普遍鄙视他们,视之为"不够文明"、"石器时代的残余"、
一种不同的人、有着低劣的种族声望等。他们因过去曾为王室农奴而被污名化,
他们大部分祖传的土地被剥夺,这些土地被改造成私人牧场,散落在全国大部分
地区。他们可以找寻到的唯一政治资本就是他们作为"土著居民"的地位,以及
具有狩猎采集者过去记忆的少数幸存者共同体之一。这两者都确保他们得到了
国际非政府组织和"生存国际"等倡导性团体的关注和支持。然而,正如表 3.1 和
表 3.2 所示,这尚未转化为让该群体在博茨瓦纳国家内拥有政治代表。很多时
候,他们试图通过"进入"茨瓦纳多数族群群体来消除他们源头上的耻辱。这将
我们带到这里要讨论的国家建构的第二个方面:政治整合所带来的族群文化景
观的变革。

表 3.2　按族群背景的内阁职位分布（1966—2005 年）

族群	语言	2000年估计人口比例	1991年分区人口比例	以茨瓦纳人为主的地区的总人口规模	内阁职位百分比(%)									
					1965年	1970年	1975年	1980年	1985年	1990年	1995年	2000年	2005年①	平均
恩瓦托人	茨瓦纳语	31.15			25	22	36	27	19	29	25	35	27	27.22
昆纳人	茨瓦纳语	12.86			0	11	14	20	19	18	13	12	5	12.44
恩瓦凯策人	茨瓦纳语	9.73			13	11	14	13	19	18	13	6	9	12.89
卡特拉人	茨瓦纳语	4.36			0	11	0	0	6	6	0	6	0	3.22
罗隆人	茨瓦纳语	1.39			13	0	0	0	0	6	6	0	5	3.33
特洛克瓦人	茨瓦纳语	3.29			0	11	7	7	0	0	0	0	0	2.78
塔瓦纳人	茨瓦纳语	8.20			13	0	0	0	6	0	6	0	0	2.11
莱特人	茨瓦纳语				0	0	0	0	0	6	0	0	0	1.33
库胡鲁鲁特什人	茨瓦纳语				0	0	0	0	0	0	?②	0	?②	0.00
全体茨瓦纳人		75.71		70.96										73.67
伯瓦人	伯瓦语	1.06			0	0	0	0	0	0	?②	0	?②	0.00
茨瓦蓬人	茨瓦蓬语	0.14	2.35		0	11	7	7	6	6	0	6	0	5.38
卡拉加迪人	卡拉加迪语	2.83	2.35		0	0	7	7	6	0	13	12	9	6.75
卡兰加人	卡兰加语	10.61	3.27		13	11	7	13	13	12	13	18	27	14.25
叶伊人	叶伊语	1.42			0	0	0	0	0	0	0	6	5	1.38
赫雷罗/恩鲁人	赫雷罗语	2.19			0	0	0	0	0	0	?②	0	?②	0.00
伊姆布库苏人	廷布库苏语	1.42			0	0	0	0	0	0	?②	0	?②	0.00
苏比亚库苏汉人	苏比亚语	0.21			0	0	0	0	0	0	?②	0	?②	0.00
萨尔瓦桑人	科伊桑语	2.78			0	0	0	0	0	0	0	0	0	0.00
阿非利加人	阿非利加语	1.42	1.79		25	11	7	7	6	0	6	0	0	4.63
印度人	古吉拉蒂语	0.21			0	0	0	0	0	0	?②	0	?②	0.00

注：① 数据来自 Makgala 2009。
② 可归入表中未显示的"其他"项下。

同化和政治化:变更中的族群景观

所有主要族群的平等政治代表性意味着,总的来说,除了将要讨论的最新事态发展之外,博茨瓦纳的族群性在很大程度上不如其他许多非洲国家——或就此事而言,不如比利时那样政治化。相应地,族群边界是保持流动和模棱两可的。个人通常拥有多种身份,并在不同的身份认同模式之间来回移动:一个人可能在一个语境中被认为是讲茨瓦纳语的人,在另一个语境中则被认为是恩瓦托人(在较为广泛的意义上强调的族群政治身份),而再换一个语境就会被认为是库胡鲁特什人(Kuhurutshe,在较为狭隘的意义上强调的族群政治身份)。不同背景的个体之间有很多通婚现象,个人经常声称自己的母语与父母的母语不同(Selolwane 2004:5—6)。与 19 世纪最后 25 年内法国的情况一样,公共物品有效与平等的分配以及它所实现的政治整合使得少数族群能转移身份认同,并被多数群体的成员所接受。

特别是在年轻一代中,说少数族群语言的人越来越少,许多人开始或者认同"名义上的"茨瓦纳族群或者认同卡兰加族群,如果这些族群在当地形成多数的话(Selolwane 2004:6;Binsbergen 1991:160)。在 2001 年的人口普查中,90%的公民在被问及他们的母语是什么时选择了"茨瓦纳语"(只允许一种选择,这解释了与民族志估计所产生的分歧)。正如韦伯纳(Werbner 2002:739)所指出的那样,卡兰加人的父母经常给孩子起茨瓦纳名字来帮助他们逐渐成为多数群体。他还讨论了恩加米兰的卡加拉迪人、叶伊人和卡兰加人以及全国各地讲科伊桑语的人之间的语言同化(Werbner 2002:734)。尼亚蒂-拉马霍布(Nyati-Ramahobo 2002:21)提到了一些案例,其中,少数族群接受了占主导地位的茨瓦纳群体的语言和文化模式(如父系血统或婚姻习俗)。

文化同化和身份转变解释了为什么晚期殖民时期的族群-人口模式与今天相比有很大的差异。数据的局限性使这一点难以确定,但表 3.3 至少给出了一些合理的推测。它列出了不同时间点的四种族群多样性的数据。第一个数据点来自 1946 年的人口普查,并列出了对于"你是什么部落的?"这一问题的回答。这意味着允许个人选择他们所认为的自己的族属(对于这些数据可能产生的问题,请参阅 Nyati-Ramahobo 2006)。第二组数据来自艾萨克·沙佩拉,他在 20 世纪三四十年代精心收集了八个茨瓦纳王国的所有区的首领和次级区（sub-ward）首领的信息。如上所述，他专注于较为狭义的族群政治身份，由普通家族的祖先所定义。他还特别提到了可以追溯到18世纪的迁徙历史，这经常用来解释为什么一个特定的家庭群体来到某个特定的王国。前两个数据可以按七个茨瓦纳王国来进行细分，并呈现在前七列中。最后两列是当代的数据，并且是针对整个国家的。第一列基于民族语网站的估算，是2000年左右特定语言的人口比例。其中包括那些将方言作为第二语言的人。最后一列来源于2001年人口普查，显示了将某一特定语言作为第一语言的人群所占的人口比例的估计。

表3.3没有过多的细节以防读者失去耐心，它显示出少数族群逐渐融入并认同茨瓦纳多数群体，这一过程始于前殖民时期和殖民时期，并在后殖民国家建构过程中加速。前七列表明，除了塔瓦纳王国之外，与他们的18—19世纪的族群政治起源相比，更多的个人在1946年自我认同为名义上的族群。这必然是前殖民时期和殖民时期身份认同转变的结果，当时其他茨瓦纳群体采用了居主导地位的、"名义上"的茨瓦纳族群身份。卡加拉迪人也是如此（那些生活在塔瓦纳王国的人依然除外），他们是该国的原始居民，随后被茨瓦纳人征服并臣服。他们似乎已经逐渐采用了茨瓦纳语言和身份。[9]

基于由民族语网站对说不同语言者的人数估计，其中包括说第二语言的人，或者基于2001年人口普查的回复数据，受访者只能列出在家里说的一种语言，得出的最后三列数据表明，不论是从自我认同来看还是从族群政治起源来看，在20世纪三四十年代，少数族群的人口比例远远高于21世纪头十年。仅仅经过两代之后，茨瓦纳人所占的人口比例从1946年的55%跃升至2000年的75%以上。虽然我们无法确定在2000年将茨瓦纳语列为母语的所有个人是否也认同茨瓦纳人身份类别，但是这些数字肯定说明了自殖民时期以来所发生的语言同化的程度。这种模式的唯一例外是讲卡兰加语的这一最大的少数族群。

这让我们想到卡兰加政治激进主义的历史。然而，在开始这一讨论之前，应该重申的是，独立后博茨瓦纳整体上很少将族群性政治化，这与其他许多非洲国家形成鲜明对比。我认为，原因在于新成立的专业官僚机构在全境范围内有效和公平地提供公共物品。这有助于建立深远的联盟网络和支持所有主要族群最终在权力中心拥有足够的代表权。这反过来又使族群性去政治化，就像瑞士一样。

表 3.3　1946 年的族群自我身份认同、族群来源和当代语言隶属关系（占人口百分比）

族群	语言	恩瓦托 1946年人口普查	恩瓦托 沙佩拉调查	昆纳 1946年人口普查	昆纳 沙佩拉调查	塔瓦纳 1946年人口普查	塔瓦纳 沙佩拉调查	恩瓦凯策 1946年人口普查	恩瓦凯策 沙佩拉调查	卡特拉 1946年人口普查	卡特拉 沙佩拉调查	莱特 1946年人口普查	莱特 沙佩拉调查	特洛瓦克 1946年人口普查	特洛瓦克 沙佩拉调查	王国中的人口比例，1946年人口普查	估算的人口比例，2000年民族语网站	用同一母语的人口比例，2011年人口普查
恩瓦托人	茨瓦纳语	18	7	0	0.5	0	8.5	0	3	1	0	0		0	3			
昆纳人	茨瓦纳语	1	5	66	48	0	9	0	5	0.6	5	0	2	0	7			
恩瓦凯策人	茨瓦纳语	0	1.5	0	0			80	45					0				
卡特拉人	茨瓦纳语	0	0.5	15	12	0		15	20	82	55	0		0				
罗隆人	茨瓦纳语	0		0	0		0.8	0.5	1	0.5	3	0		0	11			
特洛克瓦人	茨瓦纳语	0	2	0	0	19	43	0	0.5	3	5	0	10	100	49			
塔瓦纳人	茨瓦纳语	0	7	0	9	0	18	0	0.5	0		100	82	0	5			
莱特人	茨瓦纳语	5	2	9	8	0	6	0	7	5	16			0	7			
库胡鲁特什人	茨瓦纳语	3	7	5	6		6.5			3								
其他茨瓦纳人	茨瓦纳语	27	3	0		19	3	0		91.6	81							
全体茨瓦纳人			26	95	81.8		78.5	95	82			100	94	100	82	55.72	75.71	78.2
伯瓦人	伯瓦语	10	7	0	3	0		0		0						4.04	1.06	0.7
茨瓦蓬人	茨瓦蓬语	11	①	4		0	3	4	15	2	7	0				4.44	0.14	0.3
卡拉加迪人	卡拉加迪语	4	8		11	5	3									3.81	2.83	3.5
卡兰加人	卡兰加语	22	26②	0		2					1					9.22	10.61	7.9
叶伊人③	叶伊语	0.7		0	0④	32	0④	0		0.3		0		0	3	5.24	1.42	0.3
赫雷罗/恩德鲁人	赫雷罗语	1	2			14	11			0						2.57	2.19	0.6
伊姆布库牟苏人	廷布库苏语					13	0④									2.01	1.42	1.7
苏比亚/库约汉人	苏比亚语		3			1										0.15	0.21	0.4
萨尔瓦人	科伊桑语	9	1①			9	0④	1	0	1	0	0		0		5.11	2.78	1.8
总人口		100 987		39 826		38 724		38 557		20 111		9 469		2 318		249 992		

注：① 沙佩拉认为茨瓦蓬不是一个族群，因为它是由一个区域的不同起源的群体而成的族称；我在此处将佩迪—卡洛卡人、塞莱卡—卡拉卡人、特贝勒—卡拉卡人、奈艾人都包括了进来。
② 沙佩拉指出了卡兰加人。
③ 库巴人被归类为叶伊人。
④ 沙佩拉认为卡兰迪—卡洛卡人、萨尔瓦人和伊姆布姆布牟苏人被茨瓦纳统治精英所征服，因此没有他们自己的首领，这就解释了为什么他们没有出现在他的名单上。

卡兰加激进主义的第一波事件例证了政治整合如何使族群性去政治化。这些事件很可能代表了一个关键的转折点,在此期间,联盟网络本可以根据族群分界进行重新调整——类似于第一次世界大战期间瑞士本可以发生的事情。以下是详细的情节:巴卡兰加学生联合会(Bakalanga Students Association)成立于1945年,以应对一位重要的卡兰加名人被监禁,该名人曾与恩瓦托的统治作斗争并且遭到殖民政府的惩罚。联合会希望促进卡兰加语写作和卡兰加儿童教育。然而,在后殖民时期,运动的发起者们成为博茨瓦纳公务员协会的发言人,因为他们已进入后殖民政府,后来成为商业、工业和劳工联合会这一创业团体的发言人(Werbner 2002:740)。换句话说,他们被推举到独立国家不断扩大的权力结构中,成为其内核的一部分,从鼓吹族群转向悄悄同化:宾斯伯根指出(Binsbergen 1991:157),执政党中的卡兰加成员经常淡化他们的卡兰加背景,不再倡导他们的语言或强调国家对其承认。

第二波事件事关卡兰加人在官僚机构中的代表比例过高。如上所述,这导致了独立初期的投诉和议会质询,之后这一争端才渐渐平息。在20世纪80年代中期,两股不同的激进主义势力和公开辩论再度出现。有传言说,一群公务员和商人成立了一家明确排斥卡兰加人的公司,使他们无法从当时实施的土地私有化方案中获利(Werbner 2002:747)。另一方面,卡兰加学生成立了伊卡兰加语言普及学会(Society for the Propagation of the Ikalanga Language)。然而,该学会没有获得多少追随者,并且仅限于文化活动,如组织节日活动等(Werbner 2004:54)。我认为,这是因为后来的后殖民政府有效且公平地分配公共物品,讲卡兰加语的人们仍然与以国家为中心的联盟网络联系在一起。尽管如此,该学会的公开活动仍然促进了茨瓦纳文化组织"我的博茨瓦纳论坛"(Pitso ya Batswana)的建立,该组织反对这样的少数族群激进主义,并提升每个博茨瓦纳人独立于族群背景的积极公民身份(Werbner 2004;Taylor 2002:23)。

在第四波事件中,族群性政治化更加严重。1995年,卡兰加议员开始要求修改宪法,以承认非茨瓦纳部落。当时,只有八名茨瓦纳国王在酋长院拥有常任席位,另外四个席位在其他族群的代表之间轮换(Bennett 2002:14n42,Selolwane 2004:14)。因此,茨瓦纳人享有与少数族群不同的宪法地位,导致少数族裔精英在卡兰加领导下开始动员。他们还开始质疑为什么茨瓦纳语是该国唯一的官方非洲语言(Taylor 2002:23),并向有卡兰加背景的政治精英成员施加压力,请他们"出来"并支持这方面的要求。

2000 年,卡兰加的活动家们举行了之后变为一年一度的文化节,所在地是公元 1400 年左右,即茨瓦纳移民之前建造的古老的卡兰加城石堆废墟,从而示意"我们在你们之前就在这里了"(Werbner 2002:735)。这些活动家反过来被诸如"我的博茨瓦纳论坛"等反对力量指控为计划在本国建立少数族群的统治——由于司法机构已经由卡兰加人主导,滋养了这种对少数族裔夺权的恐惧(Selolwane 2004:53—54)。茨瓦纳的酋长们加入了修正案提案的批评小组,并认为由缺乏建制王国的群体在酋长院中的永久代表权将破坏国王的王权制度本身,由此破坏博茨瓦纳的立国基础(Makgala 2009)。

这是该国历史上第一次在族群问题框架下的公开辩论。迄今为止,卡兰加活动家们没有实现任何宪法改革,也没有使其他语言被认可为国家语言,更不用说在学校教授这些语言。然而,值得注意的是,这些公开辩论仍然局限于代议政治的问题,而没有导致政治联盟网络的转变及其沿着族群分界的重组。上述对政党支持基础和内阁中族群构成的分析已经清楚地表明了这一点。

总而言之,在博茨瓦纳内部的国家建构(或者同样地,在法兰西内部的国家建构)中的代价是:少数族群在压力下同化入占主导地位的茨瓦纳语言和文化之中,这对西方发达国家的政治家和政治哲学家们珍视的公正社会的多元文化主义的愿景而言,是绝对令人惊惧的。然而,与之相反的是,对其他同化主义的民族主义而言,博茨瓦纳的国家建构方式不仅承诺政治参与和公共物品的平等获取权,而且实际上使其实现了。因此,绝大部分少数族群人口接受博茨瓦纳民族主义以及与之相联系的茨瓦纳语言和文化,也就不足为奇了。值得注意的是,其中还包括一小群讲阿非利加语的白人。根据一位民族志学者的说法,在独立初期,他们就"申请公民身份,登记为选民,并在他们的墙上钉上塞雷茨·卡马(Seretse Khama,博茨瓦纳独立后的第一任总统)的海报"(引自 du Toit 1995:53)。

索马里:国家毁灭的历史

索马里像一个倾斜的 L,在非洲之角周围延伸,宽约 350 公里。它位于亚丁湾,与也门隔岸相望,地处埃塞俄比亚高地以东和肯尼亚东北方位。它仅略大于博茨瓦纳。其气候同样干燥,可耕地也非常稀少(索马里的可耕地面积为 1.5%,博茨瓦纳为 0.5%)。与博茨瓦纳一样,索马里的社会和经济长期以牲畜为中心,主要是骆驼,也有绵羊和山羊。然而,索马里的人口规模是博茨瓦纳的五倍,现在已达到 1 100 万。与博茨瓦纳不同的是,大多数人——在 20 世纪中期多达 3/4——过着游牧生活(Lewis 1988:174n16; Laitin and Samatar 1987:22)。

骆驼是交换媒介,包括用作嫁妆和凶杀的赔偿,这种赔偿方式是一个缺乏中央集权的国家重要的冲突解决机制。索马里的现代经济仍然依赖牲畜,这与博茨瓦纳非常相似。例如,在 1980 年,3/4 的出口收入来自售卖骆驼、绵羊和山羊,主要是销往沙特阿拉伯(Laitin and Samatar 1987:101)。然而,与博茨瓦纳不同,索马里没有任何重要的矿产财富,一直是一个贫穷的农业社会。

大多数索马里人都信奉伊斯兰教并讲同一种语言——根据前文概述的理论,这应该有助于建立跨地区的联系,从而促进国家建构。然而,索马里社会的特点是其他分裂:宗族和家系的分裂。家系(lineage)和宗族(clan)是来自同一男性祖先的家族群体。在家族谱系中,共同的祖先追溯得越远,相关家族的群体就越大。根据分支逻辑,各家系和宗族相互结盟并相互对立(Lewis 1994):当谋杀、盗窃牲畜或在牧场上竞争放牧权等涉及两个家系中的任何一个成员时,所有在同一个家系下联合起来的家庭都应该反对另一个家系的成员。然而,如果这些相同的问题让关系更远的相关个体相互攻击,那么较大的单位——彼此相关的父系家系群体——就会加入进来,由此就出现了"分支"(segmentary)世系制这一术语。

这一原则还转化为政治。在后殖民时期,由父系关系相联的各宗族和宗族的各家族为争夺政治权力和庇护而相互竞争。家系[或索马里语里的"马格"(mag)]包括 200—2 000 个不等的家庭,而宗族至少有几千个家庭。例如,达鲁德有多达 100 万人。正如我们将要看到的,除了联盟形成的分支原则之外,一个男人的母亲的父系家族——由母亲及其儿子之间的团结传统所壮大——也起着重要的政治作用(Laitin and Samatar 1987:30)。图 3.1 概述了索马里社会的主要宗族和宗族家族。并非所有中间世代都在这里展示,而且这个图也不包括南方农业宗族。

在南部,朱巴河(Jubba)和谢贝利河(Shebeele)的肥沃山谷可以种植高粱、玉

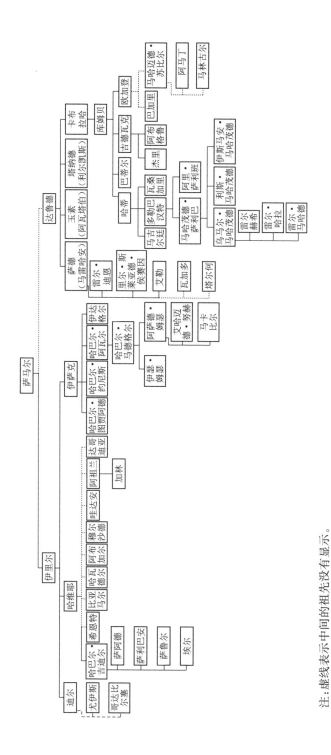

注:虚线表示中间的祖先没有显示。
资料来源:改编自 Laitin and Samatar 1987:图 2.1。

图 3.1 索马里宗族的简化谱系图(不包括南部农业宗族)

米和（20世纪开始种植）香蕉。讲班图语和奥罗莫语（Oromo）的农民在这片土地被游牧的索马里群体征服或流离失所之前，曾定居于此。南部领土的殖民化持续了几个世纪。由于这些发展，家族谱系原则已经被一种不同形式的社会和政治组织所取代：当地拥有土地的家系形成了等级中心，围绕这样的中心，源自北方的各家系与被征服的、成为依附于家系的农奴的班图农民或狩猎采集群体[如瓦伯尼人（WaBoni）]聚集在一起，这与博茨瓦纳萨尔瓦的命运非常相似。并且与博茨瓦纳的情况类似的是，这些侍从和农奴宗族经常融入主流家系的文化中，甚至通过重写家谱或通过正式的收养流程被完全同化（Lewis 1994：第6章）。然而，正如我们将要看到的那样，同化并没有像博茨瓦纳那样继续和加速。在20世纪50年代的索马里南部，被收养的侍从家系仍然记得并坚持他们"真正的"北方起源（Lewis 1994：第6章，144）。

没有国家的前殖民社会

由于游牧的北方或定居的索马里南部都没有出现中央集权的国家，这样的国家可以为更彻底的族群同化提供足够强大的动力。诚然，在中世纪直至18世纪头十年，南部内陆的高度集权的、以灌溉为基础的阿居兰苏丹国（Ajuran）控制并吞并了周围的部落以及印度和阿拉伯商人居住的沿海城市。然而，它很快就消失了，随之而来的是政治权力下放。在游牧的北方，分支家系制在殖民时期及以后都占了上风。

游牧群体的核心政治机构是为解决特定冲突而聚集的专门理事会。虽然理事会会议的所有成员都有发言权，但有权力或有声望的男人事实上主导了议事程序，就像博茨瓦纳诸王国的会议所产生的情况一样。然而，与博茨瓦纳不同，索马里没有国王或其他有政治权威的制度化中心。争议通过被称为"赫尔斯"（heers）的非正式契约来解决，而非王室的法令。诸理事会选出"苏丹"（Sultan），宗教名人给予他们建议，但这两者都没有任何权力（Lewis 1994），也不能被视为与茨瓦纳酋长国的首领、理事会成员和国王们一样的正式政治职位。宗教人士，如苏菲派①精神领袖们，生活在小型院落中，他们在那里照顾病人或因宗族冲突

---

① 苏菲派（Sufiorders）是伊斯兰教神秘主义派别的总称。苏菲派赋予伊斯兰教神秘奥义，主张苦行禁欲，虔诚礼拜，与世隔绝。传入索马里的伊斯兰教主要派别为苏菲派。——译者注

而流离失所的人。他们一般受到游牧宗族部族的尊重,但没有政治权威凌驾于其上(Lewis 1994:56)。这些领导人中最著名的是萨义德·穆罕默德(Sayyid Muhammad,英国殖民历史编纂学的书中称其为"疯狂毛拉"),他在 19 世纪后期建立了新的萨利希亚(Saalihiya)神秘教派的当地分支。他很快就召集了一系列宗族反对入侵的埃塞俄比亚军队,并在后来反对英国殖民政府。对他的支持是建立在通过他的个人魅力而非通过任何制度化的政府聚集起来的宗族联盟的基础之上的(Lewis 1988;Laitin and Samatar 1987:57—58)。

另一群权力中间人——著名的索马里诗人也是如此。他们组织各种长时间的诗歌朗诵会来羞辱、嘲笑或赞美政治和宗教领袖,还常常得到这些领袖们的恩庇。通过记忆者从绿洲到绿洲、从村庄到村庄的推动,或者通过后来的卡式录音机和收音机的促进,他们的诗歌在整个索马里领土范围内迅速传播。他们也是行使着道德而不是制度化的政治权力(Laitin and Samatar 1987:34—41)。

在南部农耕地带,一些拥有土地的宗族对他们的共同体有着更大的实际权力。但即使是最有权力的索马里苏丹——南方格勒迪(Geledi)宗族的首领,也没有私人随从,没有个人的土地,不得不通过共识来进行统治(Laitin and Samatar 1987:42—43)。索马里领土上的大片地带由此实际上是无国家的(stateless)。然而,沿海地区的情况并非如此,只有在这些地区,"长时间内,尽管没有规律,但中央集权程度不同的政府却得以建立并维持"(Lewis 1988:33)。

但这些国家的权威仅限于贸易城市,类似于斯瓦希里(Swahili)的城镇,诸如勒姆和沿海岸线更远的桑给巴尔。这些城市位于始于内陆的大篷车道路的尽头,它们用骆驼皮和肉、奴隶、象牙、酥油、鸵鸟羽毛和稀有的树胶与来自阿拉伯、印度及其他地区的商人交换纺织品和瓷器。通常这些城市只有几千居民。在 18 世纪和 19 世纪初期,亚丁湾的一些城邦如伯贝拉(Berbera)和泽拉(Zeila),在名义上依赖于奥斯曼帝国,类似于波斯湾的一些小国,如阿布扎比和多哈。那些南方的城市,尤其是摩加迪沙,必须承认跨越海湾的阿曼苏丹国的主权,并且在该苏丹国解体后,承认以桑给巴尔为中心,如今在坦桑尼亚北部的其南部旁系分支苏丹国的主权(Lewis 1988:39)。然而,奥斯曼帝国和桑给巴尔苏丹国的行政管理涉足很浅,仅在每个城镇派少数代表和税务人员。这些城市国家从未设法制服腹地的游牧民族。这些游牧民族可以动员成千上万的战士,这使防卫虚弱的沿海城市几乎没有可能获胜(Lewis 1988:34—35)。只有位于非洲之角的马吉尔廷苏丹国(Majeerteen Sultanate,达鲁德家族的宗族)能有效地控制内陆,并代表了与某些较为强大和人口较多的茨瓦纳王国地位相当的领土国家。1839年,该苏丹国与英国签署条约,从而独立于奥斯曼帝国和阿曼苏丹国。在20世纪20年代,意大利通过武力征服结束了其长期的主权。

简而言之,除了马吉尔廷苏丹国之外,索马里历史上并没有产生与茨瓦纳诸王国相当的集权政体。索马里的绝大多数人口都是游牧民族,并在仅拥有大量道德权威而没有多少有效政治权力的长老、宗族首领和苏菲派领袖们的带领下,通过分支世系制度实行自我管理。就如我们将要看到的那样,这一历史通过建立一个类似于贝川纳兰保护国的间接统治体系进入了殖民时期。但是这样的体系相当难以建立,因为没有间接统治可以依赖的土著当局。因此,在殖民时期国家机构的缺位是固化的,这一发展与英国统治下的茨瓦纳王国力量的巩固相似,但方向相反。

殖民时期:缺席者和定居者帝国主义

索马里的殖民统治历史过于复杂,无法在此详细讲述。简单来说,埃塞俄比亚、法国、英国和意大利都为争夺对索马里的控制权而互相争斗,并建构各种联盟。各国的殖民计划也有明显不同。法国和英国最感兴趣的是控制非洲之角到远东的供应和中转路线,后来是争取通过苏伊士运河。埃塞俄比亚试图征服邻近其高地中心的东南部平原的更多领土。意大利希望建立一个类似于英国在肯尼亚或罗得西亚所建立的定居者殖民地,从而向欧洲国家展示它也属于文明的、具有超强权力和威望的征服性国家。

随后,首先通过保护国和租借协议,后来通过军事征服,索马里被划分为北部平行于亚丁湾沿岸的英国领地和覆盖该国其他地区的意大利领土。埃塞俄比亚设法征服并保留了欧加登(Ogaden),这是内陆广阔的干旱地区,而法国则将今天的吉布提收为其殖民地。意大利在第二次世界大战中失去了殖民地之后,索马里南方一直处于英国军事管理之下,直到1949年,联合国决定将南方作为托管地区重新给意大利,为其1960年的独立做准备。北方继续作为英国的保护领土。1960年,英国和意大利的领地最终统一,形成独立的索马里国家。因此,下面的叙述必须分别对英国和意大利的殖民经历进行分析。

在北方,索马里各大宗族担心阿比西尼亚的影响越来越大,因此在19世纪80年代准备通过签署一系列条约"同意得到英国的保护"(Lewis 1988:46)。英国的殖民统治极其宽松。没有试图控制内陆,只在港口城市设立了由港口收入资助建设的三个领事馆。内陆基本上留给它自己,由于"没有普遍、巧妙的酋长系统,因此没有真正的间接统治体系的基础"。在许多情况下,名义上的"各宗族领袖和家系的长老们被正式承认并获得少量津贴"(Lewis 1988:105)。因此,这些宗族和家系的长老们为英国地区专员与广大民众之间提供了联系,他们有时被赋予司法权,因为行政当局缺乏处理案件的能力。

学校系统仍然完全不发达。萨义德·穆罕默德起来反对英国统治,是因为他听说传教士办的教会学校将索马里穆斯林儿童转变为基督教徒。英国行政当局随后禁止传教士办学校以平息局势。1905年建立了三所由政府办学的学校,但不久就关闭了。后来的相关计划都被放弃了,因为内陆各宗族拒绝向将他们的孩子变成异教徒的学校支付费用。[10]这种情况直到第二次世界大战后才慢慢有所变化。1952年开办了职业学校、女子学校和中学。

由于缺乏受过良好教育的当地人,基本的殖民行政管理是在印度和阿拉伯职员的帮助下进行的[Lewis 1988:115;根据莱廷和萨马塔尔(Laitin and Samatar 1987:106)的研究,这些职员是肯尼亚人]。1956年,当女王陛下政府决定在1960年给予索马里北部独立时,作了一些草率的准备:索马里官员们被提升到政府和警察的高级职位。成立了一个由任命的宗族代表们组成的立法委员会,后来该委员会通过增加十几名选举产生的代表而扩大(Laitin and Samatar 1987)。大约65名索马里人被派往国外学习,主要是到英国学习[Lewis 1999(1961):282]。

1958年,在英属北方殖民行政当局中的200名官僚中只有30名是索马里人。但到了1960年初,警察部队的所有6名地区专员都是索马里人,1名索马里籍警察总局助理专员被任命。[11]有趣的是,这种索马里化政策的结果与博茨瓦纳的结果截然不同。政府部门被视为"属于"并偏袒特定的宗族和家系成员们。例如,殖民统治最后几年的农业部门被认为是多勒巴汉特的机构,因为(从属达鲁特宗族家族的)多勒巴汉特宗族成员是第一批被任命担任行政职位的人

[Lewis 1999(1961)]。

总而言之,在索马里北部的无国家社会中,英国殖民政府对保持以家系和宗族团结原则而组织的政治联盟的性质和结构几乎没有影响。殖民地几乎没有形成国家能力,后殖民政府几乎没有公共基础设施可以用来向北部人口提供公共物品。

在意大利统治的南部,由于意大利政府旨在为意大利定居者建立农业殖民地,情况就完全不同了。相应地,殖民地国家建立了向意大利定居者,而不是向整个索马里南部人口提供公共物品的行政能力。出现了一种比北方更加集权和直接的统治形式。摩加迪沙总督任命意大利居民为区和省的首领,由政府资助的索马里酋长和长老向他们提供咨询(意大利语"capos"——首领——一直沿用至今)。1930 年,这些首领像在北部地区那样,负责管理约 500 人的农村警察部队。总督还任命卡迪斯(kadis,一个传统的奥斯曼帝国用语)管理与索马里人有关的习惯法和伊斯兰法。正规警察部队有 1 475 名索马里人和 85 名意大利军官。殖民地官僚机构地位仍然相当轻微:1927 年左右,行政部门雇用了 350 名意大利人和 1 700 名索马里人和阿拉伯人。

到第二次世界大战结束时,大约有 9 000 名意大利定居者居住在殖民地,其中大多数居住在肥沃河流地区的香蕉种植园中。这些种植园成为殖民企业的核心。殖民定居者的问题是如何让当地人为他们工作,并尝试了各种形式的金钱激励和强迫劳动,主要针对长期定居的班图人群体。殖民政府投入巨资使这些出口飞地切实可行,但始终忽视了殖民地的其余部分及其土著居民。[12]

教育主要留给了天主教教会学校。1928 年,有 8 所这样的学校,直到 1928 年,意大利和索马里的孩子在那里一起受教育。其影响不太大,因为到 1939 年这些学校中也只有约 1 800 名索马里和阿拉伯学生(Lewis 1988:第 5 章)。当联合国委托意大利领导该领地独立时,情况发生了明显的变化。1952 年,启动了由联合国教科文组织支持的全民入学五年计划。到 1957 年,31 000 名儿童和成人入读小学,246 人入读初中,3 316 人入读技术学院,约 200 人接受高等教育(Lewis 1988:149)。1950 年,在摩加迪沙开办了政治和行政学院,培训索马里官员和政治家。1954 年,成立了高等法律和经济学院(后来成为索马里大学学院)。最有前途的学生得到了去海外学习的丰厚助学金,主要是去埃及和意大利。到

1956 年,所有地区和省份都由索马里行政官员领导。然而,所有这些促进索马里人上学和培训公务员的举措都忽视了南方索马里游牧民多数群体。

意大利行政当局的主要焦点仍然是香蕉的生产和商业化,就像殖民时期一样。他们有一项特有的、重商主义的目标:以低廉的价格购买香蕉,并在意大利高价出售,以资助索马里附属地所需的补助金。但殖民地企业从来没有盈利。在 20 世纪 50 年代中期,作为联合国托管管理人员的意大利人返回后,当地的进出口收入为 200 万英镑,但该地区的管理费用为 500 万英镑(Lewis 1988)。

与博茨瓦纳后期的殖民官僚体制形成鲜明对比的是,意大利的索马里行政当局,包括其高级索马里公务员,并没有帮助索马里游牧和畜牧的多数群体进入世界市场或使他们更具竞争力。国家对香蕉的垄断继续使意大利种植园主、商业利益和意大利国家本身而不是普通人民获利(Laitin and Samatar 1987:105)。[13] 相应地,在殖民时期建设必要的行政能力,从而以更直接的方式管理内陆地区,并为其人民提供公共物品,这方面的进展甚少,而后殖民政府原本可以建立在这种行政能力之上。南方的意大利殖民统治肯定比英国在北方的统治的影响大得多,从而产生了更广泛的受西方教育的殖民官僚和买办资产阶级城市阶层。但它仍然专注于意大利主导的出口产业,并没有在这些飞地之外建立国家机构。

独立之前的政治联盟网络

因此,北方不在地殖民主义和南方的定居者-飞地殖民主义没有改变大多数人赖以建立政治联盟的原则。在北方和南方出现的反殖民主义政治中,可以很容易地看出宗族团结的逻辑。可以肯定的是,与前殖民政治相比,基于血统的忠诚体系的更深层细分变得很重要,因为政治领域现在扩展到包括整个殖民领地(世界各地都有这样一个过程;参见 Wimmer 2014:第 3 章)。政治联盟现在包括全部的宗族和宗族家族,而较低级别的家系团结失去了政治吸引力和重要性[Lewis 1999(1961):284—285]。在这两个殖民地区,早期的民族主义运动出现在城市受过教育的人口中,特别是在缓慢出现的官僚阶级、警官和殖民政府的其他雇员中。这些组织都旨在统一索马里语区域,这些区域现在分散在英属、法属和意属索马里以及埃塞俄比亚和肯尼亚北部。它们还都旨在克服宗族分裂并形成一个统一的国家共同体。然而，南方和北方的政治发展证明，这是一个相当难以实现的目标。

1943 年在摩加迪沙成立的索马里青年俱乐部(The Somali Youth Club)，在几年后共计发展出约 25 000 个附属机构。很快，马吉尔廷宗族的一群人分离了出去，更名后的索马里青年联盟(Somali Youth League，SYL)变得具有浓重的达鲁德宗族性质。南部农业的拉汉温(Rahanweyn)和迪吉尔(Digil)宗族成立了他们自己的政党——爱国利益联盟(the Patriotic Benefit Union)，后来改名为HDMS(Lewis 1988:122—124)。1954 年在南方的市政选举中，22 个政党争夺席位，除了 SYL 党之外，所有这些政党都明确支持一个特定的宗族，SYL 党继续拥有更广泛的支持基础。相应地，SYL 党赢得了 1956 年的第一次大选，成立了第一个索马里政府，仍然受意大利托管。

SYL 政府试图通过组建一个代表所有主要群体的政府来平衡宗族利益。总理和另外两位部长来自哈维耶(Hawiye)宗族，两位部长为达鲁德宗族成员，还有一位来自迪尔(Dir)宗族。然而，这引起了达鲁德宗族的不满，他们构成了 SYL的大约一半成员(而哈维耶宗族人数只有 30%)(Lewis 1988:122—124)。引人注目的是，在政府中代表比例较低的意大利领地的北部宗族很快建立了自己的政党[大索马里联盟(the Greater Somali League)](Laitin and Samatar 1987:65—66)。南部农业宗族的 HDMS 党在选举中失败了，这些宗族抱怨在填补现在迅速索马里化的公务员职位时，其成员受到了新政府的歧视。

在 1959 年的部分选举之后，获胜的 SYL 党再度成立了一个新政府，扩大的宗族联盟中加入了一些 HDMS 党的部长(Laitin and Samatar 1987:160)。SYL党领导的政府通过各种手段，例如对杀人犯进行个体惩罚或减少宗族领导人的法定权威，逐渐削弱宗族内部团结在日常生活中的作用，并建立了一个融合的索马里国家。禁止政党用宗族命名，并取消无土地宗族的侍从地位(Laitin and Samatar 1987:147ff.)。然而，这些政策并没有破坏宗族政治的逻辑，就如联盟建设的后殖民历史将会显现的那样。

在英属北部，民族团结阵线(the National Unity Front，NUF)成为最重要的民族主义组织之一。1959 年，也就是独立前一年，英国人扩大了咨询委员会，意在通过增加当选成员和第一次考虑组建政党来引导英国进入去殖民化进程。该咨询委员会的半数席位由 NUF 占据,他们主要由伊萨克(Isaaq)的几个宗族所支持。然而,其他伊萨克宗族则支持索马里国家联盟(Somalia National League)。达鲁德和迪尔宗族倾向于 SYL 党(该党抵制选举),他们的南部宗族同胞也是如此。

总而言之,殖民主义并没有用足够深远的方式,来改变前殖民时期以缺乏中央集权国家为标志的政治结构,以使该国一旦彻底摆脱殖民枷锁,能走上不同的政治发展道路。在北方,殖民地国家留下了微弱的印记,而在南方,意大利行政当局一直专注于出口导向的定居者飞地,而没有深刻改变索马里大多数人之间的政治联盟和忠诚网络。相应地,持续的宗族诉求和不断增强的宗族家族忠诚形塑了新兴的殖民和后殖民的政治。政治运动一旦从它们的城市和受过教育的环境中脱离出来,进入游牧腹地,就要么直接依赖一个宗族或家族,要么代表这些宗族和家族的不稳定联盟——尽管这些只是索马里民族主义共享的虚夸言辞。[14]发展薄弱的国家机构继承自前殖民时期,在殖民统治期间大部分都留存了下来,这些国家机构使得后殖民政府难以在国家全境范围内以有效和公平的方式提供公共物品。反过来,这又阻碍了建立持久的跨宗族联盟,就如下节所要呈现的那样。

独立后的第一个十年:宗族庇护主义和竞争

经过一系列动荡的事件,英国保护地和意大利托管领地终于在 1960 年成为一个完整、独立的国家。在博茨瓦纳,就如我们已经了解的那样,英国人在其独立后十年中继续雇用较高层的驻外公务员。因此,英国的行政传统在独立后塑造了整整一代公务员。索马里独立之后,在北方,英国仅支付了其行政人员六个月的工资(Lewis 1988:165,172)。意大利也资助了为新独立的索马里政府服务的意大利专家团队的部分津贴。但他们很快就离开了这个国家,并没有被索马里政府永久雇用。因此,无论是在北方还是在南方,驻外管理者对新兴行政文化的影响都是短暂的。

因为两个殖民地行政当局必须融合成一个官僚机构,所以提供公共物品的能力进一步受到阻碍。他们前后花了三年时间,才将这两个截然不同的行政和法律体系整合在一起,包括不同的工资标准、晋升程序、贸易和关税、法律规定等。基础设施的缺乏使事情变得更加困难:在南方和北方之间没有电话线,除了警用飞机外,也没有定期航班(Lewis 1988:171)。或许更重要的是,由于不同的精英派系没有在使用哪种索马里文字上达成共识,因此没有通用的行政语言——这与中国形成了鲜明对比,就如我们将在下一章中看到的那样。英语成为事实上的行政语言,在迅速增长的国家官僚体制中,这使北方人占有一定的优势。[15]在其他方面,索马里法律遵循了意大利模式而非英国模式,允许公务人员竞选公职(Lewis 1988:73, 204)。因此,与博茨瓦纳不同的是,索马里没有出现一个对获取政治权力不感兴趣的专业管理阶层。

这个支离破碎、发展初期的政治化的行政机构,除了从进出口征收的关税之外,几乎没有任何税收基础——这是内陆各宗族反对任何形式税收的一个遗留问题,反过来又是长期在没有国家的状况中生活的结果。由此,索马里成为非洲最依赖援助的国家之一:整个 20 世纪 60 年代,索马里人均援助款约为 90 美元,是其他新独立的非洲国家平均水平的两倍。外国援助主要用于扩大官僚机构和军队规模,而不是向广大民众提供公共物品。到了 1976 年,即独立 15 年后,政府已经扩大到拥有 7.2 万名雇员,大约一半的索马里劳动力获得了固定工资(Laitin and Samatar 1987:107—108)。与索马里政府很快结成联盟的苏联,在 1963 年提供了 1 100 万美元的军事援助(Lewis 1988:200—201),随后几年每年提供 5 000万美元的贷款(Laitin and Samatar 1987:78),用以在几年内建立拥有 1.4 万名士兵的军队。

然而,这一新扩大的官僚和军事机构无法将其权威扩大到农村、游牧地区,也未能结束地方性宗族冲突(Laitin and Samatar 1987:85)。相比之下,在博茨瓦纳,独立后政府的第一步是将国王们转变为公务员,并将他们的权威整合到一个新的中央政治体制中,从而奠基于诸王国的政治基础设施之上。

出于上述诸原因,独立后的索马里国家无法以有效和非歧视性的方式在整个领土范围内提供公共物品:没有殖民前的国家体制可供纳入后殖民政治大厦之中,没有投资于公共物品的殖民地传统可以继承,两个帝国的遗产使后殖民国家碎片化,并且没有出现官僚统治的精英传统。新任命的官员的行为方式与殖民统治时期类似:他们沉溺于"广为流传而历史悠久的索马里做法……通过宗族而不是通过公正的选择和分配制度来分配国家资源"(Laitin and Samatar 1987:30)。提到独立的最初几年,莱廷和萨马塔尔指出,"政府的汽车被用作私人出租车;政府的药品在当地药店私自出售",说明腐败到了何种程度。他们进一步指出:"大人物们向有影响力的宗族成员及其家庭提供工作机会、可获利的建筑许可证、直接的现金支付以及某些其他形式的恩惠,以换取后者提供宗族的支持。"(Laitin and Samatar 1987:46)

这种对宗族成员的恩惠分配进一步将宗族分化政治化。在这种情况下,很难在国家政府和独立于宗族关系的公民之间建立联盟。对于索马里民众来说,对穷人没有直接的公共援助或任何形式的支持(Laitin and Samatar 1987:47),也没有可以使农工或畜牧者受益的实质性项目(Laitin and Samatar 1987:85),就像博茨瓦纳所做的那样。鉴于公共物品供给不足,普通公民认为没有理由认同政府或向政府提供政治支持。他们只能通过运用自己和那些与政府有联系的宗族首领之间的关系(Lewis 1988:166),才能获得政府的有限资源,而政府反过来将其宗族的投票给政治家(Lewis 1994:170)。这赋予宗族身份和忠诚以新的意涵。

因此,政党内部和政党之间的宗族政治主导了独立初期十年的政治历史。各政党和各宗族之间快速变化各种联盟的细节太复杂了,这里不多作讨论。一个简短的总结就足够了。起初,遗留下来的南北分隔似乎是最严重的政治化裂痕。这在1961年的宪法公投中变得很明显,几乎所有的北方政党和宗族都反对宪法公投,因为它把权力中心转移到南部,将议会和首都设在摩加迪沙。同年,不满的北方初级军官发动了一场未遂政变。

然而,随着时间的推移,跨越过去殖民地时期南北边界的新联盟出现了,其中大部分受到了宗族团结逻辑的影响。支持北方的索马里联合党(the United Somali Party,USP)的达鲁德宗族加入了由达鲁德宗族主导的南部 SYL 党,而 USP 党的迪尔宗族一派现在能支持南方的哈维耶宗族。扩大的政治舞台还鼓励建立新的具有北部和南部宗族元素的各种政党,如转瞬即逝的索马里民主联盟(Somali Democratic Union)和更稳定的索马里全国大会党(Somali National Congress)(Lewis 1988:176)。后者包括了北部的迪尔宗族和伊萨克宗族,还包括来自该国前意大利领地的重要哈维耶宗族成员——他们团结起来,试图在独立后的头十年里对抗达鲁德宗族的统治地位,特别是马吉尔廷宗族的政治家们。事实上,在第一个十年中,政治上占主导地位的宗族似乎是来自索马里中部的哈维耶宗族、北部的伊萨克宗族,以及尤其是来自非洲之角上的前同名苏丹国的马吉尔廷宗族(Laitin and Samatar 1987:92),马吉尔廷宗族在这十年中出现了两位总统中的一位和三位总理中的两位。

但这些较大的宗族集团逐渐解体,联盟再度沿着更偏狭的宗族和家系身份形成——换句话说,走向了国家建构的反面。简要总结一下就是,1964年全国大选后,两位来自SYL党的达鲁德宗族候选人激烈地竞争首相职位。1967年总统选举后,产生了来自伊萨克宗族的总统和总理,而达鲁德宗族仍因1964年的宿怨而分裂,迪尔、伊萨克和哈维耶宗族[都属于伊里尔宗族(Irir)家族的成员]所组成的脆弱的反达鲁德宗族联盟失去了存在的理由,索马里国会作为一个反达鲁德宗族政党的吸引力也逐渐减弱。进一步的分裂还在继续。在1969年的选举中,62个政党互相竞争,其中大多数代表了更为狭隘的宗族的利益。基础更广泛的SYL党再次获胜。除了一名反对党成员以外,其他所有反对党成员都在选举后反叛加入执政党SYL党,希望分得一杯羹并分发给他们的宗族支持者,这显示了独立后索马里政治的机会主义性质。

有趣的是,在南部农业地区,当宗族和家系关系以这种方式政治化并且政治领域不断分化时,正在进行中的同化进程就停了下来。在博茨瓦纳,随着时间的推移,越来越多从前的侍从群体接受了占主导地位的茨瓦纳身份,就如我们已经看到的那样。然而,在后殖民时期的索马里,南方的侍从宗族重新发现了他们的北方起源,并与相应的政党和政党派系结盟(Lewis 1994:144)。

西亚德·巴雷政权:自食其果的宗族主义

1969年选举的混乱导致了一场由具有号召力的少将西亚德·巴雷领导的不流血的军事政变,这场政变很大程度上令广大民众满意。这场政变是第二个关键时刻,在此期间,主要联盟被重组,历史本可能发生另一种转折。然而,与第一次世界大战期间瑞士的关键时刻或博茨瓦纳卡林加激进主义的事件很相似,现有的联盟网络已经稳固得足以抵御根本性的重组,但索马里却沿着政治分裂的道路走了下去。我将证明,这在很大程度上是因为国家仍然缺乏以可持续和公平的方式向人民提供公共物品的能力。尽管西亚德·巴雷付出了巨大的努力,特别是在其统治初期,但其政权无法在宗族分裂的情况下与公民建立持久的联盟。他不得不越来越依赖于与他家族相连的少数宗族的支持,由此缩小了执政联盟的范围，并将人口中的重要部分排除在国家政府的任何重要代表之外。

不管人们对新政权的政治意识形态是否抱有任何同情，新政权的开端仍充满希望。军政府将自己与政党政治拉开距离，把腐败和分裂的政客关进监狱。它宣扬了"科学社会主义"与伊斯兰教相结合的新思想。禁止用宗族词语交谈或提及宗族名称；该政权规定，在日常交往中的陌生人应称对方为"同志"，而不是传统的宗族词语"表亲"（cousin）。它将多党制和宗族主义描绘成裙带关系和腐败的同义语，是阻碍更光明的社会主义未来的落伍障碍。它建立了一个新的国家结构，最高层是全部由军人组成的最高革命委员会，由文职的秘书委员会予以协助。一个强大的国家安全局（NSS）成立，而国家安全法院享有不受约束的司法权。在军政府执政的头几年里，军官们重新任命了民事区和地方的长官。宗族领袖被重新命名为"和平寻求者"，并融入官僚机构。从理论上讲，他们可以在全国任何地方任职。

新政权试图建立一个独立于宗族关系，并能在其中与公民建立联盟的机构。失业的城市男子被招募到名为"胜利先锋"的民兵组织中，领导当地的发展项目，并为广大人民组织公民课程。新的跨越宗族领土的省界被划定，并细分为 64 个新区。每个省都设立了革命委员会，由一名军事总督主持，并由国家安全局的一名地区局长和总统政治办公室的代表监督。每个省都建立了一个"指导中心"（orientation center），以取代家系协会（家系协会被禁止了）。这些中心为教育和娱乐活动提供了空间，包括一个马克思主义文学图书馆，并每周组织一次"指导"会议，当地居民在此期间接受思想培训。所有中学生都被要求参加一个军营，在那里他们也接受思想上的"训练"。

该政权鼓励人们在指导中心举行婚礼，希望革命性的现代婚礼形式会取代传统宗族婚礼上的聘礼交换。该政权还提供（理论上的）丧葬费用，以进一步削弱宗族团结，禁止建于宗族制度的核心的血债补偿金，并对谋杀判处死刑，以此希望进一步根除宗族冲突和团结的逻辑（Lewis 1983：154—157）。

这个新建立的官僚机构在公共物品供应方面的表现如何？它的一些努力应该被注意到。巴雷于 1970 年颁布了索马里官方语言书写文本，在索马里革命一周年之际，飞机在索马里空投了语法文本。为推进扫盲运动，所有的中学关闭一整年，以便教师和学生可以教游牧民如何读和写，这类似于发展中世界其他共产主义国家同样的运动。政府数据显示,识字率从1970年的6%上升到1975年的55%。然而,正如莱廷和萨马塔尔(Laitin and Samatar 1987:83)所指出的,这些数据可能被夸大了。

1974年,政府为游牧民引入了一项合作计划,以便他们更和平、更有效地共享沙漠资源。政府成立了14个合作社,每个家庭都能获得500—700英亩的专属放牧地,并在干旱时期能使用共有土地。在国际机构和科威特的资助的帮助下,政府还建立了更具雄心的大范围合作组织,但正如莱廷和萨马塔尔指出的那样,"这些协会所取得的成就微乎其微"(Laitin and Samatar 1987:112)。除了这些零散的努力之外,政府几乎没有采取任何措施来帮助畜牧者推销他们的产品。[16]与博茨瓦纳不同,索马里没有在提高生产力、营销或进入全球市场方面作出系统的尝试。

由于缺乏日常运作的能力,政府只能通过短期的、全力以赴的行动来提供公共物品,类似于为教游牧民如何阅读和书写而发起的军事化行动。[17]1974年,一场严重的干旱危及了北方游牧民的牲畜和生活。在苏联、瑞典和其他国家的后勤和物质支持下组织的紧急救援效率显著,挽救了数万人的生命,这与先前邻国埃塞俄比亚的饥荒带来的灾难形成了明显的对比。在苏联的财政和后勤支持下,9万游牧民随后在南部和东海岸以斯大林式的行动方式重新定居,试图将养骆驼的牧民变成农民和渔民,尽管游牧民一般并不喜欢鱼。在世界银行和科威特的大力支持下,南方成立了农业合作社,在新清理的土地上实施灌溉。这些国有合作社雇用前游牧民作为带薪农民,并将他们的玉米、豆类、花生和大米卖给政府。然而,到了20世纪70年代末,"雨水让牧场再次长出了肥沃的草,许多人就回到家里,希望能恢复他们的牲畜群"(Laitin and Samatar 1987:113)。渔业合作社也不能自我维持,产量越来越少:从数千吨到苏联顾问离开后的不足500吨。

公共物品的提供不仅受到缺乏制度能力的阻碍,而且还受到腐败重新抬头的阻碍。如前所述,军政府最初谴责腐败和宗族裙带关系,并惩罚一些在这方面表现最恶劣的公务员(Laitin and Samatar 1987:79)。但很快,这些努力就烟消云散,腐败再次流行起来。除其他因素外,这是因为巴雷在采用了索马里语的书写文本后,就将索马里语作为该国的官方语言,取代了原先作为官僚机构实际语言的英语。那些拥有国外高级学位的人,和大多数高级官员一样,失去了他们的特权地位,现在注定要"服从那些在教育和智力方面比他们低的人的命令……因为他们是我们国家殖民政权的成员",巴雷本人如是说(引自 Laitin and Samatar 1987:84)。腐败和贿赂再次蔓延,莱廷和萨马塔尔指出,这"使公民对政府更加愤世嫉俗"(Laitin and Samatar 1987:95)。他们进一步指出:"众所周知,政府部长和中间人可将每一份合同的 40%作为私人回报……只有在职腐败才能使这些(政府)工作人员为他们的家庭提供体面的城市生活。如部落主义一样,腐败已达到盛行程度。"(Laitin and Samatar 1987:96, 119)[18]

总的来说,政府不能以足够大的规模和公平、持续的方式提供公共物品,以鼓励政治联盟从宗族和家系转向国家机构及其代理人。由于国家缺乏基本的基础设施能力,公共物品必须通过仅能维持几年的军事化运动来提供,如扫盲运动和抗旱计划,而不是通过更为永久的制度渠道来提供。在政府权力中心与广大民众之间的跨宗族联盟无法维持,宗族庇护主义缓慢复苏,并强化了相应的宗族忠诚,阻碍人们认同国家项目。

虽然在其统治的头几个月里有更广泛的基础并更具包容性,但该政权的权力基础逐渐缩小到了某些宗族和宗族家庭。因此,国家建构仍然是那些绝望地寻求国家建构的革命领导人力所不及的事。最初,军政府根据精英主义原则任命部长(Laitin and Samatar 1987:90)。[19]然而,情况很快改变了,政治联盟的网络很快沿宗族分界而重新结盟。1971 年,一场由愤愤不平的军官发动的政变失败了,巴雷喊话说那些马吉尔廷宗族的领袖是策划这场政变的主使。如上所述,在独立后的前十年中,这些宗族成员一直掌握着政治权力的"命门",但感到自己在巴雷政权下被排斥在外(Laitin and Samatar 1987:91)。巴雷后来放弃了招募精英阶层,开始倾向于用他自己宗族的成员,即马雷哈安(Mareehaan)宗族、他母亲的欧加登(Ogadeen,属于达鲁德宗族家庭)宗族,以及他女婿的多勒巴汉特(Dulbahante,还是属于达鲁德宗族家庭)宗族(Laitin and Samatar 1987:92;Lewis 1983:165—166)。包括多勒巴汉特宗族在内这些宗族在战略上很重要,因为他们的家系既生活在北方也生活在南方。这个当时在索马里被秘密知晓的所谓 MOD 联盟(即马雷哈安、欧加登和多勒巴汉特三个宗族的联盟),也包括一些政治上较弱的宗族,如哈维耶宗族、伊萨克宗族,甚至马吉尔廷宗族。他们在军队和政府中有代表,试图组成一个更广泛的执政联盟。如表 3.4 所示。

表 3.4 　内阁席位(1960—1969 年)和最高革命委员会席位(1975 年)
在各宗族家庭中的分配

	1960 年	1966 年	1967 年	1969 年	1975 年
达鲁德					
席位(%)	42	37	33	33	50
人口比例	20	20	20	20	20
哈维耶					
席位(%)	28	19	22	28	20
人口比例	25	25	25	25	25
迪吉尔和拉汉维因					
席位(%)	14	18	17	11	0
人口比例	20	20	20	20	20
迪尔					
席位(%)	0	6	6	0	10
人口比例	7	7	7	7	7
伊萨克					
席位(%)	14	19	22	28	20
人口比例	22	22	22	22	22
总席位	14	16	18	18	20

资料来源:Lewis 1983:166。人口比例来自《中央情报局世界概况》(*CIA World Factbook*),需要考虑粗略近似。

在巴雷政权时期,达鲁德宗族的过度代表率急剧上升,从 33% 跃升到 50%,而该宗族的人口比例仅为 20% 左右。但是,这些数据并不能充分反映军事独裁的实际权力结构。指挥结构实际上是不合理的,集中于总统、他的最高将领、国家安全局局长和总统政治办公室主任(参见 Lewis 1983:166;另见 Laitin and Samatar 1987:97)。其他宗族的成员被任命为最高革命委员会的成员,例如,伊萨克宗族成员担任副总统和外交部长,但他们没有多少独立的权力。巴雷之所以任命他们,仅仅是因为他们依附于他在自己周围所创造的个人崇拜,因此是他心甘情愿的走狗(Lewis 1983:178)。所以,把巴雷政权说成一个与叙利亚阿萨德的阿拉维政权,以及与萨达姆·侯赛因治下伊拉克的逊尼派阿拉伯人的统治类似的达鲁德宗族统治政权,并不是很夸张,阿萨德和萨达姆都像西亚德·巴雷一样,隐藏了他们狭窄的权力基础而呼吁泛阿拉伯团结。

缺乏提供公共物品的能力在多大程度上阻碍了跨宗族分界联盟的形成,并迫使该政权逐渐缩小执政联盟的范围,直到最终形成 MOD 联盟? 鉴于有限的档案证据(我应该补充一下,鉴于我在索马里问题上更为有限的专业知识),这一点很难确定。然而,在巴雷统治的最后几年,薄弱的公共物品供给对联盟形成的影响变得更加明显。从 20 世纪 70 年代中期开始,政府不再试图通过提供公共物品在政治上整合腹地。相反,民粹-民族主义的国家统一目标变得至高无上(Laitin and Samatar 1987:88)。1977 年,巴雷发动了一场战争,把索马里游牧民族居住的欧加登从埃塞俄比亚手中夺过来。在苏联支持的军事集结之后,战争起初进展顺利并产生了一波民族主义的狂热。然而,一旦苏联决定在冲突中转向埃塞俄比亚一边,索马里军队就被埃塞俄比亚和古巴军队打败了。数以万计的难民跨过边境逃离埃塞俄比亚的报复,其中大部分来自巴雷母亲的欧加登宗族。

政府最初将这些难民安置在多达 6 万人的难民营中,他们完全依赖于联合国难民事务高级专员。然后,这些欧加登难民被军事力量安置在北部的伊萨克宗族中。在伊萨克宗族看来,该政权以国际援助的形式向与该政权密切结盟的宗族输送公共物品。当巴雷开始从难民营和由欧加登人控制的反埃塞俄比亚的西部索马里解放阵线(WSLF)成员中招募欧加登宗族的人员,让他们加入旨在维持动荡的北方秩序的民兵组织时,这种对伊萨克的"宗族歧视"看法进一步加剧。由于国际援助和免受专横暴力的保护等公共物品分配的偏斜,伊萨克精英开始脱离政权,这进一步缩小了巴雷的权力基础。伊萨克宗族的军官离开了军队并在 1980 年建立了一个民兵组织,以对抗西部索马里解放阵线的统治,保护伊萨克宗族的人民不受其影响。政府迅速通过剥夺这些军事组织的武器或将它们转移到该国其他地区来进行反击。就如刘易斯所指出的那样,北部的欧加登"殖民化"还包括"以伊萨克为代价,没收财产和经济偏袒"(Lewis 1983:180)。非伊萨克宗族的武装民兵(主要是达鲁德宗族,但也有一些迪尔宗族)被鼓励攻击伊萨克宗族的游牧民。国家政府则在北方对此采取严厉的措施,这进一步疏远了伊萨克宗族的政治家及其追随者。

支持统治者母亲宗族的公共物品的分配偏斜最终导致了公开的政治上和后来军事上的反抗。伊萨克宗族的政治家们在沙特和英国流亡地建立了一个完全伊萨克宗族的政党,即索马里民族运动(the Somali National Movement,SNM)。该政党要求废除巴雷统治,实行国家联邦制,并在传统的赫尔契约基础上建立新的社会秩序。在 1981 成立后不久,该党的一个地方分支机构出现在哈尔吉萨(Hargeisa,位于索马里北部),其成员强烈谴责政府在该地区缺乏任何政府管理的社会服务,并试图通过自助组织来改善这种状况。巴雷政权逮捕了该组织的领导人,并建立了一个监控系统,在该系统中,每 20 个家庭由一位政府政党的官员来监督。1982 年,一群地位显赫的伊萨克宗族长老谴责"对伊萨克商人和商贩的经济歧视而偏袒达鲁德宗族的官员和难民"。作为回应,巴雷政权指责两名政府高级伊萨克宗族成员煽动动乱,并将他们关进监狱,这进一步疏远了伊萨克宗族的选民,并加剧了他们对索马里民族运动的支持。

很快,索马里民族运动的追随者(由离开军队的军官们重新武装)和政府之间爆发了武装对抗。这是该政权不得不面对的第二次国内暴力冲突。第一次是在欧加登战争失败后不久爆发的,马吉尔廷宗族军官们对他们的宗族失去了在前十年文官统治时期的权力感到不满,发动了一场未遂政变。它的幸存者随后建立了一个游击运动——索马里救世民主阵线(the Somali Salvation Democratic Front),总部设在埃塞俄比亚这一索马里政府宿敌的领土之上。

镇压、政治动员和不断增加的游击活动使形势恶化。在 20 世纪 80 年代末,它最终导致了一场多方内战,在内战中,军队于 1988 年以伊萨克宗族的平民为目标轰炸了哈尔格萨和布拉奥(Burao)两座城市。根据最保守的估计,在这次种族灭绝行动中,平民伤亡人数为 5 万人。主要以哈密亚(Hamiya)宗族联盟为基础的第三大游击队最终于 1991 年推翻了西亚德·巴雷的统治。巴雷政权是最后一个控制索马里整个领土的政权。自从他被迫流亡国外以来,一系列复杂的相互交织的内战、外国干预(由在联合国授权下的美国以及由埃塞俄比亚实施的多次干预)和分裂(位于北部的前英国殖民领地的分离和非洲之角的前马吉尔廷苏丹国的分离)已经粉碎了他所能建立的国家基础设施。索马里如今是一个被称为"失败国家"的主要例子。

索马里崩溃的详细历史并不是本章的重点。这里要强调的一点是,巴雷政权无法建立持久的官僚基础设施,以向广大民众提供日常的公共物品。这种官僚基础设施本来可以使他扩展整个领土的联盟和支持网络,并获得独立于宗族背景的公民个人的忠诚来绕过宗族领袖,就如博茨瓦纳所做的那样。军政府的运动式行动相当有效:通过派遣教师和学生到游牧腹地从而提高识字能力,在干旱危机期间向游牧民提供解除饥荒的救助,并在南部和沿海地区重新安置其中的一些人。但它缺乏建立可持续和有效管理的行政机构的基本能力。没有这种常规的官僚机构能力,就很难提供安全保障、主持正义、发展基础设施和提高广大公民的经济福利。没有有效的和公平的公共物品供应,该政权就无法将其支持基础扩展到其狭隘的宗族圈子之外。

索马里国家软弱的三个主要原因已经被确定:缺乏殖民前和殖民时代国家中央集权的遗产;从殖民统治向后殖民的快速过渡中,出现了一种声名狼藉的非精英裙带关系文化;官僚精英与公民通过宗族的恩庇关系相互联系,这进一步削弱了国家公平、公正地提供公共物品的能力。尽管具有诸如语言同质性等有利条件,国家建构还是失败了,因为后殖民地国家无法作为一个足够有吸引力的交易伙伴,以提供公共物品来换取其公民的政治忠诚和支持。

【注释】

[1] 我更喜欢用"王国"(kingdom)这个词,而不是殖民主义的词汇"酋长国"(chieftaincy),并且我将会用"族群"(ethnic groups)而不是"部族"(tribes)来进行表述。

[2] 许多政治人类学家不会将这些王国归类为早期国家,因为它们人口稀少且缺乏正式的官僚制度。这也是建立在经典民族志基础上的数据集人类关系区域档案对茨瓦纳案例的表述方式。人类关系区域档案将用于第五章中的统计分析。就如罗宾逊和帕森斯(Robinson and Parsons 2006:119ff.)所指出的那样,这可能是一个错误的分类。为了一致性,我没有纠正人类关系区域档案数据的分类。

[3] 所有的王国都由讲茨瓦纳语者统治,除了一个由拥有恩德贝勒血统的家族统治以外。但随着时间的推移,该王国也采用了茨瓦纳语和习俗(Bennett 2002)。

[4] 与此同时,殖民地政府在第一次世界大战前后通过关闭皇家贸易公司,严格限制国王们进行商业和贸易的尝试(Murray and Parsons 1990:161),并且总体上严格限制授予非洲人贸易许可证的数量(du Toit 1995:27, 50)。

[5] 在倡议的第一年(1963年),委员会推荐了14名继续在大学里接受教育的学生,其中许多后来成为高级官员,如长期任职的司法部长和财政与发展规划部长。委员会还建议为高等教育提供10项新的助学金。这些接受助学金、毕业于20世纪60年代末的学生,在独立后形成了官僚体制中本土人员部分的核心。

[6] 所有行政权力都掌握在总统手中,总统只需要与内阁协商。总统可以解散国民议会,只有在总统建议的情况下,议会才能通过议案。议会提出有关政策的问题,但内阁和官僚机构制定政策。在殖民统治的最后几年建立的区理事会(council)没有预算自主权,但从中央获得了80%的资金(更多有关最近分权的讨论,参见 Tordoff 1988)。理事会的公务员是国家政府服务的一部分,因此依赖于首都的政府部门(Holm 1987)。

[7]对马克思主义有关该国被养牛资本家"俘获"的论点的批评,参见 du Toit 1995:10。

[8]20 世纪 80 年代,在博茨瓦纳只有 10%的政府支出用于军事和警察(Holm 1987:25;在美国,仅军费开支就占政府开支的 28%—38%)。

[9]然而,对于那些成为茨瓦纳精英的农奴群体来说,情况恰恰相反:他们更多地认同萨瓦族和叶伊族类别,而不是认同以他们的区首领的族群政治出身来估计的人口类别。这是出于沙佩拉(Schapera 1952:99)所解释的事实,即作为农奴,这些群体的区首领很少被承认,因此沙佩拉人口规模测量不适合他们。

[10]仅在 1942 年才开设了小学;1945 年,七所学校共培养了 400 名男生。税收的缺乏也阻碍了其他项目,如为骆驼和羊群打井或修建道路等。

[11]一年前,只有两名索马里人地区专员和少数几个地区警官。

[12]应该提到一些为土著居民提供公共物品的适度努力:20 世纪 30 年代初,为游牧民打了 150 口井,而谢贝尔河沿岸的一些灌溉方案也使种植园外的当地居民受益。

[13]然而,一些项目是面向广大民众提供公共物品。其中包括 1950—1955 年用于道路、学校和诊所等公共工程投资的 300 万英镑的预算。1954 年公布了一项七年农业发展计划。其中包括扩大灌溉农业、清理更多土地、建立粮食储存筒仓、为农民服务的农业银行、为游牧民钻井,以及出台农业出口多样化的激励措施,除了出口香蕉外,还促进出口棉花和甘蔗。然而,经济依然依赖香蕉出口,1955 年香蕉出口总量是 1937 年的五倍(Laitin and Samatar 1987:143)。

[14]大多数新兴的民间社会组织都是宗族协会[对英国属地索马里这方面的研究,参见 Lewis 1999(1961):280],而不是像瑞士早期的现代射击协会、合唱社团和文学俱乐部那样的组织,瑞士的这些组织招募了跨州和跨语言界线的成员。

[15]当政府决定用英语建立中学系统时,这种趋势得到了加强(Laitin and Samatar 1987:75ff.)。

[16]虽然农业生产者因提供低于世界市场价格的农产品而被征税,但游牧民获得具有国际竞争力的奖赏,主要是因为伊萨克养牛商的政治影响力和独立性,而不是因为中央政府有意识的努力。

[17]应注意的其他努力是:该政权试图通过分散电网将电力输送到腹地;它还向冲突中的宗族群体派遣和平使者,并提供资源帮助解决这些冲突,从而在腹地施加比以往更多的政府控制和权力。

[18]关于强调巴雷通过公开羞辱来禁止腐败的真实但很大程度上不成功的尝试的一个更细致的评估,参见 Lewis 1983:157, 169, 175n47。

[19]造成这种情况的原因之一是,巴雷自己的马雷哈安宗族是达鲁德宗族的一部分,相对较小,并且不是独立之后头十年宗族联盟政治的重要组成部分。鉴于缺乏已建立的联盟,巴雷在其统治的头几个月根据优点和能力而不是根据宗族关系进行官员任命。

第四章 沟通整合:中国与俄罗斯

　　本章聚焦促进跨地域联盟网络的传播并因此有利于国家建构的第三种机制:沟通整合。在中国,来自全国各地的政治精英可以在共同的书写系统中轻松地相互沟通。相比之下,在俄罗斯帝国,跨越族群分界的交流更加困难,因为人们讲的是用不同文字书写的许多种语言。中国在没有任何严峻的领土完整挑战的情况下过渡到了后帝国时期。在政治整合和认同方面,后帝国的国家建构取得了成功:所有在1912年皇帝退位后获得统治权的政府都从广阔国家的主要地区招募了他们的成员;汉人的民族认同感牢牢扎根于精英和普通公民的心中。

　　在俄罗斯,族群民族主义在1905年和1917年的革命之后蓬勃发展,导致罗曼诺夫王朝被推翻。1917年,芬兰、波兰、波罗的海国家、乌克兰和外高加索的一些国家宣布独立——但在随后的俄国内战和第二次世界大战期间,其中的大多数国家被苏联红军重新征服。20世纪80年代中叶,苏联共产党的地位动摇之后,苏联第二次沿着族群的断层线分崩离析。本章表明,这两个不同的国家建构故事的一个重要部分是,共享的沟通手段将中国的人口聚集在一起,促进了说不同语言的人之间的政治联系,而俄罗斯的人们则保持分化,使用不同文字书写的几十种不同的语言,由此阻碍了在俄罗斯全境内形成联盟网络。

中国:沉默的语言民族主义

乍一看,利用中国来说明语言同质性如何使得国家建构更容易似乎与直觉相悖。尽管在官方形象上,中国基本上是一个汉族占多数的同质化国家,汉族占总人口的 90％以上,但这一多数人口事实上是非常不同的,并且用许多相互无法理解的语言说话。这些不同的语言不仅包括众所周知的普通话和粤语,还包括其他一系列在中国南方地区使用的、无法相互理解的方言。

然而,一种统一的中文书面语言遮掩了这种多语言景观,这种书面语言不与任何上述语言紧密相关,也不起源于这些语言。换句话说,多种语言与单一书写文字的同质性相互结合。我认为,这种书写文字的同质性有助于在说不同语言的广大人口中建立和维持政治联系。使用《圣经》的比喻,中国的这种类似巴比伦的多种语言共存状况①,由共享的书写系统结合在一起。因此,从理论上讲,人们使用单一语言与人们使用单一的书写文字对国家建构有相同的重要影响。

单一的书写文字使距离遥远的个体之间能够毫不费力地进行交流,促进了政治和哲学思想的交流,也便于形成多语种政治派别。在帝制时期,这些派别提出了对儒家经典的不同解释,并试图将他者从权力核心逐出。虽然这些政治派别最初通常是以某个省为核心形成,但这些政治联盟网络从未局限于某个特定的语言群体,并且总是以多个语言区域的人士汇入同一派别而告终。因此,当最后一位皇帝在 1912 年退位并且中国成为一个现代民族国家时,帝国内没有产生任何倡导粤语、湘语或闽语地区自治甚至独立的运动,并未发生类似相同时期俄国内部讲不同语言的少数群体要求独立的案例。像帝制时期的政治派别一样,国民党和共产党集团都保持其跨地区和多语言特性。因此,各种语言民族主义从未起而抗争。国家建构——无论是在政治整合水平还是在公众认同方面——取代了作为多数群体汉民族内部的语言分歧。接下来将探讨这个故事是如何展开的。

---

① 根据《圣经·旧约》的故事,讲同一种语言的上古人类在巴比伦城建造通向天国的高塔——巴别塔。耶和华发现此事后,就决定通过使人类使用不同的语言而无法相互合作,巴别塔因此半途而废。——译者注

多种语言和单一书写文字

本节重点介绍多数群体汉族人的语言多样性。因此我不谈西藏的情况,也不涉及在新疆西北部讲突厥语的人口、云南或贵州的少数民族"部落"以及西南部的苗族。从 17 世纪开始,中华帝国就已经征服了这些地区,并且对之进行统治。

汉族人口的语言多样性实际上是相当可观的。由于这种多样性从未被政治化,因此不同地区汉族所讲的不同的汉语通常被称为"方言"。但从语言学的角度来看,基于是否可以相互理解的标准,它们明显地代表不同的语言。"语言就是拥有军队的方言",语言学家马克斯·魏因赖希(Max Weinreich)曾经这样说过,而汉语族从未有过自己的"军队"。

图 4.1 详述了汉语族和方言之间的语系关系。最近的实验研究表明(Chaoju and van Heuven 2009),这个语言树较为准确地展示出个体之间能在多远的距离内相互理解:树中的两种语言相距越远,说话者就越难彼此理解。虽然说不同普通话的人能够掌握彼此话语的含义,但说普通话和说南方语言者之间或者说不同南方语言者之间并非如此。

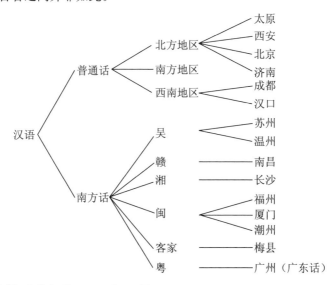

资料来源:改编自 Chaoju and van Heuven 2009:712。

图 4.1　汉语的语言树

　　然而,这种语言异质性与书写文字的同质性却结合在了一起。所有的中国王朝大部分都在这种统一的书写文字中管理他们的行政事务,哲学家、诗人和散文家也用统一的中文进行写作。与当代中国人的普遍看法相反,中央集权王朝并非因为古代文字的统一而产生。当秦王朝在公元前 3 世纪晚期重新统一帝国并在之后持续千年时,各种不同的书写文字仍然在使用。直到唐朝早期(公元 7 世纪),即在帝国的经典形态形成整整 1 000 年之后(Xigui 2000:147ff.),书写文字才实现了同质性。书写文字的统一是政治集权的结果,而不是其原因。

　　随着时间的推移,在不同的环境中产生了两种不同版本的书写文字:政府官员所使用的,并在诸如诗歌等"高级"文化体裁中使用的古典文言文;以及不那么正式、较为"粗俗"的变体形式(称为"白话文"),流行小说就是用这样的文字写成的,不识字的被告在法庭上的陈述也用这样的文字撰写(Wei 2015:285)。重要的是,需要注意这两种不同的书写文字都是标示符号。每个符号代表一个特定的单词,而不是表音符号文字,例如拉丁字母。为了理解一个复杂的文本,需要记住数以千计的符号。直到 20 世纪还是农业社会的中国,只有很小一部分人口能够书写和阅读这样的文字。

　　这些符号实际上代表了什么? 一小部分是象形文字,也就是说,这样的符号直接勾勒出所指物体。例如,画出像树一样的符号就标志着树。另一组符号是表意的,代表更为抽象的概念,但也是用直接的方法来表示。例如,数字 1 的符号由水平的一划表示。然而,超过 90% 的符号是语言学家所谓的形声字(phonosemantic compounds):它们基于发音相似的单词的象形字,但该符号的其他元素表明这是一个具有不同意涵的单词。①

　　这引出了一个重要问题:这种书写文字指的是中国各种方言中的哪种语言? 至少如果我们根据商伟(Wei 2015)对此问题的出色分析,所能给予的简短回答是没有。虽然在形声字的基础上,这种书面文字的声音和意义之间有联系,但随着这些语言数千年的发展,这种联系渐渐消失。因此,与欧洲的各种语言相比,

---

① 实际上中国文字或汉字的构成有六法:象形、指事、会意、转注、假借、形声。本书作者根据西方语言学原理归纳为与象形、会意和形声相关的三种。——译者注

中文书写系统中符号与声音是断开的。古典汉语文字的发音取决于个人所说的实际语言。就如商伟所写的那样：

> 某个给定的汉字或词素的发音不受书面文字的任何限制。相反，它取决于阅读者的地区语言和文读的传统，从而发不同的音。文读是一种受到普通话影响但保持明显地方发音的发声练习，并在许多情况下，表现出普通话和地方话音系之间的妥协。(Wei 2015:289)

相反，没有一种口语发展出它们自己的与其语音实际相近的书写系统。值得注意的是，简单、"粗俗"的白话书写文本并不遵照国家内部的任何一种口头语言而设，而是与古典的更为正式的文言文一样与这些不同的口头语言保持距离——尽管如此，19世纪后期的改革者仍试图将白话文等同于欧洲的各种方言。

中文的书写文本由此允许说不同语言的人们使用笔墨和纸张相互交流——尽管他们在朗读这些文本时不会相互理解。这样，单一书写文字克服了多种语言之间的交流不便。由于古代中国的行政管理依赖于书面交流，单一的书写文字显示出了决定性的优势。密疏体系就是这方面的例证。该体系在明朝时期被法典化，在皇帝与各省总督之间建立起不受审查的秘密交流(Guy 2010)。总督们通过密疏将有关政治、军事和财务方面的事务写入备忘录直接上传给皇帝，皇帝随后加以标注并直接回复。这些密疏交流的文字可能会很长：在18世纪早期，西南总督鄂尔泰向皇帝报送的各种密疏从3 000字至9 000字不等。皇帝的反馈相对比较简洁，在240—670字之间。由于京城与西南地方相距遥远，以至于西南总督得到皇上的回应需要三个半月的时间。

在行政事务之外，统一的书写文本使帝国内部各地识字的人即使讲的是非常不同的语言，也能够相互沟通。正如埃尔曼(Elman 2013:49)所指出的那样："来自西北山西的文人可以与东南部的粤语同事，仅仅通过笔墨书写就能在方言鸿沟上架起沟通的桥梁而相互交流。"就如我们将要看到的那样，中文书写文本使在政治上雄心勃勃的人能与来自讲不同语言的全国各地的人相互间结成同盟。这在封建王朝晚期以及20世纪都是如此。

因为不像其他帝国（如奥斯曼帝国），中国的精英和非精英都说地方的方言

（Wei 2015:258），由此精英也被多样的语言所碎片化，所以单一书写文字变得更加重要。这给我们带来了官话①在帝制时期扮演何等角色的问题。虽然有些学者认为，从 15 世纪初开始，中国的士大夫绝大部分能讲官话（Elman 2013:48—49），但有些学者对此持怀疑态度。根据商伟的说法（Wei 2015:270ff.），官话确实充当了官员、行脚僧和不同地区商人之间的某种通用语言。然而，确保所有的国家官员能够用官话流利交谈的种种尝试是失败的。雍正皇帝（1723—1736 年）曾试图迫使来自南方省份的文人在受雇之前接受八年的官话训练。他的儿子继承大统后，承认了这一政策的失败，他不再要求对南方来的官员进行官话培训。到 19 世纪中叶，南方省份的官话训练课程基本上被遗忘了。

因此，如果有的话，即使是受过良好教育的精英也经常不能很好地说官话（Wei 2015:287）。此外，官话本身被分割成一系列不同的语言和方言，以至于讲官话的人之间经常也难以相互理解。商伟写道："即使是在 20 世纪早期，来自同一个官话区域的人们有时也会发现很难用他们自认为的官话彼此进行交流，更不用说与来自其他区域的人们进行交流了。"（Wei 2015:266）很有说服力的是，在北京新建立的某所大学的校长在 20 世纪 20 年代抱怨说，如果教授们想要确保他们的学生听懂授课内容（用官话讲授），他们就必须分发给他们用经典书写文字所写就的讲义（Wei 2015:266n9）。

政治中央集权化、单一的书写文字和精英招募

是时候讨论中国的政治发展和单一书写文字是如何在数个世纪中塑造政治联盟网络的了。就分期方面而言，我将明朝（1368—1644 年）、清朝（1644—1911 年）和随后的民国时期区分开来，民国时期被日本入侵和中国内战打断并最终以共产党的胜利和 1949 年中华人民共和国成立而告终。就本分析而言，最重要的转折点是从封建王朝向民族国家的转变，即末代皇帝于 1912 年被迫退位。我将由此仔细观察晚清时期的政治联盟，然后简要地追溯这些政治联盟在民国时期和中华人民共和国时期的演变。

---

① 即通常所说的"普通话"（mandarin）。——译者注

总体而言，明清时期很相似，以致两者不必分开讨论。两者唯一的重要区别在于皇室成员及其随从的构成。清朝由满族人建立且从北方征服了中原，满族人之间讲满语，并且直到他们的统治终结为止，用一种独特的书写文字进行宫廷交流和外交记录。然而，从 1800 年开始，满族精英就不再讲满语，而是讲他们的首都北京所在地的北方官话方言。满洲人和他们早期的蒙古族和汉族的盟友仍然根据军事原则进行组织，而这使他们在与明朝军队的军事斗争中获得先手：他们分为声望和特权不同的八旗旗人，这是一种类似于种姓的军事组织形式。这些旗人本该保持自己的军事实力，抵制被汉文化同化，但是，总的来说，清朝的官僚体制、财政制度和军事管理在很大程度上还是依赖于与前朝明朝相同的组织原则、精英招募模式和文化基础，即便重要职位（如各省的总督）还是优先给予有满族血统的个人。

政治制度就像一个陡峭的权威金字塔。皇帝显然站在最高层，他被太监所包围，太监因没有子嗣而不具宗族和家族的忠诚，从而使得他们更加依赖和忠于皇帝。在北京的中央行政机构分为各部，监督省级政府，后者又监督府、区和县的官员。军队同样直接对皇帝负责，也是按照直接的金字塔形状组织起来。与官僚机构相比，它提供了一条不那么有声望的职业道路。作为一个独立的行政部门分支，都察院则监督其他政府部门，以发现行政和税收过程中不合常规的行为（Kiser and Tong 1992）。这种不合常规的行为是明清两代持续不断的问题，与前朝的皇帝相比，朝廷失去了对地方事务的控制，因而不得不向地方乡绅放权（Wei 2015：283—284）。

古代中国开创了一种独特的方式来招募这个行政组织各个分支机构和各级部门的官僚。与其他大规模的前现代政体不同，古代中国从未依赖世袭的贵族，因为它试图阻止一个自治的社会阶层出现并与皇帝竞争政治权力。相反，古代中国通过考试系统招募其行政管理人员和将军——暂且不谈满族特权〔以下讨论基于埃尔曼（Elman 2013）的分析〕。

要成为这些考试的考生需要具备阐释中国古典经书的读写能力，这种能力通常是从孩提时起在宗族的私塾或从私人教师那里习得的。该考试系统包括三个由政府管理的学术考试，授予三个等级的头衔——从生员（秀才）、举人到贡士/进士。级别更高的考试在省会城市举行,贡士/进士考试在首都举行。①那些通过第一级别考试的人能免税,每年获得少量大米,使他们能够不受农活约束,过上学者或政治家的生活。皇帝根据这三个等级任命不同层级的行政官员,虽然数百年里任命的方式是不统一的。最高级的官员,如各省总督和垄断的盐业的督抚都是那些通过进士考试的人。达到这一层级的人通常已经在为考试而学习的一生中上了年纪。

从理论上讲,任何人都可以成为这些考试的考生。在实践中,通过这些考试的人的儿子申请参加和通过这些考试的可能性更高。尽管如此,中国的社会流动仍比任何其他前现代国家都要普遍得多(Ho 1962)。由于通过这些考试越来越困难[根据埃尔曼(Elman 2013:125)的研究,只有 1%的考生能通过 18 世纪后期的科举考试],尤其是人口增长在 18—19 世纪远远超过了政府行政部门的发展,该系统持续培养了过多的文人,这些经过良好经典学习训练的人或是没通过考试,或是在通过后无法获得合适的官职。19 世纪初期,在 3.5 亿人口中,大约有 110 万生员。他们中只有2.2%的人能够通过乡试和会试/殿试并有资格获得政府中的行政职位。另外还有 200 万人参加了地方考试而没考中,由此使得经过古典培训的人口总数达到 300 万,这个数字到 1850 年以后提高到 400 万—500万(Elman 2013:245)。这个有文化的社会阶层代表了政治精英,以下分析将集中于在这个阶层中出现的联盟结构。

在整个明清时期,考试科目基本保持不变。它们基于对中国古代经典和儒家思想的特定解读,20 世纪西方学者经常将其称为"新儒学"。这一系列的考试

---

① 作者对中国明清时期科举制度的"三考出身"(三级四试考试制度)出现了表述上的错误。明清科举考试分为院试、乡试、会试和殿试,但院试是"入门考试",不列入科举的三级考试(后面的三次考试统称为"三考")。通过院试者成为"生员"(即作者所指的获得"licentiate"头衔者),可入官学学习,为接下来的科举考试做准备。生员俗称"秀才",可以获得政府提供的廪膳(stipend),但实际上并不是如作者所言通过了第一级考试的人。明清科举的第一级考试为乡试,是省一级的考试,取中者称为"举人",俗称"孝廉"或"登贤书",考得第一名者,称"解元";第二级考试为会试,是中央一级的考试,取中者为"贡士",第一名称"会元";第三级考试为殿试,则是皇帝亲自主持,分三甲出榜:一甲三名,分别称"状元""榜眼"和"探花",赐进士及第;二甲若干,赐进士出身;三甲若干名,赐同进士出身。二、三甲第一名一般称为"传胪"。殿试只用来定名次,能参加的贡士通常都能成为进士。作者误将院试视为科举考试的第一级,可能因为所有的贡士都参加殿试并基本都能成为"进士"或"同进士",因此将会试和殿试合并视为最高等级的考试。——译者注

主要测试中文书写的流畅度、对四书五经和皇室家谱知识的理解，以及作诗技能和对议论文写作的掌握，而这些必须采用规定的三段论形式。总而言之，在明朝末期，考生需要记住大约 520 000 字的经典内容（Elman 2013：155）。应该提到的是，从 1815 年起，帝国不太倾向于惩罚出售功名的行为，这种非法行为存在了数百年。在 1837—1848 年之间，皇帝为被战争开支消耗殆尽的政府财政筹集资金，甚至将出售功名合法化——这种做法招致了那些通过多年艰苦学习获得功名之人的极大不满。

故事回到本书第一章所概述的议论框架：经过很长的一段时间后，高度的政治中央集权化会产生一种同质性的语言景观——尽管在中国的案例中，其形式是单一的书写文字而不是单一的语言。科举考试系统鼓励古代中国的有志男性，无论他们的母语是什么，都能通过获得必须的统一的书写文字技能而取得成功。就如我们将要看到的那样，这反过来又让古代中国能从其疆域的各个角落招募各方人士，从而产生一群多语言的官僚精英。因此，单一书写文字允许将各种不同的族群语言群体纳入帝国政体，并且在民国和中华人民共和国时期继续具有这种效果。

想象一下，如果科举考试是用某种普通话语言进行的（比如在北方普通话的变体中进行，后来共产党将该普通话变体宣布为"国家的"语言），那么说中国南方语言的人将在政治权力竞争中处于严重的劣势。讲北方普通话者就会主导整个官僚体系——就如土耳其语成为奥斯曼帝国的语言后土耳其人在奥斯曼帝国中崭露头角，或者就如德语取代拉丁语作为哈布斯堡王朝的行政语言之后讲德语者便控制了整个帝国那样。依据欧内斯特·盖尔纳（Ernest Gellner）对哈布斯堡王朝情形的著名解释就是：一旦那些讲处于帝国中心的语言的"权欲熏心者"（Megalomanians）将他们自己的语言定为官方管理语言，那么那些讲处于边缘地区语言的"鲁里坦尼亚人"①就会被他们所统治。

然而，单一书写文字并不是产生多语种精英的唯一有利条件。也许同样重要的是，明清宫廷有意识地从广大帝国的各个地区招募人员。这是通过配额制实现的（尽管随着时间的推移会有所变化），但配额制基本规定了每个县和省可

---

① 鲁里坦尼亚人（Ruritanians）是想象中的中欧王国的居民。——译者注

以成为生员(秀才)、举人和贡士/进士的人数。配额可以废除、重新设置、扩大或减少,以惩罚或奖励对帝国特别忠诚或不守规矩的地区。这里重要的一点是,如果没有单一书写文字,这样的政策是不可能实施的。如果向上流动的途径仅限于那些精通某种特定汉语的人,那么持有从生员到进士等功名人士的学术水平就会极其不同。想象一下,在当代欧盟中——其人口数量与当时清朝差不多——将佛兰芒语作为唯一的官方语言,掌握该语言将决定人们在布鲁塞尔的官僚体系中的职业前景。

现在来考察该体系到底在包容所有主要语言群体的权力平衡配置上达到了何种程度。表 4.1 结合了两个数据来源。第一个是张仲礼的研究成果[Chang 1967(1955)],他编制了各省考取功名的人数。这些数字是以非代表性样本为基础并包括了那些在 19 世纪购买功名的人。如果我仅将常规获取功名的人数纳入,那么省级功名获取者的总数基本与该表所列相同。这些数字包括文武两方面的功名获得者——文武科举考试是两个独立的系统,但它们之间具有不同程度的渗透性。

表 4.1 的第二部分中的信息提供了有关通过殿试成为进士人员的详细信息,几乎所有人后来都在高级职位上任职。他们因此构成了清朝的最高梯队。这些数字来自何炳棣(Ho 1962)收集的完整的功名获取者的名单。由于这些列表还包括有关功名获得者的祖先获取功名的情况信息,何炳棣因此算出了社会的流动率。在这里,我展示出在前三代祖先中没有获取过功名或者仅仅获取生员(秀才)一级功名的进士的百分比。由此,我们可以计算出各省的平均向上流动率之间的差异。

表 4.1 中没有显示出明确的优势或劣势模式。为便于查阅,粗体表示与平均值的负差异。一些说普通话的省份,如河南、安徽、湖北和四川等,在获取生员和进士的人数方面处于不利地位。但其他讲官话的区域,如河北、甘肃和山西则两者都有优势。在南方语言占主导地位的省份中,讲客家语和粤语的广东省及讲湘语的湖南省在两个层面都处于不利地位。然而,讲吴语的浙江以及讲侗台语和客家语的广西在两方面都有优势。如果我们看代际流动的模式,情况也是如此。

表 4.1　清朝各省生员（秀才）与进士人数

省份或地区	主要语言	生员（正奏名和特奏名，文生员和武生员）		进士（清朝）		向最高层次阶层的流动性
		占人口的百分比（%）	与平均值的差异（%）	每100万居民中的绝对数量	每100万居民平均数与实际数之差（%）	与全国向上流动平均值的差额（%）
河北（或北直隶，直隶）	官话，北方	4.1	64.8	117	31.1	**−5.7**
河南	官话，北方	2	**−19.6**	81	**−4.9**	5.5
山东	官话，北方	1	**−59.8**	100	14.1	**−3.2**
山西	官话，北方	2.7	8.5	108	22.1	3.6
陕西	官话，北方	5	101.0	59	**−26.9**	15.1
甘肃	官话，北方	包含在陕西内		包含在陕西内		
奉天，辽东	官话，北方	2.5	0.5	91	5.1	20.3
江苏	官话，南方	1.7	**−31.7**	93	7.1	**−8.5**
安徽	官话，南方	1.1	**−55.8**	41	**−44.9**	0.9
湖北	官话，南方	0.6	**−75.9**	64	**−21.9**	10
四川	官话，西南	1.8	**−27.7**	38	**−47.9**	16.7
贵州	官话，西南/苗瑶			116	30.1	6.9
云南	官话，西南/藏语/不同的藏语/苗瑶	2	**−19.6**	94	8.1	4.7
江西	赣	2.4	**−3.5**	99	13.1	**−4.4**
广东	客家/粤	1.8	**−27.7**	63	**−22.9**	0.9
广西	侗台/客家	4.7	88.9	90	4.1	**−2.3**
福建	闽	1.7	**−31.7**	117	31.1	**−2.7**
浙江	吴	5	101.0	130	44.1	3.6
湖南	湘	2.2	**−11.6**	45	**−40.9**	16.7

注：与平均值的负差异用粗体字突出显示。
资料来源：Chang 1967；Ho 1962。

古代中国中的政治联盟

我们现在已经为研究古代中国和向民族国家转型时期如何建立政治联盟打下了基础——在这两个时期建立的政治联盟对后帝国时期的国家建构具有重要的影响。农民群众并未积极参与帝国的权力斗争,直到19世纪中期的太平天国起义。他们在当地拥有土地的绅士的控制之下,这些绅士也是科举考试很大一部分考生——考中者或落榜者都有,从而形成了当地的官僚精英。文人为获得处于政治金字塔顶端者的青睐并对之产生影响而相互竞争。由于成功地达到最高的阶梯依赖于科举考试的成功,以及之后由皇帝及其顾问官的任命,控制科举考试系统本身就成为取胜的主要政治目标之一。

为了维持或培养彼此的官僚事业,雄心勃勃的科举考试及第者相互之间建立起了各种恩庇侍从关系。被庇护者们在政治上支持他们的庇护者,而后者则为前者提供保护和事业上的提携。根据贺凯(Hucker 1966)的分析,我们可以区分出这种不同类型的恩庇关系。首先,"同一年通过殿试的官员(比如1526年)认为他们自己相互间是终身的同志并相互拥有政治忠诚,还在他们一生的职业生涯中都认自己是曾经作为他们主考官的高级官员在政治上的顺服弟子"。在那些通过较低级别科举考试的人之间也建立了类似的同盟。清朝试图削弱这样的效忠,比如通过禁止举办感激考场教师的仪式,但不太成功(Elman 2013:223;更多有关考官和应试者之间恩庇关系的文献可参见 Kiser and Tong 1992:313—314)。

其次,政府机构和军队内的上级和下级之间建立了类似的庇护关系。即使官员随后被派往不同的机构或地区,他们仍然会在整个职业生涯中维护这种关系。因此,贺凯写道:"某个有权的部长的追随者会密谋反对另一个有权的部长的追随者,或某个地区的官员会密谋反对另一个地区的官员,或某个机构的官员反对其他机构的官员。"(Hucker 1966:46)

最后,也是对于古代中国的政治来说最重要的一点,有影响力的学者/官僚发展出各种对新儒家正统观念"道学"的解释,这些解释意味着绅士-学者-管理者的不同理想以及不同的合法权力概念。然而,通常情况下,这些不同局限于文本解释、诗歌风格等更细微的问题方面。但是,它们却非常重要,因为考官青睐哪种解释学派，会对考生的考试结果有影响。

在不同时期，特别是在明朝，这些学派是围绕着培养潜在的科举考生的私人书院而形成的。明末著名的东林书院提出了一个纯洁的、清教徒式的正义学者/官僚的理想，这样的人应该支持不受权宜观点及其上级的观点所左右的道德。一开始在科举考试系统中取得很大进展并在权力中心得益之后不久，东林党的支持者又从行政机构中被残忍地清除了（Dardess 2002）。随后，复社又采用了一些东林学院的原则，成功产生几位大学士（最高职位的行政官员）、翰林院成员（负责监督儒家正统观念和科举考试的知识部分的机构）、各省的总督等，从而赢得了极大的影响。根据埃尔曼的说法，它构成了"有史以来在一个朝代中最大的有组织的政治利益集团，并且科举考试的成功是其历史悠久的通往权力之路"（Elman 2013：89—90）。

推翻明朝之后，清朝统治者试图通过禁止文人聚集起来讨论哲学和政治问题或建构地方书院，从而阻止形成这样大规模的派系（Wakeman 1972：55；Levine 2011：876）。然而，尽管有严密的控制和监督，但在 19 世纪期间，各种知识分子改革运动再度兴起。比如，宣南诗社和春禊派"追寻类似东林学院过去的组织路径，在中央政府官僚机构中将文人团体升级为反对派的压力集团。在 19 世纪 30 年代，春禊圈子将文人团结在一个道德激进的政治舞台上，寻求从国内外危机中拯救大清朝廷"（Levine 2011：876）。

波拉切克（Polachek 1991）较为详细地分析了春禊运动。他的研究使我们能够观察到一个大规模的政治联盟是如何从一个文学组织发展成网络化的官僚/诗人政治派系。该文学圈在北京形成，在春季朗读和讨论诗词。它由一群未能成功考中进士和虽成功考中但有可能失去庇护者或倡导了现已不再流行的写作形式的人共同组成（其中两人是翰林）。其中只有一名核心成员是位雄心勃勃的官员，他曾在国内各地担任重要的职务，并积累了各色受他恩庇的人士。换句话说，春禊运动的所有早期成员在当时首都的权力结构中都是相对边缘化的。然而，与古代中国的大多数派系不同，这个团体不是围绕着主考官及那些成功地通过由他主考的科举考试的应试者们组成的，而是代表了一群有各种不满情绪的个人。

后来,这群知识分子/诗人/政治家与一位竞争大学士职位的人物结盟。他是一位杰出的科举考试考官,并且断断续续地控制了较低级别考试的主考位置。正如波拉切克所描述的,春褉诵诗会就在此公负责科举考试和殿试期间举行。通过这种方式,有前途的诗社成员引起了主考官的注意,这将有助于他们通过考试。如上所述,这种对科举考试系统的利用甚至是控制,对于中国的派系政治来说是典型的。

更重要的是,春褉社团还有一个典型特征是,它把来自全国各地不同地区和语言背景的个体联合起来,就如波拉切克的传记式描述所阐述的那样。他们除了渴望获得权力,还通过对经典的共同解释和对某种诗歌风格的热爱团结了起来。换句话说,单一的书写文字让来自不同语言背景的人们形成了政治上的共同观念,组成了联盟,从而产生并制度化跨区域和跨族群的网络。

做一个反事实证明。想象一下,如果古代中国中的各个语言群体都开发出自己的语音书写系统,甚至可能使用不同的书写文字(例如,拉丁文用于普通话语言,阿拉伯文用于南方语言,就像俄罗斯的案例那样),那么跨越这些语言分界来形成政治联盟关系无疑会十分困难,我们就很难见到诸如在春褉社保护之下聚集起来的跨区域和多语种的联盟网络。相反,在说和写同一种语言而相互理解的人之间,能够毫不费力地形成各种派系。[1]

用共享的书写文字写作本身就在形成跨越语言分界的联盟中发挥了重要作用。春褉社主要局限于首都,而其他更成功的此类运动使用信件和小册子作为招募新成员进入联盟网络的主要手段。早期东林书院动员追随者的方式就是一个很好的例子。魏斐德(Wakeman 1972:51)写道:"东林派向政治的主要延伸是(该书院创始人)通过向整个国内的朋友寄送的一连串信件,以及一系列广泛传播的小册子。事实上,他的干预——因为他仍然是一个平民并且没有官僚权利——使得1607年和1620年的两个主要的任命案例引起了全国性的轰动。"这事是通过抄写和分发这些小册子来引起文人阶层注意的。

单一书写文字后来在清朝以及1911年向民族国家过渡时期各种联盟的形成中仍发挥着重要作用。尽管朝廷禁止组建协会,但许多协会在清朝军队遭受一系列耻辱的失败之后涌现了,清朝军队首先在义和团运动中反对西方列强,这场运动之后，中国失去了对香港和上海等沿海贸易城市的控制权①，更重要的是，在 1895 年甲午战争结束后，中国割让了台湾，并失去了对藩属国朝鲜的控制。

文人之间出现了新的学术协会（以下内容引自 Wakeman 1972）。他们分享了早期协会的改革目标，但在他们的计划中增加了一些现代主义观点。他们试图将儒家传统与基督教慈善和对群众的关心、武士精神所标榜的日本战争倾向以及西方的宪政主义相结合。有时这些协会甚至提倡建立一个能够完善皇帝与人民之间联盟的国会，这是皇帝在其统治的最后几年所采纳的一项提案。

这些协会中的第一个是强学会——相当于一个世纪前在瑞士成立的赫尔维蒂社团。后来，类似的协会遍布全国，越来越多地不再只聚焦于北京。许多协会将会员资格限制在一个省甚至一个地区，反映出人民主权的思想。建立这些协会的文人们使用共同的汉字书写文本并以书面形式相互交流。他们相互传抄传遍整个帝国的教义、学术说明文和小册子中发现的各种思想。值得注意的是，这些协会都没有提出语言问题或质疑全国的统一——恰恰相反，其共同目标是在现有的政治景观和领土扩张中改革帝国，以更好地抵御日本和西方的侵略。

政治上活跃的第二组网络由一群不同的人所组成，这些网络中的人可能有所重合，他们与有改革思想的文人们有着同一社会背景。他们在中国的教会学校接受教育（这些教会学校在反西方的义和团运动被大多数西方列强的联盟残酷地镇压之后蓬勃发展），或在香港成立的英国学校和日本的大学里接受现代教育，在 1905 年的一项重大决定中，中国废除了延续数千年的科举考试制度之后，朝廷派遣有前途的学生到这些学校学习。对中国的现代主义精英而言，日本自明治维新成功之后是一个榜样。20 世纪初，在日本的中国学生人数多达上千。他们中的大多数来自精英家庭，其中许多人之前已通过中国的科举考试（参见 Harrison 2001：101—102）。因此，毫不奇怪，他们的地区构成与中国的科举考中考取功名的人口一样平衡。更确切地说，他们大部分来自中国中部（湖南和湖北）、广东地区、上海和长江下游地区，以及四川（Fairbank 1987：152—153）。

---

① 此处应该是指 1840 年的鸦片战争，而非 1900 年的义和团运动。理由一是中国是在 1840 年的鸦片战争后通过签订《南京条约》而失去了对香港和上海等沿海贸易城市的控制权；二是作者在这段话之后紧接着写道："更重要的是，在 1895 年甲午战争结束后，中国割让了台湾……"由此可见原文有误。——译者注

从他们的日本教师以及逃亡日本的中国知识分子那里,他们学习了自由宪政主义和现代民族主义的词汇,这些词汇是通过日语翻译习得的。他们相信,为了抵御西方和日本帝国主义的压迫,清朝必须被推翻,并由共和政府来取代(以下会有更多关于早期共和民族主义的介绍)。他们的想法开始在中国文人中间被广泛传播和理解——这要归功于共同的汉字书写。在帝国晚期涌现出来的许多改革协会都与这些早期的共和民族主义协会中的一个或另一个结盟。

在本章的语境下,我们特别感兴趣的是这些协会如何逐渐融合在一起,从而形成一个多语种的联盟网络。例如,广东的辅仁会社(主要由讲粤语者组成)后来合并到孙中山(讲粤语者)创立的兴中会之中,孙中山后来成为卓越的民族主义领袖。兴中会后来又与以浙江为据点的光复会以及其他语言区域的革命组织合并为同盟会。同盟会成立于1905年,受日本的保护并包括各种跨区域的联盟。费正清(Fairbank 1987:154)写道:"1905年的联盟是日本人安排的各省团体的联姻,来自中部地区的成员和领导人最多……广东代表占第二位。"同盟会成立仅几年后,就在广东、四川、武汉、上海、杭州、苏州、安庆、福州和天津等设立了分支机构,共有50万会员。中国历史上的第一个政党——国民党,就是为了参加1912年清朝被推翻后的第一次选举由同盟会脱胎而来,并赢得了压倒性的民众支持。

印刷业在19世纪和20世纪之交开始蓬勃发展(参见 Fairbank 1987:141ff.),极大地协调了全国志同道合的地方团体以及在日本流亡的群体之间的思想和战略,最终帮助他们相处于共同的组织架构之下。技术创新使得可以快速印刷用中文字符写就的文本,并且发行在全国范围内阅读的报纸。它们经常在上海这样的有租界的沿海城市中印刷,以规避当局的审查(Harrison 2001:111ff.)。各种印刷品也是动员活动分子圈子之外的民众支持的主要工具。这些印刷品包括较少用文字表述的通俗漫画,大多数这样的印刷品批评清政府和传统的"封建"社会。毋庸置疑,单一书写文字极大地促进了这些内容的制作和传播,从而在多语种的人口中动员更广泛的政治支持。

清朝之后:两个跨区域联盟网络之间的斗争

1911年的革命结束了数千年的王朝统治。这段历史中的事件细节不是我在这里的兴趣所在，我也不能详细探讨革命后的政治发展。我只想说，当清朝的军事和政治权威结构崩溃后，出现了一段不稳定的时期。在1928年国民党能够建立一党专制政权之前，在各地将军（或军阀）之间发生了激烈的派系斗争。1931年日本的干预和占领随之而来；接着发生的是在蒋介石委员长领导下的国民党和共产党之间的长期内战，以后者在1949年的胜利告终。

封建王朝的终结当然提供了一个关键时刻，在此期间，语言民族主义本来可能发展，类似于俄罗斯罗曼诺夫王朝崩溃时所发生的情况。然后，中国可能会分裂成一系列语言更加同质化的国家。然而，这并没有发生，也没有人试图在这个方向上推进历史。为了解原因，我建议看一下主导中国在民国时期联盟网络的族群区域构成，暂且不考虑军阀时期的复杂情况。[2]我们已经看到国民党的联盟网络是如何从早期的民族主义协会通过一系列合并而发展起来的，这使得全国各地的文人在共同的组织保护之下联合起来。现在是时候简要介绍一下中国共产党在这方面的故事。

中国共产党于20世纪20年代初由一群知识分子所创立。直到1928年，国民党和共产党都像列宁主义政党那样组织起来。中共的领导人主要是在苏联接受培训，而许多国民党干部则接受日本教育。莫斯科希望"资产阶级"国民党重新建立一个统一的国家，然后由革命的中国共产党接管。在联盟时期，大多数中共党员也是国民党的成员，两个群体的社会起源和地区构成大大重叠。[3]中国共产党当时仍然处于军事弱势，也只有少数成员。在1925年五卅惨案之后，它终于获得了大量的成员，在五卅惨案中，英国警察在上海杀害了抗议者，引发了全国范围内的反帝抗议活动和暴动。成千上万参加这些示威活动的学生和城市中产阶级就此加入了中国共产党。

国民党后来在1927年开始意识到莫斯科的战略，并在上海的黑社会帮派的帮助下，从其队伍中暴力清除了中共党员。随后，共产党试图建立自己的根据地，并在毛泽东的领导下进行长征，与国民党（以及日本入侵者）作战。从1927年开始，除了由莫斯科支持的旨在对抗日本的抗日战争中建立联盟时期，两党一直在相互争斗，而抗日战争则一直持续到1945年日本失败投降。

我们现在可以讨论在国民党和共产党两者内部形成的政治联盟网络的语言构成。表4.2是根据诺斯（North 1952）的数据计算的。我再次将个人的出生省

表 4.2　国民党和共产党中央委员会成员的地区来源

省份或地区	主要语言	国民党中央执行委员会成员（1924—1945年）			中国共产党中央委员会成员（1945年）			中共中央政治局成员（1921—1951年）
		占总数的百分比（%）	1926年人口与代表的差异（%）	代表过多或不足的百分比（%）	占总数的百分比（%）	1950年人口与代表的差异百分比（%）	代表过多或不足的百分比（%）	绝对数
河北（或北直隶、直隶）	普通话-北方	4.5	−3.9	−49.3	0	−6.8	−100.0	
河南	普通话-北方	0.4	−7.3	−100.1	0	−7.8	−100.0	
山东	普通话-北方	2.4	−5.1	−71.8	2.3	−6.4	−73.4	1
山西	普通话-北方	3.1	0.5	18.4	6.8	4.3	168.7	1
陕西	普通话-北方	3.1	0.5	18.4	6.8	4.3	168.7	1
甘肃	普通话-北方	1.4	−0.2	−12.3	0	4.3	−100.0	
辽东、奉天	普通话-北方							
江苏	普通话-南方	8.4	0.9	12.7	11.4	3.0	35.6	5
安徽	普通话-南方	3.5	−0.9	−22.3	2.3	−3.1	−57.1	4
湖北	普通话-南方	4.2	−2.0	−34.4	11.4	6.5	131.7	5
四川	普通话-西南	5.9	−5.4	−50.5	13.6	2.6	23.3	1
贵州	普通话、西南/苗瑶	3.5	1.1	46.6	2.3	−0.4	−13.4	
云南	不同的藏语/苗瑶	1.7	−0.7	−31.7	0	−3.1	−100.0	
江西	赣	8.4	2.4	41.8	11.4	3.0	35.6	1
广东	客家/粤	15	7.0	91.8	2.3	−3.9	−62.7	2
广西	侗台/客家	3.1	0.5	18.4	2.3	−1.2	−33.7	
福建	闽	2.8	−0.4	−12.3	6.8	4.5	193.3	
浙江	吴	12.9	7.6	152.4	0	−4.1	−100.0	1
湖南	湘	8.7	−0.2	−2.0	27.3	21.4	364.6	8

资料来源：North 1983。

份作为他们语言背景的一个指标。表 4.2 显示，如果我们按省份来源分析数据，国民党和共产党都不具有严格的代表性。北方的一些规模较小且发展较缓的省份在两个党的内部联盟网络中的代表性都不足。国民党的内部联盟包含更多南方沿海有经济活力地区的成员，其中不讲普通话者占主导地位。这是因为商业化的资产阶级与国民党结盟，特别是在共产党人被清除出国民党以后。出于类似的政治原因，中国共产党有更多的人口众多的内陆省份的代表，其中包括来自毛泽东的家乡湖南省的较多代表。

但是，如果我们按语言群体汇总数据，则不会出现明确的模式。在国民党中央执行委员会和中共中央委员会中，讲北方普通话人士总体上代表不足（山西省除外）。一些南方或西南方讲普通话的省份在国民党中的代表比例较低，其他一些则在共产党中代表比例较低，而不讲普通话的省份也是如此。这两个党的内部联盟都包括来自全国各地的很多人，人数很少的共产党政治局也是如此，即使湖南在这一机构中的比例过高更加引人注目。因此数据表明，在民国时期，各种联盟继续独立于语言的相近性而形成，就像晚清时期那样。

对国民党更详细的研究证实了这一分析。表 4.3 列出了国民党内的主要政治派别[基于诺斯（North 1952）的研究]。正如这些派系的名字已经表明的，其中只有一个，即东北军，是基于其成员的共同地区起源（他们大多出生在辽东，在加入国民党之前组成了一支联盟的军阀派系）。所有其他的派别都由其他共同点联系在一起。例如，孙科集团包括孙中山的儿子孙科及其追随者。政学系以张群将军、孙科和宋子文为核心。①他们代表商人、专业人士和公职人员，其中不少人精通英语并在日本或美国接受教育。由陈立夫及其兄领导的中统以其肆无忌惮的反共主义而闻名，代表了大地主的利益。黄埔系由以蒋介石为校长的黄埔军校的教官和毕业生组成。其中一位著名的成员是何应钦，他曾在东京军事学院与蒋介石一起学习过[以上基于巴格比（Bagby 1992：45—46）的研究所得]。看来，国民党是在与清朝类似的原则基础上形成的联盟：政治铁腕与同年从同一所学校毕业的人建立恩庇关系，这些人在官僚机构或军事机构中服务于政治铁腕，或者有共同的政治信念。

---

① 此处原文有误，作者将孙科和宋子文误归入政学系。——译者注

表 4.3　国民党中央执行委员会中的政治派系

政治倾向	派系名称	成员数量
左派	国民党左派	7
	孙科系	8
	改组派	11
	中间派	16
	中共革命派	4
	欧美回国者集团	28
	地方实力派	106
亲蒋介石派	党内元老派	12
	黄埔系	22
	嫡系	32
	类似嫡系	9
	军队官员	16
	海军系	2
	政学系	14
	东北军系	10
	海外人员	10
	官员	9
右派	中统系	117
	朱家骅系	10

资料来源：North 1952。

在共产党人中，派系也独立于语言共性而发展。从赵国钧（Chao 1955）早年的分析中可以看出这一点，他讨论了新成立的共产党中各种可能的分裂，但从未提及语言或地区的影响。在这个其他方面都是牢不可破的权力结构中，唯一可发现的分裂活动是

> 新发展起来的官僚技术人员阶级与老一代党的干部之间可能发生的冲突……由于其专业或技术能力，许多技术官僚已经上升到了国家一级的突出地位。当这个群体人数够多且足够强大时，它可能会在经济或技术方面挑战党的等级制度。一些缺乏技术教育背景的老共产党人也可能因为这些新人获得特权和快速晋升而对他们感到不满。（Chao 1955：153）

汉族的形成

现在是时候分析推翻帝国秩序后所形成的民族主义意识形态了。更具体地

说,为什么南方的非普通话群体都没有为自己主张民族自治? 在清末和民国早期,就如何将西方的种族(race)、族群(ethnic groups)、民族(nation)、人民(people)和民族国家(nation-state)等概念转化到中国的语境,以及如何确切地界定后王朝国家以其名字进行统治的这一想象共同体的边界等问题,产生了大量辩论。

一些人认为存在着一个"中华种族",其中包括其他子种族,如蒙古人、藏人、朝鲜人、日本人和暹罗人。其他人则认为,上述这些人形成了完全不同的种族,而汉族代表了一个独特的种族群,满族也是这样(大多数人同意这一点)。当日本后来创建了一个名为"满洲国"的傀儡政权时,大多数知识分子放弃了满族是一个单独的种族的想法,并将满族归入中华种族,从而试图从根本上破坏日本的这一帝国主义计划的合法性。另一个讨论点是,这些不同的非汉族(或中国人的子种族)是否应该与多数群体汉族保持分离,或者他们是否应该最终像孙中山所希望的那样被吸收并融入汉族及其国家。

其他人则专注于民族的概念,这个概念被翻译成"民族"一词,该名词以前用于外邦部落(Harrison 2001:104)。他们认为华夏民族包括一系列不同的民族,即汉族、满族、蒙古族、藏族和回族"五族"。另一个激烈争论的问题涉及中国的汉族或祖先的历史渊源:它是来自一个单一的祖先(例如北京人的骨骼遗骸是在20世纪20年代早期被发现的)吗? 或者最初有几个不同的种族或民族群体随着时间的推移融合成一个民族? 这个汉族/华夏种族是源于西方或美索不达米亚还是出生于本土? 在公元前3000年进行统治的神话中的黄帝仅仅是汉族的祖先还是当代中国的五族的祖先?

对由莱博尔德总结的这些论争的细节(Leibold 2012),这里不做讨论。但它足以让人注意到,1912—1949年,五个民族构成中华民族的理论成为民族主义的国民政府的官方学说(Harrison 2001:第5章),该理论也接受了黄帝是五个民族群体的创始祖先的观点。在政治层面上,国民党政府给予四个少数民族一些象征性的代表和最小程度的自治,就如清朝的情况。

令人惊讶的是,在所有这些辩论中,"汉族"这一群体内部的同质性和政治的统一性无可争议,但对这一类别的群体所代表的是一个种族,还是一个民族,或是一种人以及它与其他种族或民族之间的关系却有很多的争论。在明朝初期,

"汉"这一族名就已经展现出它在当代所具有的含义（Elliott 2012）。在 19 世纪和
20 世纪初的革命和反清宣传的背景下，它获得了新的政治意义。在古代中国传
统中，作为多数群体"汉族"的成员被定义为汉朝（大约公元前 2 世纪至公元 2 世
纪）臣民后代，但现在则用"民族主义"和"共和"的术语重新解释为代表平等公民
的"民族"。所有居住在被秦汉之后各代王朝所统治的"内陆中国"的所有居民都
被列入该类别，并区别于民族主义者描述为政治篡夺者的游牧民族——满族。
无论是将"汉族"视为一个种族，还是一个民族或一种人，对于所有参与这些辩论
的人在人口中的哪一部分是汉族却有一致的看法，即认为汉族构成了中国人口
的绝大多数，他们由共享的政治历史和共同文化统一起来，并且他们需要在某种
程度上区别于满族人、朝鲜人、藏人、蒙古人和西南边缘地区的少数群体。

从比较的角度来看，"种族""民族"和"族群"的概念从未应用于任何共同构
成汉族这一多数群体内部的各语言群体，这是个令人感兴趣的问题。换句话说，
中国的知识分子和政治家不会将说普通话、吴语、闽语、赣语和其他方言的人们
视为具有不同历史血统、不同文化渊源和未来政治命运的群体。从我非专业的
角度来看，中国的学术文献除了王元康（Wang 2001）的一篇简短文章之外，都没
能把这一事实问题化。大多数分析暗示，作为多数群体的汉族代表着一种自然
的、不言而喻的类别，可以被称为"民族"，并且这些研究没有对汉族这一类别的
群体内部的语言异质性寻根究底（Elliott 2012；Harrison 2001；Dikötter 1991）。
当代学者就现代中国的民族主义是否与儒家的普遍主义一刀两断，或者这种普
遍主义事实上是否只是局限于汉族等展开争论（Duara 1993），却没有人想知道为
什么汉族内部的各语言群体从未有发展民族主义的热望。相反，中国的知识分
子和政治家将"民族"或"种族"的类别应用于语言高度异质的人口——类似于 19
世纪晚期的瑞士，而与罗曼诺夫俄国形成鲜明的对比，就如我们将要看到的
那样。

可以肯定的是，将语言群体想象成民族的文献，特别是 19 世纪德国哲学家
和学者所发展出来的语言民族主义对中国的知识分子是有用的，就像对东欧、
罗曼诺夫俄国、巴尔干半岛和奥斯曼帝国阿拉伯语地区的民族主义者们是有用
的一样，他们都热切地依赖这种知识材料。梁启超也许是这一时期最具影响力
的民族和种族理论家，他常常广泛地引用德国语言学家马克斯·穆勒（Max

Müller）的话，根据穆勒的说法，"血浓于水，但语言浓于血"。梁启超接受这一观点，但认为它只与中国遥远过去的历史相关：几千年来，通过将不同的语言群体（民族）混合到主流的、不断扩大的华族血统中，语言差异逐渐消解（Duara 1993:26）。

同样，著名的斯大林主义的民族概念——被定义为拥有共同语言、共同领土、共同的自给自足经济和共同的特定文化的群体——仅用于非汉族的少数民族。中国共产党照搬斯大林主义的民族政策，确定了 50 多个少数群体为"民族"，并在党的直接指导下给予他们自治。但是，在 20 世纪没有人将广东人或上海周围讲吴语的人想象为"民族"，尽管他们可以满足斯大林定义"民族"的所有条件：共同语言、特定领土、经济凝聚力和共同文化特性。

因此，商伟敏锐地注意到的较早时期的现象在 20 世纪仍然适用："存在着可以通过使用普通的口语和方言来表达的地方归属感、从属感和自豪感，但是没有地方……可与近代早期和现代的欧洲语言本土化的本质主义假设作完全的类比：语言与血脉之间，以及语言、宗教和种族之间有紧密的联系。"（Wei 2015:281）

甚至对于广东人来说也是如此，他们的文化声望（毕竟古典诗词用广东话押韵）经济的活力，以及与北方在地理上的距离等或将使他们产生一种族群民族主义的意识（Wang 2001）。可以肯定的是，正如卡里科（Carrico 2012）所讨论的那样，今天可以在广东找到一些激进的地方主义网站。但这些网站的作者只是抱怨说，广东在中国历史上的中心地位并未得到北方人的充分认可，而不是为广东人民假设一个独立的历史渊源和命运，就如标准的民族主义言论那样。然而，也许比这种特殊形式具有向心力的少数群体民族主义更受欢迎的是最近在广东青年文化中重新使用汉族神话。根据将自己的省份/语言想象成为中华文明的核心这一悠久传统（参见 Siu 1993），年轻的广东人中出现了一种特殊的时尚，其中包括穿着被认为是汉代典型的服装——汉服。这个想法似乎是这些青少年所明显认同的多数群体汉族应该穿类似于官方认可的少数民族的民俗服饰。

我认为，语言民族主义保持沉默，是因为继承了晚清时期的联盟网络，并且国民党民族主义者政府和共产党政府都延用类似的结构模式，跨越地区和语言边界对这样的网络进行了再编织。当我们分析了清朝、国民党和共产党的政治精英的构成后，这一点就变得十分明显。在瑞士，由于民间志愿性组织的早期发展深入到一般人群中,出现了多语言网络,而中国的单一书写文字在促进跨越语言鸿沟的网络联系的水平扩展方面发挥了类似的作用。书写文本的同质性降低了政治交流的交易成本,从而允许思想的传播,以及连接起跨越帝国广大领土和多语种群体的联合和恩庇的网络。就如单一书写文字在几千年中为古代中国的政治整合提供了沟通的黏合剂那样,它在现代大众政治时期促进了民族/国家建构。

民族的轮廓线遵循着多种语言群体联盟网络的轮廓。同样,反事实将是这样的情况,即国民党会从南方不讲普通话而用粤语交流的政治联盟网络中出现(类似于比利时讲佛兰芒语网络),而共产党则会招募完全来自讲普通话的内陆和北方的领导者和追随者(类似于比利时的讲法语者)。例如在 1911 年清朝崩溃之后的军阀时期,国家会沿着族群语言界线而分隔的可能性就非常大。

在多语种的单一书写文字的中国汉民族案例之外,我们可能会问:单一语言、多种书写文字是否会有相反的作用,就如该理论可能预测的那样?为了不偏离现实太远,我们可以看看中国的北部边界,并试问为什么泛蒙古主义从未受过欢迎。蒙古被分为由中国曾经的外蒙古省独立出来的蒙古国和现在的内蒙古自治区。在过去的 50 年里,呼吁统一已经失去了吸引力,今天在边界的任何一边,这都表现为边缘化的声音(Bulag 1998)。在外蒙古独立之后,政治精英们形成了一种官方的民族主义,强调作为蒙古国公民多数群体的喀尔喀蒙古人的优越性,因为他们是成吉思汗臣民的直接后裔。内蒙古知识分子不愿意接受泛蒙古民族主义,尤其是担心打破他们所认同的中国的统一。换句话说,另一边的民族主义呼声也没有大到足以被听到。内蒙古人用古代蒙古文书写他们的语言,而蒙古国的蒙古人自 1946 年起就与苏联统一使用西里尔字母书写自己的语言。也许这阻碍了政治精英之间的书面交流以及跨越边界的宣传和思想的传播,从而阻碍了形成一个更具包容性的想象共同体?

回到中国本身,正如我们所看到的那样,她的国家建构历史与第一章概述的理论故事完全一致。非常高水平的前现代国家的中央集权——通过单一书写文字,而不是单一的语言——产生了一种同质性的沟通空间,这反过来使得在各地区之间建立联盟更为容易,也反过来导致族群权力在中央得到平衡配置——从清朝一直到今天的中国都是如此。跨越语言分界的政治整合促进了中国汉族的政治认同。南方的各种语言少数群体从未将自己想象为民族自治计划的候选人，更不用说独立国家的候选人了。

俄罗斯帝国：各族人民的监狱

在 19 世纪后期世界上所有的国家中，俄罗斯帝国可能最像清朝的中国，除了书面语言的多样性之外。这两个帝国统治着庞大的人口——中国在 1900 年左右有 4 亿人口，罗曼诺夫王朝的俄国有 1.8 亿人口，是当时美国人口的 2.5 倍。中国和俄国的耕地面积大致相同。更重要的是，在整个 18 世纪和 19 世纪，两者都是独立的政体——即使中国的主权因失败的义和团运动而受到损害。两者都形成了重要的文明引力中心和精心设计的高级文化，两国的精英们都将自己视为人类历史的中心。直到他们统治的最后十年，两国皇帝的绝对权力没有任何限制。此外，中国和俄国的历史发展是平行的：1912 年中国结束帝制，五年后沙皇俄国崩溃，此后两国都由共产党人领导。

然而，一个重要的区别是俄罗斯帝国的起源更为新近。中国皇帝控制了他们的核心领土达 2 000 多年，但俄国沙皇只从 16 世纪到 19 世纪末才征服了他们的疆土，人们可以认为，这使得他们没有足够的时间将外围人口同化入中心文化。这是否解释了为什么中国在国家建构中取得了成功而俄罗斯帝国却分崩离析？我将在本章的结论回到这个替代性解释，并表明没有太多证据支持这样的解释。

罗曼诺夫王朝征服巴比伦

罗曼诺夫王朝的俄罗斯帝国通过三波征服了它的疆域[以下内容基于卡普勒(Kappeler 2001)的研究]。第一波扩张从 16 世纪持续到 18 世纪，将以前由金帐汗国统治的地区纳入自己的名下，金帐汗国是一个突厥化蒙古人的王朝，在 14 世纪的某个时候从统一的蒙古汗国分裂出来。俄罗斯首先征服了莫斯科以东伏尔加河中部的喀山汗国。更南面沿着里海海岸的伏尔加河入海口的阿斯特拉罕汗国很快就遭到了同样的命运。从喀尔巴阡山脉一直延伸到朝鲜边境的大欧亚草原的人民也逐渐被制服。在第一波扩张期间，俄国还吞并了今天在乌克兰南部的哥萨克国家、克里米亚和诺盖鞑靼诸汗国（后者在高加索山脉以北的草原上），以及被称为"准噶尔汗国"的蒙古人卡尔梅克国（位于里海东部）和乌拉尔山脉中的巴什基尔人。

第二波扩张则在17—18世纪向西席卷。历史悠久的波兰-立陶宛王国被顺利地快速吞并了。在与瑞典的战争取得胜利后，俄国吞并了爱沙尼亚、拉脱维亚和后来的芬兰。讲罗马尼亚语的比萨拉比亚省被俄罗斯帝国从奥斯曼帝国夺走。第三次扩张浪潮是在19世纪期间向南方和东方席卷，并且主要是因与大英帝国的地缘政治的竞争而引发。罗曼诺夫王朝的军队和总督们这次遭遇了哈萨克草原的部落组织游牧民以及高加索山区人民的持续军事抵抗，最终他们在长达十年的残酷战役中被制服。在切尔克斯人[①]的案例中，它的整个人口最终被强行驱逐出原来的居住地。罗曼诺夫王朝还吞并了高加索山脉另一边的居住着信仰基督教的亚美尼亚人的一些小汗国、格鲁吉亚王国和信仰什叶派伊斯兰教的突厥人（这些人后来被称为"阿塞拜疆人"）的国家，这些国家在过去几个世纪中都是波斯帝国的附庸国。向东的扩张进一步扩大了帝国对欧亚草原的控制，通过类似于西方殖民大国在非洲无情的军事行动，征服了土库曼或哈萨克族的游牧民族以及布哈拉的旧丝绸之路汗国（在今天的乌兹别克斯坦）和其他地方，所有这些被征服地的人们都坚信伊斯兰教。最后进一步向东深入西伯利亚苔原的拓展使俄国人控制了白令海峡，并且其控制区域甚至短暂达至阿拉斯加。

作为这种扩张和征服史的结果，该帝国显然是多语言的，在1900年左右，讲俄语的人口甚至不到总人口的一半。就如表4.4所示，根据俄罗斯历史上的第一次人口普查，对语言学家而言，罗曼诺夫帝国代表了真正的黄金国（eldorado），绝大部分欧亚语系都包含在帝国讲多语种的臣民中。[4]在俄罗斯帝国的街头，可以听到韩语以及芬兰语、突厥语、意第绪语、俄语和伊朗语族语言。

此外，多种语言与多种书写文字相互结合一直保持到苏联时期。帝国的大多数穆斯林用阿拉伯文书写。例如哈萨克人、阿塞拜疆人、鞑靼人和克里米亚鞑靼人都是如此。芬兰人、波兰人、日耳曼人和波罗的海沿岸人的语言都是用修改

---

① 切尔克斯人（Circasians）原为高加索西北部的居民。——译者注

表 4.4　语言群体及其主要特征（1897 年）

语　系	语言群体	语言次群体	讲该语言人口主要居住区域	人口百分比（%）	主要宗教	10 岁及以上能阅读人口的百分比（%）	贵族阶层人员百分比（%）
印欧语系	斯拉夫语	东斯拉夫语					
		俄语	西部	44.31	俄罗斯东正教	29.3	0.84
		乌克兰语	西部	17.81	俄罗斯东正教	18.9	0.16
		白俄罗斯语	西部	4.68	俄罗斯东正教	20.3	0.16
		西斯拉夫语	西部				
		波兰语	西部	6.31	天主教	41.8	0.78
		南斯拉夫语	西部				
		保加利亚语	西部	0.14	俄罗斯东正教	29.8	NA
	波罗的海语	立陶宛语	西部	1.32	天主教	48.4	0.08
		拉脱维亚语	西部	1.14	路德教	85	0.08
	伊朗语	塔吉克语	中亚	0.28	伊斯兰教逊尼派	3.4	0.01
		奥塞梯语	高加索	0.14	俄罗斯东正教	7.1	0.2
		库尔德语	外高加索	0.08	伊斯兰教逊尼派	NA	NA
		罗姆语(吉卜赛语)	侨居	0.04	俄罗斯东正教	NA	0
	亚美尼亚语	亚美尼亚语	外高加索	0.93	亚美尼亚使徒教会	18.3	0.55
	罗曼语	罗马尼亚语(摩尔多瓦人讲的语言)	西部	0.89	俄罗斯东正教	8.8	0.17
	日耳曼语	德语	西部/侨居	1.43	路德教	78.5	0.96
		意第绪语(犹太人讲的语言)	西部	4.03	犹太教	50.1	0.07
		瑞典语	西部	0.01	路德教	98	NA
	希腊语	希腊语	侨居	0.15	希腊正教	36.7	0.3
	芬兰语	芬兰语	西部	0.11	路德教	98	NA
		爱沙尼亚语	西部	0.8	路德教	94.1	0.05
乌拉尔语系		摩德文尼亚语	伏尔加/乌拉尔	0.81	俄罗斯东正教	9.8	0
		沃蒂克语(德穆德茨语)	伏尔加/乌拉尔	0.33	俄罗斯东正教	9.8	0
		切列米斯语(玛利语)	伏尔加/乌拉尔	0.3	俄罗斯东正教	9.8	0

续表

语 系	语群体	语言次群体	讲该语言人口主要居住区域	人口百分比（%）	主要宗教	10岁及以上能阅读人口的百分比（%）	贵族阶层人员百分比（%）
		齐里安语（科米和科米－珀米阿克斯语）	北部	0.2	俄罗斯东正教	NA	NA
		卡累利安语	北部	0.17	俄罗斯东正教	NA	NA
		伊佐拉语（英格里安语）	北部	0.01	俄罗斯东正教	NA	NA
		维普语	北部	0.02	俄罗斯东正教	NA	NA
		拉普语	北部	0	俄罗斯东正教	5	0.01
	乌戈尔语	奥斯蒂亚克语（汉特语）	西伯利亚	0.02	俄罗斯东正教	5	0.01
		沃格尔语（曼西语）	西伯利亚	0.01	俄罗斯东正教	NA	NA
	萨摩德语	萨摩耶语（涅涅茨语等）	北部	0.01	萨满教/万物有灵论	9.8	0
阿尔泰语系	突厥-鞑靼语	丘瓦什语	伏尔加/乌拉尔	0.67	俄罗斯东正教	16.5	0.09
		阿塞拜疆语	北高加索	1.15	伊斯兰教什叶派	3.4	0.01
		土库曼语	中亚	0.22	伊斯兰教逊尼派	16.5	0.09
		土耳其语（克里米亚鞑靼语）	东南欧及西伯利亚干草原	0.18	伊斯兰教逊尼派	NA	NA
		加南兹语	西部	0	俄罗斯东正教	3.4	0.01
		哈萨克语	中亚	3.09	伊斯兰教逊尼派	3.4	0.01
		卡拉卡尔帕克语	中亚	0.08	伊斯兰教逊尼派	16.5	0.09
		鞑靼语（西伯利亚和伏尔加沿岸）	伏尔加/乌拉尔/西伯利亚	1.5	伊斯兰教逊尼派	26.2	0.03
		巴什基尔语（包括萨普蒂亚尔语）	伏尔加/乌拉尔	1.14	伊斯兰教逊尼派	NA	NA
		诺盖语	东南欧及西伯利亚干草原	0.05	伊斯兰教逊尼派	7.1	0.2
		库梅克语	高加索	0.07	伊斯兰教逊尼派	7.1	0.2
		巴尔卡语	高加索	0.02	伊斯兰教逊尼派	7.1	0.2
		卡拉柴安语	高加索	0.02	伊斯兰教逊尼派	3.4	0.01
		乌兹别克语（萨尔特语）	中亚	1.43	伊斯兰教逊尼派	3.4	0.01
		吉尔吉斯语	中亚	0.51	伊斯兰教逊尼派	3.4	0.01
		维吾尔语	中亚	0.08	伊斯兰教逊尼派	5	0.01
		哈卡斯语	西伯利亚	0.03	俄罗斯东正教		

续表

语系	语言群体	语言次群体	讲该语言人口主要居住区域	人口百分比(%)	主要宗教	10岁及以上能阅读人口的百分比(%)	贵族阶层人员百分比(%)
	蒙古语	绍尔语	西伯利亚	0.01	俄罗斯东正教	5	0.01
		伊卡特斯语	西伯利亚	0.18	俄罗斯东正教	5	0.01
		阿尔泰语	西伯利亚	0.03	俄罗斯东正教	5	0.01
		布里亚特语	西伯利亚	0.23	伊斯兰教逊尼派	5	0.01
		卡尔梅克语	西伯利亚干草原	0.15	伊斯兰教/万物有灵论	4.1	0.02
	满洲-通古斯语	通古斯诸语(鄂温克语)等	寄居	0.05	萨满教/万物有灵论	5	0.01
朝鲜语系	朝鲜语		寄居	0.02	俄罗斯东正教	NA	NA
高加索语系		格鲁吉亚语	外高加索	1.08	俄罗斯东正教	19.5	1.04
		明格雷利亚语	外高加索	包括在格鲁吉亚人中	俄罗斯东正教	NA	NA
	南方的	斯万语	外高加索	包括在格鲁吉亚人中	俄罗斯东正教	NA	NA
		阿德扎尔语	外高加索	包括在格鲁吉亚人中	俄罗斯东正教	NA	NA
	西北方的	卡巴丁语	高加索	0.08	伊斯兰教逊尼派	7.1	0.2
		切尔克斯语(和阿迪盖语)	高加索	0.04	伊斯兰教逊尼派	7.1	0.2
		阿布哈兹语	外高加索	0.06	伊斯兰教逊尼派	NA	NA
	东北方的	车臣语	高加索	0.18	伊斯兰教逊尼派	7.1	0.2
		印古什语	高加索	0.04	伊斯兰教逊尼派	7.1	0.2
	达格斯坦	阿瓦尔语	高加索	0.17	伊斯兰教逊尼派	7.1	0.2
		列兹金语	高加索	0.13	伊斯兰教逊尼派	7.1	0.2
		达尔金语	高加索	0.1	伊斯兰教逊尼派	7.1	0.2
		拉克语	高加索	0.07	伊斯兰教逊尼派	7.1	0.2
古西伯利亚语系		楚科奇语	西伯利亚	0.01	俄罗斯东正教	5	0.01
		科里亚克语	西伯利亚		萨满教/万物有灵论	5	0.01
		尤卡吉尔语	西伯利亚		萨满教/万物有灵论	5	0.01

注:一些语言学家称格鲁吉亚语形成了自己独立的语言家族。

资料来源:本表基于 Kappeler 2001: 395—399, 402—403, 407。

过的拉丁字母书写的,而亚美尼亚人和格鲁吉亚人用自己独特的文字书写了1 000多年。俄语显然是用西里尔字母书写的。卡尔梅克人用蒙古文字书写。一位使用拉丁字母书写的讲乌戈尔语的芬兰人无法阅读和理解用格鲁吉亚文书写的北高加索格鲁吉亚语的信件或政治小册子。普通的识字者讲斯拉夫语俄语并且习惯用西里尔文字进行阅读和写作,但他不能辨认用突厥语的鞑靼语和阿拉伯语书写而成的文章。这与中国的单一书写文字的情况形成了鲜明对比。

这种语言和书写文本都是异质的情况没有被摆在一个公平的政治竞争环境中。在非俄罗斯地区,尤其是在西部地区,贵族精英和在其庄园辛勤劳作并束缚在土地上的农民往往来自不同的族群。讲波兰语的贵族统治着讲乌克兰语、白俄罗斯语和立陶宛语的农民。在中世纪征服波罗的海沿岸土地的日耳曼十字军骑士团的后代继续统治着讲爱沙尼亚语和拉脱维亚语的人民。瑞典贵族在芬兰的土地上占据优势地位。在中亚,游牧民族、讲突厥语的人口和东西伯利亚的土著居民由俄国行政官员和将军统治。

我认为,这些与碎片化的语言和书写文字景观结合在一起的不同的族群等级,阻碍了跨越族群分界的政治联盟网络的形成。这反过来又使族群差异政治化,最终导致了帝国沿着族群分界线分裂解体,第一次是在1917年的革命中,第二次是在苏联以军事力量重新征服罗曼诺夫帝国的疆域之后,于1989年共产党统治结束的时候①。

政治的权力结构、各种联盟和动员

根据详细的历史证据用"确凿证据"(smoking gun)测试来证明这一论点并不容易。这样的证据仅适用于一个(即使是重要的)案例:社会主义联盟(Bund,崩得)②对犹太人口的动员。在接下来的分析中,证据将更为详细。我将证明,在整个19世纪,特别是在20世纪初期,网络确实受到语言界线的限制,尽管无法用详尽的细节来仔细说明这是因为语言分界所导致的沟通困难。

---

① 1989年是苏东剧变的开始,而苏联解体是在1991年。——译者注
② "崩得",意第绪语,意为联盟,是"立陶宛、波兰和俄罗斯犹太工人总联盟"(又称"犹太社会民主主义总联盟")的简称。该组织是俄罗斯帝国西北各省犹太人的政治组织,1897年在维尔纽斯成立。——译者注

可以肯定的是，1917 年之前的百年出现了一些跨族群的政治网络。就如我们将要看到的，那时存在不少这样的运动，特别是在 19 世纪末激进的革命政党开始在地下蓬勃发展时。然而，除了极少数例外，这些跨族群的运动代表了各种族群集团，也就是说，它们常常是由通过语言来界定的政治派别之间脆弱的联盟所构成的。在 1917 年的革命事件中，这些集团迅速沿着族群语言的断层线分散。

1. 旧政权的政治秩序。

在我详细讨论政治联盟网络如何沿着语言分界而聚集之前，我应该简要概述一下罗曼诺夫王朝政治秩序的主要特征。它与古代中国统治其疆域的方式截然不同。它没有在整个帝国范围内通过考试来招募官僚机构的高级官员的机制。更确切地说，政治等级制度依赖于彼得大帝在 17 世纪末和 18 世纪初根据北欧模式编写的法令所规定的主要社会等级秩序。这些社会等级是由国家定义的，它监管着谁有权获得哪个头衔并且由此有权申请成为哪个社会等级的成员。在这一体制的顶部，我们看到高等级的世袭贵族，其中许多人还是大地主。为了给国家提供卓越的服务，一个人可以被提升到非世袭的贵族地位。从这些层级的贵族中，国家招募了最高级别的工作人员和大部分军官。例如，19 世纪末司法部大约 70％的员工和第一次世界大战前夕 85％的内政部官员都是贵族。在被任命为国务委员会委员的人员中，有 90％是贵族（Lieven 1981：382—383，402），该委员会就财政和法律政策问题为沙皇提供咨询。

各种中等的社会等级沿着这一阶梯往下延伸：神职人员、荣誉公民、商人、城市平民、镀金工匠以及变成了武装农民的边疆人（著名的哥萨克人就属于这一社会等级）。在金字塔的底部是贵族们的农奴，他们的个人权利大大缩小（例如，没有自由选择配偶的权利），并且不能离开被绑定的土地，还会与土地一起被出售，直到沙皇在 1861 年解放了农奴。在这一社会等级系统中的一个特殊类别是"伊诺罗齐人"（inorodtsy）或"异族人"。他们一方面由犹太人构成，另一方面由高加索的山地部落、西伯利亚的狩猎采集者、草原的游牧牧民等构成。这些群体都被认为在文化上太格格不入或落后，以至于不能赋予他们完全的公民身份，但给予他们管理自己事务的权利，直到他们被同化或文明到足以成为俄国臣民。

社会等级体系提供了组织网格，将新的领土纳入帝国。一般而言，被征服人民的世袭贵族继续统治他们的领域。沙皇承认他们对依附的农民的权威,并通过正式授予他们一定的头衔和相关特权,将他们的地位转入俄国社会等级体制。这就是波兰立陶宛王国、外高加索、波罗的海各国和芬兰融入帝国的方式。然而,在伊斯兰教地区,土地精英已经被贵族化,但依附于他们的农民仍然是自由的。在没有世袭和拥有土地贵族的地区,用给予异族人地位的方法进行管理。然而,在 19 世纪后期征服中亚的过程中,甚至一些像乌兹别克人这样的定居的农业群体也被归为异族人。

在行政方面,新征服的地区也通过与帝国其他部分相同的制度来管理,即使在当地会作出一些调整(参见 Pipes 1997:4ff.)。这些地区被分为省(governorates),而省又由几个区组成。与这一标准的划分不同的是,在 19 世纪新征服的少数族群地区,由几个省长对一名总督负责,他通常是军队的高级将领,承担总督职责并拥有不受法院或任何其他国家机关约束的绝对权力。在地方一级,部落或其他"传统"权力机构被授予对其民众的政治权威以及一些在帝国其他地区没有类似情况的司法权权力。

我们现在准备讨论政治联盟的性质。在宫廷内,各贵族派系与这位或那位王子结盟,争夺对沙皇决定政策的影响;强大的神职人员和他们大多数的贵族盟友也是如此。在军队中,军官集团为晋升而相互竞争。在这些权力中心之外,政治联盟是如何形成的,以及它们在各种语言分界的延伸达到何种程度?我将关注一系列影响 20 世纪初政治发展过程的重要案例,而不是提供实证历史的完整概述,因为这远远超出我的学术能力。这些将涉及帝国内讲波兰语、芬兰-波罗的海语、乌克兰语、鞑靼语、格鲁吉亚语和意第绪语的地区。在每一个案例中,由于略有不同的原因,联盟网络沿着语言的分界而凝聚,因为用一种普通人能懂的书写文字和语言就更容易走向群众,而走向群众是 19 世纪反沙皇政治运动日益重要的目标。只有在犹太人的案例中,我才能对此提供一些直接的证据。在其他情况下,证据更多是间接的,历史上一些特定的其他机制也需要考虑。

2. 波兰。

在波兰的案例中,三个其他因素在解释为什么联盟网络仅限于波兰语使用者方面发挥了重要作用。第一,从中世纪开始直到 18 世纪后期,波兰贵族阶层统治着波兰立陶宛王国,该阶层作为统治精英按原样被并入俄属波兰(Russian

Poland)或称"会议波兰王国"(Congress Poland)这一半独立实体之中。①波兰贵族之间已建立起来的这些联盟,往往由家庭关系以及以往竞争和联盟的历史决定,因此在政治上仍然突出且有意义。显然,这些先前就存在的联盟大多数都仅限于讲波兰语的同胞。换句话说,通过并入现存的贵族来扩展帝国保护了单语言的联盟网络。

第二,俄属波兰拥有自己的全波兰语学校和大学系统、独立的军队,以及只用波兰语教学的军事学院,进一步将精英友谊和联盟限制在波兰语共同体内。想象一下,如果清代中国的广东拥有自己的军队和军事学院,军官在那里接受不同于中国古典文字的粤语书面语的训练,那将有怎样的后果。

第三,独立国家的记忆为政治上雄心勃勃的波兰贵族提供了未来的榜样。因此,他们将他们的联盟网络局限于波兰贵族之间(占人口的 20%),以便有朝一日实现重建独立国家的梦想,这一梦想首先体现在王朝继承权方面,而不是体现在现代民族主义的话语中。无论是讲波兰语、白俄罗斯语、立陶宛语还是讲乌克兰语的农民,以及居住在城镇中的犹太人,基本上都被排除在这些动员的网络之外,因此也对波兰贵族原始的民族主义事业漠不关心。

后来,这些联盟网络在所有波兰的协会内进行了重置,其中最重要的是共济会。他们将波兰贵族带入了理性明智的环境,类似于我们所看到的那时在比利时的法语人口所遇到的情况。在这些单一语言的网络中,出现了一种真正的波兰民族主义,在德国语言民族主义的巨大影响下,这种民族主义在 19 世纪早期开始在东欧的知识分子中传播(但就如我们看到的那样,在中国没有这样的民族主义)。

波兰民族主义很快就与罗曼诺夫帝国发生了第一次灾难性的冲突。在沙皇摄政者数十年一直无视赋予俄属波兰宪法自由、禁止共济会并镇压其他爱国协会、审查波兰媒体、通过其秘密特工操纵波兰的政治生活、计划派遣波兰军队去帮助破坏 1831 年的比利时民族主义革命的情况下,波兰军事学院的成员举行了武装起义。起义被帝国军队猛烈制服。超过 1 万名煽动或支持叛乱的波兰人被

① 俄属波兰或波兰会议王国是指 1815 年维也纳会议所确立的受俄国控制的半独立的波兰政体。——译者注

迫流亡国外,这场运动分裂成贵族派和新发展起来的由知识分子领导的民主派。流亡的波兰政治精英比以往任何时候都更加想要与他们讲俄语的同侪脱离关系。

1863 年发生了第二次全面起义,这一次仍然在很大程度上由贵族阶层支持和实施,起因是抵抗俄国军队的征兵。沙皇军队再次在军事上摧毁起义;数百人被处决,数千人(一些历史学家声称上万人)被驱逐出境。和以前一样,农民(除了一些天主教立陶宛人)并没有支持叛乱,有时甚至支持帝国的军队。

沙皇采取俄罗斯化政策以防止未来的波兰叛乱后,这似乎发生了变化。沙皇由此屈服于正在崛起的俄国民族主义势力,这些势力想打破不忠诚的波兰贵族的权力,并且更广泛地说,俄国民族主义势力被席卷全球的越来越种族化的民族主义意识形态冲昏头脑,1863 年之后所追求的俄罗斯化政策的主要内容(参见 Kappeler 2001:252—261)是俄语取代波兰语作为俄属波兰的行政、司法和教育(下至村级)的语言,天主教会受到限制,在波兰的土地管理行政机构中,俄国人驱逐了波兰人。

在俄属波兰之外,乌克兰语、白俄罗斯语和立陶宛语被禁止,以打破波兰对前波兰立陶宛王国农民的影响,并将这些人变成沙皇的忠实臣民。在波罗的海各省份,俄语被引入成为国家机构的官方语言直至市级机构,还包括法院,并作为学校的教学语言(从 1881 年到 1895 年);此外,塔尔图的德语大学被俄罗斯化。罗马尼亚语不再是比萨拉比亚的学校中的教学课程,后来被禁止作为教会布道语言。伏尔加定居者社区的德语学校在 19 世纪 90 年代不得不转向俄语。19 世纪 70 年代格鲁吉亚语就不再是格鲁吉亚的教学语言,19 世纪 80 年代亚美尼亚教会学校也遭到类似的命运。1903 年,亚美尼亚教会的财产被没收。然而,阿塞拜疆语和穆斯林教育机构得以幸免,因为俄罗斯化政策只针对西部的基督徒人口(对俄罗斯化的各种政策的论述,另见 Miller 2008)。

大多数这些措施都受到地下学校网络(例如立陶宛人办的学校)的破坏,或者根本没有长期和足够的追求使俄语成为基督教少数群体的口语。[5] 俄罗斯化政策在 1895 年得到了缓和,并且在 1905 年革命后被彻底抛弃。卡普勒写道:"从中期来看,俄罗斯的、德意志的、波兰的、希伯来-意第绪的、亚美尼亚的、格鲁吉亚的、鞑靼的和阿拉伯的高级语言和高级文化的共存并没有被俄语和俄罗斯文

化所替代。相反，它扩展到包含更多种类的文学语言和高级文化中。"（Kappeler 2001:318）

与中国相反，俄罗斯帝国的政治集权化并没有足够长的历史来通过缓慢的、自愿的同化过程来侵蚀文化差异。俄罗斯化政策只持续了一代，并且是从中心向外推行而没有任何来自下方的支持。更重要的是，正如我们将要看到的，学习和讲俄语对于少数族群的精英而言并不具有足够的吸引力，因为他们仍被排除在最高权力阶层之外。在中国，平等获得最高级别的帝国权力促进了不讲官话的精英采用从中心传播的儒家文化经典，包括统一的书写文字。

也许同样重要的是时机：俄国试图使其基督徒人口在文化上单一化的时间点正是当许多西方少数群体已经形成了民族主义的热望时。这几乎可以确保俄罗斯化将被视为"语言损失"，以及对人们的民族祖先传统的背叛。该政策不是破坏民族主义运动的吸引力，而是通过将少数族群的普通成员推入各自民族主义者的怀抱来加强这些运动。比萨拉比亚、乌克兰的部分地区和白俄罗斯是例外，在那里，民族主义发展缓慢，并且相当一部分那里的人口在 19 世纪下半叶采用俄语作为他们的语言并持有俄国的身份认同。

回到波兰本身，沙皇希望通过释放农奴并让他们在波兰各省获得比在帝国其他地区更多土地，以赢得他们的忠诚并防止出现对波兰民族主义的大规模支持。但 1863 年后对天主教会的迫害、对波兰小学的压迫以及用以俄语教学的学校来替代之、对波兰新闻界的限制、关闭讲波兰语的大学等都产生了相反的效果，并促使讲波兰语的广大群众站到了波兰民族主义者一边。波兰的贵族现在将联盟扩展到新的公民（前农奴），以形成一个以语言来界定的政治集团：19 世纪末出现的第一批有大规模追随者的政党几乎都专注于帝国内部讲波兰语的人的命运。波兰社会党吸引兴起的波兰工人阶级，而民族民主党则以更为沙文主义和反犹太主义的话语迎合中产阶级。

正如我们将要看到的，一旦沙皇同意在 1905 年之后举行选举，这些政党几乎完全垄断了波兰群众的选票。为了理解原因，我们应该记住，只有约 40％的讲波兰语人口在 19 世纪末能阅读（参见表 4.4），而只有一半具有阅读技能的人也可以阅读俄语（Kappeler 2001:313）——俄罗斯化政策的作用仅此而已。能够理解用俄语写的小册子或俄国政治演说或读懂俄国报纸的人口由此仅限于波兰人口的 1/5。因此,大众政治时代的政治动员主要在语言上同质的区域内进行。

虽然波兰贵族阶层按原样并入帝国、之前国家地位的记忆、它所滋养的浪漫民族主义,以及反对构成俄罗斯化政策一部分的压迫天主教会等当然发挥了作用,但我们不应低估一旦政治不再是受过教育的精英的专属事务,语言的差异对政治联盟构成的影响力。芬兰和波罗的海国家的情况更加清晰。

3. 芬兰人、爱沙尼亚人和拉脱维亚人。

在帝国的西北角,前述的其他三个因素都没有起作用,但政治网络也沿着语言界线而分散,族群差异变得像波兰一样彻底政治化(以下基于 Kappeler 2001:221ff.)。与波兰、格鲁吉亚、亚美尼亚、乌克兰或克里米亚鞑靼人相比,爱沙尼亚人、拉脱维亚人和芬兰人缺乏高度的文化和国家传统。他们从未被自己后来可能纳入俄罗斯帝国的贵族所统治。因此,我们可以将以前的国家地位、书面的高级文化和土著贵族排除在俄罗斯帝国这一地区发展民族主义的必要因素之外。相反,我们可以更直接地关注语言差异如何影响联盟网络的结构。

在波罗的海西北部,人们比其他地方更早地学习如何读写,如表 4.4 所示。在芬兰人、爱沙尼亚人和拉脱维亚人中,分别有 98%、95% 和 85% 的 10 岁以上人口在 1897 年时能够阅读,大大超过了 30% 的俄国人在当时能识字这一数字。几乎所有芬兰人、爱沙尼亚人和拉脱维亚人所属的路德教会是早期识字率提升的原因,即使在俄国开始在其控制范围内规范教育系统之后,这依然是这些地区的优势。根据路德教会的信条,直接和无中介地理解上帝的话是至关重要的,教会因此教导农民和城镇人民用本地语言而不是他们高贵的领主所用的德语或瑞典语来读和写。早在 1816 年就在爱沙尼亚和拉脱维亚给予农奴以自由,以及芬兰人从未知道有农奴制这一事实也促成了识字率的提高以及独立阶层,即具有政治意识的农民阶层最终的兴起。还要注意的是,尽管有上面提到的俄罗斯化运动,但只有一半识字的拉脱维亚人、不到 1/3 的爱沙尼亚人,以及更少的芬兰人在 19 世纪末能够阅读西里尔文俄语(Kappeler 2001:313)。正如我们将要看到的,这种语言和书写与俄语的分隔决定了政治联盟网络随后将如何形成。

瑞典和德国的知识分子最早对芬兰语、爱沙尼亚语和拉脱维亚语产生兴趣,他们从 19 世纪 20 年代开始形成民俗学会,类似于比利时在同一时期成立的佛兰芒研究小组。随后,芬兰人、爱沙尼亚人和拉脱维亚人加入合唱队,并以三种语言参加了歌唱节。这些和其他启蒙的协会在整个土地上蓬勃发展,就像瑞士在大约同一时期这类协会兴起的情况一样。然而,芬兰人、爱沙尼亚人和拉脱维亚人并没有和他们的俄国同侪一起歌唱(就如讲法语和德语的瑞士人那样),因为启蒙组织几乎没有传播到大批俄国文盲农奴那里。在受过教育的这部分人口中,俄罗斯人讲用西里尔语书写的印欧语言,而芬兰人和爱沙尼亚人讲用拉丁字母书写的乌拉尔语言。在各组织之间建立联盟关系和相互支持相应地就更为困难,并且从未形成对政治世界的共同展望。

从 1860 年开始,部分是作为对莫斯科在第二次波兰起义后发起的俄罗斯化政策的反应,那里的爱国运动分裂成一个温和的、维持现状导向的派别和一个更激进的、试图推翻由波罗的海的日耳曼贵族或在芬兰湾另一边的瑞典贵族所实施的外族统治。但直到 19 世纪后期,大多数要求仍然局限于语言问题:小学应该只用当地的通俗语言教学;法庭诉讼程序应以当地语言进行;等等。简而言之,正如我们所看到的,芬兰和波罗的海沿岸的爱国者呼求结束他们的同族人民几个世纪以来一直受到的语言歧视,这与早期佛兰芒民族主义运动的要求非常相似。但是这与中国的情况没有任何可比性,因为共同的书写文字不需要统一的口语,并且从国内的各个角落都可以平等地获得教育。

4. 造就乌克兰人。

在俄罗斯帝国的讲乌克兰语部分的大规模政治动员比西北地区发展得慢得多。乌克兰人不仅像波罗的海和芬兰人那样缺乏土著贵族,而且识字率也低得多:到 1900 年左右,能够阅读的乌克兰人甚至不到 20%。直到 19 世纪的最后的25 年才有一些学生群体出现,提倡阅读和传播乌克兰文学和诗歌,以反击来自莫斯科和讲俄语的乌克兰人的同化压力。一系列致力于研究乌克兰民间生活的省级组织出现。他们受到了民粹主义者的理想和目标的启发。关于这场明确是俄国的政治运动的简单说明也许是合宜的。

在 19 世纪六七十年代,俄国贵族阶层的后裔们率先成为民粹主义者(narodniks, populists)。他们提出一种关于公正社会的无政府农业愿景,预想回归农村的"原始共产主义",在这样的村庄中,其成员依传统共享土地所有权。民粹主义者的核心思想之一是,知识分子和政治领袖先驱应该学习农民群众的文化方式——事实证明,这必然意味着说不同的语言和欣赏不同的族群传统。

在乌克兰,所谓的"农民共同体组织"(*hromady*,该词源自乌克兰词语"农民共同体")最初大部分是非政治性的,主要吸引乌克兰的高中生和大学生。1897年,大约20个农民共同体与其他更明确的民族主义学生团体联合成为一个秘密的乌克兰总组织(General Ukrainian Organization),该组织有450名成员,致力于传播使用乌克兰语的文学作品(Subtelny 2009:280—284)。

当这些不同的联盟网络合并成一个新的政党——革命乌克兰党(RUP)时,这种文化民族主义迅速地激进化。革命乌克兰党使用既有的农民共同体网络将其影响力扩大到各省下属的城镇和农民村庄。该党成员原初是激进的民族主义者,它很快就更加关注社会问题——最重要的是为了更吸引农民,这些农民还没有采纳民族主义的世界观,但大部分被认为是某个特定村庄社区的成员。革命乌克兰党很快就分裂成倾向社会主义群体的社会民主工党的乌克兰派,以及分离出去的乌克兰民族党。留下来的革命乌克兰党重新命名为"乌克兰社会民主工党"。1905年,乌克兰运动的自由派组成了一个独立的乌克兰民主激进党(Pipes 1997:10—11)。这个自由党和重新命名的革命乌克兰党随后主导了乌克兰语地区的政治舞台。

这些政党用乌克兰语向讲乌克兰语的农民发起了宣传活动,使他们相信他们是由波兰贵族统治、遭犹太商人剥削并被俄国沙皇镇压的一个独立的乌克兰国家的一部分。与此同时,乌克兰语作为一种书面语言,越来越多地被以前用俄语阅读和书写的人口中的一小部分人所采用,进一步帮助传播用本地语言写成的民族主义思想。基于语言的民族主义非常成功,以至于所有乌克兰政党合在一起在1917年的选举中获得了大约70%的选票。

5. 鞑靼人。

在鞑靼人的案例中,以及更普遍的在帝国讲突厥语的人口案例中,语言和书写文字的多样性在塑造联盟网络中的作用再次变得更加明显。除了一些西伯利亚人小群体以及比萨拉比亚的加戈兹人以外,他们基本都信仰伊斯兰教。受过教育的克里米亚和伏尔加鞑靼精英在提高讲突厥语穆斯林的政治意识方面发挥了主导作用。他们的活动很好地说明了书面语言能如何限制联盟网络。由于人口分散在从兴都库什山脉一直延伸到今天乌克兰的不相邻地域上,印刷术和报纸的发行在政治联盟的组织中发挥了重要作用。为了让有文化的公众可以阅读,绝大多数这些出版物都是用阿拉伯语和伏尔加鞑靼语写成的,多亏了伊斯兰教学校,大多数人都熟悉阿拉伯文,而伏尔加鞑靼语是突厥语群体中的一种通用语言。帝国的其余人口显然永远无法阅读用阿拉伯语写成的土耳其语文本,因此被排除在该新兴的交流空间之外。到 1913 年,有 16 种期刊和 5 种日报;430种非宗教书籍印刷了 150 万本(Pipes 1997:13—15;有关在喀山镇压鞑靼语出版物的情况,参见 Geraci 2001:26)。

也许同样重要的是,喀山鞑靼知识分子精心制作了伊斯兰教的现代文本。它不仅通过蓬勃发展的印刷机传播,而且通过私立中小学校系统传播,这些学校主要由来自喀山和巴库的富商提供资金。一代学生用他们的母语接受了现代科目和改革后的伊斯兰教教育——莫斯科基本上容忍他们这么做,因为莫斯科的俄罗斯化政策专门针对帝国西部的基督教群体。因此,一代讲突厥语的青年到用他们自己语言教学的学校上学。他们的世界观被塑造成一种独特的形态,即由现代主义伊斯兰教所铸造。他们的青少年朋友和熟人的网络仍然局限于同族人,这使得在他们成年之后的生活中很难建立跨语言分界的联盟。

但是,即使在这个新的学校系统出现之前,就如热拉西(Geraci 2001)对喀山市的历史研究所表明的那样,鞑靼人和讲俄语的人相互之间几乎没有社会联系,无论是农民还是资产阶级之间都这样。因为俄国人在 16 世纪就征服了这座城市,因此鞑靼人和俄国人并肩生活了 400 年,这就更加引人注目。热拉西写道,几乎没有任何证据证明俄国人和鞑靼人通晓彼此的语言(Geraci 2001:37,41,45;除了东正教传教士之外)。书面出版物使用阿拉伯语或西里尔语,并且儿童在不同的学校用不同语言接受教学,这样的事实无助于促进该城市不同地区的整合。

新的鞑靼穆斯林学校培养了一代领导者,他们彼此熟悉并且生活在由印刷媒体建立的相同的语言、政治和文化的天地中。他们很快就形成了政治协会和政党,成员局限于用阿拉伯语阅读、讲突厥语和信奉安拉。在这些政党中,穆斯林自由联盟(Ittifak)于 1905 年和 1906 年在穆斯林政治领袖和知识分子的代表大会上成立,并决定在新选出的杜马中,穆斯林代表将组成一个单独的集团。与此同时,出现了更为狭隘的政党,这些政党迎合特定的语言群体,而不是整个穆斯林人口。这些政党往往是更加激进的民族主义和社会主义政党。一些伏尔加鞑靼知识分子建立了俄罗斯社会革命党的当地对应组织,而在阿塞拜疆,穆斯林民主党穆萨瓦特(Mussavat)成立了。穆萨瓦特最初具有泛伊斯兰主义的取向,但在1917年的革命中转向阿塞拜疆的民族主义者。

6. 格鲁吉亚人。

高加索地区的情况相当复杂,格鲁吉亚、亚美尼亚和阿塞拜疆地区之间的情况差异很大[以下是来自卡普勒(Kappeler 2001:220—234)的描述]。在这里,我将专注于格鲁吉亚,它跟随着波兰的发展达到某种程度,但后来采取了一条有趣的不同路径。占人口5%的格鲁吉亚贵族是大土地所有者,并以与波兰同侪相似的方式成为俄罗斯帝国贵族的成员,尽管这是通过数十年的努力才争取到的俄罗斯帝国对他们地位的认可。

在原先独立的格鲁吉亚教会与俄国东正教会的强制统一之后,一种以格鲁吉亚历史和语言为中心的温和的文化民族主义出现在贵族中间。然而,与在同一时期如雨后春笋般出现的波兰民族主义协会网络相比,它仍然相当边缘化。对于格鲁吉亚贵族来说,民族主义没有反资产阶级革命思想那么有吸引力,不但因为他们的经济地位经常急剧下降——尽管赋予他们的农奴自由的条件很有利,还因为亚美尼亚的商业中产阶级已在整个格鲁吉亚领土上兴起。在强制俄罗斯化的政策下,许多人在19世纪的最后几十年里在俄国的大学里学习,并与当时的激进政治运动发生了联系,主要是与社会主义和共产主义倾向的运动相联系。他们的意识形态愿景中的民族主义部分仍然处于边缘地位。

然而,这并不意味着他们建立或加入了与同一时期流亡日本和在中国大陆形成的、反对清帝国的群体相当的、多种语言构成的组织。一个典型的例子是格鲁吉亚社会民主党,它成为该地区最重要的政治力量,不仅得到了当地规模很小的无产阶级的支持,而且得到了当地受过教育的阶级和部分农民的支持(Jones 2005)。

1903年,国家层面的社会民主党运动分裂为一个布尔什维克派(支持由一个紧密结合的先锋专业革命党人直接接管革命运动)以及一个孟什维克派(赞成与自由派政治力量结盟,首先完成资产阶级革命)。格鲁吉亚社会民主党加入了孟什维克派,实际上与犹太知识分子和政治家一起统治了该党,使俄国人处于少数地位。由于根据孟什维克标签组建的联盟网络就像是由不同语言部件组成的组合物,孟什维克比布尔什维克更能接受民族主义者的要求。毫不奇怪,格鲁吉亚社会民主党在 1910 年左右,通过了格鲁吉亚民族的非领土自治(nonterritorial autonomy)原则。几年后孟什维克派也效仿了。[6]

也许我应该简要解释一下非领土自治的想法来自何处。在第二国际之后,奥地利马克思主义者认为社会主义运动需要更加认真地关注民族问题,因为他们预期民族情绪会在经济发展过程中增加而不是减少,这与马克思、恩格斯和罗莎·卢森堡所假定的相反。鲍尔(Bauer)和伦纳(Renner)所倡导的解决方案是为具有相同民族背景的个人提供文化和语言的自治,而与他们的居住地无关。许多俄国少数族群的民族主义者在 20 世纪的第一个十年采纳了这一学说(Pipes 1997:第 1 章),格鲁吉亚社会民主党和孟什维克也是如此。

在 1917 年的二月革命之后(即在那年布尔什维克的十月革命之前),在俄国举行的第一次完全的民主选举中,格鲁吉亚人主导孟什维克的情况变得清晰起来。孟什维克只获得总票数的 3.2%,而布尔什维克则获得 25% 的选票。然而,在格鲁吉亚,75% 的人投票支持孟什维克,这是格鲁吉亚社会民主党在过去数十年中与和他们一样讲格鲁吉亚语的农民和工人建立政治联盟的成果。值得注意的是,在 20 世纪末能够阅读的 20% 的讲格鲁吉亚语的人口中,只有 1/3(占整个格鲁吉亚人口的 7%)能够阅读用西里尔语书写的俄语。因此,格鲁吉亚的网络在体制上整合进入整个帝国的政党体系,而波兰的网络则被引导到单独的波兰政党中。但在这两种情况下,我认为,一旦大部分人口以选民的身份进入政治舞台,由共同语言提供的沟通便利就促使这些网络沿着语言的分界线明确地分裂。

7. 犹太人。

虽然我无法直接证明语言共性在波兰人、芬兰人、波罗的海人、鞑靼人和格鲁吉亚人的内部形成政治联盟所起的作用,但这样的证据可直接用于犹太人案例。犹太知识分子和政治家在各种革命组织的发展中发挥了重要作用——很简单,这是因为犹太人与中亚大草原的异族游牧民和高加索山地部落的游牧民一起被排除在整个 19 世纪的完全公民权利之外,他们是沙皇政权越来越认可的反犹太人的鼓动和宣传的受害者,并且遭受了一系列暴力事件的伤害(特别是在 1881 年暗杀沙皇亚历山大二世之后),这些针对犹太人的暴力活动如果不是由俄国当局煽动,至少是被当局容忍的。换句话说,犹太人有反对并积极寻求推翻专制政权的相当合理的理由。无论如何,这里不是要重述犹太知识分子政治动员的细节——简而言之,他们的一个分支进入犹太复国主义,另一个进入各种革命组织。

我将把重点放在这些组织中最重要的组织——崩得。直到 1903 年,它都在社会民主工党的发展中发挥着至关重要的作用。在该党的所有分支中,崩得在动员群众支持方面是最成功的。它在 20 世纪初有 23 000 名成员,而其俄国分支却只有 8 400 名(Schapiro 1961:160)。崩得通过用西部大多数犹太小镇居民所说的本地语言宣传其计划,从而得到了犹太人的支持。夏皮罗写道:

> 崩得使用意第绪语作为宣传语言的决定也是出于经验上的原因,这是唯一可以引起大众犹太人注意的语言。有趣的是,回想一下,在 19 世纪 70 年代,作为维尔纳犹太革命运动的先驱者之一,利伯曼坚持用希伯来语作为宣传的语言,这样做也是出于实际的而不是民族主义的理由:他认为希伯来语是在学习《犹太法典》的学生中培养革命的最佳文字载体……然而,无论如何,权宜之计是崩得的"民族主义"之根源,就如后来其反对者(即 1903 年党代会期间的布尔什维克)所描述的那样,这可能是崩得最终进化出来的犹太民族文化自治主义的主要动机。(Schapiro 1961:156—157)

这种分析可以通过直接引用 L. 马尔托夫(L. Martov,出生于特斯德鲍姆)的话来证实,他是孟什维克未来的领袖,也是列宁在 20 世纪头 25 年与党内各派系斗争中的主要对手。早年,他帮助组织了维尔纽斯的犹太工人。谈到这些政治动员的早期阶段,他描述了崩得从非族群的、以阶级为基础的战略向后来定义崩得的民族主义战略的转变:

> 在我们运动的最初几年(即崩得运动),我们期待俄国工人阶级的所有事情,并将自己看作仅仅是俄国总体工人运动的附加。通过将犹太工人阶级运动置于这样的背景中,我们忽略了它的实际情况,事实证明,我们的工作是用俄语进行的。我们渴望保持与俄国运动的联系……忘了与不懂俄语的犹太群众保持联系……显然,将我们的活动进一步限制在已经受到俄语文化影响的犹太人群体中是荒谬的……将群众运动置于我们计划的中心之后,我们不得不调整对群众的宣传和鼓动,也就是说,我们不得不(通过转到意第绪语)把它变成更犹太式的。(引自 Pipes 1997:27)

虽然最初具有纯粹的务实性质，但用意第绪语（或希伯来语）动员犹太群众有其副作用：它创造了一个沟通的空间，在其中很容易将犹太人想象成一个拥有共同政治命运的现代民族（完全来自安德森的说法）。仅十年多一点时间，崩得就（在1901年）采用了真正的民族主义政治计划——将犹太人定义为一个民族并提倡符合奥地利马克思主义原则的非领土自治，这显然非常适合犹太人的侨居特性。与此同时，崩得放弃了直接的"阶级斗争第一"的立场，该立场主导着社会民主工党的俄国领导人的思想（关于主要革命政党的民族政策的演变，参见Pipes 1997：21—49）。

犹太人动员的案例也有助于厘清语言多样性机制如何运作的方式。众所周知，犹太政治精英也精通俄语。崩得在其出版物和演讲中用希伯来语或意第绪语的原因，并不在于其领导人无法理解他们有基督教背景的俄国同侪（用俄语）所说或所写。相反，他们用意第绪语或希伯来语动员普通追随者，是因为在犹太群体中受教育程度较低的那部分人的俄语流利程度十分有限，即使在所有少数族群中他们是最为先进的群体（参见下文）。他们的追随者网络是用本群体母语沟通的战略优势所建立的，由此仅限于该语言的使用者。换句话说，对本章所探讨的机制而言，最为重要的是总的识字人口的语言多样性，而不是政治精英的语言多样性。

8. 族群投票模式。

犹太人的案例表明，罗曼诺夫俄国内部的群众沿着不同的族群路线被动员起来，这是因为用他们自身的语言来进行号召的做法具有优势，而不是因为政治活动家是民族主义者。然而，随着时间的推移，当这些联盟网络在不同的语言分隔间发展，民族主义就成为一种越来越合理的界定政治共同体的方式。相反，民族共同体是如何被想象出来的，已经由谁与谁见面、在20世纪初快速变化的政治环境中可以信任谁以及与谁共享获得政治权力的目标等所设定。因此，即使是非民族主义政党（最重要的是社会民主工党）也最终成为语言同质联盟网络的百衲衣——格鲁吉亚的分支、犹太的分支、波兰的分支、立陶宛的分支、乌克兰的分支、俄罗斯的分支等——而不是与国民党或中国共产党那样，成为真正的跨族群政治组织。

还应该指出的是，在大多数语言群体中，俄罗斯人的识字率远低于犹太人的俄文识字率。与亚美尼亚人和日耳曼人等其他侨民团体情况一样,犹太人可以同时用俄语阅读的人数超过了只能用意第绪语或希伯来语阅读的人数。在1900年左右,只有一半有阅读能力的波兰人同时可以阅读俄语;而立陶宛人、爱沙尼亚人和格鲁吉亚人不到1/3能如此;拉脱维亚人则不到一半(Kappeler 2001:313)。如果本地语言的政治动员的实际优势解释了为什么犹太活动家寻求建立单一族群的网络,那么这些优势必然在俄语能力更低的其他群体中发挥更大的作用。

相比之下,在中国,19世纪末反对帝国的煽动者们可以使用共同的中文书写文本来建立跨区域、多语言的联盟网络。因此,国家层面的民族是在这个同质的书写文字空间的边界内被想象的。在罗曼诺夫俄国晚期,出现了多个民族的热望,身份认同的景观与形塑它的政治联盟网络一样支离破碎:俄罗斯的、乌克兰的、格鲁吉亚的、亚美尼亚的、爱沙尼亚等的相似的民族主义苗壮成长并相互竞争。

可以肯定的是,并非罗曼诺夫俄国所有的主要政党都具有类似于孟什维克的民族文化内涵。继承了民粹主义和以农民为中心的俄罗斯激进主义传统的社会革命党,在1917年的选举中获得了大多数选票,其语言构成较为平衡(Perrie 1972;然而犹太人的代表人数还是过多)。但总的来说,投票和政治动员主要是在由语言界定的人口集团内进行的,就如1917年选举中那样。如上所述,乌克兰民族党在相应地区获得了70%的选票,其中城市主要由非乌克兰人居住[主要是波兰人和犹太人居住;以下来自卡普勒(Kappeler 2001:362—363)的研究]。讲意第绪语、波兰语和日耳曼语的人几乎依次整齐地投票给各自的族群党派,在犹太人投票的案例中,犹太复国主义政党这次战胜了崩得。在外高加索地区,格鲁吉亚人将票投给"他们的"孟什维克,就如前面所讨论过的那样,而亚美尼亚人则主要投票给联邦主义、民族主义的、"资产阶级的"达什纳克党(Dashnak Party),阿塞拜疆人投给穆斯林民主穆萨瓦特党(Muslim Democratic Musavat Party)。在外高加索地区,只有5%投票支持布尔什维克或社会革命党人。在伏尔加河中部和乌拉尔地区,鞑靼人和巴什基尔人大多数(约55%)投票支持单独的、族群界定的候选人。同样在中亚,哈萨克党赢得了乌拉尔斯克省3/4的选票。这种族群导向投票模式的唯一例外是在西北部,布尔什维克在那里能够收到非俄罗斯人的少数族群选票,然而几乎全是通过当地由族群界定的本党的分支来收集到选票。总共有 40％的爱沙尼亚人投票支持布尔什维克（其余选票投给爱沙尼亚民族党），72％的利沃尼亚人和在白俄罗斯人占多数的省份中有 51％—63％的居民投给了布尔什维克，在那里，各个民族的党只获得了约 1％的选票。

谁在统治？

如果不对沙皇政权的族群构成进行简短的讨论，我们对罗曼诺夫俄国的族群政治的理解将是不完整的，俄国各式各样的政治运动正是在这种族群构成的背景下展开斗争的。鉴于缺乏跨越族群分界的政治联系，我们预计，与清朝的情况不同，大多数少数族群不会出现在沙皇俄国的权力核心圈中。然而，在政治金字塔的最顶层，罗曼诺夫俄国的族群代表性却要比清代中国更为广泛，清朝是由很小部分的满族精英所统治。沙皇及其家族和贵族都讲俄语且有俄罗斯东正教的背景。除了皇室及其随行人员外，帝国的权力中心还包括政府和军队的最高层。在与清代比较时，出现相反的情况。

表 4.5 概述了政治军事精英的宗教背景。遗憾的是，这些精英成员所说母语的数据有限。然而，由于宗教与语言之间存在很大的重叠，我们也可以对该政权的语言代表性得出一些结论。关于精英成员语言背景的更有限的信息将在下面进一步讨论。抛开细节，表 4.5 显示了族群政治权力配置的两个突出特征。首先，信仰俄罗斯东正教的个人在民事行政管理的最高层显然代表比例过高。在尼古拉二世统治时期，215 名国务委员会成员（在预算和法律事务上为沙皇提供建议部门的人士）中近 90％是信仰东正教的，而信仰东正教者只占总人口的 70％。居于最高层行政职位的 568 人中，信仰东正教者所占的比例也是如此。相对而言，军队更为多族群化：1867 年，只有 77％的军官是俄罗斯东正教徒，1903 年则为 85％。

其次，在政府和军队中，路德宗教徒的人数代表比例过高，他们几乎都具有日耳曼背景。虽然占总人口不到 3％，但是在 1867 年，12％的国务委员会成员、7％的高级行政管理人员和多达 27％的将军是信仰路德宗的。在军队中，信仰路德宗的将军的比例在 1903 年下降到 10％，这是俄罗斯化政策的结果，但在高级将领中仍占 14％。显然，日耳曼少数族群是罗曼诺夫执政联盟的一部分。

表 4.5 在俄罗斯帝国的行政部门和军队中族群宗教群体的代表

宗教	占人口百分比(%)	主要语言群体	占人口百分比(%)	行政部门		军队					
				占国务委员会成员的百分比(%)(1894—1914年)	占最高的568个职位的百分比(%)(1894—1914年)	占军官的百分比(%)(1867—1868年)	占将军的百分比(%)(1867—1868年)	占尉官的百分比(%)(1903年)	占校官的百分比(%)(1903年)	占将军的百分比(%)(1903年)	占最高层级将军的百分比(%)(1903年)
俄罗斯东正教	69.3	俄语	44.31	87.9	89.9	77	77	80.9		84.9	81.7
		乌克兰语	17.81								
		白俄罗斯语	4.68								
		格鲁吉亚语	1.08								
路德教	2.8	日耳曼语	1.43	12.1	6.9	7	27	（1.5）4.2	7.3	（0.3）10.3	14.7
		芬兰语	0.11								
		爱沙尼亚语	0.8								
天主教	9.1	波兰语	6.31	0	3.2	14	0	（1）12.9	5.9	3.8	3.6
		立陶宛语	1.32								
亚美尼亚正教	0.9	亚美尼亚语	0.93	0	0	1	0	1.1	0	0.4	0
伊斯兰教	11.1	阿塞拜疆语	1.15	0	0	1	0	0.9	0	0.6	0
		哈萨克语	3.09								
		鞑靼语	1.5								
		巴什基尔语	1.14								
		乌兹别克（萨特斯语）	1.43								
犹太教	4.5	意第绪语	4.03	0	0	0	0	0	0	0	0

注：括号中的值包含在基于宗教信仰的主要数字中。
资料来源：基于 Kappeler 2001:300—301。

通过宗教来识别日耳曼人大大低估了他们在帝国的作用，因为只有波罗的海的日耳曼贵族保留了他们的路德宗信仰，而其他许多帝国内部的日耳曼人随着时间的推移转变为俄罗斯东正教教徒。利芬（Lieven 1981）详细分析了国务委员会成员的构成，并注意到 61 名非俄罗斯成员中有 48 名是日耳曼人，其中只有 16 名（波罗的海贵族）是新教徒，出现在表 4.5 中的就是这个数字。鉴于帝国政治的王朝逻辑，日耳曼人在罗曼诺夫帝国中的作用也许并不令人感到意外；从 18 世纪后期开始，罗曼诺夫家族只通过母系与先前的俄罗斯人皇帝联系起来，并且他们是北部日耳曼贵族的男性后裔。

因为俄罗斯帝国的政治联盟很少跨越民族语言的分歧，正如我们上面所看到的，所有其他群体——波兰人、犹太人、鞑靼人等——在权力核心圈中代表比例过低就不奇怪了（1867 年波兰人在军队内的将军人数是部分例外）。犹太人和穆斯林共同体共占大约 14％的帝国人口，几乎完全被排除在权力中心的任何代表之外。俄罗斯-日耳曼人对宫廷的统治和他们的贵族盟友一起牢牢地控制着国家，在波兰第二次起义之后加强了控制，当时俄罗斯沙文主义在政治精英中广泛传播。

通过再次查看表 4.4 我们可以得出类似的结论，该表列出了语言群体，并且在最后一列中，列出了由于对国家的出色服务而提升为个人贵族（非世袭贵族）的人口比例。这些数字使我们能够估计向上政治流动的比率，因为那样的贵族地位对个人在帝国政府或军队中的职业生涯而言是至关重要的。在 19 世纪，个人贵族的范围包括那些在军队或政府中获得高级别地位的人士或者是帝国勋章获得者，例如旨在奖励对王朝忠诚服务的波兰人的圣斯坦尼斯劳斯勋章等。

表 4.4 根据精英成员的宗教背景，为调查结果增添了更多细微差别。重要的是，我们现在可以区分同样信仰俄罗斯东正教的不同族群。信仰俄罗斯东正教但不讲俄语的乌克兰人和白俄罗斯人贵族只占同类俄罗斯人的 1/5。我们还发现格鲁吉亚人中成为贵族的人比俄罗斯人中成为贵族的人多。正如我们所看到的，这体现在格鲁吉亚人在帝国后期的政治中发挥着突出的作用，在沙皇和他的革命敌人两边都是如此。因此，我们可以得出结论，如表 4.5 所示，行政机构和军队中拥有最高级别的信仰俄罗斯东正教者大部分最有可能是讲俄语的人，其中

有一小部分格鲁吉亚人。表4.4还确认了日耳曼人在帝国权力结构中的非凡地位：他们成为个人贵族的比例明显高于讲俄语的人士。除亚美尼亚人和波兰人外，所有其他群体在政府和军队中的职业生涯几乎可以忽略不计。这与清帝国的情况形成鲜明对比，清帝国不同地区和语言群体的向上流动率相似。

俄罗斯帝国的两次解体

鉴于这种不平等的族群政治权力结构、它对讲俄语者的不断增加的倾斜（这是俄罗斯化政策导致的），以及政治联盟网络限制在语言的界线之内，具有少数族裔背景的政权反对者越来越倾向于走向民族主义意识形态就毫不令人奇怪了。最终，他们主张脱离帝国并建立了一系列独立的民族国家，由此导致帝国的解体。可以肯定的是，受俄国多数人欢迎的革命运动被证明在1905年和1917年的事件中具有决定性作用。回想一下，1905年的革命迫使沙皇对民主作出了一些让步，此后他很快就退缩了。1917年的二月革命推翻了王朝，在那一年的十月革命中，布尔什维克开始掌权。随后发生了内战，1922年布尔什维克获得决定性胜利。

在这些事件中，少数族群的民族主义者都没有发挥至关重要的作用。但是，帝国中心的削弱为少数族群的民族主义如雨后春笋般地出现、不断地激进化、迅速地获得政治权力奠定了基础，最终导致了1918年帝国的解体。本章只需简单地追踪十月革命后的发展即可[以下借鉴了派普斯（Pipes 1997）的论述；关于复杂发展的总结，参见 Smith 2013：第2章]。最初，大多数民族主义政党和伞形政党内的少数群体都在等待，看布尔什维克一旦在彼得格勒夺取了权力，是否会履行承诺，赋予帝国所有的民族以自决权。在1917年11月2日的布尔什维克宣言中重申了这一承诺。1918年1月列宁解散制宪议会之后，很明显，该党将试图通过严格控制的集权制度来统治国家，并且它正给予阶级斗争以特殊地位而无视民族自治原则。

一个月后，帝国外围的民族主义政党宣布他们的省份为主权民族国家：芬兰、爱沙尼亚、立陶宛、乌克兰、摩尔多瓦共和国（前俄国比萨拉比亚省）、白俄罗斯和外高加索联邦，1918年夏，外高加索联邦分裂为格鲁吉亚、亚美尼亚和阿塞拜疆。在突厥斯坦，临时穆斯林政府试图在土库曼民族军队的支持下掌权。在哈萨克斯坦，经过一场哈萨克游牧民族对抗自 19 世纪以来入侵其土地的俄国定居者的血腥战争之后，阿拉什党（Alash Party）宣布成立独立的哈萨克斯坦。在乌拉尔南部，巴什基尔人的中央舒拉（shura，议会）宣布自治，在北高加索地区，山地部落和哥萨克人的联盟建立起一个独立的北高加索山区共和国。[7]

在许多地区，民族主义者与白俄、布尔什维克党人和其他一些群体争夺军事和政治权力。第一次世界大战使局势大为复杂，并使中欧同盟国占领了从圣彼得堡一直到黑海北岸的罗斯托夫。英国军队介入中亚，奥斯曼军队进入高加索地区，等等。最后，布尔什维克接受了芬兰的独立，并且不得不给予波罗的海沿岸三国和波兰独立。然而，到了 1921 年，红军重新征服了其余的帝国领土，从乌克兰和白俄罗斯到中亚，从外高加索到西伯利亚。1924 年，布哈拉和基瓦的乌兹别克汗国也被军队制服。波罗的海国家、白俄罗斯西部和摩尔达维亚只能维持一代人的独立。在第二次世界大战期间，他们被苏联军队重新征服，第二次世界大战后的苏联最终与罗曼诺夫王朝的领土相同，除了芬兰和波兰在两地的民族主义事业中永久地丢失了。

充分讨论在重新征服的苏联的族群政治超出了本章的范围。我将限制在一个大致的概述中，旨在表明在苏联统治的 70 年间，尽管苏联共产党从 20 世纪 50 年代开始努力，但是跨越族群的国家建构几乎没有发生。胜利的布尔什维克最初甚至加剧了政治格局沿着语言分界的碎片化。他们字母化了少数族群的语言并用少数族群自己的语言对他们进行教育，这样的政策持续到 20 世纪 50 年代后期。他们授予"名义上的国家"特权进入新成立的共和国的官僚机构，这些共和国的边界是在语言地理的基础上绘制的（Martin 2001）。每个主要语言群体都会在苏维埃社会主义共和国（SSR）中找到其归宿，例如乌克兰苏维埃社会主义共和国（Ukrainian SSR）等。这些苏维埃社会主义共和国中的各自治共和国是较小的族群语言共同体的所在地，例如摩尔多瓦自治苏维埃社会主义共和国等。还为更小的共同体建立了自治州，例如在远东中国边境的犹太自治州，以及为小型的少数族群建立了自治区。民族志学家帮助认定了各种族群语言群体（现在根据斯大林的定义定名为"民族"）并划定了他们的领土（Hirsch 2005）；语言学家对各种民族的语言进行了标准化，并创建了拉丁语和后来的西里尔语字母来书写这些语言；艺术家用地方的语言创作歌剧、写小说或革命戏剧。

列宁、斯大林及其继任者希望通过在这些制度性脉络中驯服语言民族主义的精神。确实，在接下来的 70 年中，民族主义运动被完全遣散。目前尚不清楚这是不是因为少数族群精英在各个苏维埃社会主义共和国中找到了很多机会，可以在其中推进他们的政治生涯——即使鉴于莫斯科控制的共产党机构不受限制的权力，苏联的民族自治通常类似于纸质建筑而不是活生生的政治现实。或者可能分裂主义者的愿望在重压下垮掉了。在斯大林时代及以后的时期，苏维埃国家流放了数百万被视为不忠诚的少数族群到西伯利亚（Martin 2001：第 8 章），处决了成千上万的反革命分子或将他们送进劳改营，其中包括许多没有充分赞扬苏维埃民族模式的"资产阶级民族主义分子"，并且并不回避利用饥饿作为制服不守规矩的少数族群的武器（如 20 世纪 30 年代早期饥荒期间的乌克兰那样；Martin 2001：第 7 章）。

尽管如此，语言分界继续限制在一党制政体中出现政治联盟和恩庇网络，这在沙皇统治下没有形成。共和国、自治共和国、自治州和自治区等各级名义上的国家体系鼓励在这些单语言空间内形成政治机器。这种族群庇护网络的存在是有据可查的。比如，威勒顿（Willerton 1992）在阿塞拜疆和立陶宛的详细案例研究中，展示了这种单一族群的庇护网络是如何运作的，以及它们如何使自己远离莫斯科试图打破它们对省级地方政治控制的任何企图，且或多或少取得了成功（对苏联解体后俄罗斯的选举中这些网络的持续相关性研究还可参见 Hale 2013）。

鉴于跨族群政治联盟的稀缺，俄罗斯人像在罗曼诺夫王朝时期一样主导了最高级别的权力就不奇怪了。在党的政治局和中央委员会，在部长会议、国家委员会各位主席和军队的将军们中，俄罗斯人通常占据了大约 85％的职位，而俄罗斯人只占总人口的一半多一点（Hajda and Beissinger 1990；Encausse 1980：126；数据为 20 世纪 70 年代和 80 年代）。当有一个强大的恩主时，权力中心的少数族群代表性才会增加。在格鲁吉亚人斯大林统治下，格鲁吉亚人在政治局的成员达到了顶峰；在赫鲁晓夫统治下，乌克兰人在政治局代表比例过高；等等（Rigby 1972）。与中国的对比具有启发性，表明苏联国家建构在其政治整合方面基本上失败了。

在国家建构硬币两面另一面的身份认同方面也是如此。一项新的俄罗斯化政策试图培育一个统一的国家共同体,但几乎没有产生作用。从赫鲁晓夫时代开始,该政权在全国各地的学校引入了强制性俄语课程(Grenoble 2003)。许多较小的语言少数群体的小学不得不转向完全俄语教学。共产党认为苏联不再是通过在遏制民族主义政治野心的同时,允许其在文化上蓬勃发展来解决资产阶级民族主义"问题"的多民族模范国家。相反,该党把这个国家描绘成一个"苏维埃人民"的家园,其成员以俄语相互交流。该政权走上了一条被迫同化的道路,设想最终"各族人民趋同与融合"成一个单一的苏维埃和讲俄语人的熔炉(关于勃列日涅夫时期,参见 Grenoble 2003:58)。

然而,这项政策并没有削弱苏联的语言多样性。鉴于政治中心继续由俄罗斯人主导,少数群体的政治生涯主要局限于他们的共和国内,在那里说当地语言代表了一种优势,因此他们几乎没有动力拥抱俄罗斯人和"苏维埃人"这样的新民族身份。表 4.6 列出了每个主要群体中不再说自己的语言并采用俄语作为他们母语的个人的百分比。这些数据的时间范围是,1953 年赫鲁晓夫的俄罗斯化政策开始推行至 1989 年苏联解体之前。如表 4.6 所示,较大的群体和那些有名无实的苏维埃社会主义共和国的国家(外高加索、波罗的海、中亚等共和国),或在这些共和国中的自治共和国,采用俄语的进程很慢。人口普查数据还允许我们计算将自己的身份认同从一个族群转移到另一个族群的人数百分比。在 1959 年至 1970 年间,只有 1‰ 的人口这样做,而且几乎所有这些人都是"混合"血统,并且他们一旦年龄到达可以自己填写人口普查表时就开始认同自己为俄罗斯人(Gorenburg 2006)。这与博茨瓦纳的同化进程形成鲜明对比。

在戈尔巴乔夫的公开性解冻期间,民族主义者的热望被重新点燃,特别是波罗的海沿岸国家的人们、外高加索的群体,还有乌克兰人和白俄罗斯人。鉴于语言界定的网络通过名义上的民族原则得到如此加固,以及大多数的语言少数群体在政府权力中心如此缺乏代表性,这就并不令人惊奇。当在戈尔巴乔夫统治下的专制统治有所放松时,出现了另一个关键时刻,在这个关键时刻,历史可能会发生另一种变化。苏联可以在其当时的边界内实现民主化。如果在共产主义时代,苏联的国家建构是成功的,它本可以与印度和中国一起,成为第三个规模巨大、拥有由密集的政治联盟和共同的民族认同联系在一起的异质性人口的国家。

表 4.6　按语言群体和自治类型的俄罗斯化程度（1959—1989 年）

语　　言	俄罗斯化（%）	语　　言	俄罗斯化（%）	自治的类型	俄罗斯化（%）
科里亚克语	37.5	罗马尼亚语	3.2	苏维埃社会主义共和国	1.9
朝鲜语	29.6	巴尔卡尔语	3.2		
日耳曼语	26.6	奥塞梯语	2.1	苏维埃社会主义自治共和国	6.4
卡累利阿语	23.3	阿迪吉语	1.9		
楚科奇语	22.6	阿布哈兹语	1.8	自治州	3.3
曼西语	21.6	莱兹金语	1.8	自治区	18.7
埃文克语	19.8	库尔德语	1.6	其他	8.7
乌德穆尔特语	19.3	维吾尔语	1.6		
科米语	19.0	匈牙利语	1.5		
芬兰语	18.9	卡拉切语	1.2		
科米—珀米阿克斯语	17.6	阿瓦尔语	1.1		
汉特语	16.5	哈萨克语	1		
丘瓦什语	14.3	达尔金语	1		
玛利语	14.2	印古什语	0.9		
波兰语	13.9	卡巴金马语	0.7		
白俄罗斯语	13.2	库梅克语	0.7		
吉卜赛语	12.7	车臣语	0.7		
涅涅茨语	12.6	卡拉卡帕克语	0.7		
莫德文语	10.9	立陶宛语	0.6		
保加利亚语	10.6	图瓦语	0.6		
哈卡斯语	9.7	阿塞里语	0.5		
鞑靼语	8.6	拉脱维亚语	0.4		
巴什基尔语	8.6	格鲁吉亚语	0.4		
布里亚特语	8.5	土库曼语	0.4		
意第绪语	7.2	塔吉克语	0.3		
乌克兰语	6.6	柯尔克孜语	0.3		
加高兹语	6.6	乌兹别克语	0.2		
道尔根语	6.0	卡尔麦克语	0.1		
希腊语	5.3	爱沙尼亚语	−0.3		
阿尔泰语	4.3	切尔克斯语	−0.4		
摩尔多瓦语	3.8	亚美尼亚语	−0.7		
萨哈语	3.7				

资料来源：基于 Kaiser 1994；复制于 Gorenburg 2006：表 1。

　　然而，由于上面所概述的原因，历史再次没有这样转变。波罗的海各加盟共和国宣布独立后，苏联开始崩溃，并产生了一系列新的各主权国家，从西向东穿越整个帝国领土。当叶利钦成功抵制了旨在拯救共和国的苏联将军的政变之后，很明显苏联不会像 20 世纪初期那样试图重新征服那些变节的省份。语言差异的作用及其如何构建政治联盟网络在此过程中变得清晰：如果各少数族群共和国的人口保持自己的语言并拒绝转向俄语，就会很快地宣布独立于苏联，就如黑尔（Hale 2000）已经表明的那样。据推测，同化程度较低的人群与多数群体俄罗斯人之间的政治联盟和支持关系也较少。

　　我通过简要说明本章开头提出的问题来总结：俄罗斯和中国的国家建构轨迹所产生的分歧是不是因为中国拥有更长的国家历史？在一个共同的政治屋檐下生活 2 000 年之后，谁能想象为创建一个分离的国家而奋斗？请注意，这是一个从语言同化到国家语言发展过程的单独机制，这确实需要时间来展开。因此，问题在于，除了通过语言同质化产生的间接影响之外，长期的国家历史是否鼓励权力分享和国家认同。

　　我们有理由怀疑是否确实如此。比较俄国境内的群体，我们已经看到，生活在俄国政府统治下四个世纪的喀山鞑靼人与俄罗斯人发展出很少的政治关系。相反，这种关系在格鲁吉亚人与俄罗斯人之间则更为频繁，例如在孟什维克派中，尽管罗曼诺夫俄国是在几个世纪之后才征服了格鲁吉亚人的土地。我们通过比较各国的情况也得出了类似的结论，在下一章中将更详细地分析要探索的数据集。我发现，中国的悠久国家历史并没有加强跨越族群分界的政治整合。20 世纪国家建构前景的关键是 19 世纪后期是否出现了中央集权的国家，即使它的历史不能追溯到几千年前，却有较近的历史起源，如同俄国那样。[8] 因此，俄国和中国在这方面并不存在差异。这应该使本章所讨论的论点更加合理：中国的书写文字的统一有助于建立跨越语言鸿沟的政治关系，并形成共同身份认同，而俄罗斯的语言和书写文字均为异质性的，这是其国家建构者无法克服的障碍。

【注释】

　　[1] 这一反事实表明，我们不能将跨族群联系的存在归因于帝国的中央集权性质或仅仅归因于科举考试制度。

[2] 各军阀派系从广义上讲组成了北方联盟和以国民党为主导的南方联盟,他们都声称代表国家政府。得值注意的是,南方联盟包括以普通话为主的省份,如四川、云南和贵州,并代表了一系列语言极其多样化的人口。

[3] 中国共产党的领导班子中农民的儿子比国民党的多,否则他们两者的领导阶层社会背景很有可比性(North 1952:76—85)。

[4] 汉藏语系(中国的各种语言为其一部分)、非亚语系(阿拉伯语为其一部分)、达罗毗荼语系(南印度语言)、日语和东南亚的三个语系是例外。

[5] 就如卡普勒(Kappeler 2001:262—264)所指出的那样,这一俄罗斯化政策主要局限于西方。在伏尔加-乌拉尔地区,为少数族群语言开发了西里尔字母并且建立了教本土语言的学校——与俄罗斯帝国的欧洲部分相比,这是完全相反的政策。在此期间,中亚的异族人共同体基本上是独立的。

[6] 这对犹太人的崩得和亚美尼亚的达什纳克党、白俄罗斯社会主义者罗马达(Hromada)、格鲁吉亚社会主义联邦党萨卡特维洛(Sakartvelo)以及犹太人社会主义工人党(SERP)也都是如此。所有人都将非领土文化自治视为其人民家园联邦的、领土自治的补充(Pipes 1997:28)。

[7] 俄国内战期间建立的一个非系统但具有指导意义的国家名单可以在这个网站上找到:http://www.worldstatesmen.org/Russia_war.html。

[8] 对于这一分析,我使用了一个国家古老历史指数,这将在下一章中详细讨论。它有两个变体。第一个是测量在 1850—1900 年间,是否有一个高于当地共同体的国家统治着该领土,当地的群体(而不是外国帝国)是否控制了它,以及该国今天实际统治的领土有多少。中国和俄国在这一指数上的得分相同,这一指数适用于 141 个国家。从这里概述的理论的观点来看,它们是最相似的案例。根据这一理论,这一测量指标与第二次世界大战后的族群政治包容性显著相关(参见附表 4.1 模型 1)。19 世纪国家地位的水平后来会加强国家建构。

国家古老历史指数的第二个类型将过去 2 000 年的整个国家形成历史考虑了进来。因此,将国家的存在时长添加为一个标准。在这一指标上,中国的得分是整个数据集中最大的,而俄国只有其一半。这是否解释了中国和俄罗斯国家建构的不同轨迹?附表 4.1 中的模型 2 告诉我们,情况似乎并非如此。

然而,我确实发现,在能回顾自身土著国家悠久历史的国家中,分离主义冲突更可能发生(附表 4.1 中的模型 3 和模型 4;模型 5 和模型 6 指的是非分裂主义冲突;模型规范复制了 Wimmer et al. 2009)。那么,倒不如说,中国更长的国家历史应该使它比俄罗斯更容易面对更多的分裂主义暴力。

第五章　政治整合：世界各国的证据

现在已到了引领我们从欧洲穿过非洲到达东亚的世界之旅的终点。通过比较这三对案例研究，而不是在每对案例中进行比较，读者可能会怀疑所论证的论点是否真的成立。例如，如果书写文字的同质性在中国发挥了重要作用，那么为什么索马里的语言和书写文字都具有同质性却不能帮助建立跨宗族分界的联盟？为什么瑞士不像罗曼诺夫俄国和苏联那样沿着语言的分界而解体？人们可能还会问其他国家如何符合这样的情况。印度的多种语言的人口难道不会使这个国家陷入与俄罗斯类似的命运吗？然而，在印度没有一个主要的非印地语地区发展出分裂主义的野心。托克维尔在19世纪早期所详细描述的美国公民社会（民间组织）的早期发展：为什么在美国内战之后，不能建立跨越种族鸿沟的持久联盟网络？

我们还需要设问，其他研究人员所强调的因素，例如民主制度或殖民遗产，是否阻碍或加强了国家建构？也许这些因素以比公共物品供应、公民社会发展和语言多样性等更为重要的方式产生影响。尽管我在六个案例研究中讨论了许多这样的因素，例如通过显示殖民主义没有深刻改变索马里和博茨瓦纳政治发展的轨迹，但是它们不是我理论框架的一部分。因此，历史叙述把它们当作手头这些案例的偶然和特殊的情况。但它们是否更系统地塑造了其他国家的国家建构？

解决这三个问题的唯一方法是探索全球的大量案例。这就是本章使用涵盖整个世界很长一段时间的数据集所要做的。因此，我们从叙述性分析模式转变为统计调查模式;这三个因果过程现在将以超过数千次观察的平均统计效应的形式被确认。同时,我们还可以探究,国家建构的替代性解释是否得到经验证据的支持。

这样的分析严格按照第一章中概述的理论论证的三个步骤进行。第一步,我证明,较强的提供公共物品的能力、发达的志愿性组织和语言同质性,以及与中央政府中少数族群和多数族群代表更具包容性的权力配置在统计上有关。因此,第一步的证明将与前面定性研究的三章讨论相同的问题,但是我们将探讨更多内容并更宏观,不考虑历史的细节,只涉及宏观层面。

第二步将进一步带我们回到历史,探索第二次世界大战后有利于国家建构的条件如何在之前就出现了。正如前面章节中所论述的那样,我将证明,如果19世纪中央集权的国家已经在自己的领土上实施统治,那么这些国家的政府就能更好地提供公共物品,并且那里的人口就讲更少种类的语言。因变量将是以各种方式衡量的语言同质性和公共物品供应。

在第三步中,我询问为什么中央集权的国家出现在某些地方而不是其他地方,从而进一步沿着历史道路进行调查,因此超出了前三章的讨论范围。19世纪后期的国家中央集权水平将作为一个因变量来探索第一章中已经概述的一些经典论点:拥有足够的人在经济上支持非生产性政治精英的地方,国家就发展;发展的国家只出现在没有导致身体衰弱的疾病且气候温和的地方;这些国家是由一个自我强化的战争制造的,且在国家建构过程中产生;等等。

第一步:解释族群政治整合

志愿性组织、公共物品供给和语言同质性是否促进了前几章讨论的六个案例之外国家的国家建构?为了测量这三个因素跨国家几十年的影响,我将不得不使用粗略的代理变量。统计分析也不会过多关注历史顺序、事件链、国家中各地区之间的差异等。从积极的一面看,这使我能够确定世界上大多数国家的国家建构的一般模式,从而对前述几章更精细的分析进行补充。

对政治发展论的测量

为了测量志愿性组织在社会中的发展程度，我依靠舍弗和朗霍弗（Schofer and Longhofer 2011）所收集的数据集。该数据集根据非政府组织的百科全书，计算了人均非政府组织的数量。它涵盖了许多国家和 1970—2005 年的所有年份（关于描述性统计，参见附表 5.1）。遗憾的是，这些数据不包括在许多社会主义国家及在其他国家都很突出的受政府控制的志愿性组织，而只有非政府组织。从理论上讲，只要这些组织的成员资格不是强制性的，一个社会主义妇女组织就像一个木匠协会一样，在建立跨越族群分界的政治联盟方面同样有作用。因此，这种测量很可能低估了社会主义世界中志愿性组织的发展，并且我对此无能为力。从更积极的方面来看，进一步的分析表明，人均志愿性协会的数量与表明统治精英在多大程度上依赖恩庇赞助来获得追随者的措施呈负相关。[1] 这支持了我的论点，即国家和志愿性协会之间的恩庇赞助和联盟代表了统治精英获得广大民众支持的两种不同方式。

我们也没有理想的测量国家能力的方法（参见 Hendrix 2010），更不用说测量国家提供公共物品能力的方法了。该领域尚未解决的问题是，我们只能通过查看由国家产生的各种产出来测量能力，例如政府办的学校或诊所的数量。但是，这样的产出不仅取决于能力，还取决于政策选择：一些政府希望改善其人口的健康状况，一些政府则想建立一支军队。在获得更好的解决方案之前，我遵循标准方法并专注于测量各种产出。首先，我将使用可以读写的成年人的比例[与拉波塔等（La Porta et al. 1999）、基纳约利和雷纳（Gennaioli and Rainer 2007）的研究相一致]，这受到公立学校系统和国家主导的字母化（识字）运动的强烈影响，就如在索马里的案例中讨论过的那样。[2] 数据来自各种来源（参见 Wimmer and Feinstein 2010），涵盖了 19 世纪初以来世界上大多数国家。

第二种不太常用的测量是每平方公里铁轨的长度。数据同样始自 19 世纪初（Wimmer and Feinstein 2010）。如此长的数据系列将使我能够评估在公共物品供给与国家建构之间的统计关联是否确实是由一个长期的过程造成，就如该理论认为的：如果用 1900 年的识字率和铁路长度预测 2005 年的国家建构，那么我们确实是在这里处理缓慢移动的酷似冰川运动的过程。

由国家提供和维护的铁路通常代表着公共物品,尽管一些铁路也用于军事目的或运输自然资源而不是运输人口,或(至少最初)在运行时没有任何国家补贴。尽管如此,铁路长度更接近公共物品供给的测量标准,而不是税率或国内生产总值中政府的份额。这些常用的国家能力指标不区分不同类型的政府支出,最重要的是,不区分军事支出和其他支出之间的差异。[3] 由于我将使用识字率和铁路轨道长度作为公共物品供应的两种替代测量标准,因此这两者将被整合入两个独立的统计模型。

为了测量语言多样性,我使用了最早的可用数据,这些数据是苏联民族志学家在 20 世纪 50 年代和 60 年代收集的。费伦和莱廷(Fearon and Laitin 2003)使用这些数据来计算两个随机选择的人说同一种语言的概率。语言数据非常适合当前的特定用途,因为我们需要对沟通景观进行"客观"的描述而忽视语言鸿沟的政治相关性。可以肯定的是,这种测量并没有考虑到某些社会在语言上是多样化的,但在书写文字上是同质的,就像中国的情况一样。但是,中国在这方面是独一无二的。另外,只有两个国家使用了字符书写文本,即日本和韩国,而这两个国家在语言上基本上都是同质的。因此,语言分化的测量足以捕捉可能阻碍整个社会形成政治联盟的沟通障碍。

相互矛盾的诸论点:政治制度、历史遗产、全球压力、族群人口配置

前几章概述的政治发展论与之前简要提及的比较政治和政治社会学中的一系列其他方法形成了对照。是时候将这些相互替代的观点带回讨论中了。我将讨论这些最重要的论点和可用于根据经验来评估它们的数据。

1. 政治制度:民主、比例主义和议会主义。

许多比较政治学家和政治理论家认为,至少从长远来看(Huntington 1996;Diamond 1995),民主制是促进族群包容和国家建构最有效的制度,以至于许多知名的作者和政策制定者将"国家建构"和"民主化"等术语作为同义词使用(Dobbins 2003—2004)。毕竟,人们会争辩,民主可以鼓励政治领导人超越自己的族群圈走向大众,并寻求跨越族群分界的选票。另一方面,少数族群的政治领导人可以在民主国家中自由组织(Diamond 1994),为参与而施压,并能以合作伙伴的身份建立起获胜联盟。最终,竞争性选举可以造成政府更替,从而最大限度

地降低少数族群永远被排除在行政机构代表之外的风险。因此，民主国家应该比非民主政权更不具有排斥性。

为了验证这一假设，我使用了著名的政体 IV 数据集和测量一个国家政府体制民主或专制的尺度表。如前所述，这个尺度表的范围从－10 到＋10，我使用＋6 的标准截点来识别民主制度。"半民主半专制制度"（anocracies）被定义为显示出既有专制成分又有民主特征的政权（在综合尺度上的范围从－6 至＋6）。专制制度不包含民主元素（在综合尺度上从－6 到－10）。

政治学家还论证了是否某些民主制度比另一些民主制度更能促进国家建构。像英国那样的议会制（Linz 1990；Lijphart 1977）还是像美国那样的总统制（Saideman et al. 2002；Roeder 2005；Horowitz 2002；Reilly 2006）更有利于政治包容和国家建构？另一个密切相关的辩论涉及根据什么样的规则来选举议员。一些学者认为，与美国等多数主义规则相对应的比例制鼓励多党相互分享权力，从而允许少数党在政府获得职位（Lijphart 1994，1999）。[4] 这些不同的辩论明确地围绕两个立场展开：向心主义者（centripetalists）主张美国式的多数主义和总统制的结合，鼓励政治家跨越族群和种族分界建立更广泛的联盟。另一方面，协和主义者（consociationalists）则认为，比例代表制更有可能给少数派政党和候选人以机会，而议会制则允许这样的政党在联合政府中获得影响力，从而可以产生整体上更具包容性的政体。

为了评估这些相互竞争的假设，我运用三个数据集：耶林和萨克尔（Gerring and Thacker 2008）对政治体系是总统制、混合制还是议会制，以及是比例制、混合制或多数制进行了编码。这些数据从 1946 年开始，仅适用于民主国家和半民主国家。我还使用了来自世界银行（Beck et al. 2001）的一组研究人员提供的更精细的政治机构编码，其中包括专制政体，但只有 1975 年之后的数据。最后，来自制度和选举项目（the Institutions and Elections Project，IAEP）同样细化的数据集（Regan and Clark 2011）涵盖了 1972 年以后的所有国家。世界银行与制度和选举项目数据的结果与耶林和萨克尔的数据基本相同，参见附录"对第五章的补充"。

2. 历史遗产：战争、帝国或奴隶制。

第二组方法强调战争或帝国主义的历史遗产，从而将国家建构的前景与欧洲的征服和对世界的统治联系起来。根据强调殖民遗产影响的研究方法，帝国政府经常招募少数族群成员进入政府（如英属斯里兰卡招募的泰米尔人）或进入军队（如法属摩洛哥招募的柏柏尔人）。人们认为这些群体对外国统治者更加忠诚，因为少数族群依赖于他们的晋升和保护。一旦殖民者离开并且国家变得独立，这些在历史上拥有特权的少数群体继续控制后殖民地国家（Horowitz 1985：第 11—13 章）。

殖民遗产论有两个说法，一个较弱，另一个较强。根据较弱的说法（Chandra and Wilkinson 2008），殖民地国家的独立很少能改变从过去的帝国主义殖民历史中继承下来的权力配置。例如，在殖民时期，茨瓦纳国王的统治地位使得多数群体茨瓦纳族的政治家在新独立的博茨瓦纳占据了大部分权力。然而，在殖民时期由少数群体统治的地方，在独立后他们会继续进行统治。较弱的殖民地遗产论由此与一般的路径依赖观点相结合：除非被革命或战争颠倒过来，否则权力配置往往趋于缓慢变化。我不能系统地测试这个论点，因为关于殖民地的权力配置数据仅适用于少数几个国家（ibid.）。

较强的殖民地遗产论认为，具有殖民历史的国家在国家建构方面应该比过去没有殖民史的国家不成功，因为只有在殖民政体中，少数群体才能得到系统性提升。因此，与索马里、博茨瓦纳和比利时相比，俄国、瑞士和中国应该在政治上更具整合性和包容性。为了测试这个较强的殖民地遗产论，我计算了自 1816 年以来领土由帝国或殖民强国控制的年份百分比（大多数数据来自 Wimmer and Min 2006）。

另一些作者认为殖民地政府如何统治很重要，并非所有殖民统治风格都对后殖民的国家建构产生同样的影响。马洪尼（Mahoney 2010；另见 Olsson 2007）认为，在自然资源开采、控制贸易以及在征服者和被征服者之间划定明确界线的基础上建立的重商主义的殖民统治，留下了阻碍国家建构的内部殖民主义遗产。相比之下，"自由主义"的殖民统治将自由贸易与对当地人口更为宽松的政治控制相结合，使后殖民政府能够将多数群体和少数群体都整合进一个包容的联盟。由于大多数西班牙殖民地是在重商主义时期被征服的，与大多数时候由"自由主义"政权统治的英国殖民地相比，以前的西班牙领土应该不那么具有包容性。

还有一些人则认为，通过一个有着来自不同族群和地区背景、被同化了的当地人的殖民地官僚机构，法国更直接地统治其殖民地。这种多元化的同化官僚群体随后经常统治后殖民政府。因此，法国的前殖民地应该表现出比其他国家的前殖民地更低的族群政治不平等水平（Blanton et al. 2001；Ali et al. 2015）。所有关于前殖民地和帝国控制者的数据均来自威默和芬斯坦（Wimmer and Feinstein 2010）的研究。他们对一个国家的领土曾被某个特定帝国控制的最大百分比进行了编码。

　　这当然不是评估殖民统治风格是否重要的理想方式。正如历史文献中所记载的，同样的帝国权力可能以不同的方式统治着不同的殖民地。例如，波斯湾的国家只是名义上为奥斯曼帝国的一部分，而希腊和波斯尼亚则通过苏丹任命的军事总督进行统治。在同一殖民地内，统治的风格也随时间发生变化。因此，需要进行更精细的分析。确有一些对殖民统治实际风格的测量可用，但所测量的国家数量都是大大减少的。

　　阿西莫格鲁等人（Acemoglu et al. 2001）计算了世界各地不同殖民地的欧洲定居者和士兵死亡率。这是一个代理变量，用于估计欧洲的法律和官僚机构是否转移到了海外领土：这种转移发生在欧洲定居者能够生存下去的地方。这些数据仅适用于 70 个国家（对这些数据质量的批评，参见 Albouy 2012）。在本章的上下文中，这个变量很好地测量了殖民地对欧洲定居者的适合程度。例如，它应该能获取博茨瓦纳和索马里的不同殖民经历。

　　殖民统治的另一个方面是它取代本土政治制度的程度，或者相反，它依赖于本土政治制度的程度。兰格（Lange 2005）计算了各个英国殖民地的法庭案件中，有多少是由当地土著法官主持的"传统"法院裁定的，又有多少是由殖民法院裁定的。这些数据来自 35 个英国前殖民地，并能测量殖民统治的"直接性"。[5] 另外，我们也可以依赖经济数据：独立前不久殖民地或帝国政府的人均支出。更高的支出表明殖民地被更直接地统治，因为维持现代官僚机构比为传统的国王提供津贴开销更大。所有支出数据均已根据美元不变价进行换算，并按殖民地领土的国内生产总值进行加权（数据来自 Wimmer and Feinstein 2010）。该样本所做的这一测量包括 83 个国家。

　　第二个历史遗产论提出，具有奴隶制历史的社会在奴隶获得解放后面临建构整合国家的严重障碍，类似于民权运动之前的美国（Winant 2001）。他们认为，黑色人种承受着过去曾作为奴隶的耻辱，而肤色较浅的人口群体和个人将继续阻止他们上升到各种政治权力的位置。没有关于历史上奴隶制历史盛行的全球数据(目前仅有非洲的数据),这一论点很难得到检验。但我们至少可以看出,种族差异高的国家是否也是那些族群政治等级更明显的国家。族群权力关系数据集最近进行了修订,对如何相互区分族群类别进行了编码:通过语言,通过宗教,通过职业(如印度的种姓制度),通过文化传统,或通过种族(Wimmer 2015)来进行。含高比例种族成分的群体应该导致该群体人口成分大比例地被排除在国家政府的代表之外。

最后一个历史遗产论的观点涉及战争和冲突的作用。就如我在其他书中所论述的(Wimmer 2013),现代世界的战争史在很大程度上由新的民族国家的形成、它们之间边界的确定,以及由谁来控制它们的族群政治斗争所驱动。一个族群同质的民族国家的理想有时通过同化少数群体来实现,但有时则通过重新划定沿着族群领土边界、通过暴力驱逐少数群体人口的战争来实现。在具有族群民族主义战争历史的更加同质化的那些国家中,国家建构可能更容易。另一种可能的机制是各国之间激烈的冲突动员了人民进行全面战争。战争动员强化了国家认同,并且鉴于与边界另一边敌国的强烈对抗,还减少了国内族群分界的显著性。普遍的民族主义可能会将少数群体和多数群体进行政治整合,形成一个包容的联盟。这与我到目前为止讨论的相反。通过志愿参加军队、反对叛变,或者在实际战斗中,少数族群还常常可以"证明"他们对国家的忠诚,并有可能在战争结束时在国家政府中获得政治代表。

为了测试这些战争有利于国家建构的理论,我运用两个变量,两者都来自威默和闵(Wimmer and Min 2009)的战争数据集。第一个变量统计族群民族主义战争的数量,包括族群内战和争取独立的反殖民战争,这些战争发生在1816年至族群政治排斥数据的第一年(1946年或国家独立的年份)。第二个变量计算同一时间跨度内任何类型的战争总数。它包括国家之间的战争,这些战争有时会导致边界调整,从而形成更加同质化的社会和/或强化民族团结关系,以促进少数群体的政治整合。

3. 世界政体:多元文化的全球扩散。

民主和历史遗产论找寻的是国内政治因素。另一些作者则指出塑造世界各地族群政治形态的全球性的、跨各洲大陆的力量。根据约翰·迈耶及其合作者的观点，在过去 200 年中出现了一种基于启蒙运动规范原则的理性世界文化，并最终主导了世界各地的社会(Meyer et al. 1997)。自美国民权运动以来，这个准则包含了少数群体需要在政治上获得权力以及他们在政治体系中的代表性需得到保证的观点。相应的政策——诸如为少数群体保留议会席位、进行选区制度设计、提供内阁级别成员的配额等——在世界各地广泛传播(Kymlicka 2007)。

世界文化理论试图解释各国之间的差异以及不同时期的差异。我分别测试了这两个方面。一个国家与全球文化和权力中心保持的联系越多，就有越多的精英和非精英能接触到世界文化模式，向受到排斥的群体开放的政府各级职位就会越多。为了评估这个假设，我使用了两种测量方法，分别自上而下和自下而上地说明世界文化扩散的机制。在自上而下的机制中，政府精英通过参与全球性制度，如联合国的各个组织来接触世界文化。我将使用一个国家加入了多少国际政府间组织的数据来说明(Pevehouse et al. 2004)。[6]

自下而上的机制通过诸如福特基金会、大赦国际和人权观察等国际非政府组织来运作。他们将多元文化正义和少数群体代表的全球理想移植到世界各地的公民社会中。有时(就像福特基金会那样)，他们甚至直接鼓励被排斥的少数群体进行政治动员。最终，公民社会行动者将获得足够的势力迫使政府向最受排斥的少数群体开放职位。国际非政府组织的人均数量(基于 Smith and West 2012)将被用来测试这一论点。

关于随时间变化的问题，世界政体理论假设，随着世界文化模式在世界各地获得成功，普通国家应该变得越来越具有包容性。这种趋势应该从 20 世纪 70 年代开始加速，因为此时全球霸主美国终于克服了对投票权的种族限制，为少数群体赋权成为全球规范的准则。这个论点可以用"按日历时间编码的自然三次样条曲线"进行统计检验。这个晦涩的术语指的是一个简单的手法，它能够追踪时间流逝如何与世界族群政治的包容水平相关的非线性趋势。例如，它可以发现，直到 1957 年，不平等逐渐增加，然后在接下来的十年逐渐减少，之后是急剧增加；它还可以描述从 20 世纪 70 年代开始的持续下降，这符合世界政体理论的预期。这些趋势将用图表的形式来解释。

4. 交叉切割：族群人口统计的分裂结构。

最后一个论点与族群的分裂结构相关，这在讲瑞士和比利时的那一章中已简要提及。在宗教和语言领域相互加强的社会中,国家建构难道不应该更加困难吗? 如在罗曼诺夫俄国那样,与瑞士相比较,那里讲法语和讲德语的人也分为天主教和新教徒两个部分。这个论点在 20 世纪六七十年代很突出,当时李普塞特(Lipset 1960)和其他(如 Rae and Taylor 1970)政治学家分析了社会的"分裂结构"如何影响政治冲突与合作。在社会学和人类学中,从齐梅尔(Simmel)到伊凡-普理查(Evans-Pritchard)和布劳(Blau)等一系列学者也提出了类似的论点(概述参见 Selway 2010:118—120)。

塞尔韦(Selway 2010)最近从这个角度研究了族群冲突,认为当语言界线越过宗教界线时,各个国家就较少有冲突倾向。他根据世界各地的调查数据计算出宗教和语言边界重叠的程度(如果有完美的重叠则为 1,完全交叉则为 0)。这些数据来自 107 个国家。我将用它们来评估社会的族群人口分裂结构在多大程度上促进或抑制国家建构。

因变量和建模方法

族群政治的包容性(国家建构的政治整合方面)将通过族群权力关系数据集(Wimmer et al. 2009)的数据来测量。族群权力关系数据集包括 156 个国家和 733 个与政治相关的族群类别。如果至少有一个行为者(某个政治运动、政党或个人)在国内政治领域中只得到很小的共鸣却声称代表此族群类别,或者如果外人歧视该群体成员,从而认为该族群类别具有相关性,则该族群类别就具有政治相关性。如果这些行为者不能公开承认他们的族群背景或公开企图追求群体利益,则族群权力关系数据集不会将这样的个人、政党或运动编码为"代表"某个族群。根据建构主义的族群观念,相关类别的列表能够随着时间的推移而变化,各种类别可能会裂变或融合。族群权力关系数据集建立在对族群的包容性定义基础之上(例如,参见 Wimmer 2008),这些族群中包括具有独特宗教、语言、种族、文化或职业的群体(如在种姓制度中的群体)。

族群权力关系数据集通过评估是否可以在政府行政部门的最高层中找到群体成员,例如在议会民主国家的内阁中、在军事独裁统治的将军范围内、在共产党政权的中央政治局内等,从而列出每个族群类别的政治地位。因此,这样的测量标准不依赖于一个国家是否被民主制度所统治。代表的级别通过一个顺序量表来测量。该量表的范围包括从垄断权力(特定群体代表对政府行政部门的完全控制)到支配地位(其他群体的一些成员担任政府职位),在权力共享安排中的高级官员、初级官员、地区层面的代表(例如,在省级政府中),无权力,以及歧视(即有针对性地在任何级别排除代表)。为了本章的目的,我计算了受歧视、无权力或仅在地区政府中有代表的人口比例,这些人口都被排除在国家政府的代表之外。因此,因变量将是这些被排斥人口的比例。

关于统计建模方法的一些要点是井然有序的。首先,大多数变量随时间而变化,但语言分散化指数除外,遗憾的是该指数没有历史数据。我们由此可以将所有年份和所有国家的所有观测资料汇集成一个使用国家和年份作为观测单位的数据集。[7]因此,数据集包含 1960 年的索马里(独立的第一年)、1961 年的索马里,一直到 2005 年的索马里,还有 1966 年的博茨瓦纳、1967 年的博茨瓦纳等。1946 年或独立之年和 2005 年之间所有年份的全世界 156 个国家的数据都被包括在内,这些国家的面积都超过 5 万平方公里,人口至少在 100 万以上。

所有统计模型都必须考虑到族群人口构成(或对之进行"控制",就如社会科学家所说的那样)。想象一下,某个国家只有两个族群,每个族群占人口的 50%。被排斥人口的规模要么是 0 要么是 50%。在一个拥有 10 个群体且每个群体占10% 的人口的国家中,被排斥人口的规模可以是 0、10%、20% 等,一直到 90%。所有模型因此都将包括对群体数量以及最大群体的人口份额的控制。[8]

主要发现

我循序渐进地进行分析,分别评估上面所讨论的每组理论。[9]表 5.1 测试各种历史遗产的论点。表 5.1 中的模型 1 和模型 2 表明,与国家建构的好战理论相反,我们在过去有许多族群冲突的国家(模型 1)或有许多类型的战争的国家(模型 2)中找不到更具包容性的统治联盟。因此,当通过战争进行种族清洗和边境调整产生更多的同质性人口,或与邻国的战争激起民族主义热情并减少国内族群差异的政治显著性时,国家建构并不太可能变得更容易。我们将看到(表 5.4中的模型 4 和模型 8),过去曾发生过许多族群民族主义战争的国家,如今在语言上也没有更加同质化,这引发了对国家建构的好战理论的进一步怀疑。

模型 3 表明,自 1816 年以来在帝国统治下多年的国家并不比那些受帝国主

表 5.1 历史的遗产（被排除在政府代表之外的人口比例的广义线性模型）

	过去的族群民族主义战争	过去的战争	帝国统治的持续时间和领地	定居者死亡率	间接统治	直接统治	奴隶制的遗产
	1	2	3	4	5	6	7
1816 年和第一年数据之间族群民族主义战争的数量（Wimmer and Min 2006）	0.027 2 (0.117)						
1816 年和第一年数据之间战争的数量（Wimmer and Min 2006）		−0.011 2 (0.037)					
帝国历史的持续时间（自 1816 年以来殖民地或帝国统治下的比例年数）（Wimmer and Feinstein 2010）			−0.693 2 (0.509)				
西班牙曾统治的领土的最大百分比（Wimmer and Feinstein 2010）			0.188 3 (0.472)				
哈布斯堡王朝曾统治的领土的最大百分比（Wimmer and Feinstein 2010）			−0.340 1 (0.417)				
奥斯曼帝国曾统治的领土的最大百分比（Wimmer and Feinstein 2010）			0.587 7 (0.371)				
俄罗斯帝国曾统治的领土的最大百分比（Wimmer and Feinstein 2010）			0.422 5 (0.5)				
法兰西帝国曾统治的领土的最大百分比（Wimmer and Feinstein 2010）			0.655 5* (0.345)				
大英帝国曾统治的领土的最大百分比（Wimmer and Feinstein 2010）			0.603 9* (0.349)				
葡萄牙曾统治的领土的最大百分比（Wimmer and Feinstein 2010）			0.796 9 (0.606)				

续表

	过去的族群民族主义的战争	过去的战争	帝国统治的持续时间和领地	定居者死亡率	间接统治	直接统治	奴隶制的遗产
	1	2	3	4	5	6	7
格鲁吉亚,比利时,埃及,意大利,荷兰,美国,中国,日本,泰国,瑞典,曾统治的领土的最大百分比			0.386 2 (0.379)				
殖民统治期间欧洲定居者(有记录的)死亡率(Acemoglu et al. 2001)				0.066 6 (0.121)			
间接统治(地方法院判决的案件的百分比)(Lange 2005)					0.012 1 (0.011)		
独立前人均政府支出(标准化之后)(Wimmer and Feinstein 2010)						−0.051 4 (0.210)	
族群种族体人口比例(Wimmer 2015)							0.430 6 (0.421 8)
日历年的自然三次样条曲线	是	是	是	是	是	是	是
族群人口控制	是	是	是	是	是	是	是
观察数	7 138	7 138	7 134	3 604	1 122	3 604	6 782①

注:括号中是稳健的标准误差。常量未显示。
① 样本仅限于族群在政治上相关的国家。
* $p < 0.1$。

义影响较小的国家更具排斥性,这与较强的殖民遗产论所预测的相反。关于殖民统治的风格与预期的相反,事实上,与没有受过外国统治的国家相比,法国的前属地更具排斥性;但英国的前属地也是如此,从而引发了人们对直接和间接殖民统治之间的差异是否对后殖民地的国家建构产生影响的疑虑。我们将看到,一旦我将公共物品供给、语言同质性和志愿性组织的数量等测量因素加入等式中,曾经作为英国或法国殖民地的统计效应就会消失(参见表 5.3)。表 5.1 中的模型 3 也表明,西班牙前殖民地今天并没有排斥其占比较大的人口,如果重商主义留下了后殖民地国家建构难以克服的族群政治不平等的问题,情况就会变成那样。模型 4 至模型 6 用连续变量评估不同风格的殖民统治是否影响后殖民国家建构。模型 4 使用对定居者死亡率的测量;模型 5 用当地法院处理的案件比例测量间接统治;模型 6 使用另一个直接统治指标:帝国政府在独立之前的人均支出。这三个变量中没有一个与族群政治的排斥性显著相关。我们不得不得出结论:不同的殖民遗产论点没有一个得到证据的支持。

表 5.1 中的模型 7 探讨了具有奴隶制遗产的社会是否继续将黑种人排除在政府代表之外。这里的自变量是根据其种族独特性所确定的人口比例。然而,这与被排斥人口的比例没有显著的关联。如果我们转向以群体而不是以国家作为观察单位进行分析(结果未在这里显示),我们会得出某种更微妙但相似的结论。种族群体比具有独特语言或宗教信仰的族群更容易受到政治歧视。但是文化定义的类别(例如拉丁美洲的土著居民)或南亚的种姓群体甚至比种族群体更容易受到政治压迫(详见 Wimmer 2015)。简而言之,没有一致的证据表明种族差异比其他种类的族群划分更容易阻碍国家建构。

在表 5.2 中,我评估族群人口统计的分裂结构、全球影响或民主制度是否会影响国家建构的前景。表 5.2 中的模型 1 表明,宗教和语言分裂相互交叉的国家,即在某个特定宗教团体中的成员很少讲同一种语言的国家,并不比其语言和宗教领域相互重叠的国家更具政治包容性。这与交叉切割分裂的观点所预计的截然不同。

根据模型 2,政府加入的国际组织越多,其被排除在权力之外的人口比例就越小。在政府融入世界政体并因此而接触少数群体权利和多元文化正义等主导观念时,国家建构在这样的国家内就似乎更有可能。然而,一旦我们在表 5.3 的

表 5.2　分裂结构、世界政体和政治制度

	因变量:被排斥人口的比例					因变量:在未来五年被排斥人口比例的变化	因变量:在未来十年过渡到民主制
	1	2	3	4	5	6	7
分裂和世界政体变量							
语言和宗教范畴的重合程度 (Selway 2010)	-0.2145 (0.802)						
政府间国际组织成员数 (Correlates of War Project)		-0.0159^{***} (0.005)					
人均国际非政府组织数(有记录的)(Union of IO)			-0.1168 (0.075)				
政治制度变量							
民主,落后(Polity IV)(参考:专治或半民主)				-0.9460^{***} (0.219)	-1.1050^{***} (0.305)		
完全的比例制(Gerring and Thacker 2008)(参考:其他体制)					0.4463 (0.278)		
完全的议会制(Gerring and Thacker 2008)(参考:其他体制)					-0.0550 (0.346)		
在过去五年实行民主转型(参考:未转型)						-0.02455 (0.0164)	
被排斥人口的比例(EPR)							-0.915^{*} (0.467)

续表

	因变量：被排斥人口的比例					因变量：在未来五年被排斥人口比例的变化	因变量：在未来十年过渡到民主制
	1	2	3	4	5	6	7
控制变量							
日历年 1 的自然三次样条曲线	是	0.017 8** (0.008)	是	是	是	是	是
日历年 2 的自然三次样条曲线	是	−0.006 5 (0.008)	是	是	是	是	是
族群人口统计数据的控制	是	是	是	是	是	是	是
观察数	5 195	6 542①	5 826	6 969②	3 387③	6 176	4 439④

注：括号中是稳健的标准误差。
① 样本限于 2001 年之前的年份；
② 样本不包括战争和无政府状态的年份；
③ 由于专制国家的比例制/议会制国家缺失值，样本仅限于民主国家和半民主国家，也不包括战争或无政府状态的年份；
④ 样本仅限于非民主政体。常数未显示。
* $p<0.1$；
** $p<0.05$；
*** $p<0.01$。

模型中引入公共物品供应、语言多样性和志愿性组织的数量，这种统计关联就再次消失。世界政体论证的第二个测量标准是世界文化模式如何在世界各地传播的"自下而上"机制。然而，在表5.2的模型3中，人均国际非政府组织的数量与被排斥人口的比例没有显著关联。诸如人权观察和大赦国际等组织似乎并未传达关于应该如何将少数群体非常有效地纳入世界各地方政治舞台的全球观念。

　　世界政体理论预测的随时间而发生的变化又如何？表5.2中的模型2显示，时间趋势的其中一个测量具有统计显著性。我们可以通过让该模型预测每个日历年的平均包容水平，将这些预测汇总到图表中，来理解这意味着什么。我们没有看到图5.1中出现预期的下降趋势，而是出现了一个倒"U"形。为了制成这张图，我只包括了1945年以后独立的国家。如果计算中包括旧国家，我们将不确定这种趋势是由于随时间而产生的国家内部的变化，还是因为我们随时间推移在观察对象中增加了新国家。对世界政体理论倡导者而言，包含所有国家的图表会更令人失望。

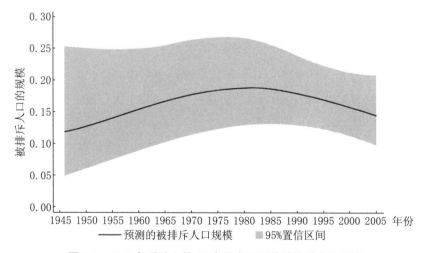

图5.1　1945年后独立的98个国家预测的被排斥人口规模

　　表5.2中的模型4评估特定类型的政治制度是否为建构整合的国家的诱因。事实上，民主国家平均而言比专制国家或半民主国家更具包容性，这一结果我将在下文作进一步的解释。[10]特定类型的民主制度在促进国家建构方面是否比其他制度更有效？模型5表明，无论是比例代表制还是议会制，都没有与更多的包

容相关联,这一发现与强调协同主义的包容性力量文献的重要部分相悖。这些结果是基于耶林和萨克尔(Gerring and Thacker 2008)的数据(不包括独裁国家),但如果我们使用世界银行的政治制度数据集来编码议会制和比例制(参见附表5.4),或者我们用制度和选举项目的数据(参见附表5.5),或者当观察仅限于民主国家(参见附表5.6)时,这些结果也成立——人们可以论证,比例制和议会制只能在民主政体中发挥作用。

因此,我们只剩下民主与国家建构相匹配的发现。然而,正如模型7所表明的那样,因果箭指向那些相信民主具有包容性的人所预期的另一个方向:少数群体掌政的政权(如萨达姆·侯赛因统治下的伊拉克或阿萨德统治下的叙利亚)比依赖更广泛的族群联盟的政府更难以在接下来的五年里实现民主化(参见Horowitz 1993:21—22;Tilly 2000:10;十年内的情况也是如此)。[11]因此,民主政权更具包容性是因为排斥性政权始终保持专制,而不是因为民主化孕育包容和容忍。实际上,模型6表明,在最近民主化的国家中,被排斥人口的比例在接下来的五年内没有发生变化(接下来十年内也是如此)。无论如何,一旦我们引入政治发展变量,国家建构与民主之间的关系就不再具有统计显著性,接下来我将讨论政治发展变量。[12]

表5.3A(模型1至模型9)显示了识字率对国家提供公共物品的度量。表5.3B(模型10至模型18)使用每平方公里铁轨的长度来进行同样的测量。我把这两个板块的结果放在一起讨论。两个表中的第一个模型(模型1和模型10)完全支持我的论点。一个地区的识字人口越多,或者铁路轨道越多,人均志愿团体就越多,公民在语言上也就越具有同质性,在中央政府中没有代表的人口比例就越小。正如绪论中所讨论的那样(参见图0.2),这些关联不仅具有统计显著性,而且非常重要:将识字成人的百分比提高一个标准差或28%,每五个人就增加一个志愿性组织(同样是一个标准差),而增加两个随机选择的人说同一种语言28%的可能性(还是一个标准差)都会将被排斥人口的百分比降低30%以上。铁路的影响更大:一个标准差的更密集的铁路(或每1 000平方公里多30公里铁路)将使被排斥人口减少65%以上。

然而,有人可能会争辩说,在这两个公共物品变量和国家建构之间的统计关联是由其他机制产生的,这些机制与公民和政府精英建立政治联盟有怎样的吸

表 5.3A　测试政治发展论点(排除在政府行政部门之外的人口比例的广义线性模型,模型 1 至模型 9)

以成人识字率百分比作为公共物品变量的模型	1	2	3	国家固定效应	1900 年或 1960 年的自变量和 2005 年的因变量的截面数据	仅限异质性国家		仅限同质性国家	
	1	2	3	4	5	6	7	8	9
政治发展变量									
成年人口识字率	−0.011 2** (0.006)	−0.010 4* (0.006)	−0.011 3* (0.006)	−0.001 6*** (0.000)		−0.007 8* (0.004)		−0.032 7*** (0.009)	
1900 年时成年人口识字率					−0.015 7** (0.006)				
1970—2005 年人均协会总数 (Schofer and Longhofer 2011)	−21.736 8** (9.105)	−17.569 2* (9.878)	−15.415 5 (9.193)	−0.010 2*** (0.003)			−26.431 2** (11.997)		−40.766 7* (22.831)
语言分化 (Soviet Atlas; Fearon and Laitin 2003)	1.339 9** (0.552)	1.208 7* (0.604)	1.302 3** (0.552)		1.079 3* (0.594)		0.402 5 (0.670)		1.167 2 (1.289)
附加控制变量									
人均国内生产总值(Penn World Table)(插补与外推)		−0.015 4 (0.027)							
人口规模[取自费伦和莱廷(Fearon and Laitin 2010)的数据,世界发展指标数(WDI)和偏恩恩表(Penn World Table)之间的平均值]		−0.000 0 (0.000)							
法兰西帝国统治的领地的最大百分比(Wimmer and Feinstein 2010)			−0.190 1 (0.442)						

续表

以成人识字率百分比作为公共物品变量的模型	1	2	3	国家固定效应	1900 年或 1960 年的自变量和 2005 年的因变量的截面数据	仅限异质性国家		仅限同质性国家	
				4	5	6	7	8	9
大英帝国统治的领地的最大百分比（Wimmer and Feinstein 2010）			0.0018 (0.351)						
国际政府间组织成员的数量，延伸至 2005 年（Correlates of War Project）			−0.0033 (0.006)						
民主，落后（Polity IV）（参考：专制或半民主）			−0.3577 (0.262)						
日历年和族群人口控制的自然三次样条	是		是	是	是	是	是	是	是
观察数	4 611①	4 601①	4 584①	4 611①	144	3 858	2 539①	3 280	2 072①
国家数	147	147	147	147	144	87	82	68	65

注：括号中是稳健的标准误差，常量未显示。
① 1970 年以前和前 8 个国家的人均社会数量的值缺失。
* $p<0.1$；
** $p<0.05$；
*** $p<0.01$。

表 5.3B　测试政治发展论点（排除在政府行政部门之外的人口比例的广义线性模型，模型 10 至模型 18）

以铁路密度为公共物品变量的模型	固定效应				1900 年或 1960 年的自变量和 2005 年的因变量的截面数据	仅限异质性国家		仅限同质性国家	
	10	11	12	13	14	15	16	17	18
政治发展变量									
每 1 000 平方公里的铁轨长度（千米）	−0.021 5** (0.006)	−0.019 8** (0.006)	−0.020 1* (0.006)	−0.000 1 (0.001)		−0.019 1* (0.005)		−0.017 4*** (0.009)	
1900 年每 1 000 平方公里的铁轨长度（千米）					−0.019 6** (0.007)				
1970—2005 年人均协会总量（Schofer and Longhofer 2011）	−21.163 1** (9.495)	−17.688 8* (10.047)	−16.026 0* (9.452)	−0.006 2** (0.003)			−26.431 2** (11.997)		−40.766 7* (22.831)
1960 年语言分化（Soviet Atlas; Fearon and Laitin 2003）	1.411 1** (0.530)	1.303 3** (0.589)	1.381 9** (0.549)		1.149 9* (0.519)	0.812 2 (0.653)	0.402 5 (0.670)	1.047 6*** (1.247)	1.167 2 (1.289)
附加控制变量									
人均国内生产总值（Penn World Table）（插补与外推）		−0.013 2 (0.026)							
人口规模〔取费伦和莱廷（Fearon and Laitin 2010）的数据，世界发展指数和佩恩表之间的平均值〕		−0.000 0 (0.000)							
法兰西帝国统治的领地的最大百分比（Wimmer and Feinstein 2010）			−0.068 1 (0.388)						

续表

以铁路密度为公共物品变量的模型	10	11	12	固定效应	1900年或1960年的自变量和2005年的因变量的截面数据	仅限异质性国家		仅限同质性国家	
	10	11	12	13	14	15	16	17	18
大英帝国统治的领地的最大百分比(Wimmer and Feinstein 2010)			−0.010 2 (0.353)						
国际政府间组织成员的数量,延伸至2005年(Correlates of War Project)			−0.001 1 (0.006)						
民主,落后(Polity IV)(参考:专制或半民主)			−0.330 6 (0.244)						
日历年和族群人口控制的自然三次样条	是	是	是	是	是	是	是	是	是
观察数	4 611①	4 601①	4 584①	4 611①	149	3 858	2 539①	3 280	2 072①
国家数	147	147	147	147	149	87	82	68	65

注:括号中是稳健的标准误差,常量未显示。
① 1970 年以前和 8 个国家的人均协会数量的值缺失。

* $p < 0.1$;
** $p < 0.05$;
*** $p < 0.01$。

引力无关,就如我的理论所主张的那样。例如,安德森(Anderson 1991)预料,共同语言中的读写能力能够增强总体的国家认同。这反过来可以增加对少数群体的容忍度,从而有助于克服少数群体对于在政治上完全整合的抵制。然而,如附表5.9所示,情况并非如此。[13]铁路的另一种机制可能是,建造铁路是为了发动战争和驱逐难以管理的少数族群,这反过来会减小被排斥人口的比例。乍一看,这个想法的前半部分有一些支持,因为民族战争有时会产生更好的铁路系统(参见表5.4中的模型6),并且也提高了识字率(表5.4中的模型3和模型7)。但是,我们已经在表5.1(模型1和模型2)中看到,打过许多战争的国家在国家建构方面既没有更成功,也没有更失败。因此,战争不可能通过提高国家提供公共物品的能力来间接地加强国家建构。[14]

表5.3中的模型2和模型11增加的两个变量影响了各种现象,因此我们也同样需要在这里考虑这两个变量:经济发展和人口规模。诸如瑞士这样的富裕国家是不是因为有更多的资源可供分享而在国家建构方面做得更好?在诸如博茨瓦纳这样的小国家内是否只是因为具有少数群体背景的个人的绝对数量较少,并且由此构成强大网络一部分的可能性更高而使得跨族群分界的政治整合变得更为容易?似乎并非如此。在铁路和识字率两种模型中,人均国内生产总值和人口规模与族群政治的排斥之间没有显著关联。

模型3和模型12添加了表5.1和表5.2的模型中具有统计显著性的所有变量,其中包括我已经确定了的反向因果问题的民主变量。增加这些变量没有改变识字率、铁路密度、志愿性组织和语言异质性对国家建构的影响。但是,其他所有变量在统计上都不再具有显著性:在政治上整合少数群体方面,民主政体并没有更为成功,作为许多国际组织成员的国家也没有更成功;被大英帝国或法兰西帝国殖民也不再是一个劣势。这为我的观点提供了额外的支持,即我们需要聚焦于缓慢发展的国内政治发展过程以了解国家建构,而不是强调殖民遗产、世界政体的压力或政治制度的作用。

敏感性、因果异质性和反向因果关系

表5.3的其余模型以及附录"对第五章的补充"中的部分模型,解决了先前的结果可能没有反映出的现实世界因果过程但却代表了统计假象(statistical artifact)问题。首先,人们可能会认为,某些政府比其他政府更具包容性是出于那些没有被任何可用数据所捕获的原因,因此这些原因没有在以前的统计模型中进行评估。例如,瑞典社会的小城镇特征与路德宗教传统相结合,可以创造一种最终可以加强国家建构的宽容仁慈心态。关于这种心态的数据确实没有。但也许它们对理解国家建构比我的理论所强调的三种机制更重要。从统计学的角度来看,如果我们将这些文化心态的数据整合进这些模型之中,那么与我的理论相关的变量将不再与族群政治包容性显著相关。这就是我在绪论中提及的"遗漏变量"问题。

为了评估这种可能性,我们可以使用国家固定效应模型(country fixed effects model)。回到上面这个例子,这样的模型可测试瑞典志愿性组织数量的增加是否会使瑞典被排斥人口的比例下降——事实上因为上述文化的原因,这一比例已经很低。换句话说,固定效应模型不能在不同国家间进行比较,而只是在每个国家中进行比较。这是通过为世界上每个国家添加一个分离变量来完成的,该变量假定瑞典的值为 1,而其他所有国家的值为 0。我们由此将每个国家所有稳定的特征考虑在内:人口的心态、地理、过去的历史等。

模型 4 和模型 13 报告了两个国家固定效应模型的结果。[15]它们不包括语言的分化,因为没有可用的时变数据,因此我们无法评估各国内部随时间的变化是否会影响族群政治的包容性。与以前的模型一样,识字率和志愿性组织数量的变量与族群政治排斥性显著相关。换句话说,即使我们将一系列国家特征纳入考虑范围,比如将心态、地理位置和历史纳入考量,我们仍然发现,通过公共物品的提供和发达的公民社会,国家建构得到了加强。[16]不过,遗憾的是,铁路变量不再与模型 13 中的族群政治的排斥显著相关。这可能是因为一些国家从 20世纪 60 年代起提高了提供公共物品的能力,不过是通过建造高速公路而不是铁路来实现。换句话说,铁路变量可能不适合追踪公共物品供应在国家内部随时间变化的情况,但能较好地捕捉各国之间的差异。

表 5.3 中的模型 5 和模型 14 解决了第二个问题。我们是否真的在处理随着时间的推移而缓慢演进的长期发展,就如我的理论所预见的那样?到目前为止,我们无法知道,因为在之前的模型中,我测试了所有国家和年份的统计关联(请记住,数据由 1966 年的博茨瓦纳、1946 年的瑞士、2005 年的中国等组成)。因

此,结果可能是由短期波动而非长期趋势驱动的。某个政府可以在经济表现特别好的某年中提供许多公共物品,并在同一年内将所有少数群体纳入其执政联盟。如果第二年经济形势变差,同一政府可能会提供较少的公共物品,也会将少数群体代表逐出内阁。

为了探索这一点,我们可以转向不同的研究设计,并且用 2005 年的数据系列末的一个观察来测量民族政治排斥。如果我们正在讨论长期趋势,那么那些长久以前提供很少公共物品的国家应该在 2005 年仍然更具排斥性。我们已经收集了 1900 年测量识字率和铁路密度的数据(Wimmer and Feinstein 2010)。由苏联语言学家收集的语言分化数据主要为 20 世纪 60 年代早期的数据,几乎距2005 年半个世纪。遗憾的是,计算志愿性组织的数量仅从 1970 年开始,对许多国家而言这相当晚。根据模型 5 和模型 14,一个多世纪以前能提供大量公共物品并且在半个世纪前其人口的语言是同质的国家,其结果是在 2005 年变得更具包容性,从而证明长期趋势在起作用,而不是短期波动。

表 5.3 中的模型 6 至模型 9 和模型 15 至模型 18 探讨了第三个问题:我们是否需要区分导致国家建构的不同因果路径。在更加同质化的欧洲和东亚国家,战争、种族清洗和分裂国家在减少阻挡国家建构成功的障碍方面做了很多工作。许多全球南方国家从殖民时代继承了更多样化的社会。也许在更加同质化的国家内进行国家建构与公共物品的提供或志愿性组织的兴起无关。为了评估这种可能性,我探索了或多或少是异质国家的子样本。

模型 6 和模型 7 以及模型 15 和模型 16 涉及具有高于平均值的宗教—语言分化指数的异质性国家。[17]模型 8 和模型 9 以及模型 17 和模型 18 对更为同质的国家进行同样的考察。为了避免使用观察数减少时的共线性问题,公共物品供应和志愿性组织变量在分开的模型中运行,因此每个国家子集有三个模型。结果表明,公共物品供给和志愿性协会既影响异质性国家也影响同质性国家的国家建构。毫不奇怪,在语言多样性与族群政治包容性之间通常没有关联,因为各国都是根据它们的多样化程度最终变成两个子样本中的一个。

第四并且也是最重要的一点,我们需要评估前面的结果是不是反向因果关系造成的:也许包容性政权向民众提供更多的公共物品,因为它们不像一族统治政权那样限制族群聚会。它们也可能为志愿性组织的蓬勃发展提供更肥沃的土壤，一族统治政权可能会更多地压制这些组织。包容性政府也提供更多的激励来学习主导语言，因为少数群体个人由此可以希望从事政治或行政职业。正如博茨瓦纳案例所表明的，语言异质性可能随着时间的推移而减少。换句话说，国家建构可以带来更好的公共物品供给、更加密集的志愿性组织网络，以及更加同质化的人口，而不是相反。

为了评估这些反向因果关系问题，我使用了一种称为"工具变量"(instrumental variable)回归的统计技术。其基本思想是找到与所感兴趣的自变量（公共物品供给、语言异质性或志愿性协会）相关的，而不是与因变量（被排除的人口的比例）相关的第三个变量（"工具"）。我们现在可以创建一个合成的、新的、仅由原来的自变量中可由工具来解释的那部分变化所组成的自变量。由此，在某种程度上，这个新的合成变量没有了因变量可能对原始自变量产生的影响（反向因果关系）。因此，合成变量可以被用作适当的新的自变量。然而，为了使其派上用场，该工具变量应该仅通过原来的自变量影响因变量。我们由此必须小心确保不存在从工具变量到因变量的替代因果路径。

在表 5.3 中的模型 1 和模型 10 中找到四个主要自变量的良好工具并不容易。因此，附录"对第五章的补充"中的分析是非常初步的。我将农业的平均适用性作为铁路密度的工具（铁路通常不会进入沙漠）；1923 年外国天主教神父和新教传教士的人数（两者都试图教殖民地人民读写）作为识字率的工具；过去民族战争的数量作为志愿性组织密度的工具（因为武装冲突破坏社团生活）；以及一个国家不同区域的农业适应性的异质性作为语言多样性的工具［根据米哈洛普洛斯(Michalopoulos 2012)的说法，在前工业时代具有不同经济基础的地区，今天往往按族群界线分开］。

为了确保这些工具变量不会通过其他因果途径影响民族政治不平等，我对原始自变量中具有极高或极低值的国家的子样本进行了一系列"安慰剂"回归（参见附表 5.10）。举例来说，如果农业适用性对族群政治排斥的影响完全是通过铁路来调节的，那么农业的适宜性不应该影响没有铁路的国家的排斥水平。所有四个工具变量都通过了这个简单的测试。

附表 5.11 中所报告的工具变量回归的结果非常明确地支持主要论点。所有工具变量在预期方向上都高度显著。这意味着我们可以更加确定密集的志愿性组织网络、语言同质性以及能够提供公共物品的国家是国家建构的原因,而不是结果。

第二步:国家建构与政治发展

现在是时候问这三个成功的国家建构的成分来自哪里了。在第一章和一些国家案例研究中,我论证了这很大程度上取决于以前的国家形成历史。更确切地说,高度中央集权国家(例如茨瓦纳诸王国和古代中国)留下了语言同质性和能有效且公平地提供公共物品的基础设施能力的遗产。相比之下,志愿性协会独立于国家建构而发展:中央集权国家可以抑制其蓬勃发展(如比利时),也可以通过向它们提供共同的政治敌人来鼓励它(如罗曼诺夫俄国)。

现在,我们再次使用统计分析来确定这一论点是否适用于更大范围的案例。我们如何测量历史上实现的国家中央集权水平?我使用两个指标。第一个是对非洲和亚洲国家有意义的,这些国家大多在19世纪的最后几十年中处于西方或日本的殖民统治之下。这里的路径依赖指的是土著国家在被殖民之前是否已经存在。数据建立在由人类学家根据成千上万的描述某个特定前殖民社会经济、社会、政治和文化特征的民族志汇编的人类关系区域档案(Human Relations Area Files,HRAF)。数据包含有关这些社会是否由国家管理的信息,国家被定义为具有至少三个等级权威的机构。这些丰富的数据已由穆勒汇总到国家层面(Müller 1999;其他近期对非洲的这些数据的使用,参见 Gennaioli and Rainer 2007)。他估计了人类关系区域档案中出现的每个族群的当代人口比例。这使我们能够计算在西方殖民列强到来之前由各国统治的今天的人口比例。

人类关系区域档案的数据对美洲和太平洋的定居者社会没有意义,这些定居者社会在很大程度上破坏了殖民前原有的政治体系。它们也不可用在欧洲,因为欧洲西部的国家很少受到外来大国的统治,而在欧洲东部,在哈布斯堡王朝、奥斯曼帝国或俄罗斯罗曼诺夫王朝控制地区,帝国统治则已经持续了数百年。我们可以使用另一个数据源来测量对美洲和欧洲也都有意义的19世纪各国中央集权水平。经济学家们将《大英百科全书》(*Encyclopedia Britannica*)作为汇集第二次测量的来源，他们称之为"国家古老历史指数"（state antiquity index；Bockstette et al. 2002）。他们对过去 2 000 年做每 50 年一次的编码：（1）部落层级之上的政府是否统治当今国家的领土；（2）该政府是否由地方精英（而非外来帝国的强权）所控制；（3）今天的领土有多少是由该政府管理的。结果指数从 0 到 50。为了使这个测量与人类关系区域档案的数据尽可能兼容，我使用的指数涉及 1850 年到 1900 年之间的时期，换句话说，对应人类关系区域档案数据所涉的直接的前殖民时期。国家古老历史数据只缺少人类关系区域档案数据集中的八个国家。

我们现在可以评估直到 19 世纪晚期的国家形成历史是否确实影响了第二次世界大战后，各国提供公共物品的能力以及各国人口所说的语言有多少种。表 5.4 报告了结果。前四个模型使用前殖民国家中央集权度量。它非常重要且有很大的系数。在殖民化之前由一个中央集权国家统治的非洲和亚洲国家今天有更长的铁轨（模型 2），有更多的公民能断文识字（模型 3），其人口讲的语言种类较少（模型 4，这方面的观察较少，因为因变量不随时间变化）。与理论预期一致，前殖民时期的中央集权与我们计算的人均志愿性组织数量无关（模型 1）。我们得出了与国家古老历史测量相似的结果：在 19 世纪后期较发达的土著国家，从第二次世界大战结束开始，其铁路轨道越长（模型 6），识字人口越多（模型 7），人口的语言多样性越少（模型 8）。这第二组模型有更多的观察结果，涵盖了几乎整个世界。

表 5.4 的模型包括一系列理论上有意义的其他自变量，其中许多变量曾是以往研究的重点。我在这里将简要地加以讨论。富裕国家（通过人均国内生产总值变量来测量）可以建设更多的铁路，更容易使其人口识字，为志愿性协会提供丰富的土壤，并拥有较少多样化的人口。民主制政府会提供更多的公共物品，并鼓励形成志愿性社团，其中民主制政府再次用从完全专制到完全民主的连续度量来测量。以一个国家的最高和最低海拔之间的差来测量的地形，能影响铁路建设以及一个国家使用多少种语言。正如前面所讨论的那样，以前的民族战争可以通过种族清洗或沿着族群界线的国家分割来增加语言的同质性；如果铁路轨道主要用于军事目的，铁路轨道的长度也会增加；而且，如前所述，这种战争破坏了志愿性协会的网络。最后，我复制了舍弗和朗霍弗（Schofer and Longhofer 2011）

表 5.4 解释公共物品的供给、协会的密度和语言的异质性

	因变量:协会的数量(人均)	因变量:铁路密度	因变量:成人识字比例	因变量:语言的分化	因变量:协会的数量(人均)	因变量:铁路密度	因变量:成人识字比例	因变量:语言的分化
	1	2	3	4	5	6	7	8
殖民化之前的国家所统治的人口比例 (HRAF; Müller 1999)	−0.000 0 (0.001)	9.275 3*** (2.962)	0.762 2*** (0.228)	−1.670 7*** (0.315)				
1850—1900 年国家中央集权化程度指数 (Putterman 2006)	0.000 1*** (0.000)	0.151 2 (0.234)	0.053 5* (0.026)	−0.060 9*** (0.015)	−0.000 1 (0.000)	0.275 1* (0.137)	0.013 3* (0.007)	−0.023 0*** (0.007)
人均国内生产总值(Penn World Table) (插补和外推)	0.000 0 (0.000)	0.284 7** (0.124)	0.017 0* (0.009)	0.005 0 (0.007)	0.001 5*** (0.000)	1.698 5*** (0.390)	0.220 7*** (0.056)	−0.039 9*** (0.013)
合并的专制和民主的得分,从 −10 到 10 (Polity IV)	0.000 2 (0.000)	0.996 4 (1.543)	0.212 5* (0.124)	0.032 6 (0.171)	0.000 1** (0.000)	0.367 3*** (0.139)	0.026 3* (0.013)	−0.003 4 (0.066)
1816 年至数据第一年民族战争数量, (Wimmer and Min 2006)	−0.000 3** (0.000)	−0.333 9 (0.446)	−0.053 7 (0.051)	0.170 3*** (0.063)	−0.002 3*** (0.001)	4.837 4* (2.574)	0.251 7* (0.103)	−0.089 9 (0.101)
最高和最低海拔差(单位:米) (Fearon and Laitin 2003)	−0.000 3 (0.000)				−0.000 8 (0.001)	−2.823 0*** (1.010)	−0.023 4 (0.044)	0.100 3* (0.042)
过去三年政权更替情况(Polity IV) (参考:没有发生政权更替)					−0.001 4** (0.001)			
在领土上拥有国际非政府组织的数量 (Smith and West 2012)	0.000 0 (0.000)				0.000 0 (0.000)			
观察数	2 513	3 776	3 776	76	4 361	6 665	6 665	141

注:括号中是稳健的标准误差。常量未显示。模型 1 至模型 8 显示。模型 1 和模型 5 没有 1970 年之前关于因变量的值。模型 4 和模型 8 是广义线性回归模型。模型 1 至模型 4 没有欧洲和美洲。模型 1,模型 2,模型 3,模型 5,模型 6,模型 7 和模型 8 是线性回归。这些模型中没有时间趋势以避免共线性。

* $p < 0.1$;
** $p < 0.05$;
*** $p < 0.01$。

的模型来解释我们计算的人均志愿性组织数量：我将政权更替以及国际非政府组织（测量世界政体影响力）的数量加入模型1和模型5的自变量列表中。就如表所示，许多期望在统计模型中得到证实，特别是在观测数要高得多的模型5至模型7之中。

不考虑所有协会都具有统计显著性这一情况，19世纪的国家中央集权程度对战后公共物品供给和语言异质性的影响有多大？为了比较效果的大小，我们可以再次在标准偏差中表述自变量和因变量。标准偏差测量了2/3的观察结果与平均值之间的差异。这使我们能够比较以不同单位（千米或百分比）测量的变量的效果，并显示不同的变化范围：一些变量的数据紧密围绕平均值，而其他数据可能分散得更广。

特别是在具有前殖民中央集权变量的模型中，这样的效应相当大：将在前殖民时代的国家中生活的人口百分比提高40％（一个标准差）使铁路密度增加了标准差的1/3，或每平方公里大致增加了10公里铁轨。国内生产总值是社会科学的主要变量，对各种其他结果都很重要，它提供了一个很好的比较。它在模型2中并不重要，与前殖民的中央集权变量相比，其效应量非常小。将生活在前殖民地国家的人口比例提高40％，战后识字率几乎提高了标准差的1/3，或大约提高了9％的识字率，这比国内生产总值的效应略强。与语言异质性的关联更强，达到标准偏差的一半以上：20世纪60年代早期，殖民人口增加40％，两个随机选择的个体使用同一种语言的比例增加17％。这种效应是国内生产总值的三倍多。

国家古老历史指数的效应相对较为适中但仍然很大。如果我们将指数增加12个点的标准差（最多50个点），那么我们可以预期每平方公里铁路会增加4公里，能够读写的成年人会增加4％，两个公民说同一种语言的可能性将高出10％。当我们寻求解释公共物品供给时，在这些模型中，国内生产总值比国家古老历史指数的效率高三到四倍，但在语言异质性作为因变量的模型中只有2/3倍的影响力。

第三步：继承的国家地位的决定因素

在上一节中，我们看到前殖民地国家在第二次世界大战后促进了公共物品的供给并且同化其人口讲主导语言，从而留下更为同质化的语言景观。[18]这些发现提出了为什么这样的中央集权国家在某些地方（如中国），而不是在另一些地方（如索马里）发展了起来的关键问题。我们可以用现有的数据来评估文献中对此提出的一些最重要的论点，尽管这是一种尝试性的方式。

我再次变换因变量，现在要解释在殖民化之前由国家管理的人口比例，或者在第二组模型中解释国家古老历史指数。我使用了国家古老历史指数的另一个版本，如果一个土著国家存在了几个世纪，就增加指数点。在之前的分析中，我简要描述了19世纪下半叶土著国家发展的程度。这适用于评估19世纪晚期国家地位如何影响战后公共物品的供给和语言的异质性。在这里，我们呈现出一个更长远的视角，这样的视角可以忽略诸如在19世纪殖民主义所带来的土著国家地位中的更多短期波动。

我将讨论关于如何解释层级与领土完整统一的国家兴起的若干假设。第一，我从蒂利（Tilly 1975）对战争与国家形成（state building）①之间的相互促进关系的开创性研究开始。我们可以测试前殖民地国家是不是在1400—1900年中的国家之间发生多次战争的地区发展起来的。这些数据来自历史学家彼得·布雷克（Peter Brecke 2012）收集的战争列表，内容包括我们将这些战争编码为内战还是国家间战争、这些战争在今天哪些国家的领土上发生，以及哪些国家参加了这些战争。由于蒂利假设战争会对国家形成产生缓慢的、累积的、跨越几代人的影响，因此使用很长的五个世纪的时间跨度来考察似乎比较恰当。因果关系在两个方向上都有（或者用社会科学术语来说是"内生的"），蒂利常被引用的名言"战争制造国家，国家也制造战争"精准地抓住了这一点。我们还应该注意到数据中存在着明显的偏差：中央集权的国家通常会维持一个有文化的、能叙述他们的亲王和公爵进行英勇战斗的精英团体，而没有国家的社会可能也会进行英勇和昂贵的战争，但这些战争故事在几代人之后就会被遗忘。如果我们确实能发现战争频率与古代国家形成之间存在关联，那么我们必须谨慎地解释它。

第二，我们可以测试自路易斯·摩尔根（Lewis Morgan）《古代社会》（*Ancient*

---

① 蒂利所讨论的是"state building"，也就是现代国家（nation）形成之前的国家（state）的建构，作者认为state building与nation building之间有紧密的联系，因此需要进行讨论。这一部分剩余篇幅中的"国家"均指state。——译者注

Society)出版以来反复提出的经典的进化论观点。该论点认为(参见 Harris 1969),农业的出现产生了国家,因为农业产生了必要的经济盈余来支持非生产性政治精英。鲍什(Boix 2015)最近提出了另一个更复杂的解释。他认为,定居农民的农产品可以通过战争来侵占。农民可以通过臣服于君主国家,或者通过自己在一个共和国中组织防御来保护自己免受劫掠成性的武士团伙的伤害。我们怎样才能经验性地测试这两个论点?根据经典的进化论思维,国家形成是一个累积的过程,在较低层次的中央集权基础上建立起更高层次的中央集权。因此,在一片领土上引入农业后所历经的时间越长,中央集权国家就越有可能出现。我采用了普特曼(Putterman 2006)的自农业转型以来各年份的数据。

第三,我假设国家出现在低山谷和高山峰的崎岖地形中(海拔差异的数据来自 Fearon and Laitin 2003)。这符合人类学家卡尔内鲁斯(Carneiros 1970)的"环境征召"理论,作为前现代国家兴起的条件。农民如果被高山包围,就不能逃离试图从他们那里获取资源的国家的建构者(就如在墨西哥和瓦哈卡高地,那里产生了阿兹特克和米特拉国家),在荒凉的沙漠中(就如在伊拉克,古代巴比伦的中心)同样也是如此。因此,海拔差变量仅获得一种限制模式,并且忽视了这样的事实,即平坦炎热的沙漠和崎岖寒冷的山脉有着相同的影响。

第四,地理和气候也可能限制或促成国家的形成,这与经济发展文献中显著的环境主义论点一致(Sachs 2003)。炎热的气温和赤道附近使人衰弱的疾病的盛行应该使国家形成更难以启动和维持。实际上,研究表明,地理影响经济增长,因为靠近赤道的国家由欠发达的政府所治理(Rodrik et al. 2004)。为了评估这个论点,我使用绝对纬度作为变量,与论述经济增长的文献相一致。[19]

第五,我探究赫伯斯特(Herbst 2000)的理论,根据该理论,低人口密度和糟糕的交通条件解释了为什么非洲相对较少有土著国家发展。如果没有足够的人来维持它,就无法建立一个国家。当贸易受到崎岖地形的阻碍时,经济就无法产生足够的盈余来维持国家精英。为了避免反向因果关系问题[20],可以测量国家地位程度被测量之前很久的 1500 年时的人口密度数据,数据来自普特曼和韦尔的研究(Rutterman and Weil 2010)。运输条件可以用海拔差近似值来衡量。然而,这一次,我们预计与国家中央集权化的程度呈负相关:地形越崎岖,国家形成越少。

最后，我们需要讨论先前存在的族群异质性是否会影响之后的国家形成。不同的人口、讲不同的语言或信奉不同的宗教，可能会使建立一个共同的政治"屋顶"变得更加困难。这与我到目前为止所提出的论点相对立：在 19 世纪后期出现的中央集权国家，之后会产生较低水平的多样性，因为它们将其臣民同化入主导的语言和文化。这两个过程都会导致高国家中央集权化和低语言多样性之间的统计关联。我们怎样知道因果箭指向的方向？

我再次在这里探讨一种工具变量方法。语言多样性有两个工具变量。与之前的模型（参见附表 5.11）一样，我使用一个国家的不同地区适合农业的程度（区域人口的生存策略的差异导致他们之间产生族群界线）。我们怎样才能确定生态上更加异质的领土不会促进国家形成（这会使这项措施不适合作为一种工具）？一些作者认为，位于生态多样化地区之间的国家发展出中央集权的国家，因为在一个地区购买产品到另一个不生产该产品的地区出售的贸易商人，需要强大的统治者的保护（Fenske 2014）。但据我所知，没有人提出这一论点，即这同样适用于国家内部的生态多样性。

我还使用了第二个变量：区域内海拔差的异质性（来自 Michalopoulos 2012）。[21]一个一半是平坦的土地，另一半是山脉的国家（如伊拉克）将在这一变量上获得很高的值。与第一个工具变量一样，我们再次假设，人们适应不同栖息地的结果是，这样的国家将为族群差异提供肥沃的土壤（山区的库尔德人和平原的阿拉伯人之间就是这样的例子）。迄今还没有历史或理论的论证将跨区域的高低地形的多样性与国家形成过程联系起来。

现在我已经讨论了六种有关国家形成的主要理论和用于测试它们的方式，由此我们准备讨论表 5.5 中显示的结果。前殖民时期国家的中央集权化是模型 1 中的因变量，模型 2 至模型 4[22]中的因变量是国家的古老历史。在这两组模型的结果中存在很大差异。我只依赖那些一致的和可以合理解释分歧的结果。自 1400 年以来经历过多次战争的领土更有可能发展出土著国家（模型 2），但没有表现出更高程度的前殖民时期国家的中央集权化（模型 1）。也许这种不同的结果是由于两个因变量的不同地理覆盖范围。也许蒂利的观点仅适用于欧洲和美洲［参见拉斯勒和汤普森（Rasler and Thompson ND）的讨论］。[23]事实上，战争的历史确实加强了欧洲和北美（模型 3）土著国家的形成，但在西方之外则并非

表 5.5　解释过去的国家地位的水平(关于继承的国家地位水平的
两阶段最小二乘工具变量模型,第一阶段未显示)

	因变量: 前殖民时期的 中央集权化	自变量:国家的 古老历史		
	仅亚洲和 非洲国家	所有 国家	仅西方 国家	仅非西 方国家
	1	2	3	4
语言分化,工具变量	−1.092 7 ** (0.504)	0.278 0 (0.244)	0.910 5 (0.787)	0.028 2 (0.164)
1400—1900 年间国家间战争的数量 (Brecke 2012)	0.000 7 (0.002)	0.000 8 ** (0.000)	0.001 1 * (0.001)	0.001 3 (0.001)
最高和最低海拔差(单位:米) (Fearon and Laitin 2003)	0.079 8 *** (0.029)	0.014 8 * (0.009)	−0.005 9 (0.029)	0.018 4 ** (0.009)
绝对海拔(Michalopoulos 2012)	0.004 3 (0.008)	0.003 3 * (0.002)	−0.000 3 (0.006)	0.005 9 * (0.003)
1500 年的人口密度(有记录的) (Putterman and Weil 2010)	0.053 9 (0.041)	0.063 6 *** (0.015)	0.118 9 *** (0.042)	0.053 1 *** (0.018)
自向农业过渡(标准化的)以来的千年数 (Putterman 2006)	−0.085 9 (0.074)	0.071 1 *** (0.022)	0.002 3 (0.066)	0.067 0 ** (0.028)
观察数	74	134	48	86
R^2	0.371	0.374	−0.241	0.483

注:括号中是稳健的标准误差,常数未显示。
* $p < 0.1$;
** $p < 0.05$;
*** $p < 0.01$。

如此(模型 4)。[24]这种解释与其他研究一致,显示出非洲和亚洲的前殖民地社会经常受到外部攻击,却没有形成更多的中央集权的政体(基于人类关系区域档案数据:Osafo-Kwaako and Robinson 2013:17)。[25]我将为什么战争可能会在西方和非西方社会的历史中扮演不同的角色这一问题留给其他人来解释。

我们发现在地形海拔差数据方面存在着相反的情况,海拔差数据本该用来测试"环境征召"论观点,以及运输贸易货物的困难条件阻碍古代国家形成的观点。除了西方国家(模型 3)外,崎岖的地形增强了各地的国家形成,与"环境征召"理论相一致。将前面的结果结合到一起来看,近代早期的战争似乎确实推动了西方国家的形成,而限制农民人口活动的山脉在西方之外也有类似的后果。

与赤道的地理距离并不总是与国家形成有关:在有关前殖民时期中央集权化模型中(模型)，该变量对于非洲和亚洲国家来说都不显著,但是当国家的历史指数作为因变量时(模型 4),非西方国家则有显著性。对早早地向农业过渡会加强国家形成的论点也没有一致的支持。但是,在 1500 年人口密度高的地方,土著国家似乎蓬勃发展(模型 2 至模型 4),这符合赫伯斯特对前殖民时期国家的中央集权化的推断(模型 1),而与其他的国家形成的测量没有关联。需要注意的是,如果我们没有记录语言分化,模型 1 将在人口密度和前殖民时期国家的中央集权化之间产生统计上显著的关联。我的结论是,近代早期人口密度很可能是解释随后几个世纪世界各地国家形成的一个重要因素。

接下来,我将探讨国家是否将其臣民使用的语言同质化,或者反过来说,若人口说太多的不同语言,是否国家就难以形成。模型 1 显示出工具化的语言分化变量与前殖民时期国家地位之间的负相关关系。我们倾向于认为语言的多样性阻碍了国家的形成。然而,将国家古老历史作为因变量的模型导致产生不同的结论,因为工具化的语言分化变量无关紧要。因此,我们没有得出两种国家形成测量都适用的可靠结果(还可参见 Ahlerup 2009)。但我们确实知道,由于两次测量之间大约仅有 60 年时间差,19 世纪后期的中央集权的土著国家随后同化了博茨瓦纳的语言景观(表 5.4,模型 4 和模型 8)。如果没有关于 19 世纪早期世界的语言构成的数据,那么具有很低程度的多样性是否促进建构这样的国家是不能用更确定的术语来回答的。只有大量收集此类数据才能让我们更准确地理清国家形成与多样性之间相互作用的头绪。

结论

本章利用来自世界各国的数据探讨了国家建构的长期动态,从而补充了前三章提供的案例研究使之更完美。理论框架保持不变:运用交换理论方法,我区分了政治联盟的资源、组织和沟通三个方面。如果国家精英具有提供公共物品的基础设施能力并由此成为对公民而言更具吸引力的交换伙伴,如果协会的网络已经发展到促使建立跨族群联盟变得更为容易,如果很少有语言障碍阻碍信息交流并由此建立起广泛的联盟和支持关系,这些联盟将跨越族群分界和整个领土。在 19 世纪后期出现中央集权国家的情况下,战后各国政府继承了它们用以提供公共物品的基础设施能力和更加同质化的人口,这两者都促进了国家建构。这种中央集权的国家并没有在 19 世纪的世界范围内均匀分布:它们更有可能出现在有足够人口来维持非生产性国家精英的地方、农民很难逃离国家的建构者的掌控的地方(西方之外),以及在激烈的战争使得统治精英能够建立强大国家的地方(在西方)。

本章还评估了国家建构的替代性说法:国家建构是由民主或协和性制度促成的;在需为少数族群政治代表提供途径的全球压力下,国家建构会更为成功;在分裂的殖民经历之后,具有奴隶制的历史,或宗教和语言领域相互强化的情况下,国家建构变得更加困难。虽然我没有找到对这些论点的支持,但这并不意味着它们完全无关紧要。毕竟,本章所采用的统计方法只能捕捉到对许多国家和年份的平均影响。许多案例并不位于"回归线"上,因而不能被这些模型很好地解释。如果有人更雄心勃勃并寻找所有案例的完整解释,例如使用定性比较分析(qualitative comparative analysis)方法(Ragin 1989),人们可能会发现民主化或特定的殖民经历是了解某一特定国家或在某个特定历史时期的重要因素。

本章也未能探讨可能影响族群政治包容水平的其他一些因素和机制。例如,它没有关注可能影响是否给予少数群体政治参与这一决策的邻国政策或地区霸权(参见 Mylonas 2012)。它也没有关注在短期内塑造权力配置的精英们之间的协商(参见 Acemoglu and Robinson 2006;有关非洲这方面的情况,参见 Roessler 2011)。

还应注意明显的数据限制。正如我一直强调的,我们目前没有 20 世纪 60 年代之前关于语言多样性或志愿性组织的数据。对于目前的论证更为重要的是,对于少数几个国家,没有关于政治联盟网络结构的数据。因此,我无法经验性地证明这些联盟网络的影响范围决定了国家层级政府的权力配置——这是本书提出的国家建构关系理论中的一个关键因素。然而,这三对国家的比较研究提供了有关这些网络如何随着时间的推移而发展的丰富细节,它们在历史进程中如何与公共物品的供应、语言的异质性和志愿性组织相互关联,以及反过来在向民族国家转型之后如何塑造权力配置。因此,我希望这四章合在一起能够使读者相信,致力于本书所倡导的关系视角是值得的:将国家建构视为统治者与被统治者之间的政治联盟问题,并识别鼓励这些联盟跨越族群分界的历史力量。

【注释】

[1]更具体地说,我指的是世界银行的法治及政府效率测量、透明国际的腐败指数和国际国家风险指南的政府措施的感知质量。与志愿性组织数量的相关性介于 0.72 和 0.73 之间。

[2]非国家机构如宗教学校等,在历史上对识字水平也有很大影响。然而,在后殖民地社会中,并且更普遍地说,在战后世界中,大多数国家都从宗教组织手中接管了提供基础教育的任务之后,这应该不是什么问题。

[3]对于铁路密度表明了什么的其他解释仍然是可能的也是合理的(参见 Wimmer and Feinstein 2010)。

[4]与此同时,已经出现了对制度规则及其与族群人口统计学的相互作用更为细致的分析(参见 Mozaffar et al. 2003;Birnir 2007)。这种分析超出了本章的范围。

[5]我在这里省略了对美国、加拿大、澳大利亚和新西兰的考虑,因为在这些英国定居者殖民地中,测量的结果并没有太大意义:大多数这些殖民地事实上是由定居者自治的,由"地方"法院裁定的法院案件实际为零,这表明这些领土由伦敦直接统治。

[6]由苏黎世联邦理工学院经济研究所(Konjunkrurforschungsstelle of the ETH Zürich)提供的政治全球化指数产生了基本相同的结果(未显示)。

[7]依照标准惯例,稳健标准误差按国家分类。由于因变量是一个比例而不是过度分散的变量,因此适当的统计模型是一个具有 logistic 连接函数和因变量二项式分布规范的一般线性回归。这考虑到可能的值由 0 和 1 绑定。由于许多国家不以族群为基础排斥任何公民,因此存在过量 0 的问题(约为观察数的 30%),其中连接函数的上述说明应该被有效处理(McCullagh and Nelder 1989)。为了在解释方面保证没有问题,我还运行了一些模型,这些模型中不包含那些没有族群问题的国家,因此那里的族群政治排斥不可能超过 0。这是为了确保各模型不依赖于这些 0,因为实际情况并非如此。

[8]还使用了基于族群权力关系的群体列表的极化或分化指数来测试各主要模型,其结果大致相同。

[9]如附表 5.2 所示,除了将识字率、非政府组织、语言异质性或社团密度与民主结合在一起的模型之外,没有共线性问题。然而,这些相关性都不超过 0.55。我对所有模型进行了共线性测试,并从有问题的模型中删除了时间趋势,这将在脚注和表格中指出。

[10]民主在固定效应模型中也非常重要(参见附表 5.3),该模型侧重于国家内部随时间变化的比较,而不是各国之间的比较。

[11]这个模型是 logistic 回归,因为因变量是二分的:非民主政权向民主过渡或不向民主过渡。

[12]还有其他一些理论上有趣的结果值得注意。第一,人们可以争辩说,当某些类型的民族主义意识形态占上风时,国家建构会更容易。关注国家制度的公民民族主义可能会产生对国内少数族群更宽容的态度,而强调共同的血统和语言的族群民族主义则更

难做到这一点。只有 24 个国家有能够区分公民身份认同和族群身份认同的数据。为了得到更大的样本,我使用了世界价值调查(第五波调查和第六波调查)中的一个问题作为指标。该问题询问受访者是否介意有说与自己不同语言的邻居。对于可获得这些数据的71 个国家,我发现平均反应与族群政治包容性水平之间没有关联(参见附表 5.7)。

第二,我们有理由认为,也许与本尼迪克特·安德森相关的是,某些民族/国家比其他民族/国家更容易想象,这反过来可以促进国家建构。然而,那些已经存在很长时间的国家或者有悠久的独立历史的国家,或者已经存在于其现有边界内数十年(包括独立前的行省),或者其核心族群有自己的长久历史的国家等,并没有在国家建构中取得更大成功(参见附表 5.8)。

第三,如果我们控制表 5.3 中的政治发展变量,族群政治排斥与收入不平等(比如基尼指数)、政府规模的各种测量指标(国内生产总值中政府所占的比重、税收占国内生产总值的比重、政府的绝对规模或税收收入绝对规模)、政府质量的各种测量指标(对腐败的察觉、行政和服务质量、反腐败和法治)、一些地理变量(山地地形、海拔差)、人口统计(人口规模、人口密度、人口的地理分布)一些较快节奏的政治因素(以前的政权更迭、过去的军事政变次数)、经济变量(人均石油产量、农业在国内生产总值中的比重、经济全球化),以及全球化(既作为一个综合性测量,更具体地说是政治全球化)等也无关。

[13] 在附表 5.9 中,民族主义是用"愿意为国家而战"的问题来测量的(有 71 个国家的数据)。如果我们使用"你对你的国家感到有多自豪?"这个问题来测量民族主义(有123 个国家的数据;参见附表 6.3 中的模型 10),结果是相似的。中介效应论(mediation argument)的结果也不完全令人鼓舞:虽然识字率确实与更多地容忍语言少数群体有关联(结果未显示),但后者并不影响族群政治的包容性(附表 5.7)。

[14] 索贝尔-古德曼(Sobel-Goodman)中介效应检验表明,战争对族群政治排斥的非显著影响的 6%—10% 是由铁路密度或识字率调节的。

[15] 这两个模型不包括时间控制,因为检验表明它们产生了共线性问题。

[16] 请注意,除了各国的共同时间趋势之外,国家固定效应模型考虑了可能的"遗漏变量"问题。然而,这些已经由包括在所有以前的模型中的按年份顺序的三次样条曲线所控制。年份固定效应模型产生基本相同的结果(未显示)。

[17] 模型 6 没有时间控制,因为检验表明它们产生了共线性问题。

[18] 在前几节中使用的历史上达到的国家地位水平的两种测量都与族群政治包容性密切相关。索贝尔-古德曼中介效应检验表明,这种关联的很大一部分确实是通过两个公共物品变量和语言异质性来引导的,至少在对国家古老历史变量的检验中是这样的:大约一半的影响是通过语言分化和识字率来调节的,约 1/5 通过铁路来调节。当使用前殖民地国家地位变量时,这些比例要小得多(约 1/10)。所有中介效应检验都非常重要。

[19] 我们还可以使用平均温度或当代疟疾发病率的测量(数据来源于 Sachs 2003),然而,这至少部分是由国家能力内生的。使用这两种测量方法得到的结果与使用绝对纬度变量得到的结果基本相同。

[20] 如果我们使用来自麦迪逊(Maddison 2003)收集的 1820 年或 1870 年的人口数据,可以获得相同的结果,其中只有非洲和亚洲的 38 个国家的数据可得。参见贝茨(Bates 1983:35)关于非洲的研究结果。

［21］出于技术原因,第二个变量不能用于附表 5.11 中报告的先前的工具变量回归。

［22］所有工具变量回归模型都使用两阶段最小二乘估计。其他模型规范(例如 GMM 估计量)产生基本相同的结果。所有工具变量模型都未显示第一阶段。遗憾的是,两组模型都有相对较弱的工具(对于模型 1 和模型 2,Kleibergen-Paap rk Wald F 统计量的 T 值分别为 7.3 和 10.3,通过 Stata 命令 ivreg2 计算得出)。然而,所有的模型都通过了过度识别和识别不足检验。

［23］蒂利(Tilly 1990：第 7 章)自己提醒说,他的理论不适用于当代发展中国家,但是对它是否适用于欧洲以外的早期国家形成过程则持开放态度。

［24］我将所有苏联加盟共和国,包括外高加索和中亚的加盟共和国,都定义为西方国家。遗憾的是,当改变这种编码决定时,结果会有所变化。

［25］也可能是,在非洲和亚洲国家的案例中,战争变量根本没有得到很好的测量,因为这些国家的前殖民时期的战争历史记录往往很粗略(参见 Wimmer and Min 2009)。

第六章　认同国家：全球调查的证据

现在是时候看看国家建构硬币的另一面：民族/国家认同（national identity）的出现。前述的案例研究已经表明，具有不同族群背景的个人如果看到他们自己在国家级政府中有代表，就会拥有国家认同。相反，如果他们的各种联盟仅限于同族群（coethnics）之中，并且如果在统治精英中找不到同族群的人，那么他们就会发现他们的族群身份认同比民族/国家共同体的团结及共同政治命运的思想更有意义。与比利时人相比，瑞士人对国家的认同度更强、更积极，比利时人总是视自己主要是佛兰芒人或瓦隆人。博茨瓦纳的国家认同也比索马里（尽管索马里有各种重要的民族主义潮流）更为根深蒂固，并且在中国多语言的汉族中，国家认同要强于罗曼诺夫王朝或苏联的普通公民。简而言之，我在这里所探究的直截了当的论点是，对国家的认同来自政治代表性。

本章使用世界各地的数据探讨这一假设。我找到了许多有关代表性问题的调查，这些调查提出了同样简单的问题："成为自己国家的公民，你有多自豪？"我们在123个国家问了这个问题，得到了770 000个人的答案。这123个国家约占世界人口的92％。其中许多调查还收集了有关受访者族群背景的信息。这使得我和一个研究助理团队能够将调查与族群权力关系数据集联系起来，以确定这些族群在国家层面政府中的代表程度以及这对其成员的国家认同产生了何种影响。这样就能进一步对居住在64个国家中224个族群的165 000个人建立子样本。

以前的研究使用了类似的数据来源，通常是大约30个国家的较小样本。在一系列其他问题中,学者询问,构成人口中少数群体的族群对国家共同体的认同程度是否低于多数群体,并提供了一系列不同的原因解释为什么会出现这种情况。在第一章概述的理论基础上,我将论证,不是人口规模而是政治权力和代表性才能解释哪些人更为自己的国家感到自豪。政治上占主导地位的少数群体成员(例如当代叙利亚的阿拉维派人口①)应该会积极地认同他们的国家,就像在政治上占主导地位的多数人口(例如韩国的朝鲜族人)认为自己无疑是国家的合法所有者一样。

国家自豪感的权力配置理论

我首先要澄清"民族/国家认同"究竟是什么意思。这是一个有争议的概念,也许是因为民族主义在过去两个世纪的世界历史中起着道德上模糊的作用。因此,许多研究人员试图将更仁慈的民族/国家认同形式与其他的民族/国家认同形式区分开来,将"爱国主义"与"沙文主义"区别开来(参见 Coenders et al. 2004),或者将被认为不那么好战的"西方"民族主义与倾向战争的"东方"民族主义区分开来(Kohn 1944),或者将市民的和国家中心论的"公民"民族主义与更加狭隘、以祖先为基础的"族群"民族主义变体相互区别开来[参见布鲁贝克(Brubaker 1999)的讨论]。讨论的第二个核心是围绕着是否只有在族群认同被削弱时才能发展出对民族/国家的强烈认同,或者相反,即族群认同和民族/国家认同是否可以相互促进,就如多元文化主义者所坚持认为的那样。

本章不涉及这两个讨论。相反,本章旨在了解哪些公民比其他公民更积极地看待他们自己的国家——独立于诸如族群认同的力量,也无关乎这些认同呈现为公民的还是族群的、爱国主义的还是沙文主义的形式。这种积极的认同具有重要且总体积极影响,因为它与更有效的政府密切相关(Ahlerup and Hansson

---

① 阿拉维派是伊斯兰教什叶派的一个分支,在整个中东地区约 400 万人,主要分布在叙利亚、黎巴嫩、土耳其等,其中以叙利亚为最多,有将近 350 万人,占叙利亚人口的 15％左右(逊尼派人口为70％,另外还有信仰基督教的人口等)。自 1970 年哈菲兹·阿萨德上台后直至今日(2000 年起由他的儿子巴沙尔·阿萨德掌权),叙利亚政府高层人员基本为阿拉维派。——译者注

2011),并支持福利国家(Qari et al. 2012;还可参见 Shayo 2009),以及对纳税的抵制较少(Konrad and Qari 2012)。[1]这里还要注意的是,国家自豪感在概念上和经验上与个人如何评估现有政府是不同的。即使特定的政府可能背叛某些公民所认为的国家核心原则和价值观,这些公民仍可能继续以他们的国家为荣。

这样的对一个国家的积极认同是如何产生的？这个问题需要我们对政治认同的交换理论模型进行更详细的讨论。它假设民族国家在传播国家认同方面发挥了至关重要的作用,即使这些国家认同最初可能是由知识分子或反殖民主义运动制定的。[2]其基本命题是相互之间经常交换资源(包括诸如获得承认或声望等"软"资源)的个人最终会认同共享的社会类别,即包括所有稳定的交换伙伴并排除他者的"我们"的观念。[3]谁与谁相互交换资源也受到已经被认为是相关和合法的社会类别的影响,因为这些社会类别可能伴随着对成员之间特权交换关系的规范期望。当社会中的交换关系发生变化时,新的社会类别就要么是从外部引入,要么就内生地发展起来(详见 Wimmer 2008)。

按照这一逻辑,如果公民还没有与中央政府建立持久的交换关系,我预期他们不会欣然接受国家认同——可能即使政府和国家的知识分子进行激烈的民族主义宣传也难以达到这样的目的。他们将主要认同其他的(如次国家的或跨国的社会类别)具体取决于他们所编织的交换网络的情况。如果来自同一地的移民在世界各地的任何地方互相支持,他们就会形成一种离散的身份认同,并以他们的共同体的遗产为荣。如果村庄或社区是提供公共物品的关键,并且与国家层级的联盟网络保持分离,那么将出现强烈的地方主义[参见巴克(Back 1996)的"邻里民族主义"]。如果政治家动员族群联系来提供独立于中央政府的公共物品或在国家联盟网络之外获得权力,他们的追随者将为他们的族群背景而不是国家感到自豪(参见 Congleton 1995)。

要理解谁更积极地认同国家,我们需要分析在国家中央的权力配置:哪个族群共同体在国家的政府中有代表,并因而更紧密地被连接到公民与国家之间的交换关系之中。这些交换关系常常伴随着实实在在的好处:一项长线研究表明,公民往往从同族群的政治领导人那里获得更多的公共物品(这一研究的 139 个国家的样本,参见 De Luca et al. 2015)[4],在投出他们的选票时期待着这样的奖励(如加纳城镇的情况,参见 Nathan 2016),并由此评估同族群在职人员(如乌干达的情况,参见 Carlson 2015),以及感知来自不同族群背景官员们的普遍歧视(如三个后共产主义国家的情况,参见 Grodeland et al. 2000)。相反,领导者则更关注同族群公民的要求和偏好(有关南非的情况,参见 McClendon 2016;有关美国的情况,参见 Broockman 2013)。第八章将基于对阿富汗的调查数据分析,直接证明公共物品供应反过来会让公民对国家有更紧密的认同。除了这些有形的好处,拥有同族群的政治代表还带来某种赋权和国家的象征性所有权意识。我必须对有关与管理精英常常带来的物质利益相比,这些象征性的获得有多重要的问题保持开放态度。

为了描述族群政治权力的不同配置,我先要介绍一下比第一章已经概述过的稍复杂些的蒂利的政体模型(polity model;Tilly 1975)。蒂利区分了政体的成员——政治行为者和他们在最高层级政府里所代表的选民——与没有和管理精英连接的人员。在第五章的分析中,我用这一基本的区分来确定国家建构成功的程度。被排斥人口的比例越低,跨族群分界的政治整合的程度就越高。

为了达到本章的目的,应该根据该政体是由多于一个行为群体所构成(图6.1 左),还是一个更为垄断的结构(图 6.1 右)来进一步区别。在各种联合政府内,高级合作伙伴可以根据他们的相对权力与低级合作伙伴区别开来。在政体之外,一些群体可能拥有地区权力,例如在省级政府,而在中央政府中则仍然完全没有代表。政治金字塔再往下走,其他一些群体可能既无法在国家层级也无法在省政府层级拥有其代表。最后,被歧视的群体的政治地位的上升则被更强大的行为者主动地阻止。

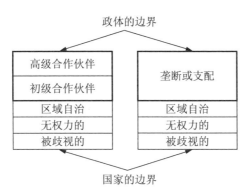

图 6.1 族群政治权力的配置

现在,我们可以介绍一系列经验性假设,这些假设有关我们期望哪个族群的成员以及哪个国家的公民会更自豪。第一,政体的成员对自己国家的态度应该比受排斥的群体更为积极。第二,被歧视的群体应对国家的认同度最低,因为他们与政体的成员没有任何有益的交换关系。第三,在国家层面上,我们期待着人口比例大而在国家级别的政府中没有代表的各国公民对国家不太有自豪感。

第四,我们需要运用一种更加动态的思考方法,因为政治的边界可能会扩大或收缩;群体会如图 6.1 中所描绘的那样,在政治等级向上或向下移动:通过选举、族群的内战、民众的反抗或一些外部干预等,可能会向某些族群精英和他们的选民赋权,同时将其他群体的人从政府的位置推开。按照上面介绍的理论前提,我们预期其政治地位在过去跌落了的群体看待国家的态度会比那些保持着政治地位的群体更消极。例如,美国白人应该在奥巴马当选总统后更不自豪。这种地位的失落很容易导致冲突,就如我们从大样本研究(Cederman et al. 2010)和定性案例研究中所知道的那样(Petersen 2002)。眼下更重要的是,它降低了国家自豪感,因为如果一个公民的政治地位下降,她与政治中心的交换关系将低于原来的标准。

我们需要在简单交换理论的论证之中另有考量。认同国家不仅取决于人们的权力地位,而且也取决于人们在多大程度上相信这样的地位将在未来得以维持。因此,稳定的前景促使人们对国家共同体有积极看法,反之,不确定性则会减少对国家的自豪感。我们还可提出另外两个假设。在碎片化的政体中(图 6.1左)生活的各个国家的公民对自己的国家应该比在权力更为垄断的国家中(图 6.1 右)的人们更不自豪。由于跨越族群分界制裁不合作的行为更为困难(Habyarimana et al. 2007),因此权力分享的政权一般都更不稳定。这就预示着这样的联盟可能分裂,从而减少政体成员对其未来政治地位的信任。[5]反过来,这应该会降低他们自己国家的自豪感。

最后,就政体的边界所进行的斗争已经导致了世界各地许多国家内部的武装暴力。这种暴力倾向于"去混合"(unmix)各族群(Kaufmann 1996)并摧毁跨越族群分界的联盟。政治精英相互之间不信任对方的意图,并发现在战争之后难以建立合作联盟。我们由此预期那些经历过许多族群内战和武装冲突的群体成员对国家的自豪感会更低。在国家层级应该也同样如此:具有不断的族群冲突历史国家的公民应该比长期处于和平状态国家的公民的自豪感更少。[6]

其他观点

人口统计的少数群体假说

迄今为止的研究主要集中在个体的族群背景可能影响他们的国家自豪感的方式上。一群杰出的研究人员认为，作为人口中少数群体的成员，对总体的民族/国家类别具有较少积极的认同。换成连续变量的说法就是，国家自豪感应该随群体规模的增大而增加。目前已有三种解释，其中两个依赖于社会心理学的论点。

第一种是所谓的内群体投影模型，就如穆门迪和温泽尔等人所详尽阐述的那样（Mummendey and Wenzel 2007；Wenzel et al. 2007）。它假设了一种认同的嵌套类别的情况，即几个族群"嵌套"进一个民族/国家。下级类别（族群）的成员倾向于认为他们自己的特质（如所讲的语言）也是更高层级类别（国家）的原型。这让他们感觉到自己的群体也是更高一级类别的代表并认同该类别。如果他们的群体占人口统计学上的多数，这种见解在经验上就更合理。

斯塔克尔等人（Staerklé et al. 2010）介绍了第二种社会心理学论点，解释了为什么更大的族群会更有国家自豪感。依据斯达纽斯（Sidanius）的社会支配理论，他们希望在不同的子群体成员如何强烈地认同上级类别以及认同诸如民族主义这样的合法性神话中找到一种"族群不对称"（Pratto et al. 2006：281）。主导的群体把自己看成是体现和代表上一级的类别，而从属的群体则对上一级的包含性类别保持更为矛盾的态度。原则上，该理论考虑到人口上的少数群体在社会中占主导地位的可能性，并且因此认同总体的类别。然而，在斯塔克尔等人（Staerklé et al. 2010）对民族/国家认同和民族主义的研究中，支配只是通过群体的规模来确定的。他们认为，多数群体应该比少数群体对自己的国家更自豪，这是因为多数群体感觉他们自己是国家的合法"拥有者"和代表。

政治学家已经提出了关于为什么群体的规模对国家的自豪感很重要（Robinson 2014）的第三种论点。然而，他们假设较大的群体应更认同他们的族群共同体并且从更不积极的角度看待国家。虽然上一代的学者预计，在国家政治整合的过程中，族群亲和力会消失，但最近的学术研究表明，由于后殖民社会的政治权力和恩庇赞助竞争不断加剧，族群认同变得更加突出。罗宾逊认为，大型族群的成员能够更好地在国家政治舞台上进行竞争，由此更认同他们的族群类别。言外之意是，他们因此以不太积极的视角看待国家共同体。

这三个论点都理所当然地认为，人口统计学上的多数群体始终会在政治上占主导地位。然而，我们需要将人口统计学和政治方面加以区分，而不是假定所有国家都像典型的西方国家，在这样的国家里，一个单一的多数人口在历史上主导着这个国家，如白人在美国、德国人在德国等。在世界各地，族群政治权力的配置更加复杂。

许多国家——几乎所有撒哈拉以南的非洲国家、比利时、瑞士、加拿大、马其顿、马来西亚和印度等——都是由各族群精英们的联盟，而不是由单一的多数族群和他们的代表来统治的。族群权力关系数据集显示的是，所有国家—年份数据中约 1/3 是这样的情况。此外，在战后世界有 23 个国家和地区——玻利维亚、利比里亚、安哥拉、南非、伊拉克、约旦、卢旺达、叙利亚、尼泊尔等，其人口上的少数群体主导着国家，并排除所有其他群体进行有意义的政治参与。难道我们不应该期待，例如，在萨达姆·侯赛因统治下的伊拉克，逊尼派尽管是人口上的少数，但会比人口上占主导地位但政治上却被边缘化的什叶派更加认同伊拉克国家，并为本国取得的成就更感自豪吗？因此，我们还是需要一种能捕捉到这些更复杂配置的理论和数据。

其次，三个人口统计学论点都假设，随着时间的推移，占主导地位的群体会保持其主导地位，而次要群体则保持其从属地位。毕竟，少数群体和多数群体之间的人口平衡往往随着时间而非常缓慢地变化。然而，在世界上的许多国家中，权力配置的变化要快于人口变化趋势。例如在马里，20 世纪 90 年代初期以来，该国所遭受的一轮又一轮的政变和内战已经至少四次将不同的群体纳入又排除出其政体。总体而言，自第二次世界大战以来，世界上只有 42 个国家和地区没有经历过族群政治权力配置的变更。[7]就如上文已经论证过的那样，失去政治地位的群体应该对国家的认同度较低，相反，最近获得授权的群体应该产生新的国家自豪感。

最后，社会支配理论对什么是支配的实际意义分析得不够具体，也许是因为作为一般的理论，它试图跨越各种情况进行应用和解释许多不同的现象。要做到这一点，社会支配理论简单假设，每一个社会都是被垄断经济资源、社会地位和声望、医疗、住房、政治权力等的群体所支配（Pratto et al. 2006）。然而，象征性的、社会的、经济的和政治的主导和支配地位并不需要完全一致。经济和社会的主导性支配群体，比如在后种族隔离时代南非的白人，或在马来西亚的华人，可能并不支配国家的政府。为了解释国家认同和自豪感，我们因此需要一个涉及政治权力和代表性的更为具体的理论，而不是一个更为泛泛而谈的"社会支配"理论。

对人口统计学上的少数群体的各种假设的大量实证检验都出现了相互矛盾的结论，这可能是由于这些不同的理论不够明确，或者是因为每一个研究都建立在一组不同国家的基础之上。史密斯和基姆（Smith and Kim 2006）使用个人层面的数据指出，国际社会调查（International Social Survey，ISS）的 33 个国家中，只有 13 个国家中具有少数群体背景的个人对国家感到不太自豪。相比之下，斯塔克尔等人（Staerkléet et al. 2010）则证明，在同样的 33 个国家中的族群、语言和宗教的少数群体成员都以不太积极的视角评价自己的国家。马塞勒（Masella 2013）发现，在完成世界价值观调查的 21 个国家中，少数群体的个人对自己国家的认同并不少。

一些学者使用群体层次的数据，调查了较大的群体是否比较小的群体对国家的认同更为积极。他们的发现再次相互冲突。马塞拉（Masella 2013）分别分析了多数群体和少数群体，发现在 21 个世界价值观调查所研究的国家中，更大的群体通常较少认同自己的国家。然而，在罗宾逊（Robinson 2014）非洲晴雨表调查的 16 个非洲国家的 246 个群体样本中，较大的群体认同他们的国家比认同他们自己的族群更多。最后，埃尔金斯和塞兹（Elkins and Sides 2007）发现，在完成世界价值观调查的 51 个国家中，少数群体的大小规模与对国家的自豪感没有关联。

在国家层面，我们会期待更为异质的人口——由大量的小群体组成——总体上不太积极地认同自己的国家。然而，根据马塞拉（Masella 2013）的说法则不是这样的情况，罗宾逊（Robinson 2014）使用非洲晴雨表的 16 个国家的数据得出了相同的结论。与此相反，根据斯塔克尔等人（Staerkle et al. 2010）的研究，在异质性国家中的少数群体比同质性国家中的少数群体更不积极地看待自己的国家（这与多数群体并无关联）。这一发现建立在对 33 个国际社会调查国家的研究基础之上。

制度主义的论点

政治学的新制度主义传统也提供了有关国家自豪感如何与族群相关联的论点。根据这一思想学派的理论，个人认同哪种社会类别取决于制度框架所提供的激励。埃尔金斯和塞兹(Elkins and Sides 2007)把这种方法用于研究国家自豪感问题，并评估在前面的章节中讨论过的协和主义。在通过比例制选举出议会成员的各个国家中的少数群体应该更积极地认同自己的国家，因为他们更有可能在议会和政府行政部门中有自己的代表。联邦制应具有相同的后果，或者如向心主义的作者所认为的(Roeder 2005)，它可以提高少数群体对自治省的认同，但降低对整个国家的依恋度。在少数群体风险数据集(the Minorities at Risk dataset，MAR)的基础上确定 90 个少数族群，并且使用世界价值观调查对 51 个国家调查的不同波动，作者显示，在比例代表制的国家中，多数群体和少数群体都对自己的国家不太自豪。少数群体在联邦国家更具国家自豪感，但多数群体则不然。他们得出结论认为，协和主义制度在国家自豪感上"充其量具有混合效果"。

这项重要的研究受其数据的一些限制：在少数群体风险数据集中主要将各弱势群体包含在内，而没有他们在地区或国家级政府中实际代表的信息。因此，很难回答制度主义者们的研究问题。人们首先必须评估比例代表制和联邦制是否确实能分别增加少数群体在国家或地区层面的代表(然而，如前所述，比例制不增加国家一级的代表)。第二步，人们会看看代表性是否与国家自豪感相一致。这第二个问题就是本章的目的所在，使用理论模型和经验的实证数据可以让我们更精确地进行阐述。

数据与测量

因变量

大多数研究人员已经使用相对较小的各国样本进行研究工作，或者是使用国际社会调查的国家认同模块，或者是使用世界价值观调查。然而，由各个大陆的晴雨表组织所进行的大量调查已至少提出了一个可比的问题："你对你的××国籍有多自豪？（一些调查则问：你对成为××国公民有多自豪？）"绝大多数的这类调查让受访者在四个反馈中作选择，从"非常自豪"到"完全不自豪"。这个问题问的是具体的比如对"瑞士"的自豪感，而不是对"你的国家"的自豪感。移民或少数族群由此就不太能理解这个问题到底是对他们的原籍国还是对他们的以同族群为主导的多数群体的邻国（比如作为波斯尼亚的克罗地亚人对克罗地亚的看法）的自豪感。同样重要的是，这个问题显然是关于公民对国家共同体的自豪（自豪地成为比利时人），而不是关于对它的组成群体之一的自豪，如对多族群国家中的族群（佛兰芒人和瓦隆人）的自豪。

利用拉丁美洲晴雨表、亚洲晴雨表、非洲晴雨表、世界价值观调查、欧洲价值调查和国际社会调查，我们能够组建起一个涵盖 123 个国家的数据集，包括从南部的南非到北部的俄罗斯，从东部的日本到西部的美国，从非常小的国家，如马尔代夫和卢森堡，到非常大的国家，如中国和印度等。正如前面提到的那样，该数据集包含了大约世界人口 92％的代表性样本。附表 6.1 列出了我们用以汇编数据的国家、调查和调查中的波动。

虽然调查的是国家层级的代表，但这些调查显然没有抽取具有同样政治地位的所有族群的代表性样本，比如所有在玻利维亚被歧视的个体或俄罗斯政体的所有成员。然而，在下面的其中一个分析里，我将在每个国家内部比较不同地位的群体之间的国家自豪感。我无法评估这个问题是否会影响系统方法的结果，但令人欣慰的是，当我将少于 100 个个体作出反应的状态组（约占所有群体的 1/5）排除在外时，结果基本上保持不变。

为了进一步探讨这个问题，我利用这样一个条件，即这些状态群体中的 43 个是从不同的调查采样而来，例如，第一次是通过 2004 年的国际社会调查，然后是通过 2009 年的世界价值观调查。我计算出在这两个调查中群体成员的反应的相似程度有多大。就如附图 6.2 所显示的那样，在样本大小和调查所得回应的相似程度之间没有系统的关系。如果小样本量是一个系统性问题，那么样本量越小，两次调查中的回应的差异应该越大。

但是，"你对你的××国籍有多自豪？"这一问题实际上测量什么？这需要讨论两个相关的问题。第一个是该问题所捕捉到的潜在情绪。我遵循博伦和梅德拉诺(Bollen and Medrano 1998)的观点来区分依恋和道德认同。依恋是指个人有多强烈地相信他们是某个共同体而不是另一个共同体的一部分。道德认同意味着对个人所属共同体在更大世界中的地位的积极评价,不受成为这个共同体成员对个人的整体认同而言的重要性的影响。例如,德国人可能会非常认同德国,但是对德国的历史地位不予积极的评价(参见 Giesen and Schneider 2004)。事实上,我发现在回答有关国家自豪感的问题和受访者主要认同国家还是认同他们的族群的问题之间,只有非常弱的相关性[8](后面这个问题只在某些调查中使用)。显然,自豪感问题指的是对国家认同的道德的、评价性的成分,而不是依恋的强度。我还注意到,这里对自豪感问题的回应与受访者如何评价他们国家目前的政府之间只有很弱的相关性(0.16)。实证地看,对自己国家的自豪感因此是与赞同其政府有很大区别的。

其次,我们还需要用相似的方法[度量不变性(metric invariance)]讨论世界各地的个人对自豪感问题理解到什么样的程度,以及各个国家的人们在相同问卷框中打钩是否实际上意味着是同样的事情[标量不变性(scalar invariance)]。[9]对度量或标量不变性的任一统计测试,要有与同一基本概念相关的不止一个问题。由于我只就一个问题展开工作,因此不能在这里提供对度量和标量不变性的技术测试。但是达维多夫(Davidov 2009)在国际社会调查的多项问题的基础上指出,各国的受访者确实以相似的方式来理解一系列相似的关于自豪感的问题。然而,他也证明,同样有自豪感的人在不同的国家不一定勾选相同的答案。

由于使用不同的国家样本以及样本规模的有限,此外还有其他可能的原因,因此以前的研究似乎没有定论,但我认为能够使用从大量国家而来的数据的优势,远远超过标量不变性可能带来的问题[与埃尔金斯和塞兹(Elkins and Sides 2007)的推理和研究策略相一致]。此外,这个问题只会影响国家层级的模型。在下面显示的群体层级的模型中,国家固定效应确保我们在国家之内而不是跨国家比较各群体。标量不变性问题由此可能仅会影响下面的分析中的一半。

牢记有关比较不同国家的这个提醒。现在我将简要地介绍一下来自世界各地的 77 万人是如何回答自豪感问题的。如附表 6.2 用描述性统计所显示的那样,平均来看,世界上的人口令人惊异地都为他们的国家感到自豪:全球平均水平是 3.4,在"有些自豪"和"非常自豪"之间。标准偏差也很小,世界各地的所有个人的 2/3 对自己的国籍是在 2.7（比"有些自豪"稍低一些）与"非常自豪"之间。大多数欧洲人口对自己国家的自豪程度都远远低于世界其他部分国家的人口。一些中亚和东亚国家也是如此。德国人对自己的国家最不自豪，而对自己国家最感自豪的是老挝人、加纳人以及特立尼达和多巴哥的人口。

　　各族群对国家的平均自豪感变化比较大。与我的理论相符合的是，塞尔维亚的穆斯林、拉脱维亚的俄罗斯人和马其顿的阿尔巴尼亚人——所有这些群体都有过被歧视的历史——对国家最没有自豪感（接近平均的"不太自豪"），而在最有自豪感的群体中，有乌兹别克斯坦的乌兹别克人、特立尼达和多巴哥的克里奥尔人。[①]

与族群相关的变量

　　为了测试国家认同的权力配置论点，我再次使用族群权力关系数据集（参见 Wimmer et al. 2009），但现在使用族群政治地位的更细微的编码方案。与前面介绍的更细节的政体模型相一致，族群权力关系数据集用七层规模来描述族群的政治地位，其中包括垄断权力、主导支配地位（其他族群只有象征性的代表）、在一个权力分享政府中的高级和初级合作伙伴、区域自治、在国家和地区层级都没有代表（或简称为"无权力"）和被歧视（参见表 6.1；有关族群权力关系数据集编码规则的详细信息，参见 Wimmer et al. 2009 在线附录）。

　　我们与研究助理团队一起，将调查中个人提供的族群背景信息与族群权力关系数据集中列出的族群类别联系起来。比如，在世界价值观调查的南斯拉夫部分勾选"塞尔维亚人"的人，就鉴定为族群权力关系中的"塞尔维亚人"群体，并且给予相应的政治地位（"主导支配"群体的成员）。对 64 个国家和 224 个群体进行这样的数据处理是可行的，大约代表了族群权力关系中一半的国家及 1/3 的族群类别。在任何调查中列出的所有族群类别中，我们发现与族群权力关系数据集相互匹配的约占一半。我们利用了这样一个事实，即许多族群分类系统是分段嵌套的，这允许我们使用多对一和一对多的匹配过程（详见附录"对第六章

---

① 克里奥尔人在 16—18 世纪指在南美和加勒比地区的殖民地出生的欧洲人后裔，以与出生于欧洲而迁往殖民地的移民区别。特立尼达和多巴哥的克里奥尔人是指出生于当地的欧洲人、美洲土著人、非洲人、印度人等的混血人群。——译者注

的补充")。

除了政治地位类别，族群权力关系还包含 1945 年以来爆发的国内族群冲突总数的信息，这种冲突的定义是反叛族群与政府军之间的武装对抗且造成 25 人以上死亡的冲突。为了测试在国内的政治地位的下降是否会降低对自己国家的自豪感，我创建了一个变量，该变量表示某个群体最近是否在七层等级体系中往下降（如非土著玻利维亚人在土著人士莫拉莱斯当选总统后，他们的地位从"主导支配性"向"初级合作伙伴"下降那样的案例）。[10]

族群权力关系数据集还提供了一系列描述国家层级权力配置的指标。这将允许我们使用完整的 123 个国家的数据集，包括在调查中没有提供个人的族群背景信息的国家。这里有三个变量很有意思。第一，被排斥人口的大小用来测量在地区层面有代表的、无权力的以及被歧视的群体的比例，换言之，就是测量在政体之外人口的比例。该测量值在前一章中是核心因变量。现在，被排斥人口的比例将作为一个自变量来表明政治整合如何导致国家认同。因此，该分析补充了对一个族群的政治地位如何影响其成员的国家自豪感的更细致的调查。第二，"权力共享"变量显示出该政体是否由一个（如图 6.1 右所示）或由更多（如图 6.1 左所示）的族群政治精英所组成。如前面讨论过的那样，权力分享应该降低政体成员对未来政治地位的信心，因而也会降低对国家的自豪感。第三，我计算了 1945 年以来在一个国家短期历史上的族群武装冲突的数量，这是我将用于群体变量分析的同一个变量。

其他国家层面的变量

很显然，一个国家的历史和当下等其他方面也将影响人们对国家的自豪感。我测试了每一个国家层面的变量，即那些曾经用于定量研究以及其他一些在理论上有意义的变量。表 6.1 列出了 26 个变量及其数据源。除了标准的变量，如人均国内生产总值、语言和宗教的多样性、人口规模等，还包括全球化指数、测试历史遗产论点的各种变量、由埃尔金斯和塞兹（Elkins and Sides 2007）进行评估的探索协和理论的一些变量、一系列与战争历史和一个国家当代军事力量有关的变量、以前的研究所强调的一些经济变量，以及成人识字率，即安德森（Anderson 1991）的民族主义理论所强调的阅读大众的兴起推动了民族主义。要

表 6.1 国家层面控制变量和数据源

全球化

全球整合指数（2012—　）（Konjunkturforschungsstelle of the ETH Zürich）

人口特征

人口规模（插补的、有记录的）（World Bank World Development Indicators）

15 岁以上成人识字率（%）（插补的和被扩展的）（UNESCO/Wimmer and Feinstein 2010）

2010 年穆斯林人口百分比（Pew global surveys）

宗教分化（Alesina et al. 2003）

战争和军事

1816 年以来战争的数量（Wimmer and Min 2006）

1816 年以来战争失败的数量（Correlates of War Project）

全球物质能力的比例（%，有记录的）（Correlates of War Project）

以千美元计的军费开支（当前美元，2007—　，有记录的）（Correlates of War Project）

独立战争［Wimmer and Min 2006；某些国家资料来源于战争相关性项目（Correlates of War Project）］

经济因素

以不变美元计算的人均国内生产总值（插补的和外推的，有记录的）（World Bank World Development Indicators）

人类发展指数（插补的）（United Nations Development Programme）

不平等的基尼系数（插补的）（United Nations University Wider；World Bank Development Indicators for some countries）

内陆国家（Wikipedia）

历史遗产

英国前属地（Wimmer and Min 2006）

第二次世界大战期间的轴心国家

曾是共产主义国家

德国前属地（Wimmer and Min 2006）

1816 年以来持续边界（包括省级）的年数（Wimmer and Min 2006）

自第一个国家组织成立以来的年数（中心化）（Wimmer and Feinstein 2010）

自独立以来的年数（Correlates of War Project）

政治制度

从专制（−10）到民主（+10）的综合得分（插补的）（Polity II；Polity IV Project）

1816—1990 年之间平均政体 II（Polity II）得分（Polity IV Project）

联邦或联邦体系（从 2005 年开始）（Institutions and Elections Dataset）

比例或混合选举体制（从 2005 年开始）（Institutions and Elections Dataset）

将 26 个变量全部放到一个统计模型中可能会使其负担过重。我由此采取循序渐进的方式，单独地测试每个变量，然后为未来的分析保留那些与国家自豪感显著相关的数据。[11]

个体层面的变量

为了解释对国家的自豪感，我们还必须考虑个体之间的差异。所有的调查都包含了关于个人基本特征的类似问题（详见附录"对第六章的补充"）。这样，我们就可以考虑到以下因素：男性比女性对自己的国家更感自豪，已婚者比未婚者更感自豪，年长者比年轻者更感自豪，教育程度较低者比教育程度较高者更感自豪。自豪感也可以受个人政治观的影响，因为民族主义通常与右翼倾向密切相关。虽然我们无法在所有的调查中找到相应的问题，但是至少我们可以测量世界各地的受访者是否认为"政治是重要的"。我还加入了个人是否认为"宗教是重要的"这一问题，因为如果国家的成员资格是基于宗教的，有宗教信仰的人可能会更积极地认同国家（比如波兰）。我还加上了个人社会阶级背景的一些基本信息。[12]因为我们对个体差异如何影响国家自豪感不感兴趣，表格中的结果并不显示这些变量，尽管它们都包含在统计模型之中。

结果

在我开始讨论结果之前，应当对统计建模方法做简要说明。与之前使用类似数据来源的研究相一致，我使用多层级的方法，考虑个人对自豪感问题的回应同时受到他们的个人特征、他们作为成员的族群的特征以及他们所生活的国家的特性的影响。因此，我们会考虑用个体层级的变量、族群变量和国家变量来解释为什么有些人对自己的国家比其他人对自己的国家更感自豪。[13]

将模型确定为一个有序的逻辑模型是适当的，因为结果是一个等级顺序，从"一点也不自豪"到"非常自豪"。[14]由于该数据是由一个非常大数量的不同调查所组成的，我检查了当我们考虑由一个人作出回应的具体调查时，结果是否改变。例如，如果调查是在具有强烈民族主义焦虑的时刻进行，或者如果调查询问的有关自豪的问题是在其他问题已经让受访者关注到自己的国家认同之后，就会出现这样的情况。带有"调查固定效应"（survey fixed effects）的主要结果保持不变。

我们先来讨论26个国家的哪些特征与国家自豪感无关。这一分析的细节可以在附录"对第六章的补充"中查到。[15]最重要的是，更多样化的国家的公民对自己国家的自豪感并没有更少，只要我考虑采纳一些其他国家的特点（附表

6.4,模型 1)。[16]与人口统计学上的少数群体的国家自豪感较低的论点相反,国家自豪感似乎与一个国家的公民说的不同语言较多还是较少,以及有相同的或多个不同的信仰没有多大关系。应该提一下其他有趣的非结果(non-results)。1816 年以来与其他国家打过许多战争的国家并不比和平的国家更多或更少地对自己的国家感到自豪(参见附表 6.3,模型 3),在这些战争中遭到失败的国家也是如此(模型 13)。孤立的国家与那些融入全球经济的国家没什么不同(模型 1),民主国家与专制国家没什么不同(模型 24),富国与穷国也没什么不同(模型 5)。

我们现在准备用表 6.2 来评估权力配置假说。在第一步中,我调查了族群的政治地位是否会影响其成员的自豪感。例如,是不是在国家级政府内没有代表的族群成员比该政体的成员对自己的国家更没有自豪感? 模型 1 有两个层面(个体和族群)并使用国家固定效应,即前面的章节介绍过的技术。这意味着,64 个国家的每个国家的稳定特征——独特的气候、地理环境、特定的历史过去等——都被考虑在内。这也意味着,不同的群体在国家内进行比较,而不是跨国家进行比较。我们由此避免了前面所讨论的标量不变性的问题。该模型包括 224 个族群,因此我们可以将调查的族群类别与族群权力关系的族群类别相匹配。[17]

与上述理论相一致,表 6.2 的模型 1 表明,国家级政府中没有代表的居于各种地位的群体都比该政体中的成员对国家更少有自豪感。并且与第二个假设一致,对被歧视的群体而言,这样的效应尤为显著,平均而言,这些群体比包含在政体内的群体少两个标准差的自豪感。在省级政府内享有一定的政治代表的群体也比包含在国家级政体内的群体更不自豪。这与该理论相符,因为这些群体的成员预计将发展与地区而非国家级政府的联盟关系。相应地,他们应该为所在的地区或省,而不是为国家感到自豪。

模型 1 还显示,较大族群的成员与较小族群的成员相比,对自己国家的自豪感既没有更多也没有更少,这再次与人口统计学的规模论形成对照。但是这些结果有没有可能是失真? 因为大多数被排斥的群体比包含在政体中的群体小得多,就如我们已经用政治地位变量捕捉到了规模的结果。如果我将样本仅限制在人口统计学上的少数群体,我仍找不到更小的群体比人口较多的群体更不自豪(结果未显示)。换句话说,甚至在诸少数群体中,更大的规模并不导致对国家的自豪感增加。[18]

表 6.2　国家自豪感的多级有序 logit 回归

	1	2
个人层面的变量		
性别、年龄、教育、社会阶层、婚姻状况、政治重要性和宗教信仰	是	是
族群层面的变量		
群体规模（EPR）	0.127 (0.134)	
区域自治（参考：包括在政体内的群体）（EPR）	−0.329 ** (0.104)	
无权力的（参考：包括在政体内的群体）（EPR）	−0.130 * (0.054)	
被歧视的（参考：包括在政体内的群体）（EPR）	−1.519 *** (0.124)	
最近失去了权力（参考：包括政体在内的群体）（EPR）	−0.358 *** (0.036)	
1946 年以来群体历史上族群冲突的数量（EPR）	−0.426 *** (0.075)	
国家层面的变量		
国家固定效应	是	否
被排斥人口的规模（EPR）		−0.103 ** (0.038)
权力分享（参考：没有权力分享）（EPR）		−0.207 *** (0.018)
1946 年以来国家历史上族群冲突的数量（EPR）		−0.083 *** (0.014)
1816 年以来持续边界（包括省级）的年数 (Wimmer and Min 2006)		0.005 *** (0.000)
英国前属地（参考：从未成为英国的属地） (Wimmer and Feinstein 2010)		0.939 *** (0.199)
第二次世界大战期间的轴心国（参考：所有其他国家）		−0.723 * (0.342)
联邦制国家（参考：非联邦制）（IAEP）		−0.215 *** (0.018)
个人的数量	170 257	768 244
族群的数量	224	0
国家的数量	64	123

注：括号中是标准误差，常量未显示。
  * $p<0.1$；
  ** $p<0.05$；
  *** $p<0.01$。

还是根据模型 1，最近失去政治地位的群体成员比那些保持自己的政治地位甚至提高了政治地位的群体成员对自己国家的自豪感更少。但是，其效果相当小。同样符合预期的是，已经参与了许多武装冲突的群体成员比那些拥有和平的过去的人们对他们的国家的自豪感更少。效应的大小在这里是相当可观的，过去每多一次武装冲突将意味着在国家自豪感上，标准偏差减少一半以上。

模型 2 在国家层面评估相同的论点。由于在这个模型中没有群体层面的变量，我们可以利用 123 个国家的整套变量。理论预期再次完全应验：一个国家被排斥人口的数量越大，人口总体上对国家不那么自豪。换句话说，如果政治整合失败，民族的想象共同体对其成员而言就没有什么意义。1945 年以来族群的武装冲突打得越多，公民的自豪感越少——由此复制了之前群体层面变量的研究结果。最后，当两个或更多个族群精英们分享权力时（这对应图 6.1 左），平均而言个人自豪感较少。根据相关理论，这样的国家比权力垄断政权更容易发生冲突，这使得个人担心他们目前的政治地位将不会在未来保持下去。缺乏对未来自己政治地位的信心会反过来降低对国家的自豪感。

现在是时候简要讨论一下其他国家特征，即在模型 2 中被考虑的和与国家自豪感显著相关的其他国家特征。这些变量是从先前的模型构建步骤中保留下来的，记录在附录"对第六章的补充"中。[19] 如果一个国家已经在目前的边界内存在了很长时间，那么它的公民会更加自豪，这也许是因为政府和公民之间有意义的交换关系需要时间来发展和制度化。联邦制国家的人口自豪感更低。再次，从交换理论的观点看这是有道理的，在这些国家中，许多公民将会与他们的省级政府发展有意义的联盟，而不是与国家级政府发展这类联盟。[20] 英国前属地整体上更自豪，这也许是享受全球主导的英语母语文化的威望和力量的后果。在第二次世界大战期间与轴心国并肩作战的国家的公民自豪感较少，很可能是失败的羞辱和与轴心国在欧洲和东亚所犯下的暴行有关的耻辱使然。[21]

在作出结论之前，我想简要讨论这些主要的发现是否可能是因果倒置的结果。也许主流群体通过防止对官方民族主义持批评态度的族群共同体的任何成员在国家政府中掌握权力来惩罚他们。在这种情况下，在被排斥的群体中缺乏对国家的自豪感将是原因而不是他们在政治中处于不利地位的结果。同样，人们可以认为，正是由于缺乏国家自豪感而产生了族群政治冲突的结果（参见

Sambanis and Shayo 2013),而不是相反。

遗憾的是,考虑到数据的性质,测试这种可能性的标准方法都不可行。很难想象一个影响群体地位但不影响自豪感的工具变量。在自己国家里通过网上或实验室环境操纵自豪感是不现实的,因为如果某个政治地位被随机分配到他们的族群中,受试者可能不会觉得这是可信的。或者,我们可以跟踪调查中的群体成员的回应,然后在接下来的调查中,探索权力地位的改变是否会导致自豪感的变化,就如理论所预测的那样。

只有八个群体的政治地位在时间相当接近的两项调查之间发生了变化。这八个群体中,三个群体(美国白人、中国台湾的台湾人、斯洛伐克的斯拉伐克人)在他们的权力地位下降后对他们的国家和地区更不自豪。两个群体(南非的亚裔和祖鲁人)在他们在中央政府中的代表获得提高后变得对国家更为自豪。还有一个群体(伊拉克的逊尼派)在经历了严重内战的同一年里,权力地位获得了提升。这两个矛盾趋势的净效应是对国家自豪感的下降。另外两个群体(均来自玻利维亚)没有符合预期。虽然还远远没有定论,但该分析支持了获得权力会产生自豪感的想法,而不是相反。

对于冲突机制,不可能进行类似的分析,因为在数据集中只有一个在冲突爆发前已被两次采样的群体,这样的两次采样可以让我们评估自豪感是否在暴力发生前出现了下降。这是我们所期待的,缺乏自豪感是否会产生冲突,而不是相反。但我可以将在第一次冲突爆发之前被调查的群体的自豪感平均水平(4 分制中的 3.53)与那些 1945 年以来从未经历过任何冲突的群体的自豪感平均水平(低于 3.45)作比较,以及与那些在已经发生了第一次冲突后被调查的群体的自豪感平均水平(仍然低于 3.43;与无冲突群体的 3.45 相比,传统水平上的差异几乎是显著的,t 值为 1.6)作比较。然而,在战争之前接受调查的群体的样本量非常小,我们不应该过于依赖这些结果。[22]但它们清楚地表明,冲突降低了国家自豪感,而缺乏自豪感似乎并不是冲突的驱动力之一。

结论

之前所有的章节都探讨了国家建构的政治整合方面,研究在什么条件下,少数族群和多数族群同样都能在国家层级的政府中有代表的包容性政权才能出现。而前面几页则聚焦于国家建构的认同部分:哪些个人、族群、公民更积极正面地认同国家? 与认同形成的权力配置理论相一致,我表明,国家自豪感来自政治包容性。如果个人保持与国家有意义的交换关系,他们会欣然接受政治精英和他们的知识分子盟友所制定和传播的民族主义叙事。相反,如果个人所属的族群共同体并没有在国家层级的政府中有代表甚至被当权者歧视,如果该族群共同体参与了过去的武装冲突,或者如果他们最近在中央层级的政府中失去了代表,那么他们就不太愿意用积极正面的眼光来看待自己的国家。

相比之下,族群的人口统计学似乎无关宏旨:公民的宗教或语言多样化的国家(如坦桑尼亚和瑞士)并不比基本上同质化的国家(如索马里和朝鲜)对自己国家的自豪感更少。群体的规模也与自豪感关系不大:大族群的成员并不比小的少数群体对自己的国家更自豪,这与一些社会心理学家和政治学家提出的论点形成对照。总体而言,本章显示,国家自豪感是权力和政治的问题,而不是人口统计学上的人口构成问题。

我不能直接测试因果关系是否会以相反的方式流动,也就是由自豪感产生政治代表,而不是相反。但是我可以跟踪在调查中政治地位发生变化群体的少数案例,这些案例似乎支持我对于为什么权力和自豪感紧密相关的解释。本章的另一个限制是我不能实证性地解答,哪种与国家政府的交换会激励公民采纳民族主义视野。是否政治代表性及其所提供的象征性的包容就足够了,还是只有在代表性还能提升公共物品获取的情况下,个人才认同国家? 要回答这个问题,就必须克服一个主要的数据挑战:对足够多的国家进行测量,测量这些国家中个人感到在政府中有象征性的代表以及他们获得国家提供的公共物品的程度。第八章朝这个方向迈出了一小步,运用阿富汗的调查数据表明,公共物品的提供确实促进了对国家的认同。但是该调查并不能确定仅仅拥有政治代表是否会产生类似的结果。

尽管有这些限制,目前的发现还是对我们理解民族主义作出了重要贡献。研究民族主义的学者们大多辩论各种民族/国家认同的根源:这种认同是近期的发明,还是从更为古老的、既存族群认同转化而来的(Smith 1986)? 它们是因为大众印刷的兴起和识字率的普及使人们可以想象大规模的共同体而产生的(Anderson 1991），抑或是因为工业化通过民族建构国家要求形成文化同质化（Gellner 1983）？如果我们主要关心的是现代民族国家如何从帝国和王朝与王国的前现代世界发展而来，那么这些都是很有趣的问题。我已经在以前的研究中讨论过这些问题（Wimmer and Feinstein 2010）。

一旦民族主义进入历史舞台并且民族国家取代了帝国和王朝，一系列新的问题就出现了，我已经在本章加以关注：公民们在什么时候会接受国家建构精英及其知识分子盟友所制定的民族主义叙事？后者将国家描绘成道德的中心且是每个公民都应该为之感到自豪的独特历史成就。在哪些民族国家，这些话语能蓬勃发展，又在哪些民族国家却无法扎根？大量对国家的研究已经为这些问题提供了丰富答案，并探索了国家自豪感对投票、对移民的态度、对福利国家的支持等所产生的后果。如前面所讨论的那样，一些现存的比较研究已经分析了几十年国家并搜寻其模式。本章通过利用几乎涵盖整个世界的大数据集评估了一些最突出的论点，呈现了一个更具包容性的观点。它还推出了国家认同的新理论，该理论建立在集体认同是由政治联盟及其产生的权力配置形塑的这一基础之上。

【注释】

[1] 国家自豪感也与保护主义（Mayda and Rodrik 2005）、对欧元的负面情绪（Müller-Peters 1998），以及对移民人口的负面态度（Wagner et al. 2012）有关联。

[2] 关于民族主义研究其他方法的概述，参见 Smith 1998；关于早期民族主义运动的社会基础，参见 Hroch 2000（1969）。

[3] 这聚焦于交易上，而不是像许多网络研究那样聚焦于网络结构，更多讨论参见 Blau 1986（1964）。

[4] 另见弗兰克和雷纳（Franck and Rainer 2012）对 18 个非洲国家的研究；伯吉斯等人（Burgess et al. 2015）和贾布伦斯基（Jablonski 2014）对肯尼亚的研究；奈等人（Nye et al. 2014）对美国大城市的研究。

[5] 关于与这一观点相符的经验证据，参见 Knack and Keefer 1997；关于拥有许多权力分享合作伙伴的联盟制度的冲突倾向，参见 Wimmer et al. 2009。

[6] 请注意，假设三和假设四捕捉到了可能由武装冲突引起的权力转移，例如某些群体的政治地位丧失或和平协议导致联盟政权的产生。

[7] 我没有把南斯拉夫和苏联等既存国家的肢解视为变革的案例。族群权力关系数据集中所列的族群不具有政治意义的国家（如德国和布基纳法索）被视为稳定的案例。

[8] 根据大约 9.2 万个观察结果，对自豪问题的回答与表明一个人主要认同国家而不

是主要认同族群或两者的二分变量之间的相关系数为 0.08。

[9]另一个问题是,某个单一的问题是否能够捕捉到国家认同的多维性质(Davidov 2009)。基于 2003 年国际社会调查数据集极其丰富的问题目录,现有的共识似乎是至少需要区分两个不同的组成部分:一方面,"建设性的爱国主义"成分涉及一系列"自豪"的问题,例如"你对你们国家的民主如何运作感到有多自豪?"和"你对你们国家的少数群体被如何对待感到有多自豪?",等等。另一方面,"民族主义的"(或"沙文主义的")成分被一些表明一个国家相对于其他国家更具优越性的问题所捕获。

有理由相信,一般性的"你对你的××国籍有多自豪?"这个问题在"民族主义"和"爱国主义"两个方面都测量了对民族/国家的自豪感,从而很好地服务于当前的目的。别克胡伊及其合作者(Bekhuis et al. 2014)已经证明,单个问题"你对你的国家有多自豪?"可以捕捉潜在的"国家认同"维度以及在国际社会调查数据集中提出的多个问题。他们发现,分析对单个问题的回答得出了与使用多个问题时相同的实质性结论。

[10]这里可能要对关于这个编码的时间方面进行澄清。在群体层次的族群权力关系数据集中,政治地位变量被编码在可以持续任意年数的时期中。在一个时期内,一个国家内与政治相关群体保持不变,所有群体各自的政治地位在每个时间点上都是相同的。相反,当与政治相关的群体发生变化或其中任何一个群体的政治地位发生变化时,一个新的时期就开始了。为了进行统计分析,这些群体—时期将被扩展,以创建一个以年为观察单位的数据集。如果某个群体在前一个时期拥有更多权力,那么在这一时期的所有年份中,政治地位的下降就会被分配给该群体。由于我将调查与族群权力关系的年份相匹配,因此该年度失去权力的编码意味着该族群类别的成员在过去的某个时候失去了权力。

[11]从技术和统计的角度来看,这一过程并不理想。因此我还使用了完全布尔模型选择方法,这种方法探究所有可能的变量组合,并保留最佳的组合。结果大致一致,并在脚注和附表 6.3 中报告出来。

[12]在这些个人层次的变量上有缺失数据(性别为 4 752,年龄为 5 031,教育为 25 989,宗教信仰为 37 980,婚姻状况为 24 573,政治化为 94 385,阶级为 212 004)。我没有丢失这些观察结果或放弃几十个国家,而是决定修改个人层次变量的编码,其中 0 表示数据缺失,然后为每个变量上缺少数据的观察创建虚拟变量,并将这些变量添加到模型中。相反,舍弃观察不会改变主要结果。

[13]根据经验,至少 5%的因变量差异应该位于高于聚合的个人层次位置,以证明层次模型方法的合理性(Bacikowski 1981;Goldstein 2003)。结果表明,在此数据集中,14%的自豪感差异是由于国家之间的差异原因,23%是由于国家内部的族群差异。与其他研究相比,这些数字相当高,因此,分层建模方法是合宜的。

[14]由于我们只对因变量和对国家的自豪感之间的主要关联感兴趣,而不是这些关联在国家之间或族群之间的差异,因此每个控制变量都作为一个固定的而不是随机的效应输入模型中。

一个定序 logit 回归显然是可取的,因为类别的数量很小,许多类别很少甚至从未使用过("根本不自豪"和"不太自豪"类别)(参见 Gelman and Hill 2006:123)。定序 logit 回归不受异方差问题的影响(因为当因变量为概率时,没有误差项),因此我们不能也不应该明确稳健标准误差。

[15] 正如前面的注释中所提到的，我们还根据 STAN 程序中多级模型可用的布尔模型选择方法生成了国家层次的模型。该程序运行数千个模型，包含所有可能的变量组合，然后建议哪种组合具有最强的解释力。这种稳健性操作的结果令人鼓舞。理论上感兴趣的主要变量产生的结果与下面报告的结果基本相同(参见附图 6.3)。虽然 STAN 在最优国家层次模型中包含了大量非显著的控制变量，但在 STAN 中重要的控制变量在表 6.2 的模型 2 中也是相关的(除一个额外的战争变量之外)。我决定使用布尔方法来实现稳健性目标，仅仅是因为它在消化这样一个大数据集所需的计算能力和时间方面非常强大。

[16] STAN 模型也是如此(参见附图 6.3)。

[17] 由于我们对年龄或性别等个人层面的变量不感兴趣，所以我不在表 6.2 中显示这些变量。这里值得注意的是，与之前的研究相一致的是，我发现男性以及年龄较大、受教育程度较低、政治化程度较高和宗教化程度较高的人对自己的国家更感自豪。

[18] 我还探讨了族群之间的收入差异是否会影响自豪感，因为较贫穷或较富裕的群体都可以较少地正面认同国家，如海切特(Hechter 1979)所认为的那样。使用地理编码的族群权力关系 3(EPR3)数据，我发现某个族群的领土与全国平均水平之间的国内生产总值的差异(通过夜间光度的测量)不会影响自豪感水平(结果未显示)。

[19] 在 STAN 模型中，前轴心国和拥有多年不变边界的国家与自豪感没有显著关联，但英国前领地和联邦制国家则与此有显著关联，如表 6.2 的模式 2 所示。第二个区别是，1816 年以来的战争数量——无论是族群战争还是非族群战争——在 STAN 模型和二元定序 logit 模型(附表 6.3 中的模型 3)中都是正的，但是，一旦有其他变量引入模型，它们就不再具有重要意义，如附表 6.4 所示。

[20] 顺便说一下，我还发现，如附表 6.3 中的模型 14 所示，比例代表制国家的公民并没有更为自己的国家感到骄傲。这与埃尔金斯和塞兹(Elkins and Sides 2007)的研究发现形成对比。

[21] 上述结果也可在 STAN 模型中找到(参见附图 6.3)，除了前轴心国的变量未达到标准显著性水平之外，而其系数又大且为负。

[22] 在国家层面也得到了类似的结果：在族群冲突报告之前接受调查的 14 个国家的公民自豪度为 3.53，而冲突后这些国家公民的平均自豪度下降到 3.47，这一差异在统计学上同样不显著。

第七章　多样性有害吗?

最后两章分别考察国家建构硬币的两面:在什么条件下,不同的族群共同体被整合进国家权力的结构,以及多大程度的政治整合能促进共同的国家认同。我暂且先将此搁置一边,而聚焦语言多样性在此双面过程中的作用。回顾一下,第四章和第五章表明,多样性趋于阻碍联盟网络在全国范围内扩展,从而导致更不具包容性的联盟,这又使得对国家的认同缺乏吸引力,就如第六章所证明的那样。

在本章中,我探讨多样性可能影响国家建构的一种间接的方式:更多样化的国家的政府可能不太能够或者愿意为其公民提供公共物品。确实,蓬勃发展的经济学研究在传统上认为,多样性不利于公共物品的供给。这反过来又会使国家建构更加困难,就如索马里和博茨瓦纳的比较研究以及第五章的统计分析所表明的那样。然而,在接下来我将论证,多样化的人口不会阻碍政府提供公共物品。经济学家所发现的统计关联不是因果关系:国家提供很少公共物品并不是因为它们更多样化。相反,如第五章所论证的那样,语言的多样性和较少的公共物品供给两者都是源自过去薄弱的国家中央集权。除了这些常见的历史根源,多样性和公共物品供给相互间没有关联。本章对此将进行详细说明:一旦我们在统计图中包括了过去国家中央集权化的程度,多样性和公共物品之间的关联就确实会消失。

要了解多样性如何与公共物品供给相联,我的结论是,我们必须假设一个长期的、能解开和具体说明它们之间相互关系的具有丰富历史信息的思考方法。

这样的方式与其他已经证明多样性本身对和平（Fearon and Laitin 2003；Wimmer et al. 2009）、对公共物品的提供（Baldwin and Huber 2011；Glennerster et al. 2013）、对民主（Gerring et al. 2013）等没有损害的研究十分相似。然而就如我们在第四章和第五章所看到的那样，多样性使得编织包罗万象的联盟网络更为困难，从而阻碍了政治整合的前景。下一部分将更详细地概述多样性有害的论点。

有害的多样性

在政治、学术和商业领域，族群和种族多样性总体上被作为人类生活的积极面被接受，除了显著的民粹主义和反移民运动之外。各国政府寻求吸引来自世界各地的人才，从而创造出以创新为基础的充满活力的经济；各大学努力创造一个能反映总人口的族群和种族多样性的教师和学生团体；企业组织认为，加强员工的多样性将激发创造力，并能助益少数族裔客户。然而，另一方面，社会科学家发现，族群和种族的多样性对社会信任、经济发展、和平、公共物品的供给等则是有害的。

伊斯特利和莱文（Easterly and Levine 1997）最先探究多样性可能的弊端，他们计算出，族群多样化的国家比同质化国家低最多 2％ 的年增长率。这解释了几十年来困扰许多发展中国家，特别是非洲多样化国家的“增长悲剧”的很大一部分原因。许多后来的研究发现了族群语言多样性和增长率之间类似的相关性（Rodrik 1999；Alesina et al. 2003；Sala-i-Martin et al. 2004；Alesina and La Ferrara 2005；Montalvo and Reynal-Querol 2005）。此后不久，经济学家和政治学家探讨了多样性的其他有害后果，其中包括对陌生人的不信任（Bjornskov 2004；Soroka et al. 2007；Knack and Keefer 1997；Glennerster et al. 2013）、造成弱福利国家（Alesina and Glaeser 2004；亦可参见 Desmet et al. 2010；最近对这方面的概述，参见 Gerring et al. 2015），以及形成社会隔离（Alesina and La Ferrara 2000；Putnam 2007）。

据阿莱西纳及其合作者的一项开创性研究，高度多样化的共同体还提供更少的公共物品(Alesina et al. 1999)。这正是本章的重点。他们确定了两个原因。首先,个人可能不希望与不同族群背景的人分享公共物品,从而减少此类物品的整体提供(有关美国城市中的这种情况,参见 Poterba 1997)。我将此称为"族群自我中心主义"机制(美国的证据,参见 Trounstine ND)。其次,不同族群的成员可能会喜欢不同的公共政策。例如,美国的白人可能更喜欢低税收,而非洲裔美国人则青睐于政府为高品质的公立学校投入资源。这反过来又使得政府更难以协调意见并作出决定,从而导致整体缺乏公共物品的供应。我称其为多样的偏好机制。阿莱西纳及其合作者提供了为什么不同群体的成员可能会喜欢不同类型公共物品的各种原因。高度的空间隔离可能导致对公共基础设施的不同需求;讲不同语言的人倡导将自己的语言作为教学的官方语言;等等(Alesina et al. 1999:1251;亦可参见 Easterly and Levine 1997:1214—1216)。

与此同时,越来越多的研究都证明了拥有更多样化共同体的政府确实提供更少的公共物品。这已在美国的各城市中有所呈现[Goldin and Katz 1999;Vigdor 2004;参见霍普金斯(Hopkins 2011)运用更加动态的分析得出的结论],在肯尼亚的村庄(Miguel and Gugerty 2005)和印度的村庄(Banerjee et al. 2005)[1],以及所有国家,拉波塔等人(La Porta et al. 1999)也通过一个全球数据集显示出,在语言多样化的国家中,婴儿在出生第一年就死亡的人数更多,并且有更多的人是文盲,这两项是他们用来测量公共物品供应的指标(类似的有 Gerring et al. 2015:Table A7;Ahlerup 2009;Mahzab et al. 2013)。[2]

在很大程度上,人们现在理所当然地认为,多样性会减少公共物品供应。最近的研究已聚焦于多样的偏好机制并且进一步探索这一机制是如何发生作用的。鲍德温和胡贝尔(Baldwin and Huber 2011)在研究来自 42 个国家数据的基础上显示出,沿族群界线的经济不平等导致对公共物品的不同偏好,并因此导致整体的供应不足。利伯曼和麦克伦登(Lieberman and McClendon 2011)则在研究 18 个非洲国家数据的基础上,证实了不同族群的成员确实喜欢不同的公共政策,尤其在族群被政治化和族群被贫富差距所分隔的情况下更是如此[与鲍德温和胡贝尔(Baldwin and Huber 2011)的研究一致]。但是,哈比亚利马纳等人(Habyarimana et al. 2007)则没有发现相同族群背景的个人喜欢同样的公共物品。他们在坎帕拉(Kampala)的一个贫民窟的实验显示,个人更喜欢与同族群者合作并且对同族群的欺诈者的惩罚更严厉,这两者却都能促进同质共同体的公共物品供应。阿尔冈及其合作者(Algan et al. 2011)也相信存在这种制裁机制。他们发现,在法国更多样化的社会住房综合楼中提供的公共物品较少。他们认为,这是因为跨越族群界线来惩罚违反规范的人比较困难,并且协调向国家有关部门申请此类公共物品也比较困难。

内源性的多样性

在我们进一步探索是哪个机理在起作用之前,我建议重温多样性与公共品供给本身之间的关系。与前面的章节相一致,我在这里专门聚焦于国家层级的研究。现有的研究往往将族群多样性视为社会世界的自然给定特征,与地形或气象类似,而不是历史的产物,就如阿莱西纳和拉费拉拉(Alesina and La Ferrara 2005:788—789)所确认的那样。[3]因此没有人认为族群多样性和公共物品的供应间的相互关联可能是因为这两者都依赖于第三个因素:强烈的中央集权国家是否在几个世纪之前就出现了。族群多样性不是外生的事实,而是由缓慢移动的政治力量形塑的,这股政治力量的塑造力不亚于社会其他方面的力量。

正如前面的章节已更详细地论述过的那样,强大的国家鼓励少数群体采用主导群体的语言和文化,从而通过几代人来减少多样性。发展得很好的国家还留下了官僚统治的传统,在此之上独立的政府得以建立,以便向公民提供公共物品。如果过去的国家中央集权留下了族群的同质性和提供公共物品能力的遗产,那么它们之间的统计关联可能是"没有因果关系的相关性"的一个很好的例子。族群多样性似乎使公共物品供给更加困难,而实际上,多样性和低公共物品供给两者都是前几个世纪国家形成的产物。

该论点将在以下两节中实证地评估。第一个评估表明,一旦我们包含一个测量中央集权国家在西方殖民统治之前发展程度的变量,公共物品供给和族群多样性之间的统计关联就会消失。第二个评估则表明,高度中央集权化的国家能够将其人口融入主导语言,在 20 世纪 60 年代产生语言上更加统一的社会。在第五章中较为初步分析的基础上,我现在将最近关于当代语言多样性的文献中讨论的所有其他因素考虑进来,并且通过使用两种不同的对过去的国家中央集权化的度量来改进我的分析。

第一步:解释公共物品供给

测量与数据

与第五章一样,我使用和之前相同的数据来源,将成人识字率和铁路长度作为公共物品供应的测量标准。第三个指标是每 1 000 名活产婴儿的死亡率,政治经济学家经常用它来测量公共物品的供应。该数据来自世界银行汇集的世界发展指标(World Development Indicators)。该数据仅从 1960 年开始。虽然气候、疾病和一般生活水平显然也会影响新生儿死亡的数量,但许多研究人员(La Porta et al. 1999;Gennaioli and Rainer 2007)认为,政府开展的免疫计划和基本健康护理基础设施具有足够强大的影响力,使婴儿死亡率成为公共物品供应的良好衡量指标。[4]无论如何,为了确保结果不依赖于我所选择的结果变量,我将复制拉波塔等人(La Porta et al. 1999)众所周知的公共物品供给和语言多样性研究。附录"对第七章的补充"讨论了这一操作的结果,也就是使用他们的数据集、变量和统计模型,但在方程中添加了前殖民国家的中央集权化变量后所产生的结果。

现在我将介绍主要模型的自变量。如上所述,有害的多样性论点预见了两个基本机制:族群自我中心主义机制和多样性偏好机制。如果族群自我中心主义机制在起作用,那么在执政联盟规模较小的情况下,总体公共物品供给应该较低,而如果执政联盟基础广泛,则总体公共物品供给应该高,因为执政精英应该将公共物品局限于提供给自己同族群的人。我再次运用族群权力关系数据集(Wimmer et al. 2009)来测量政府中没有代表的族群共同体的人口比例。请注意,我在这里测试的是与本书中提出的假设相反的假设。我认为,没有足够能力提供公共产品的国家将是由较小的精英联盟统治的。现在,我将评估政治排斥是否会降低公共物品供给的总体水平(尽管第五章的工具变量分析已经对因果箭头是否真正指向这个方向产生了疑问)。为此,我在数据可得的第一年(1946

年或独立后的那年)中测量族群政治的排斥性,并考察更具排斥性的政权是否会在之后提供更少的公共物品。

根据有害的多样性论点,第二种机制是不同族群的成员更喜欢不同的公共政策。言外之意是,更为多样化的人口应该会提供更少的公共物品。为了测量族群语言的多样性,我再次使用最早的现有数据,这些数据是由苏联民族志学家在20世纪五六十年代收集的(数据来自 Fearon and Laitin 2003)。由于大多数关于公共物品供给的数据来自1960年以后的年份,因此测量早期多样性使我们不太可能必须考虑反向因果关系(多样性可能是公共物品供应不足的结果,而不是造成这种情况的原因)。关于族群语言分化的另外两个数据集产生了实质性的结果,如附录"对第七章的补充"中的进一步分析所示。

为了测量国家中央集权化的继承水平,我再次运用人类关系区域档案来计算在殖民化之前由土著国家统治的人口今天的百分比。如第五章所述,只有世界上一半的国家的数据可得,不包括美洲和欧洲。因此,我们必须仔细评估为什么公共物品供给和多样性之间的统计关联在我们将前殖民地国家地位的测量标准包括在等式内时就会消失:是因为样本缩小到非洲和亚洲,还是因为前殖民地国家确实是需要考虑的重要因素,就如我的观点所说的那样?

我们还需要考虑可能影响公共物品供应的其他国家特征。最近在政治学方面的研究表明,民主国家更有可能向公民提供公共物品,因为统治者有这样的动机来讨选民的青睐(参见 Golden and Min 2013:75)。与第五章一样,我使用政体IV项目中的专制和民主的综合评分,其范围从独裁的−10到完全民主的+10。这方面文献中的其他文章(Ross 2012)认为,石油资源丰富的国家提供的公共物品较少,因为他们的统治者倾向于将国家资源吸入自己的口袋,而不是将其投资于共同利益。我添加了人均石油产量的测量值(数据来自 Wimmer and Min 2006)。显然,我们还需要考虑一个国家是富国还是穷国(以人均国内生产总值作为测量标准),因为富裕国家将拥有建立健康诊所、教育人口和建设铁路的必要手段。一些作者认为,与历史上的国家或省份没有太多连续性的拼凑在一起的"人造"国家将具有较少的综合官僚机构,因此提供公共物品的效率较低(索马里就是这样一个例子;参见 Englebert 2000; Bockstette et al. 2002)。为了探索这个论点,我测量了自1816年以来具有稳定边界的年数(数据来自 Wimmer and

Min 2006）。

我还添加按时间顺序排列的年份作为变量来捕捉可能的时间趋势。随着世界各地的公民越来越期望政府向他们提供公共物品,可能会出现全球性的公共物品供应普遍上升的趋势。最后,公共物品供给也受到经济现代化的影响。工业化经济体中的个人要求国家提供公共物品。在农业社会中,家庭或村庄共同体承担许多的国家职能,例如维护当地道路或水井等。我引入了一个衡量农业在国内生产总值中比例的变量(来自世界银行发展指标的数据组)。遗憾的是,这些数据仅从 1960 年开始提供。因此,我将运行包含农业变量和不包含农业变量的模型。这将确保我们没有因为考虑这个因素因而放弃了 1960 年之前的所有观察而得不到结果。

对于三个因变量中的每一个,一个附加因素被考虑进来。识字率可能因人口规模而异。在大国中,教人阅读和写作的人均成本可能较低,从而带来规模经济。或者恰恰相反,非常庞大的人口可能会阻止政府教导每个人阅读和写作。对于铁路密度,我们需要考虑地形。在尼泊尔修建铁路比在荷兰修建铁路困难得多。最有效的变量是地形的陡峭度,以一个国家最高和最低海拔之间的差异来测量(这些数据还是来自 Fearon and Laitin 2003)。如前所述,气候和疾病也会影响婴儿死亡率。为此,我加上了对致命疟疾感染风险的测量(1990 年的数据,来自 Sachs 2003)。

建模策略和结果

为了检验主要的假设,我必须一步一步地进行,因为国家—年份的范围从一个统计模型到下一个统计模型是不同的,取决于我们包括哪些变量。如前所述,我们被迫排除了许多国家,因为有关前殖民地国家中央集权化的信息仅适用于亚洲和非洲,而且 1960 年以前农业占国内生产总值份额的数据是缺失的。我们希望确保结果变化是因为我们考虑加入一个额外的国家特征,而不是因为我们改变了所考虑的国家或年份的可用数目。

在第一步中,我运行了一个模型,其中包含所有国家和年份的所有自变量,而没有农业占国内生产总值的份额和前殖民地国家的中央集权化两个变量。[5]第二个模型增加了农业占国内生产总值的份额,这将数据限制在了 1960 年之后的范围内。在第二步中,我将样本减少到非洲和亚洲国家,这些国家确实有关于前殖民地国家地位变量的数据,但这一步不添加这个变量。这是为了确保分析多样性与公共物品的关系不受案例范围变化的影响。这些模型仍然在有和没有农业占国内生产总值份额变量的情况下运行,从而产生两个模型。在第三步中,方程包括前殖民地国家地位变量,但不包括族群分化。这个模型将告诉我们,在不考虑多样性可能也会影响公共产品的情况下,过去的中央集权国家是否会加强当前的公共物品供给。最后且分析上至关重要的步骤包括分化和前殖民地国家地位。我希望证明,如果我们考虑先前的国家形成水平如何影响两者,那么分化与公共物品供给之间的关联在统计上就不显著。

就如表 7.1 至表 7.3 显示的结果那样,每个表都涉及公共物品作为因变量的不同测量。在我对前殖民地国家中央集权化和多样性如何与公共物品供给相关进行主要分析之前,先简要讨论其他的影响因素。如表 7.1 至表7.3 所示,最持续显著的控制变量是民主/专制综合评分、石油产量测量、经济发展水平、农业占国内生产总值的比例和时间趋势。正如预期的那样,更民主的国家拥有更多的识字人口(虽然模型之间并不一致),建有更长的铁路系统,第一年死亡的新生儿更少,而石油资源丰富的国家显示出相反的特征。以农业为基础的经济体由提供较少公共物品的国家管理,尽管这与铁路没有关联。随着时间的推移,国家会提供更多的公共物品(与铁路依然没有关联)。富裕国家为其公民提供更多的公共物品,但仍与铁路无关,也许如前所述的那样,这是因为一些富裕国家已经停止建设铁路。在针对每种结果的其他控制变量中,疟疾风险是儿童死亡率的一个非常有力的预测指标,而地形和人口规模对于铁路建设或教导人们如何读和写都不重要。

转向主要分析,族群中心主义机制似乎不会影响公共物品的供给。早期将大部分人口排除在代表之外的政府之后提供的公共物品并不更少。表 7.1 至表7.3 中,被排斥人口的初始比例变量从不显著。这符合本书的总体论点,根据该论点,公共物品供给导致国家建构,如第五章所示,而不是相反。

然而,似乎有很多人赞成多样的偏好机制或异质性偏好论点,根据这种论点,多样化国家的政府提供的公共物品较少,因为关于国家应该提供什么样的公共物品存在着太多相互矛盾的观点。在两个完整样本(模型 1 和模型 2)以及

表 7.1　成人识字率的广义线性模型

	全模型		包含族群分化		不包含殖民前国家中央集权化值			
					包含殖民前国家中央集权化		两者包含	
	不包含农业比重	包含农业比重	不包含农业比重	包含农业比重	不包含农业比重	包含农业比重	不包含农业比重	包含农业比重
	1	2	3	4	5	6	7	8
专制和民主的综合得分(Polity IV)	0.006 3** (0.003)	0.005 6* (0.003)	0.007 4*** (0.003)	0.003 7 (0.003)	0.006 5** (0.003)	0.002 7 (0.003)	0.006 8** (0.003)	0.002 7 (0.003)
人均石油产量(取 Humphreys 2005、BP 和 IHS 的平均值)	−0.084 0*** (0.015)	−0.065 7*** (0.013)	−0.025 7* (0.014)	−0.026 0** (0.011)	−0.026 6* (0.014)	−0.024 1** (0.010)	−0.025 5* (0.014)	−0.023 6** (0.010)
人均国内生产总值(Penn World Table)(插补的和外推的,有记录的)	0.230 1*** (0.036)	0.171 9*** (0.033)	0.084 0** (0.036)	0.074 4** (0.031)	0.090 7*** (0.033)	0.070 0** (0.029)	0.084 5** (0.033)	0.067 1** (0.029)
1816 年以来有持续边界的年数(包括省界)(Wimmer and Min 2006)	0.002 4 (0.002)	0.003 5* (0.002)	0.003 5* (0.002)	0.003 6 (0.002)	0.001 6 (0.002)	0.001 7 (0.002)	0.001 9 (0.002)	0.001 7 (0.002)
年份	0.017 2*** (0.003)	0.032 6*** (0.004)	0.032 8*** (0.005)	0.033 0*** (0.005)	0.036 2*** (0.004)	0.036 1*** (0.005)	0.036 3*** (0.004)	0.036 0*** (0.005)
以千计的人口规模(Gleditscha)[1]	0.000 0 (0.000)	0.000 0** (0.000)	0.000 0*** (0.000)	0.000 0*** (0.000)	0.000 0 (0.000)	0.000 0 (0.000)	0.000 0 (0.000)	0.000 0 (0.000)
农业在经济中的百分比(占 GDP 的百分比)(World Bank)		−0.011 6* (0.006)		−0.012 5** (0.006)		−0.014 5** (0.006)		−0.014 3** (0.006)
可获得数据第一年的被排斥人口比例(独立之年或 1946 年)(EPR)	−0.415 5 (0.308)	−0.305 1 (0.290)	−0.408 6 (0.338)	−0.230 6 (0.311)	−0.385 4 (0.383)	−0.161 5 (0.345)	−0.304 9 (0.378)	−0.137 7 (0.347)
语言分化(Soviet Atlas; Fearon and Laitin 2003)	−1.218 6*** (0.320)	−0.861 6*** (0.306)	−0.844 8** (0.365)	−0.649 1* (0.343)	−0.476 5 (0.383)	−0.216 2 (0.382)	−0.476 5 (0.425)	−0.216 2 (0.382)

续表

	全模型		包含族群分化		不包含殖民前国家中央集权化值			
					包含殖民前国家中央集权化		两者包含	
	不包含农业比重	包含农业比重	不包含农业比重	包含农业比重	不包含农业比重	包含农业比重	不包含农业比重	包含农业比重
	1	2	3	4	5	6	7	8
殖民前由国家统治的人口比例（HRAF; Müller 1999）					0.781 7*** (0.261)	0.701 1*** (0.267)	0.612 4** (0.300)	0.634 8** (0.294)
常量	−34.003 0*** (5.996)	−64.522 2*** (8.449)	−65.255 5*** (8.942)	−65.412 9*** (9.997)	−72.629 6*** (8.261)	71.904 1*** (8.898)	−72.418 0*** (8.228)	−71.579 8*** (8.851)
观察数	6 538	4 103	3 557	2 513	3 557	2 513	3 557	2 513
赤池信息量准则	0.781	0.749	0.903	0.905	0.897	0.897	0.895	0.897

注：括号中是稳健标准错误。
① 扩大的人口数据（Expanded Population Data），来自 Kristian Skrede Gleditsch, http://privatewww.essex.ac.uk/~ksg/exppop.html。
* $p < 0.1$;
** $p < 0.05$;
*** $p < 0.01$。

表 7.2 铁路密度的最小二乘法回归

	全模型		包含族群分化		不包含殖民前国家中央集权化值			
					包含殖民前国家中央集权化		两者包含	
	不包含农业比重	包含农业比重	不包含农业比重	包含农业比重	不包含农业比重	包含农业比重	不包含农业比重	包含农业比重
	1	2	3	4	5	6	7	8
专制和民主的综合得分(Polity IV)	0.055 5 (0.049)	0.078 0* (0.041)	0.086 4*** (0.031)	0.063 6** (0.028)	0.076 9** (0.029)	0.052 5* (0.026)	0.079 3** (0.030)	0.052 7* (0.027)
人均石油产量(取 Humphreys 2005, BP 和 IHS 的平均值)	-1.055 3*** (0.210)	-1.001 0*** (0.193)	-0.385 9* (0.216)	-0.562 4* (0.321)	-0.395 5* (0.228)	-0.563 1* (0.327)	-0.387 3* (0.218)	-0.558 5* (0.323)
人均国内生产总值(Penn World Table)(插补的和外推的,有记录的)	2.309 0*** (0.532)	1.989 5*** (0.426)	0.892 0 (0.588)	1.245 5 (0.851)	0.946 4 (0.626)	1.245 2 (0.879)	0.890 2 (0.587)	1.223 3 (0.859)
1816 年以来有持续边界的年数(包括省的)(Wimmer and Min 2006)	-0.134 4*** (0.043)	-0.086 2*** (0.032)	0.000 2 (0.022)	-0.001 6 (0.023)	-0.020 7 (0.023)	-0.022 2 (0.024)	-0.017 5 (0.024)	-0.021 9 (0.024)
年份	-0.263 4*** (0.090)	-0.045 8 (0.065)	-0.051 8 (0.058)	-0.077 8 (0.052)	-0.023 7 (0.064)	-0.047 0 (0.052)	-0.022 9 (0.062)	-0.047 9 (0.053)
最高和最低海拔差(单位:米)(Fearon and Laitin 2003)	-0.001 3* (0.001)	-0.001 0 (0.001)	0.000 5 (0.000)	0.000 6* (0.000)	-0.000 1 (0.000)	0.000 0 (0.000)	0.000 1 (0.000)	0.000 1 (0.000)
农业在经济中的比重(占 GDP 的百分比)(World Bank)		-0.102 9 (0.088)		-0.027 0 (0.062)		-0.034 5 (0.062)		-0.034 2 (0.062)
可得数据第一年的被排斥人口比例(独立之年或 1946 年)(EPR)	-5.122 1 (5.465)	0.723 9 (3.620)	-3.236 1 (2.378)	-1.448 1 (1.977)	-2.192 2 (2.721)	0.022 2 (2.141)	-1.617 7 (2.504)	0.130 1 (2.114)
语言分化(Soviet Atlas; Fearon and Laitin 2003)	-15.430 2* (8.253)	-9.739 0 (6.068)	-9.170 9** (4.075)	-6.895 8** (3.394)	-4.978 2 (4.224)	-1.379 9 (3.062)	-4.978 2 (4.224)	-1.379 9 (3.062)

续表

	全模型		包含族群分化		不包含殖民前国家中央集权化值			
					包含殖民前国家中央集权化		两者包含	
	不包含农业比重	包含农业比重	不包含农业比重	包含农业比重	不包含农业比重	包含农业比重	不包含农业比重	包含农业比重
	1	2	3	4	5	6	7	8
殖民前由国家统治的人口比例(HRAF; Muller 1999)	554.768 3*** (177.414)				8.850 6*** (2.404)	7.787 5*** (2.653)	6.867 3** (2.619)	7.280 9*** (2.685)
常量		114.443 9 (129.892)	111.183 4 (113.901)	160.006 5 (100.438)	50.236 4 (124.911)	95.950 3 (100.292)	51.370 2 (122.765)	98.613 5 (101.350)
观察数	6 458	4 088	3 492	2 513	3 492	2 513	3 492	2 513
R^2	0.382	0.463	0.271	0.345	0.294	0.390	0.306	0.391

注:括号中是稳健标准误差。

* $p < 0.1$;

** $p < 0.05$;

*** $p < 0.01$。

表 7.3 婴儿死亡率的最小二乘法回归

	全模型		包含族群分化		不包含殖民前国家中央集权化值			
					包含殖民前国家中央集权化		两者都包含	
	不包含农业比重	包含农业比重	不包含农业比重	包含农业比重	不包含农业比重	包含农业比重	不包含农业比重	包含农业比重
	1	2	3	4	5	6	7	8
专制和民主的综合得分(Polity IV)	−0.263 8*** (0.066)	−0.189 6*** (0.055)	−0.278 9*** (0.076)	−0.188 9*** (0.065)	−0.254 4*** (0.077)	−0.162 8*** (0.059)	−0.274 6*** (0.074)	−0.166 8*** (0.058)
人均石油产量(取 Humphreys 2015, BP 和 IHS 平均值)	0.540 0*** (0.134)	0.479 5*** (0.095)	0.493 8* (0.265)	0.605 0*** (0.212)	0.501 8* (0.280)	0.607 8*** (0.206)	0.497 1* (0.271)	0.593 1*** (0.210)
人均国内生产总值(Penn World Table)(插补的和外推的,有记录的)	−2.009 7*** (0.312)	−1.381 7*** (0.292)	−2.185 9*** (0.695)	−1.914 4*** (0.675)	−2.302 3*** (0.711)	−2.015 2*** (0.635)	−2.219 3*** (0.710)	−1.907 0*** (0.666)
1816年以来有持续边界的年数(包括省的)(Wimmer and Min 2006)	−0.010 0 (0.039)	−0.012 7 (0.037)	0.016 7 (0.069)	−0.006 2 (0.065)	0.037 5 (0.067)	0.029 0 (0.063)	0.028 7 (0.066)	0.028 9 (0.063)
年份	−1.323 3*** (0.118)	−1.222 8*** (0.133)	−1.760 0*** (0.182)	−1.382 7*** (0.199)	−1.798 1*** (0.180)	−1.441 5*** (0.193)	−1.776 2*** (0.176)	−1.429 2*** (0.190)
1994年致命疟疾的风险概率(Sachs 2003)	40.633 2*** (6.519)	26.642 7*** (6.351)	34.539 5*** (9.279)	24.569 8** (9.576)	39.650 2*** (10.517)	23.542 6** (11.220)	33.251 9*** (10.088)	19.474 0* (10.684)
农业在经济中的比重(占 GDP 的百分比)(World Bank)		0.760 4*** (0.140)		0.702 8*** (0.167)		0.767 3*** (0.194)		0.783 6*** (0.192)
可获得数据第一年的被排斥人口比例(独立之年或 1946 年)(EPR)	15.694 7 (10.668)	9.566 0 (9.812)	11.058 2 (11.791)	5.974 0 (10.844)	12.788 6 (12.128)	4.374 6 (11.495)	10.063 8 (11.942)	2.729 3 (11.430)
语言分化(Soviet Atlas; Fearon and Laitin 2003)	28.295 7*** (8.783)	22.781 2*** (7.471)	22.707 2* (12.011)	17.838 3* (9.741)	20.632 2 (12.522)		20.632 2 (12.522)	13.157 8 (10.522)

续表

	全模型		包含族群分化		不包含殖民前国家中央集权化值 包含殖民前国家中央集权化		两者都包含	
	不包含农业比重	包含农业比重	不包含农业比重	包含农业比重	不包含农业比重	包含农业比重	不包含农业比重	包含农业比重
	1	2	3	4	5	6	7	8
殖民前由国家统治的人口比例（HRAF; Müller 1999）					−8.955 1 (10.247)	−15.426 5 (9.456)	−4.717 4 (10.330)	−13.103 9 (9.713)
观察数	5 102	4 000	2 910	2 419	2 910	2 419	2 910	2 419
R^2	0.689	0.745	0.564	0.617	0.556	0.621	0.565	0.625

注：括号中是稳健标准误差，常量未显示。
* $p < 0.1$；
** $p < 0.05$；
*** $p < 0.01$。

亚洲和非洲国家(模型 3 和模型 4)的简要样本中,语言异质性与低公共物品供给之间显著相关,且系数相当大,从而再现了之前的研究结果(表 7.2 的模型 2 是个例外)。

然而,一旦我们将各国的国家形成历史不同的因素考虑进来,情况就会发生巨大变化。在 19 世纪后期已经出现中央集权的前殖民地国家,其后殖民政府建造了更多的铁路(表 7.2),并且能够更好地教他们的公民如何读写(表 7.1)。然而,先前的国家形成历史似乎并未影响婴儿死亡率(表 7.3)。从实质上讲,将前殖民时期各国统治的人口比例提高 40%(一个标准偏差)将使铁路轨道长度增加 1/3 个标准差,识字率提高 6%(基于表 7.1 和表 7.2 中的模型 7 的标准化系数)。不管我们忽视人口的族群语言多样性(模型 5 和模型 6)还是将其包含在等式内(模型 7 和模型 8),识字率和铁路的结果都成立。最重要的是,将前殖民地国家地位和族群语言多样性两者都放在等式中(模型 7 和模型 8),多样性不再与公共物品供应的三种测量标准中的任何一种显著相关。换言之,多样性不会阻碍国家提供公共物品。

稳健性检查

但是,有人可能会反对,为什么这种分析忽视了发生于其间的殖民统治的作用?如果帝国强权摧毁、僵化或以其他方式改变了土著国家,这难道不应该很重要吗?在第五章的讨论之外,我们可以评估不同风格的殖民统治是否会影响后殖民地的公共物品供给。附表 7.1 显示了一个考量了某个领土是否曾受过奥斯曼、葡萄牙、法国或英国统治这一因素的模型。其结果与表 7.1 至表 7.3 中的结果基本相同。这四个帝国不同的统治风格似乎并未以各自的方式影响当代公共物品的供给。

关于额外的稳健性检查,附表 7.2 提供了一系列模型,这些模型使用与拉波塔等人(La Porta et al. 1999)相同的数据、变量和统计模型。这是为了确保我们在由探求相反论点的作者所创建的数据范围中进行操作时得出相同的结论。我按照上述相同的四个步骤进行操作,还添加了一个以平均学业成绩为因变量的模型,以便逐一依照拉波塔及其合著者对公共物品提供的定义。结果与上述讨论的那些结果基本一致。殖民时期的持续时间有多长也无关紧要:测量 1816 年以来在帝国或殖民统治下度过的年数比例的变量与公共物品的提供没有显著的关联(结果未显示)。

作为最后的稳健性检查,我使用了两种不同的对语言多样性的编码:基于罗德(Roeder 2007)的族群语言群列表的分化指数和常常被使用的阿莱西纳等人(Alesina et al. 2003)汇编的常用的语言分化指数。如附表 7.3 所示,结果与上述那些结果非常相似。当婴儿死亡率是因变量(附表 7.3 中的模型 6)时,阿莱西纳等人的语言分化指数的显著性仍然不明显,哪怕该模型包括了前殖民时期的国家地位变量。[6]

第二步:理解族群分化

本章论点的一个关键部分是,以前的国家中央集权化不仅提高了公共物品的供应能力,而且还为后世留下了更加同质化的人口。这已经在第五章中进行了初步讨论。在这一部分中,我将更为严谨地探讨这个论点。我将使用两种不同的测量方法来衡量历史上的国家地位,并且我将考虑所有的因素,根据其他学者的说法,这些因素可能对语言多样性产生影响。

测量、数据和建模策略

国家中央集权化的第一个测量标准与上文所用的相同:殖民前由国家管辖的人口比例,但只有非洲和亚洲的数据。第二个是 1850—1900 年间的土著国家地位指数,我在第五章中已经将其用于不同的目的。它覆盖了 133 个国家。由于族群分化现在是一个因变量,因此我们必须考虑一个国家的哪些其他特征可能影响其语言多样性。如第五章所述,米哈洛普洛斯(Michalopoulos 2012)确定了一些气候和地理因素,这些因素在非常遥远的过去鼓励人们采取不同的经济生存战略,从而导致了一个族群分化过程。我列入了四个变量,全部来自他的数据集,这些变量与他的模型中的语言多样性始终相关:农业用地适宜性的变化、平均降水量的变化、平均降水量和与海洋的距离。

如前所述,过去的族群战争和民族主义战争可能会影响今天的人口多样性,因为种族清洗和分离主义战争产生了更为同质化的社会。我再次使用了1816—1900年的族群或民族主义战争的累计数(数据来自Wimmer and Min 2006)。人均国内生产总值测量经济发展水平,这可能与族群多样性有关,因为就如有害的多样性学说所说的那样,多样性不利于经济增长。另外,在富裕国家,个人在地理上的流动性更强,这反过来又增强了语言的同化(Deutsch 1953)。

最后一个论点是由"族群-象征主义"的支持者最近提出的。"族群-象征主义"(ethno-symbolism)是民族主义研究领域的一个重要思想流派。该学派认为,能追溯自身很长的历史并最终成为独立的民族国家的多数群体的族群,将有足够的时间来同化他们附近的较小的族群共同体,从而形成一个更加同质化的社会。相反,其族群起源较新的多数群体今天将生活在一个更加多样化的环境中。为了验证这一假设,考夫曼(Kaufmann 2015)以世界各地拥有国家的多数族群的"建国年份"组建了一个数据集。最后,我在考夫曼的统计模型中添加了两个与多样性相关的变量:一个是国家的地表面积,因为较大的国家可以容纳更多的多样化人口;另一个是国家独立的年份,假设较年轻的国家通过教育系统同化人口的时间较少。

因为语言多样性的测量时间只有一个点(20世纪60年代初),所以现在的数据只包括每个国家的一个观察结果。[7]我再一次采用分步的方式进行探索。第一个模型利用所有国家的全样本,展示了除了国家形成历史之外的其他国家特征是如何与多样性相关的。下一个模型同样如此,但只考虑非洲和亚洲国家,因为我们只有亚洲和非洲国家有关殖民前国家中央集权化水平的数据。第三个模型在方程中加入了殖民前国家中央集权化的变量。第四个和第五个模型以同样的方式处理国家古老历史变量。这个过程保证我们知道结果的变化是因为我们在模型中添加了一个新的变量,还是因为这个新的变量改变了我们所考虑的国家的可用数量。

结果

表7.4报告了结果。在殖民主义开始之前就有国家中央集权历史的国家在20世纪60年代早期比其他国家在语言上更具同质性(模型3)。这种联系在实质上也非常重要:各国在殖民化之前时期统治的人口比例增加40%(大概1个标准

表 7.4　语言分化的广义线性模型

	基线状态	不包含缺乏殖民前国家中央集权化数据的国家	包含殖民前国家中央集权化	不包含缺乏国家古老历史数据的国家	包含国家古老历史
	1	2	3	4	5
人均国内生产总值(Penn World Table)(插补的和外推的)	−0.045 5*** (0.013)	−0.038 5 (0.030)	−0.020 1 (0.026)	−0.047 1*** (0.014)	0.045 3*** (0.014)
跨区域海拔的离差(Michalopoulos 2012)	0.059 8 (0.080)	−0.090 2 (0.091)	0.110 0 (0.123)	0.042 4 (0.084)	0.094 0 (0.093)
跨区域农业适宜性的离差(Michalopoulos 2012)	0.932 8** (0.422)	1.139 0* (0.610)	0.910 2 (0.639)	1.113 2* (0.495)	1.288 3*** (0.495)
1961—1990 年月平均降水量(单位:1 000 毫米)(Michalopoulos 2012)	0.001 6 (0.002)	0.003 4 (0.002)	0.004 8* (0.003)	0.001 7 (0.002)	0.000 9 (0.002)
海岸与国家中心的距离(Michalopoulos 2012)	0.289 5 (0.306)	0.836 7 (0.668)	1.026 8** (0.511)	0.333 6 (0.317)	0.235 7 (0.315)
1816—1900 年发生的族群民族主义战争的数量(Wimmer and Min 2006)	−0.048 7 (0.137)	0.585 2* (0.312)	0.660 5* (0.354)	−0.039 4 (0.137)	−0.060 6 (0.137)
多数群体的族群形成年份(Kaufmann 2015)	0.000 4* (0.000)	0.000 4 (0.000)	0.000 1 (0.000)	0.000 4* (0.000)	0.000 2 (0.000)
地表面积(Fearon and Laitin 2003)	0.000 0 (0.000)	−0.000 0 (0.000)	−0.000 0 (0.000)	0.000 0 (0.000)	0.000 0 (0.000)
独立的年份(Correlates of War Project)	0.006 1** (0.003)	0.002 8 (0.005)	−0.004 0 (0.005)	0.005 4** (0.003)	0.004 9* (0.003)
殖民前由国家统治的人口比例(HRAF; Müller 1999)			−1.616 5*** (0.370)		
公元前 1000 年以来国家中央集权化的累积指数(5% 被排除)(Putterman 2006)					−1.013 9** (0.467)
观察数	143	74	74	134	134

注:括号中是稳健标准误差,常量未显示。
　　* p<0.1;
　　** p<0.05;
　　*** p<0.01。

差),该国两个随机选择的人讲不同语言的可能性就下降大约15%。

在模型5中,我使用国家古老历史指数作为国家中央集权的另一种测量方法。它也与1960年的语言多样性密切相关,并且也具有实质性的但较弱的影响:传承的国家中央集权度每降低0.23(或1个标准差;指数为0到1),20世纪60年代两个随机选择的个体讲不同语言的可能性就降低6%。

其他国家特征很少影响语言的多样性。人均国内生产总值、独立年份和农业适宜性的变化与五个模型中的至少三个模型的多样性显著相关。19世纪的族群民族主义战争似乎并没有通过种族清洗或重新划定国界形塑20世纪60年代初国家的语言构成。如果国家的主导性多数群体有悠久的历史或曾统治大片的领土,其国家在语言上也并没有更加统一。

就如本章前面的分析那样,我们仍然要问,殖民地的经历是否也没有深刻地塑造语言景观。附表7.4以两种方式测试这种可能性。第一,有可能殖民统治持续的时间越长,今天的人口就越同质化,因为殖民者把他们自己的语言作为一种通用语强加给土著人口。然而,自1816年以来,一个国家作为帝国的一部分或殖民地属地的时间与1960年该国的语言多样性无关。第二,通过再次比较不同帝国的殖民统治风格,我探讨了殖民统治风格是否重要。一般来说,似乎不是这样的情况,因为在模型2和模型4中没有一个一致性的模式出现。

将有和没有这些帝国变量的模型进行比较也是有益的。这两个测量19世纪国家中央集权水平变量的系数大小和标准误差基本相同。简单来说就是,一个国家无论是否被奥斯曼帝国统治,或被英国或罗曼诺夫俄国统治,以及一个国家是否从未被殖民化,还是有长久的殖民统治史,都不能对殖民主义之前该国所留下的语言遗产改变很多。这为第一章中提出的猜想提供了一些支持:殖民统治稍稍改动了土著国家已经形成的语言景观,但很少从根本上改变这种格局。

结论

这简短的一章表明,多样化的人口并不妨碍政府提供公共物品,一旦我们考虑到这样做的能力是由国家形成之前的历史所塑造的。坦桑尼亚与朝鲜不同,因为朝鲜有过去 1000 年的古代国家建构历史,而坦桑尼亚大陆则在殖民统治之前并未被国家统治。因此,今天在朝鲜提供公共物品比在坦桑尼亚更容易。在第二步中,我表明过去中央集权国家的形成也给今天人口的语言构成留下了印记。像朝鲜这样高度中央集权的国家能够将精英语言强加给他们的臣民,而诸如坦桑尼亚大陆这样的无国家社会的人口继续讲多种语言。因此,先前的研究所揭示的同质性与公共物品供给之间的关联不应以因果方式来解释。多样性不会因为不同族群成员不能就国家应该提供什么商品达成一致,或者不会因为他们不想与其他族群分享这些物品,而对公共物品的供应产生有害的影响。相反,过去缺乏中央集权国家却使现在高度多样化且提供公共物品能力有限。

我以关于这项研究如何解决与决策者有关问题的推测性评论来总结。当然,我们不能设计过去以创造一个有助于当代政府提供公共物品的中央集权国家的遗产。国家形成的历史与公共物品供给之间的关联代表了一种趋势,而非法则或规律。政治领导人有足够的空间来改善诸如坦桑尼亚等之前是无国家社会的国家的公共物品供应。

我们可以通过分析观察到的值与预测的值之间的差异来探讨政治领导可能的作用,即通过考虑这些国家的国家形成历史、经济发展水平以及统计模型中所有的其他变量,来看它们是否提供比预期更多的公共物品。对于上述三种公共物品中的至少两种,日本、朝鲜和韩国的表现好于预期,但突尼斯、利比亚、科威特和孟加拉国也是如此。这些国家中的大多数几十年来一直由强权者(朝鲜的金正日、利比亚的卡扎菲、韩国的军事独裁者们、科威特的埃米尔、突尼斯的本·阿里)或一党制政权(日本的自民党)领导并对国家建构有坚定的承诺。可以肯定的是,这种解释不应该导致我们为专制统治进行辩护。对哪些国家偏离预测值的分析已经考虑了它们是如何被民主地或专制地统治的。换句话说,上述名单中的国家并不因为它们是专制的而提供比预期更多的公共物品。此外,在表7.1 至表 7.3 的几乎所有模型中,民主与公共物品供给呈正相关,这与其他的学术研究结果一致。

在对国家建构作出强有力的政治承诺之外,这些国家中的许多政府也不像非洲和中东的新家长制政权(neo-patrimonial regimes)那样受到腐败的困扰,其中的许多政府出现在提供公共物品少于预期的国家名单上。同样值得注意的是其中许多国家的政治稳定——至少在最近的中东民主化浪潮出现之前是如此的。

这一切使我得出结论:对国家建构的持续政治承诺可能至少部分地抵消了国家地位的短暂历史所带来的不利因素。这与米格尔(Miguel 2004)对肯尼亚和坦桑尼亚的比较研究非常一致,与肯尼亚相比,坦桑尼亚政府几十年来一直坚持对国家建构的坚定承诺,这证明向公民提供公共物品是有利的。我的结论也与辛格(Singh 2015)一致,他表明,在印度各邦,如果那里的政治领导人已经形成了强大而独特的区域认同(或用辛格的术语就是"次民族主义"),那么邦政府在提供公共物品方面就表现得更好。

【注释】

[1] 这一持不同意见的发现涉及在塞拉利昂村庄参与社区公共物品供应的努力(Glennerster et al. 2013)。在一项相关研究中,米格尔(Miguel 2004)发现,多样性只影响肯尼亚当地的公共物品供应,肯尼亚缺乏与邻国坦桑尼亚类似的在国家建构上作出努力的历史。

[2] 然而,他们也发现,在 34 个国家的样本中,多样性有时会对次国家层面的公共物品供应产生积极影响。

[3] 最近的一篇工作论文超越了这些假设,并检验了多样性是由公共物品供给不足还是由缺乏经济增长所造成的(Ahlerup 2009)。

[4] 可以肯定的是,这些并不是经济学家最初定义的纯粹公共物品(Olson,1965)。它们并非完全"非竞争性的",因为如果每个人同时使用铁路系统,那么大多数人都无处可去。它们也不完全是"非排他性的",因为并非每个人都有同样的机会接受教育(参见 Kramon and Posner 2016)。但它们是以前关注政府公共物品供应的研究的结果。

[5] 我在国家层次聚类了稳健标准误差,以便将同一国家后续观察的非独立性考虑在内。由于铁路和婴儿死亡率是持续的结果,标准的最小二乘法回归模型就足够了。识字率代表比例,受 0 和 1 的约束。因变量没有过度离散,因此适当的统计模型是具有 logistic 连接函数和因变量的二项分布规范的广义线性模型。

[6] 附表 7.3 包含另外两组具有宗教而非语言分化指数的模型(数据来自 Fearon 2003;Alesina et al. 2003)。即使不考虑以前的国家形成历史,拥有宗教多样化人口的国家也不会提供更少的公共物品。这非常违背多样性有害的论点,因为既然宗教规定了具体的规范取向,它们应该与公共政策偏好更紧密地联系起来。而语言多样性则远非如此(Brubaker 2013)。

[7] 由于 0 和 1 限制了结果,这些将在广义线性模型中进行回归统计。因为数据没有过度离散,所以适当的模型规范仍然是具有因变量的二项分布规范的 logistic 连接函数。

第八章　阿富汗经验教训的政策启示

最后一章继续前面那一章刚刚结束的有关政策影响的讨论。很明显,这本书没有以直接的方式讨论政策问题,而是寻求证明从长期视角来看,历史力量促进政治整合和国家认同。它强调的是缓慢发展的制度因素,难以受到短期政策的影响。然而,这本身就已经为希望更好地了解国家建构成功条件的政治家和政策制定者们提供了可能的教训。本章将讨论其他更直接的政策影响,其中一些是基于对阿富汗调查数据的进一步分析。我首先从分析影响世界各国国家建构前景的一些主要趋势中学到的东西入手。

乐观的理由:趋向包容的全球趋势

报纸的头条新闻充斥着诸如索马里、阿富汗、也门和利比亚等"失败国家"的故事。它们已经成为西方外交政策制定者最关心的问题之一,主要是因为这些国家经常成为国际恐怖组织的来源地。对整个世界而言,这些最近的国家失败有怎样的代表性? 或者回到前面几章中使用的对国家建构的操作性定义:世界各国政府是否从代表中排斥了比以前更大的人口比例,从而为将来的内战和已经脆弱的国家的崩溃做好准备?

图 8.1 显示了过去几十年世界上所有国家族群政治排斥的平均水平。排斥仍然是由没有在国家层面政府中得到代表的族群的人口比例。为什么图中有两

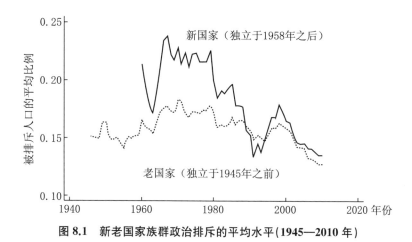

图 8.1　新老国家族群政治排斥的平均水平(1945—2010 年)

条线？在考虑全球平均数时,我们应该区分国家内部的趋势和因非殖民化或苏联解体而导致的世界上国家构成的变化。因此,我画了一条单独的 20 世纪 50 年代末独立的新国家的线和一条 1945 年数据开始时已经存在的较老的国家的线。

　　两条线描述了一种令人鼓舞的排斥减少的趋势。然而,这是一条颠簸的道路,而不是直线前进的道路。例如,由于苏联和南斯拉夫的继承国比已经存在的国家更不平等,我们看到 2000 年左右出现了排斥增加的向上高峰。然而,总体的趋势很明显:在短短 40 年的时段里,新独立国家中的平均排斥水平下降到了 20 世纪 60 年代中期峰值时的一半。

　　根据这里提供的理论,在此期间,国家提供公共物品的平均能力也有所提高,世界各国的沟通领域变得不那么碎片化,志愿性组织几乎遍布各地。图 8.2 概述了第二次世界大战以来成人识字率的演变情况。我再次区分了新的和老的国家。在新的和老的国家政府都大量投资公立学校系统后,识字率明显提高。虽然在 20 世纪 40 年代早期,新国家只有 1/3 的人口能够读写,但今天这些国家的公民中有近 3/4 是有文化的。老国家的识字率也从较高的水平开始稳步上升。

　　新的通信技术——特别是第二次世界大战后电话的普及、20 世纪 90 年代中期开始手机的普及以及同一时期互联网的普及——使得在一个国家的领土上建立政治联系变得更加容易。同样有助于这一趋势的是,普通国家的语言多样性

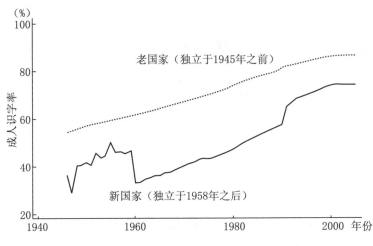

图 8.2　新老国家的平均识字率(1945—2010 年)

在过去几十年中有所下降。这很可能是因为经济增长：当经济增长并且一个国家的不同地区彼此联系更紧密时,掌握多数群体的语言更有价值(参见表 7.4 中的模型 1)；不断扩大的公立学校系统肯定也破坏了少数群体的语言。

　　增加语言同质性的一个指标是语言流失。从文化多样性的角度来看是令人遗憾的,但正如我们在前几章所看到的,它有助于在一个国家的领土上建立政治联盟并由此进行国家建构。原则上讲,语言整合(如在瑞士)可以为国家整合提供语言黏合剂,同时让少数群体语言保持活力。然而,实际上,许多语言已经流失。根据最近的一项研究,在 1950 年使用的 7 480 种语言中,只有 63％在 2010 年仍由年轻一代使用,从而确保了它们的沿袭。这些语言中有 20％不再会完全传递给下一代并处于各种不同的逐渐消失的状态之下；17％已经消失或非常接近消失(Simons and Lewis 2013)。语言学家使用不同的测量方法估计,有 639 种已知的语言现在已经灭绝。其中,35％整是在 1960 年后不再使用的,说明语言的流失如何随着时间的推移而加速(Campbell et al. 2013)。

　　我们在志愿性组织数方面也观察到了类似的全球趋势,这是增强了国家建构前景的第三个因素。图 8.3 显示了一个明显的趋势：从 1970 年到 2005 年,由于经济增长和民主在全球的兴起,此类组织的人均数量大致翻了一番(至少表 5.4 中的模型 1 和模型 5 引导我们产生这样的期望)。

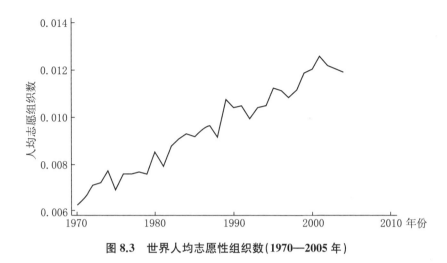

图 8.3　世界人均志愿性组织数(1970—2005 年)

总而言之,各国提供基本公共物品能力的不断提高、世界各国语言同质性日益提高以及民间社会组织在全球兴起,促进了跨越族群分界的政治整合,使得越来越少的少数族群共同体在国家权力中心没有自己的代表。鸟瞰这个世界,国家建构的前景比以往任何时候都好。

更多的乐观理由:从预测的路径出发

然而,从较近的距离看,我们可能会发现许多国家甚至整个世界的各区域都保留了排斥性的制度,从而避开了上述乐观趋势。毕竟,前几章介绍的理论不是坚持认为历史才是命运吗?那些在殖民化之前没有建立中央集权国家的国家,如索马里亚和坦桑尼亚,无论在为提供公共物品或教育他们的人口用通用语进行读写方面做出怎样的努力,在国家建构方面是否注定要失败?由于前殖民时期国家的能力不能追溯设计,本书难道不支持一种发展的悲观主义,认为某些国家永远陷入了一个失败的国家建构、冲突和贫困自我强化的恶性循环?

前面各章的统计分析并不能保证这种过于决定论的观点。这些统计分析建立在通过数千次观测计算而得出的平均效应的基础之上,我们无法准确预测特定国家将会发生什么。换句话说,它们代表着概率倾向,而不是法则或规律。前殖民地国家的中央集权化使当代国家建构更有可能，但并不能保证其成功。因此，正如前一章所讨论的那样，还有其他因素可以克服过去没有形成国家，或当代组织网络薄弱，或国家缺乏跨越整个领土提供公共物品能力，或语言多样性等所造成的障碍。

探索这些其他因素的一种方法是找出统计模型未能很好预测其权力配置的那些国家，这是我在前一章中已经使用过的技术。我重新运行了表5.3中的模型1和模型10，然后计算了哪些国家或多或少比模型所预测的更具包容性。使用的预测变量是识字率或铁路密度、人均志愿性组织的数量和语言的分化。比预期更具包容性的国家是印度、马里、塞内加尔、喀麦隆、冈比亚、赞比亚、加纳、布基纳法索、马拉维、坦桑尼亚、加蓬、海地和毛里塔尼亚。另一方面，一些国家排除在国家层面代表之外的人口比例比模型预测的要高。叙利亚、约旦、伊拉克、苏丹、以色列、玻利维亚、秘鲁、几内亚、刚果民主共和国、安哥拉、巴西和爱沙尼亚就属于这种情况。我们如何解释这两种情况？我们不应该寻找诸如殖民遗产、经济发展或全球化等因素，这是第五章的分析已经排除了的可能解释。我想到了其他一些解释。

首先，许多更具包容性的国家建立了某种组织基础设施，用于建立并非基于志愿性组织的政治联盟，志愿性组织是诸模型中唯一的相关性信息的组织方面的变量。换句话说，这些组织基础设施在功能上等同于完善的民间社会组织（参见第一章的简短讨论）。布基纳法索和赞比亚都因其拥有多族群成员的特别强大的工会而闻名（关于赞比亚的情况，参见LeBas 2011；因为此类工会数量很少，所以协会密度变量没有捕捉到它们的重要性）。塞内加尔的马拉布网络可能有着类似的重要性（参见Koter 2013）。印度的国大党（并且越来越明显地，印度人民党也同样）为各种职业、种姓和赞助团体之间不同的、区域和地方特定的联盟提供了政治保护伞。

其次，许多更为包容的国家由政治强人（桑戈尔、甘地王朝、尼雷尔、卡恩达、恩克鲁玛、班达）通过一党政权领导了几十年。这些并不只是为了保持对权力的铁腕保护，也是将整个社会整合进一个联盟的、恩庇的和强制的网络之中。他们经常发展出明确的和包容的民族主义意识形态（如加纳、印度、坦桑尼亚和马拉维）。很多时候，这些一党制政权建立在已经存在的跨族群分界的民间社会组织网络之上（关于赞比亚和津巴布韦的分析,参见 LeBas 2011),而不是像世界上其他一些独裁者那样摧毁它们(如萨达姆·侯赛因;参见 Wimmer 2002:第 6 章)。除印度外,这些国家中没有一个是模范民主国家,至少可以说与第五章的统计分析相符。

相反,许多具有比预期更多的排斥性政权的国家在很长一段时间内被接受更多排斥性的民族主义意识形态的政党所统治。叙利亚和伊拉克由支持阿拉伯民族主义的复兴党主导,顾名思义,他们排斥了库尔德人,也暗示了将什叶派和基督徒排除在国家的完全象征性成员资格之外。对于苏丹的阿拉伯主义和伊斯兰主义统治集团来说也是如此,在他们看来,基督徒的南方人代表了曾经被捕并被卖为奴隶的人的异教徒后代。约旦的哈希姆君主制将贝都因部落血统作为界定国家共同体的标准,并将大量巴勒斯坦人排除在其领域之外。以色列和爱沙尼亚对人民的边界有着同样狭隘的族群民族定义,将非犹太人或俄罗斯公民定义为不适合参与行政政府的人。玻利维亚统治精英也是如此,他们长期以来一直蔑视该国土著居民的后裔。

但是,我们或许不应高估包容性意识形态的作用。没有进一步的研究,我们就不清楚这样的意识形态是否仅仅反映了一种包容性权力结构或事实上是产生包容性权力结构的原因。相反,排斥性的意识形态可能仅仅反映和证明少数群体统治的正当性,而不是促使其出现。一些族群主义国家(如当代卢旺达和叙利亚)官方否认其族群分裂的相关性甚至否认存在这种情况,这也为这种谨慎的解释提供了支持。他们将国家描述成所有公民的和谐共同体,不受任何族群边界的分割,以隐藏潜在的政治现实。

上述分析不那么模棱两可地表明,在艰难的情况下可以实现政治整合。许多比预期更具包容性的国家,如坦桑尼亚、喀麦隆、赞比亚和冈比亚,并没有什么在殖民时期之前的国家形成历史。显然,历史不是命运,而是一种约束。它为政治技艺和富有远见的领导留下了空间(Read and Shapiro 2014)——当然还有偶然的政治背景、历史突发事件和其他重要因素,这些因素无法通过广泛的定量分析网络来捕捉。

我没有找到有关冲突陷阱观念的一致证据,这进一步支持了这种非决定论的解释。一些学者担心失败的国家建构会减少经济增长,这与对大型少数群体的政治排斥叠加在一起就将导致武装冲突,由此可能进一步破坏国家建构和经济增长的前景,使国家陷入贫困、暴力和政治功能障碍(Collier and Sambanis 2016)。索马里和阿富汗相当严峻的局势当然说明了这种冲突陷阱会是什么样子。但是,有族群冲突历史的国家不会将其人口中较大比例的人排除在政治代表之外(参见附表 8.1;相似的发现参见表 5.1 中的模型 1 和模型 2)。这是因为有时一个排斥性的政权在武装冲突结束时被推翻,取而代之的是更平等的政治秩序,下文将对此进行更详细的讨论。然而,有时一小群精英及其族群的支持者们通过武装斗争而掌握了权力。换句话说,暴力能导致两个相似的社会进入国家建构的相反轨道。

民主促进和冲突预防?

到目前为止,我已经讨论了国家建构前景的全球趋势,我发现这是相当令人鼓舞的。此外,老练的国家领导和包容性的国家意识形态可以克服从过去遗留下来的一些障碍,并改善建构整合性国家的前景。但是,诸如西方国家政府或国际组织等外部参与者能做些什么来帮助全球南方国家的国家建构? 首先,第五章已经表明民主不能成为培育包容性政府的主要工具。相反,在国家建构中,外交政策应该寻求提升提供公共物品的国家能力并建立志愿性组织,从长远来看,这将鼓励政治家建立跨越族群界线的联盟。如果本书的分析是正确的,那么这种双边政策将会比布什政府的外交政策理论"输出民主"更有效。它还会产生比试图更具体地"设计"民主选举规则以鼓励政治家跨越种族分界更好的结果(Reilly 2006)。

前面的分析也不鼓励我们支持"不惜一切代价的和平"的方法。预防冲突本身当然是一个有价值的目标(Woocher 2009)。然而遗憾的是,排斥性政权很少在没有斗争的情况下消失。族群主义精英知道,他们会为放弃对国家的控制而付出高昂的代价,并且实际上常常害怕那些被他们长期压迫的人来报复。没有预防政策,也没有当地的"和平建构"倡议可以克服这些障碍。要说明的是,萨达姆·侯赛因的部落化的族群主义政体不太可能(在"国际社会"的慈善刺激下)逐渐转变为一个将库尔德人和什叶派精英包括进入执政联盟的政权。阿萨德统治下的叙利亚也是如此，在本书撰写的时候，阿萨德正以军事、人道主义和政治成本等各方面的代价坚持掌握权力。同样，白人统治下的罗得西亚尽管在严厉的国际制裁措施之下，但却不太有可能出现一个让黑人多数群体有充分代表的基础广泛的政府。然而，相邻的南非却让我们重新认识到，通过谈判从族群主义政治转型还是可能的，即使很少见。

公共物品供应和国家建构：阿富汗的经验教训

倡导建构国家能力和政治基础设施产生了这样一个问题：这是否可以由外部行为者自己来完成，还是局外人应该限制自己以支持当地的机构［正如威默和舍特尔（Wimmer and Schetter 2003)所论证的那样］。对该主题的研究有一小部分实证文献。萨克斯（Sacks 2012）用非洲晴雨表调查的数据显示，国际援助机构或非政府组织提供的服务确实鼓励公民认可国家的权威。换言之，外部行为者可以通过向人口提供公共物品来促进国家建构（基于在印度的实验的类似结果可参见 Dietrich and Winters 2015)。在分析阿富汗的数据时，我得出了一个更细致但不乐观的结论。它们很精细，足以让我们直接比较政府提供公共物品的影响和外国项目的影响。[1]

数据来自亚洲基金会民意调查对阿富汗人民的考察，该调查从 2006 年到 2015 年每年都进行。这些具有全国代表性的调查询问了一系列关于受访者是否听说过去一年里他们所在地区正在实施的任何发展项目的问题。在 2008—2012 年，受访者还被问及他们认为是谁资助了这些项目，是阿富汗国家政府还是外国赞助者或两者都有。为了了解外部行为者提供的公共物品是否会影响国家政府的合法性以及对阿富汗国家的认同，我分析了四个调查问题。

第一个问题是，受访者是否认为国家政府"做得很好"。我将答案"做得非常糟糕"和"做得有点糟糕"归为一类，从而创建了一个二元因变量（1＝糟糕，0＝满意），这可以通过 logistic 回归模型进行探讨。[2]第二个问题询问受访者是否记得他们的社区在过去的 12 个月寻求外部帮助来解决当地纠纷；那些回答"是"的人还会被问及他们寻求了谁的帮助。我将所有提及政府机构（部门、军队、警察、议会议员、省长等)的答案归为信任政府运作的受访者类别。这个问题显然比有关政府表现的问题在服务提供议题上离得更远,因此可能更有趣。毕竟,听说过政府资助的公共物品项目的人在某种程度上会明显更积极地看待他们的政府。在他们还依靠政府机构而不是宗教或部落领导来解决他们的地方争端方面则远没有那么明显。

第三个问题涉及对塔利班的支持,并测量受访者对该国由国家来垄断暴力主张的接受程度。受访者被问及他们是否对武装反对派团体使用暴力表示同情:一点都不同情、有点同情或很同情。第四个问题与公共物品供应问题相差更远,询问受访者是否主要认同自己为阿富汗公民,还是主要认同为他们自己族群的成员,或者穆斯林。这个问题有助于我们探究国家建构的身份认同方面,而前三个问题是关于政府的效率、相信其解决争端的能力以及接受其暴力垄断的问题,与国家建构的政治方面相关。身份认同问题将在单独的部分进行分析。

外国的公共物品供给是否会加强国家的合法性?

为了评估公共物品供应能在多大程度上加强国家建构,我们还需要考虑个体受访者的特征,包括他们对腐败的经历以及他们在多大程度上感受到个人安全。两者都可能会影响他们对政府的看法和他们在阿富汗的成员身份。此外,个人所生活的省份及其族群背景也会影响其对政府的看法和在阿富汗的成员身份。各省在服务提供方面的现有水平、安全状况或政治中介的区域结构方面可能各有不同。我将"省固定效应"添加到模型中,以顾及每个省的独特特征。族群也是如此,国家层级的政府可能会也可能不会有某个族群的代表,这反过来应该会影响个人对政府的态度及其国家认同。最后,我还增加了年份固定效应,因为诸如选举等宏观政治事件也可能形塑对政府的看法。换句话说,下面讨论的公共物品供给与国家合法性之间的关联将取决于个人所在省的具体特征、其族群背景以及接受采访的年份。

虽然这些固定效应考虑了影响受访者如何回答调查问题的许多具体情况,但遗憾的是,我无法测量公民与国家之间政治联系的实际结构。然而,这些可能会影响政府项目是否会增强国家的合法性并孕育国家归属感。例如,如果通过作为地方政府机构和传统地方机构成员的中间人——比如参与地方立法会

(shuras)事务的省理事会成员、同时是地方军阀得力助手的警察局长、拥有国会议员的当地名门望族等——将这些项目带到村民身上,这些项目可能会很有效。鉴于完全没有相应的数据,这里不能考虑这些中介因素。

表 8.1 列出了前三个问题。在模型 1 至模型 3 中,我比较了那些听到过国家政府资助项目的受访者和那些没有听到过任何项目的受访者;那些听到过政府和外国资助的项目的人与那些没有听到过任何项目的人;那些了解外国资助项目的人与那些没有听说过他们所在地区任何项目的人。在模型 1 中,我们看到由任何资助者(包括国际机构)资助的项目都会产生对国家政府更有利的看法,这与奥黛丽·萨克斯(Audrey Sacks)的非洲调查结果一致。然而,我们也发现,外国资助的项目几乎没有增加对政府的满意度,其效应只有政府资助项目的一半。模型 2 以不同的因变量得到了非常相似的结果,即考察个人信任政府组织——而不是传统的理事会、地方军阀或宗教当局——来解决他们的地方纠纷的程度。同样,政府资助的项目在建立对政府机构信任方面的效率大约是外国资助项目的两倍。

在模型 3 中,我调查了阿富汗受访者是否接受国家对暴力的垄断并拒绝塔利班叛乱。报告其所在地区有外国资助项目的受访者更有可能认为塔利班叛乱是合理的,而报告知道政府资助项目则与之没有统计上的显著关联。这一引人注目的发现使人质疑由外部行为者来进行国家建构的想法。在阿富汗东北部进行的另一项调查研究得出了类似的结论:外部行为者的发展项目无助于说服当地人相信外国军队是在争取一个好的事业(Böhnke et al. 2015:88)。此外,阿富汗人似乎并不习惯外国军队和国家建构者,情况恰恰相反:2007—2013 年,对外国军队和援助机构的看法毫无疑问变得越来越消极,很大一部分多数群体在2013 年同意这两者都危害当地习俗和伊斯兰价值观(Böhnke 2015:45—46)。

然而,我们可能想知道如何解释表 8.1 中报告的统计关联。是否就像许多人所说的那样,国家政府和外国参与者可能将他们的项目投向那些已经更为忠于国家政府和支持政府的外国势力的地方? 因此,对国家政府的支持会导致获得资助项目,而不是获得资助项目导致对国家政府的支持。对于有关塔利班的问题,情况可能正好相反:希望赢得当地人的"心灵和思想",美国军方可能会将其基础设施项目投向高度支持塔利班的地方,而不是对塔利班支持度很低的地方。

表 8.1　批判政府、信任政府解决争端和支持阿富汗塔利班

	因变量：对政府不满	因变量：通过政府解决争端	因变量：支持塔利班	因变量：对政府不满							
	1	2	3	4	5	6	7	8	9	10	11
政府项目（参考：无项目）	−0.275 4 *** (0.027)	0.307 2 *** (0.062)	−0.018 0 (0.028)								
政府和外国资助的项目（参考：无项目）	−0.211 6 *** (0.029)	0.156 6 *** (0.059)	−0.087 3 *** (0.028)								
外国资助的项目（参考：无项目）	−0.138 6 *** (0.028)	0.167 0 *** (0.057)	0.074 6 *** (0.027)								
政府的道路和桥梁项目（外国资助的项目＝0，混合项目＝1，本国政府的项目＝2）				−0.064 5 *** (0.022)							
政府的饮用水项目（外国资助的项目＝0，混合项目＝1，本国政府的项目＝2）					−0.100 4 *** (0.024)						
政府的灌溉项目（外国资助的项目＝0，混合项目＝1，本国政府的项目＝2）						−0.064 9 ** (0.033)					
政府的教育项目（外国资助的项目＝0，混合项目＝1，本国政府的项目＝2）							0.047 2 ** (0.024)				
外国资助的道路和桥梁项目（0＝政府或混合项目，1＝外国资助的项目）								0.102 5 *** (0.039)			
外国资助的饮用水项目（0＝政府或混合项目，1＝外国资助的项目）									0.154 4 *** (0.045)		
外国资助的灌溉项目（0＝政府或混合项目，1＝外国资助的项目）										0.132 2 ** (0.063)	

续表

	因变量：对政府不满	因变量：通过政府解决争端	因变量：支持塔利班				因变量：对政府不满				
	1	2	3	4	5	6	7	8	9	10	11
外国资助的教育项目(0=政府或混合项目,1=外国资助的项目)											−0.046 6 (0.047)
年龄,性别,公民地位,教育,家庭收入,对腐败的观察,不安全感等的个人层次的变量	是	是	是	是	是	是	是	是	是	是	是
族群背景固定效应	是	是	是	是	是	是	是	是	是	是	是
省份固定效应	是	是	是	是	是	是	是	是	是	是	是
年份固定效应	是	是	是	是	是	是	是	是	是	是	是
观察数	32 026	20 241	24 780	17 371	13 887	8 311	17 443	17 378	13 898	8 312	17 443

注：模型 1 和模型 4 至模型 11 中的因变量是对阿富汗国家政府表现如何问题的回应。"做得非常糟糕"和"做得有点糟糕"。所有模型都是 logistic 回归。模型 2 中的因变量是寻求外部帮助解决地方争端的受访者是否接触过任何类型的政府组织(包括省、区、市政府),而不是非政府组织(传统的、外国的等)。模型 3 中的因变量是对武装反对派表达反对武装反对派使用暴力的同情(0=不同情,1=有点同情,2=很同情)。模型 3 是一个定序 logit 回归。括号中是稳健标准误差。常量未显示。

** p<0.05；
*** p<0.01。

每年接受调查的个人都不同,因此,我们无法随时间推移追踪特定的受访者,以了解一旦他们开始接受某个项目,或者当他们停止从外部获得帮助时,他们对政府态度的变化。这可以让我们以直接的方式处理反向因果关系问题。我所能做的就是寻找大多数受访者在2008—2009年(要求被调查者确认项目发起者的第一年)没有报告知道有政府资助项目的地区。如果反向因果关系为真,那么这些地区的人口应该在这两年内对政府抱有相当批判性的看法。然而,在这些地区,2010—2012年后续项目的影响与该表中报告的影响大致相同(尽管样本量较小;结果未显示)。如果我只关注2008年和2009年没有接受任何外国项目的地区,因而根据反向因果关系应该对塔利班怀有敌意,上述这一点就依然成立。在之后的年份,这些地区的外国项目仍然增加了对塔利班的支持。这两个测试都支持这样的观点,即公共物品项目影响了公民看待政府合法性的程度。

表8.1中的模型4至模型11更直接地评估了政府资助和外国资助项目之间的差异。我还按项目的领域分列了数据。现在,我将样本缩小到报告听到过项目的个人,在没有任何发展活动地区的个人就不包括在内了。我们看到,在主要基础设施项目中,特别是那些改善清洁水的获得、建设或修复道路和桥梁以及挖掘灌溉渠道的项目,政府赞助的项目改善了个人对阿富汗政府的看法(模型4至模型6),而外国资助的项目与政府资助或混合资助的项目相比,则具有相反的效应(模型8至模型10)。还要注意某个有趣但可能难以解释的发现,即那些报告知道政府资助的教育项目的个人以更为批判而不是更为赞许的角度看待阿富汗政府(模型7)。表8.1的总体结论是,外国公共物品项目可能有助于提高政府的合法性,这与萨克斯的研究结果一致,但与国家级政府实施相同的项目相比,它们的效应要低得多。[3]此外,外国资助的项目随着时间的推移而疏远当地人口并增加了对塔利班的支持,从而失去而不是赢得他们的"心灵和思想"。

国家认同和公共物品供应

我们现在转向国家建构的另一面:个人认同国家而不是认同他们自己的族群或宗教共同体的程度。表8.2评估了受访者对主要认同自己为阿富汗人、作为其族群共同体的成员还是穆斯林的问题的答案。此问题仅在2013年和2014年提出过。遗憾的是,在这两年中,没有人询问受访者是谁资助了当地的开发工

表 8.2　2013—2014 年阿富汗受访者主要身份认同的 logistic 回归

	1	2	3
	因变量： 首先认同 自己的国家	因变量： 首先认同 自己的族群	因变量： 首先认同 自己是穆斯林
知道过去 12 个月（由任何方资助）的任何项目（参考：无项目）	0.170 9 *** (0.034)	0.004 0 (0.051)	−0.207 5 *** (0.038)
年龄、性别、公民地位、教育、家庭收入、对腐败的观察等个人层次的变量	是	是	是
族群背景固定效应	是	是	是
省份固定效应	是	是	是
年份固定效应	是	是	是
观察数	17 994	17 988	17 994

注：括号中是稳健的标准误差，常量未显示。
*** $p < 0.01$。

作，只问他们是否听说过任何这样的项目。尽管存在这种限制，为了解释数据，我只能假设如果这些项目鼓励个人主要认同自己为阿富汗人，那么这将归于这些项目是政府资助的。这可能是一个合理的假设，因为我们已经看到政府资助的发展活动比外国人资助的更能增强国家的合法性。此外，政府还为调查中提到的大多数项目提供资金。[4]

结果非常明确：报告知道其所在地区公共物品项目的个人更有可能将自己首先视为阿富汗人，而不太可能主要认同自己为穆斯林。对族群的身份认同则没有影响。这种统计关联可以再次通过反向因果关系产生：政府可以通过公共物品奖励更具民族主义而更少宗教化的村庄。为了探索这种可能性，我再次将样本缩小到在提身份认同问题之前的两年内没有报告任何项目的人所在的地区。如果因果箭指向相反的方向，那么这些地区的居民应该更缺乏民族主义而更笃信宗教，并且一旦政府开始在该地区活跃，他们不会改变自己的身份认同。然而，尽管观察数量显著减少，但结果（未显示）与整个样本的结果大致相同。根据前几章提出的理论，这表明如果国家提供公共物品，个人就更倾向于接受国家认同。

结束语

通过将本章及之前各章所提出的与政策相关的各种观点集中在一起，我来作出总结。第一，我们应该将国家建构与民主化区分开来。前者应描述为国家政府如何与不同族群背景的群体建立联盟和忠诚的关系。后者指的是一个决定公民如何选择其统治者的制度。正如前面章节中已经清楚表述过的那样，民主化不是国家建构的一个秘诀，因为许多最近已经民主化了的政府随后并没有变得更加包容。此外，包括美国和南非在内的许多民主国家，一直以来坚持几代人都排斥规模很大的族群—种族少数群体甚至多数群体。促进民主可能代表着其本身是一个有价值的目标；如我们所见，它还有助于传播志愿性组织并鼓励政府提供公共物品，从而间接地帮助建立跨越族群分界的联系。但它并不是通向国家建构的黄金之路。

第二，我认为通常需要通过武装斗争来取代一个由少数群体主导的排斥性政府。那么，目前的暴力有时是为政治包容和国家建构所带来的可持续和平所付出的代价。然而，没有什么能保证这片土地上的新统治者不会简单地转变这一局面，将迄今为止占主导地位的群体排除在国家政府的政治代表之外。在美国入侵之后，以什叶派为主导的伊拉克国家中逊尼派精英被剥夺权力就是一个例子，世界各地还有许多其他类似的例子。因此，尽管存在有据可查的缺陷（Rothchild and Roeder，2005），坚持权力分享的安排仍然可以是在当地政治领域受到一定制衡的外部力量的最佳战略（另见 Wimmer 2013：第 6 章）。

第三，本书介绍的国家建构的构造理论表明，在美国总统的一个任期或两个任期内是无法稳固失败国家或建构国家的。国家建构是一个世代工程，因为促使其成功的便利条件需要时间才能出现：能够提供公共物品的国家、建立跨族群界线联盟的组织性基础设施和整合的沟通空间。在过去 20 年中，世界银行等全球机构一直致力于改善发展中国家的制度能力和治理结构。其他组织，如德国政党基金会，长期鼓励全世界公民社会组织的发展。对于西方国家的民选政府为争取下一次的选票而采取的较为不稳定的外交政策而言，这是及时的纠正措施。长期一贯致力于提高政府机构在公共物品供应方面的效率以及加强公民社会组织，代表着在全世界范围内帮助建构国家的最佳国际政策。

第四，并且与之相关的是，如果国家建构是长期战略目标，这些公共物品应由国家政府来提供。将任务外包给私营公司或外国非政府组织可能更具经济效益。然而，正如我们在阿富汗研究中所看到的，在建立国家政府的合法性中，由外来者提供公共物品并不像政府本身负责时那样有用。它甚至会疏远当地的人口并将其推到诸如塔利班那样的武装反对派怀中。

第五，如第六章所示，如果族群共同体在中央政府中有代表，那么公民会开始更多地认同国家。在获得政府权力的情况下，国家认同将得到发展和深化。相反，没有政治代表，就不会出现对国家的认同。宣传机器、精心设计的民族主义仪式、国歌或无名士兵墓等都无法代替当人们看到和自己同类的人在政府中有席位，并且当这样的政府致力于服务其人民时所出现的归属感。

第六，我指出了政治领导和包容性民族主义意识形态在实现整合的政治舞台方面可能的作用。虽然远非定论，但该分析提出了一个警告，即不赞同对本书的主要发现作过度决定论的解释。由包含所有族群背景公民的包容性国家概念所驱动的老练的领导，可以帮助建立跨越族群界线的联系，即使过去遗留下来的环境不利于国家建构也可以做到。

然而，总体而言，本书已经接受了一种更为结构主义的社会世界观。它强调了超越任何特定个体的历史力量，即使这些力量从本体论的角度来看，只代表过去无数个人行动导致的日积月累的后果。它显示了巨大的宏观历史因素如何影响不同社会历史流动的河床。对于为什么这些河床有时会呈现出大峡谷中科罗拉多河的形状，有时候是蜿蜒的亚马逊河靠近大西洋时的形状，它提供了一个比较解释。这些河床也许会在伸展过程中出现剧变。我把它留给其他人，去理解为什么事件流有时会爆发，进入一个新的和无法预料的方向。

【注释】

［1］关于阿富汗的已发表的著述聚焦于省级政府而不是国家级政府的发展项目的影响，并且没有区分外国和国内资助的项目（Böhnke and Zürcher 2013；Böhnke et al. 2015）。

［2］以原始答案作为因变量的定序 logistic 回归产生基本相同的结果。

〔3〕根据我的理论,这是因为个人期望国家来提供这些物品和服务,反过来个人会对国家发展出忠诚和支持的关系。很明显,另一种机制就是,外国捐助者效率较低。他们对当地社会了解较少,因此不得不依赖于中间人和承包商来实施这些项目,而这些中间人和承包商反过来占捐助者们的便宜,并且表现得比国家机构和当地承包商差。我无法实证地检验这种替代解释是否成立。

〔4〕在 64 000 名受访者中约有 20 000 人报告至少有一些政府参与的项目,而 14 000 名受访者报告至少有一些外国参与的项目。

附　录

在线资源

　　"在线资源"附录可在 http://press.princeton.edu/titles/11197.html 上找到。构成在线附录的两个图显示,对于每个国家,国家建构的两个主要方面,即在国家政府中没有代表的族群的人口比例(测量国家建构的政治整合方面)以及公民为自己国家感到自豪的程度(身份认同方面),如何随着时间的推移而演变。

对第四章的补充

附表 4.1　国家地位、国家建构和武装冲突

	因变量：被排斥人口的比例		因变量：由包含在政体内群体引起的分离主义冲突	因变量：由被排斥的群体引起的分离主义冲突	因变量：由包含在政体内群体引起的非分离主义冲突	因变量：由被排斥的群体引起的非分离主义冲突
	1	2	3	4	5	6
1850—1900 年的国家中央集权化指数(Putterman，2006)	−0.020 7 ** (0.010)					
公元前 1000 年以来的国家中央集权化累积指数(5% 被排除)(Putterman 2006)		−0.628 5 (0.543)	6.496 7 *** (1.784)	2.065 9 ** (1.037)	−1.718 2 (1.653)	−0.195 0 (0.909)
被排斥人口比例(相对于与族群政治相关的人口)(EPR)			0.364 0 (0.329)	0.281 7 * (0.152)	−0.533 4 (0.336)	0.648 0 *** (0.129)
政府中有代表的群体量(EPR)			0.856 3 *** (0.143)	0.019 6 (0.075)	0.212 9 (0.207)	−0.068 3 (0.082)
语言分化(Soviet Atlas；Fearon and Laitin 2003)			−1.206 4 (1.845)	2.127 3 ** (0.962)	1.292 7 (2.324)	1.758 6 * (0.958)
人均国内生产总值(Penn World Table)(插补的和外推的)			−0.227 2 (0.252)	−0.011 4 (0.042)	−0.251 2 (0.217)	−0.232 2 ** (0.111)
人口规模(取 Fearon and Laitin 2003、世界发展指数和佩恩表平均值)			−1.190 9 *** (0.388)	0.497 7 *** (0.181)	−0.499 6 (0.307)	0.248 2 *** (0.096)
山脉地形(有记录的)(Fearon and Laitin 2003)			0.140 4 (0.388)	−0.017 4 (0.185)	0.479 6 (0.305)	0.031 0 (0.175)
1850—1900 年的国家中央集权化指数(Putterman 2006)			−12.359 8 *** (0.499)	0.082 2 (0.578)	1.009 5 (0.796)	0.057 5 (0.450)
半民主(滞后的)(Polity IV)			1.621 9 *** (0.607)	0.450 6 (0.449)	−0.412 5 (0.757)	0.545 5 (0.375)

对第四章的补充

续表

	因变量:被排斥人口的比例		因变量:由包含在政体内群体引起的分离主义冲突	因变量:由被排斥的群体引起的分离主义冲突	因变量:由包含在政体内群体引起的非分离主义冲突	因变量:由被排斥的群体引起的非分离主义冲突
	1	2	3	4	5	6
人均石油产量(取 Humphreys 2005,BP 和 HIS 平均值)			−0.112 0 (0.377)	−0.040 1 (0.187)	0.038 4 (0.024)	0.073 5 *** (0.021)
正在进行战争			2.286 5 (2.634)	0.282 6 (1.284)	−0.225 9 (1.806)	−0.035 8 (0.935)
时间控制	是	是	是	是	是	是
族群人口控制	是	是	否	否	否	否
和平年份与和平年份的自然三次样条曲线	否	否	是	是	是	是
观察数	6 650	6 526	6 315	6 315	6 315	6 315

注:括号中是稳健标准误差,常量未显示。模型 1 和模型 2 是广义线性模型,具有 logistic 连接函数和因变量二项分布的规范。模型 3 至模型 6 来自参考类别没有冲突的单一的多项 logit 回归。有关模型规范和控制变量的详细信息,参见 Wimmer et al. 2009。

　　* $p < 0.1$;

　　** $p < 0.05$;

　　*** $p < 0.01$。

对第五章的补充

附表 5.1 描述性统计、时间范围和数据来源

	观察数	平均值	标准偏差	最小值	最大值	数据年份	资料来源
被排斥人口的比例	7 138	0.157 653 4	0.225 158	0	0.98	1945—2005	Wimmer et al. 2009
之后五年内被排斥人口规模的变化	6 365	−0.000 576 4	0.187 497 7	−0.98	0.98	1945—2000	Wimmer et al. 2009
与族群政治相关群体的数量	7 138	4.133 091	6.410 085	0	57	1945—2005	Wimmer et al. 2009
最大的与政治相关族群的规模（%）	7 138	0.523 944 5	0.324 305 8	0	0.988	1945—2005	Wimmer et al. 2009
1816 年以来在帝国统治下的年份比例	7 155	0.474 905 5	0.314 436 6	0	1	1945—2005	Wimmer and Min 2009
西班牙帝国前属地	7 155	0.167 714 9	0.373 639	0	1	1945—2005	Wimmer and Feinstein 2010
哈布斯堡王朝前属地	7 155	0.060 097 8	0.237 684 6	0	1	1945—2005	Wimmer and Feinstein 2010
奥斯曼帝国前属地	7 155	0.118 518 5	0.323 243 7	0	1	1945—2005	Wimmer and Feinstein 2010
俄罗斯帝国前属地	7 155	0.037 735 8	0.190 57	0	1	1945—2005	Wimmer and Feinstein 2010
法兰西帝国前属地	7 155	0.158 770 1	0.365 487 1	0	1	1945—2005	Wimmer and Feinstein 2010
大英帝国前属地	7 155	0.266 526 9	0.442 173 8	0	1	1945—2005	Wimmer and Feinstein 2010
葡萄牙帝国前属地	7 155	0.028 371 8	0.166 044 2	0	1	1945—2005	Wimmer and Feinstein 2010
其他帝国的前属地	7 155	0.186 163 5	0.389 265 8	0	1	1945—2005	Wimmer and Feinstein 2010
作为国际政府间组织成员国的数量	7 151	48.028 08	22.417 8	0	134	1945—2005	Pevehouse et al. 2004
民主制（滞后的）	7 041	0.346 967 8	0.476 039 2	0	1	1945—2005	Polity IV

续表

	观察数	平均值	标准偏差	最小值	最大值	数据年份	资料来源
之后五年的民主转型	6 932	0.076 457	0.265 747 1	0	1	1945—2005	Polity IV
过去十年的民主转型	6 932	0.069 244 1	0.253 887 1	0	1	1945—2005	Polity IV
完全的比例制	3 468	0.363 898 5	0.481 189 3	0	1	1946—2002	Gerring and Thacker 2008
完全的议会制	3 465	0.483 694 1	0.499 806 2	0	1	1946—2002	Gerring and Thacker 2008
成年人口识字率	7 155	64.300 83	30.416 54	1.3	99	1945—2005	Wimmer and Feinstein 2010
1900 年成年人口识字率	6 931	25.994 16	29.338 12	0	96	1900 年固定的	Wimmer and Feinstein 2010
人均协会数	4 628	0.009 724 2	0.020 492 9	0.000 021 4	0.173 580 1	1970—2005	Schofer and Longhofer 2011
语言分化	7 155	0.381 202 8	0.284 395 8	0.001	0.925 034 8	1960 年固定的	Fearon and Laitin 2003
每 1 000 平方公里铁轨长度(千米)	7 155	19.270 59	29.557 08	0	153.655 6	1945—2005	Wimmer and Feinstein 2010
1900 年时每 1 000 平方公里铁轨长度(千米)	7 155	13.094 11	26.752 58	0	137.824 8	1900 年固定的	Wimmer and Feinstein 2010
在殖民化之前由各国统治的人口比例	3 778	0.532 157 5	0.413 122 8	0	1	1900 年之前,固定的	Müller 1999
数据第一年被排斥人口的比例	7 155	0.154 987 1	0.225 483 2	0	0.98	变化的	Wimmer et al. 2009
1816 年以来拥有持续边界的年数	6 709	106.86	56.663 8	0	190	1945—2005	Wimmer and Feinstein 2010
人均国内生产总值(Penn World Table)(插补的和外推的,有滞后的)	6 990	5.968 217	7.292 209	0.027 867 2	110.315 3	1946—2005	Penn World Table
最高和最低海拔差(米)	7 046	3 214.903	2 007.652	110.315 3	9 002	固定的	Fearon and Laitin 2003
1816 年和数据第一年之间所进行的民族战争的数量	6 833	2.789 843	3.184 423	53	22	1945—2005	Wimmer and Min 2006
民族战争的数量							
政治不稳定(过去三年政治体制有变化)	7 155	0.122 012 6	0.327 323 2	0	1	1945—2005	Polity IV

附表 5.2　相关矩阵（仅表 5.1、表 5.2 和表 5.3 的变量）

	1	2	3	4	5	6	7	8	9	10	观察数
1. 被排斥人口的比例	1										7 116
2. 1816 年以来在帝国统治下的年份比例	0.034 3	1									7 116
3. 西班牙帝国前属地	−0.023 4	**−0.445 3**	1								7 116
4. 哈布斯堡王朝前属地	−0.061 5	0.096 7	−0.074 3	1							7 116
5. 奥斯曼帝国前属地	0.078 4	0.256 9	−0.170 9	−0.038	1						7 116
6. 俄罗斯帝国前属地	−0.030 8	0.208 2	−0.094 1	−0.031 2	−0.050 7	1					7 116
7. 法兰西帝国前属地	0.08	0.110 1	−0.194 6	−0.075 8	0.076 8	0.096	1				7 116
8. 大英帝国前属地	0.039 7	0.321 5	−0.259 7	−0.101 1	0.083 2	−0.128 1	−0.254 7	1			7 116
9. 葡萄牙帝国前属地	0.037 3	0.031	−0.074 3	−0.028 9	−0.066 5	−0.036 6	−0.075 8	−0.010 5	1		7 116
10. 其他帝国的前属地	0.039 9	0.146 4	−0.007	−0.075 3	−0.021 7	−0.095 4	0.051 3	−0.099 7	−0.075 3	1	7 116
11. 作为国际政府间组织成员国的数量	−0.135 2	−0.287 2	0.049 5	−0.001 9	−0.093 3	−0.048 5	−0.046 8	−0.081 4	−0.005 9	−0.109 3	7 116
12. 民主制（滞后值）	−0.234 6	−0.112 2	0.055 2	0.025 5	−0.102 3	0.065 7	−0.274 6	0.035	−0.066 8	−0.121 8	7 116
13. 成年人口识字率	−0.298 1	−0.107 2	0.145	0.168 6	−0.067 1	0.238 9	−0.416	−0.131 8	−0.105 3	−0.051 8	7 116
14. 每 1 000 平方公里铁轨长度（千米）	−0.265 8	−0.104 3	−0.135 4	0.305 5	−0.080 2	0.046 2	−0.222 9	−0.226 3	−0.094 2	−0.051 8	7 116
15. 语言分化	0.344 9	0.063 9	−0.149 8	−0.032 5	−0.231	−0.010 7	0.186 4	0.196	0.093	0.000 8	7 116
16. 与政治相关的族群体群数量	0.210 5	0.239 6	−0.118 2	0.001 3	−0.057 4	−0.002	−0.022 7	−0.002 4	−0.024 1	−0.043 3	7 116
17. 最大规模的与政治相关的族群	0.027 3	−0.151 6	0.223 4	0.097	0.009 3	0.190 4	−0.053 3	−0.263 9	−0.067 5	−0.050 7	7 116
18. 年份	0.002 9	0.012 7	−0.092 7	0.027 9	−0.017 5	0.160 2	0.042 5	0.048 2	0.05	−0.011 7	7 116
19. 人均协会数	−0.192 5	−0.061 1	−0.100 1	−0.018 8	−0.082 1	0.020 2	−0.193 3	0.177	−0.071 1	−0.062 3	4 611
20. 在殖民化之前由各国统治的人口比例	−0.202 2	0.050 7	0.129	•	0.095 6	•	−0.113 2	−0.171 6	−0.211	0.020 5	2 507

对第五章的补充

续表

	11	12	13	14	15	16	17	18	19	20	观察数
11. 作为国际政府间组织成员国的数量	1										7 116
12. 民主制(滞后的)	**0.483 9**	1									7 116
13. 成年人口识字率	**0.462 1**	**0.511 3**	1								7 116
14. 每1 000平方公里铁轨长度(千米)	0.305 5	0.357 9	**0.527 7**	1							7 116
15. 语言分化	−0.074 7	−0.206 1	**−0.401 4**	−0.301 1	1						7 116
16. 与政治相关的族群体数量	−0.052 5	−0.118 3	−0.016	−0.116 8	0.19	1					7 116
17. 最大规模的与政治相关的族群	0.022	0.072 3	0.203 2	0.063 8	−0.163 9	0.07	1				7 116
18. 年份	**0.543**	0.168 9	0.285 2	−0.089 4	0.094 9	0.007 1	−0.051 3	1			7 116
19. 人均协会数	0.345 1	**0.441 4**	0.395 7	0.321 3	−0.125 3	−0.129 9	−0.003 8	0.091 1	1		4 611
20. 在殖民化之前由各国统治的人口比例	−0.065 9	0.141 6	0.329 8	0.352 9	**−0.503 3**	0.079 2	0.354 7	−0.021 1	−0.054 9	1	2 507

注:粗体表示 0.4 以上的相关性。

附表 5.3　表 5.2 中模型 4 的国家固定效应结果（被排斥人口比例的固定效应回归）

	系　数	标准误差	t	$P>|t|$	95% 置信区间	
民主制(滞后的)	−0.017 885	0.004 870 6	−3.67	0.000	−0.027 432 9	−0.008 337 1
人均国内生产总值(滞后的)	0.000 743 2	0.000 442 7	1.68	0.093	−0.000 124 7	0.001 611 1
群体的数量	0.013 005 6	0.000 643 3	20.22	0.000	0.011 744 6	0.014 266 6
最大群体的规模	0.806 920 3	0.028 010 6	28.81	0.000	0.752 010 7	0.861 829 9
日历年 1 的自然三次样条	0.000 473 1	0.000 228 3	2.07	0.038	0.000 025 7	0.000 920 6
日历年 2 的自然三次样条	−0.000 726 9	0.000 257	−2.83	0.005	−0.001 230 7	−0.000 223 1
常量	−1.243 277	0.448 106 5	−2.77	0.006	−2.121 707	−0.364 846 3

注:群体变量:国家代码;观察数:6 902;群体数(国家):154。

附表 5.4　用世界银行数据集来测量代表性和议会政治的比例系统
（被排斥人口比例的广义线性模型;复制表 5.2 模型 5）

	系　数	稳健标准误差	z	$P>|z|$	95% 置信区间	
比例制	−0.000 065 4	0.000 212 2	−0.31	0.758	−0.000 481 3	0.000 350 6
群体数量	0.034 444	0.015 547 6	2.22	0.027	0.003 971 3	0.064 916 6
民主制(滞后的)	−0.868 298 8	0.262 513 5	−3.31	0.001	−1.382 816	−0.353 781 8
日历年 1 的自然三次样条	0.008 753	0.031 160 5	0.28	0.779	−0.052 320 4	0.069 826 4
日历年 2 的自然三次样条	−0.001 135 5	0.022 851	−0.05	0.960	−0.045 922 5	0.043 651 5
常量	−19.183 87	61.502 96	−0.31	0.755	−139.727 5	101.359 7

注:观察数:3 730;国家代码中的 148 个群集标准误差已调整。

	系　数	稳健标准误差	z	$P>|z|$	95% 置信区间	
议会制	−0.218 14	0.261 978 8	−0.83	0.405	−0.731 609	0.295 329
群体数量	0.032 043	0.015 927 3	2.01	0.044	0.000 826	0.063 259 9
民主制(滞后的)	−0.497 989 4	0.246 230 9	−2.02	0.043	−0.980 593	−0.015 385 8
日历年 1 的自然	−0.014 529 7	0.029 571	−0.49	0.623	−0.072 487 7	0.043 428 3
最大群体的规模	0.589 317 2	0.379 072 8	1.55	0.120	−0.153 651 8	1.332 286
日历年 1 的自然三次样条	0.008 753	0.031 160 5	0.28	0.779	−0.052 320 4	0.069 826 4
日历年 2 的自然三次样条	0.010 823 9	0.021 651 6	0.50	0.617	−0.031 612 6	0.053 260 3
常量	27.078 91	58.362 85	0.46	0.643	−87.310 16	141.468

注:观察数:4 180;国家代码中的 154 个群集标准误差已调整。

附表 5.5　用制度和选举项目数据集测量议会制和比例代表制
（被排斥人口比例的广义线性模型；复制表 5.2 模型 5）

	系　数	稳健标准误差	z	$P>\|z\|$	95％置信区间	
民主制(滞后的)	−0.814 447 2	0.252 032 3	−3.23	0.001	−1.308 421	−0.320 473
比例制体系	0.010 072 6	0.266 981 9	0.04	0.970	−0.513 202 4	0.533 347 6
群体数量	0.035 464 1	0.024 418 6	1.45	0.146	−0.012 395 6	0.083 323 8
最大群体的规模	0.034 793 9	0.345 272 5	0.10	0.920	−0.641 927 7	0.711 515 5
日历年 1 的自然三次样条	0.027 759 3	0.026 667	1.04	0.298	−0.024 507	0.080 025 7
日历年 2 的自然三次样条	−0.017 160 8	0.019 585 3	−0.88	0.381	−0.055 547 3	0.021 225 7
常量	−56.509 11	52.623 05	−1.07	0.283	−159.648 4	46.630 16

注：观察数：3 730；国家代码中的 148 个群集标准误差已调整。

	系　数	稳健标准误差	z	$P>\|z\|$	95％置信区间	
民主制(滞后的)	−0.877 860 7	0.247 608 4	−3.55	0.000	−1.363 164	−0.392 557 1
比例制体系	−0.100 400 6	0.665 271 7	−0.15	0.880	−1.404 309	1.203 508
群体数量	0.033 956 4	0.015 262 6	2.22	0.026	0.004 042 3	0.063 870 5
最大群体的规模	0.215 486 9	0.349 868 3	0.62	0.538	−0.470 242 3	0.901 216 1
日历年 1 的自然三次样条	0.016 506 3	0.024 400 7	0.68	0.499	−0.031 318 2	0.064 330 8
日历年 2 的自然三次样条	−0.008 891 1	0.018 211 4	−0.49	0.625	−0.044 5848	0.026 802 5
常量	−34.355 9	48.156 63	−0.71	0.476	−128.741 2	60.029 37

注：观察数：4 035；国家代码中的 154 个群集标准误差已调整。

附表 5.6　限制对民主国家的观察时，议会制和比例代表制的影响
（被排斥人口的广义线性模型；替代表 5.2 中的模型 5）

	系　数	稳健标准误差	z	$P>\|z\|$	95％置信区间	
议会制体系	−0.585 684 4	0.375 161 4	−1.56	0.118	−1.320 987	0.149 618 5
比例制体系	0.351 178 9	0.394 941 9	0.89	0.374	−0.422 893 1	1.125 251
群体数量	0.104 472 3	0.057 969 1	1.80	0.072	−0.009 145 1	0.218 089 8
最大群体的规模	0.082 000 8	0.449 278 9	0.18	0.855	−0.798 569 8	0.962 571 3
日历年 1 的自然三次样条	0.021 746 5	0.012 661 9	1.72	0.086	−0.003 070 4	0.046 563 4
日历年 2 的自然三次样条	−0.021 846	0.013 941 1	−1.57	0.117	−0.049 17	0.005 478
常量	−45.394 46	24.825 27	−1.83	0.067	−94.051 11	3.262 179

注：观察数：2 279；国家代码中的 98 个群集标准误差已调整。

附表 5.7　族群政治的包容和族群民族主义
（以拒绝与讲不同语言的邻居住在一起为标准来测量）

	系　数	稳健标准误差	z	P＞|z|	95％置信区间	
拒绝	−0.018 441 9	0.015 553 7	−1.19	0.236	−0.048 926 5	0.012 042 7
群体数量	0.028 985 9	0.010 019 3	2.89	0.004	0.009 348 4	0.048 623 4
最大群体的规模	0.295 944 5	0.506 377 8	0.58	0.559	−0.696 537 8	1.288 427
常量	−1.925 934	0.460 324 5	−4.18	0.000	−2.828 154	−1.023 715

注：观察数：71。

附表 5.8　族群政治的排斥和想象成民族或国家的轻松
（对被排斥人口比例的回归广义线性模型）

	领土的稳定	族群-民族的核心	国家年龄	国家形成的历史
1816 年以来持续边界（包括省级边界）的年数（Wimmer and Min 2006）	−0.000 2 (0.002)			
多数群体的族群形成年份（Kaufmann 2015）		0.000 4 (0.000)		
自独立以来的年数（Correlates of War）			−0.002 2 (0.003)	
公元前 1000 年以来国家中央集权化的累积指数（5％被排除）（Putterman 2006）				−0.474 8 (0.541)
时间和族群人口统计的控制	是	是	是	是
观察数	7 141	7 137	7 141	6 647

注：括号中为稳健标准误差。

附表 5.9　"愿意为国家而战"的最小二乘法回归（数据来源于世界价值观调查）

	系　数	标准误差	t	P＞|t|	95％置信区间	
成年人口识字率	0.000 183	0.000 936 2	0.20	0.846	−0.001 684 6	0.002 050 6
人均国内生产总值（滞后的）	−0.008 571 5	0.003 258 7	−2.63	0.011	−0.015 072 5	−0.002 070 6
民主制（滞后的）	−0.015 050 2	0.039 482 3	−0.38	0.704	−0.093 815 3	0.063 714 9
全球物质能力的份额	−0.368 781 6	1.155 498	−0.32	0.751	−2.673 937	1.936 374
人均石油产量	0.008 675 7	0.004 282 6	2.03	0.047	0.000 132 3	0.017 219 2
人口规模	$1.37e{-}07$	$1.53e{-}07$	0.89	0.374	$-1.68e{-}07$	$4.42e{-}07$
语言分化	−0.012 129 1	0.062 872	−0.19	0.848	−0.137 555 3	0.113 297
常量	0.809 407	0.084 632 8	9.56	0.000	0.640 569 2	0.978 244 9

注：观察数：77；R^2：0.235 3；调整后的 R^2：0.157 7。

表 5.3 中模型 1 和模型 10 的工具变量回归

正如正文中所提到的,找到与国家建构完全无关的工具变量是相当困难的。因此,以下分析是初步的。对于铁路密度,我发现一个国家领土对农业的平均适宜性(数据来源于 Michalopoulos 2012)与铁路密度密切相关。在沙漠里,修建铁路没有多大意义,因为没有人住在那里,也没有农产品要运出去。从理论角度来看,我不能排除存在另一种间接因果途径的可能性。农业适宜性可能会导致经济财富,这又可能会增强族群政治的包容性,因为在富裕国家,财富分配的冲突似乎不是一种零和博弈。因此,当权者可能更愿意扩大他们的联盟。然而,因为我们从之前的分析中已经知道,一旦我们控制其他相关变量,人均国内生产总值与排斥就无关联(见表 5.3 中的模型 2),于是,这种担忧也就有所缓解。

对于战后识字率,伍德伯里(Woodberry 2012)在 1923 年统计的每 1 万个居民中的外国天主教神父或新教传教士人数将作为一个工具变量。在那段时期,全世界的天主教和新教教会都试图教导全球南方人口阅读和写作,通常是作为殖民项目的一部分(数据仅限于非西方国家)。据我所知,在 1923 年外国神父和牧师的数量和第二次世界大战后的族群政治权力结构之间,有两种可能的因果关系,这两种关系都会使对工具变量的测量不恰当。或许传教士更有可能在殖民政府较软弱的地方变得活跃,这有可能反过来影响后殖民时期的国家建构。然而,我们从表 5.1 中已经看到,对殖民统治的强度或性质的测量都没有系统地与族群政治的排斥有关联。第二个可能的途径是,就如伍德伯里(Woodberry 2012)所论证的那样,新教传教士培育了民间社会组织,进而促进了国家建构。这就是为什么我在测量中包括了外国天主教神父,伍德伯里没有发现他们也有新教传教士的那种效果。如果我仅仅用外国天主教神父来作为识字率的工具变量,结果基本上是一样的。

我用 1816 年至族群政治排斥数据第一年期间一个国家进行的族群民族主义战争的数量作为人均协会数的工具。这些战争撕裂了社会结构,降低了建立新志愿性协会的可能性,甚至破坏了现有的协会(见表 5.4 中的模型 5)。就如我们已经看到的那样(表 5.1 中的模型 1),过去的族群民族主义战争与当代族群政治的排斥无关联,因为这些战争会导致更多还是更少的排斥性政权取决于由谁获胜。同样,战争可能会增强或破坏国家的能力(这会间接地影响族群政治的包容性),这也取决于战争的性质和结果。这当然并不意味着容易发生战争的过去与当代国家建构之间在理论上不存在其他因果路径。因此,志愿性组织的工具可能是最有问题的。安慰剂测试(见下文)应至少缓解了一些关于它是否符合排除标准以及通过其他因果途径与结果相关联的担忧。

最后,为检测语言的异质性提供工具,我依靠米哈洛普洛斯(Michalopoulos 2012)的著作和数据。然而,他的许多检测语言异质性的工具还通过它们对 19 世纪国家中央集权化水平的影响,间接地影响了族群政治排斥的程度(表 5.5)。我所保留的变量是各地区农业适宜性的异质性。伊拉克拥有幼发拉底河和底格里斯河沿岸的肥沃土地以及在这片土地之外的干燥沙漠,它在这一测量方面得分很高。据我所知,没有历史的或理论的论据将一个国家内各地的农业条件多样性与国家建构联系起来。正如正文中与表 5.5 的相关讨论那样,也没有透过前殖民国家形成看到这方面可行的间接途径,殖民前国家形成会加强后殖民时代的国家建构。

由于我仅为四个独立变量中的每个找到一个工具变量,因此没有统计检验来确定这些工具是否有效并符合排除标准,也即与上述讨论的其他一些因果途径所产生的结果无关。因此,我进行了一系列"安慰剂"测试。对于每个工具变量,当原始变量的值很高或很低时,我们检查它是否与族群政治排斥有关。如果工具符合排除标准,就不应该出现这种情况。例如,如果农业适宜性对族群政治排斥的影响仅通过铁路来调节,那么农业适宜性不应影响没有任何铁路国家的族群政治排斥水平。相反,如果农业适用性与没有铁路的国家的族群排斥在统计上相关,那么这两个变量必然通过与铁路无关的替代因果途径联系起来。对于每个工具变量,我对被检测变量中 10% 的最高和最低观察值进行子样本分析。结果令人鼓舞,并在附表 5.10 中作出报告。在八个子样本回归中,没有一个工具与族群政治的排斥显著相关,因此,它们通过其他因果途径与族群排斥相关的可能性与通过工具变量与族群排斥相关的可能性较小。

我们现在准备运行工具变量回归。[1]每个模型我只检测一个独立变量,因为统计程序不允许同时检测多个变量。因此,附表 5.11 显示了铁路或识字率被工

附表5.10 就排斥在行政政府外人口比例的"安慰剂"回归分析（广义线性模型）

	样本：铁路密度最高的17个国家	样本：没有任何铁路的25个国家	样本：拥有90%以上识字率的26个国家	样本：识字人数少于1/5的31个国家	样本：人均协会最多的15个国家	样本：人均协会最少的41个国家	样本：语言最同质化的14个国家	样本：语言最异质化的15个国家
基于气候的各区域平均农业适宜性（Michalopoulos 2012）	0.859 9 (1.520)	−0.591 1 (0.554)						
1923年每1万个居民中外国天主教神父和新教传教士的人数（Woodberry 2012）			0.179 8 (0.182)	−0.867 9 (0.737)				
在1816年利数据第一年之间发生的族群民族主义战争数量（Wimmer and Min 2006）					0.848 8 (1.041)	−0.349 5 (0.237)		
各区域农业适宜性的离散（Michalopoulos 2012）							−0.405 5 (1.743)	−1.240 0 (1.702)
族群统计控制和日历年的自然三次样条曲线	是	是	是	是	是	是	是	是
观察数	715	732	526	456	444	712	743	684

注：括号中是稳健标准误差。常量未显示。

附表 5.11 排斥在行政政府之外人口比例的两阶段最小二乘工具变量回归(显示第一阶段)

	以农业平均适宜性为工具测量变量 铁路变量	以神父和传教士数量为工具测量识字率变量	以族群主义战争为工具测量人均协会变量	以族民族主义战争为工具测量人均协会变量	以农业适宜性的多样性为工具测量分化的语言分化变量	以农业适宜性的多样性为工具测量分化的语言分化变量
每 1 000 平方公里铁轨的长度(千米)(Wimmer and Feinstein)	−0.004 6 *** (0.001)		−0.001 0 *** (0.000)		−0.000 4 *** (0.000)	
成年人口识字率(Wimmer and Feinstein)		−0.002 5 *** (0.006)		−0.001 2 *** (0.000)		−0.000 2 (0.000)
人均协会数(1970—)(Schofer and Longhofer)	0.242 7 (0.401)	−10.289 8 *** (1.467 2)	−2.618 6 *** (0.766)	−2.950 5 *** (0.683)	−1.316 6 *** (0.160)	−1.459 2 *** (0.173)
语言分化(Soviet Atlas; Fearon and Laitin)	0.102 9 *** (0.019)	0.123 3 *** (0.022)	0.175 6 *** (0.013)	0.152 7 *** (0.013)	0.527 3 *** (0.037)	0.507 0 *** (0.039)
时间控制	否	否	否	否	否	否
族群人口统计控制	是	是	是	是	是	是
第一阶段回归的 F 统计	396	377	372	385	590	491
观察数	4 417	2 597	4 614	4 614	4 417	4 417

注:括号中是稳健标准误差,常量未显示。

*** $p < 0.01$。

具检测的单独模型的结果(模型 1 和模型 2)、用工具检测组织密度的两种模型(以铁路为公共物品变量的模型 3 和以识字率为变量的模型 4),以及用工具检测语言异质性的两个模型(再次与铁路相结合,另一个与识字率相结合)。所有被工具化测量的变量在预期方向上都非常显著。换言之,种族族群排斥不太可能减少公共物品供给、志愿性组织的密度和语言的同质性。

所有模型都通过了弱识别测试,检查工具变量是否与原始变量紧密相关从而可以作为工具。F 值显示在附表 5.11 的单独行。它们指的是第一阶段的回归,其中公共物品、语言分化或志愿性组织的密度是因变量。统计值(确切地说是 Kleibergen-Paap Wald F 统计值)介于 372 和 722 之间,因此远高于临界阈值的 16.38(由 Stata 用 Stock-Yogo 检验计算而得)。我应该指出,在两个模型中,一些没有被工具检测的变量不再具有统计意义。这就是模型 1 中的协会密度和模型 6 中的识字率的情况。

对第六章的补充

附表 6.1　使用的调查清单

欧洲价值观		芬兰	1990	克罗地亚	1999
第一波调查		法国	1990	捷克共和国	1999
比利时	1981	德国	1990	丹麦	1999
加拿大	1982	匈牙利	1991	爱沙尼亚	1999
丹麦	1981	冰岛	1990	芬兰	2000
法国	1981	爱尔兰	1990	法国	1999
德国	1981	意大利	1990	德国	1999
冰岛	1984	拉脱维亚	1990	希腊	1999
爱尔兰	1981	立陶宛	1990	匈牙利	1999
意大利	1981	马耳他	1991	冰岛	1999
马耳他	1983	荷兰	1990	爱尔兰	1999
荷兰	1981	挪威	1990	意大利	1999
挪威	1982	波兰	1990	拉脱维亚	1999
西班牙	1981	葡萄牙	1990	立陶宛	1999
瑞典	1982	罗马尼亚	1993	卢森堡	1999
英国	1981	斯洛文尼亚	1992	马耳他	1999
美国	1982	西班牙	1990	荷兰	1999
欧洲价值观		瑞典	1990	波兰	1999
第二波调查		英国	1990	葡萄牙	1999
奥地利	1990	美国	1990	罗马尼亚	1999
比利时	1990	**欧洲价值观**		俄罗斯	1999
保加利亚	1991	**第三波调查**		斯洛伐克	1999
加拿大	1990	奥地利	1999	斯洛文尼亚	1999
捷克斯拉伐克	1991	白俄罗斯	2000	西班牙	1999
丹麦	1990	比利时	1999	瑞典	1999
爱沙尼亚	1990	保加利亚	1999	土耳其	2001

对第六章的补充

续表

乌克兰	1999	斯洛伐克	2008	澳大利亚	2003
英国	1999	斯洛文尼亚	2008	奥地利	2004
欧洲价值观		西班牙	2008	保加利亚	2003
第四波调查		瑞典	2009	加拿大	2004
阿尔巴尼亚	2008	**亚洲晴雨表**		智利	2003
亚美尼亚	2008	**2006 年调查**		捷克共和国	2003
奥地利	2008	中国	2006	丹麦	2003
阿塞拜疆	2008	日本	2006	芬兰	2003
白俄罗斯	2008	韩国	2006	法国	2003
比利时	2009	越南	2006	德国	2004
波斯尼亚和黑塞哥维那	2008	**亚洲晴雨表**		匈牙利	2003
保加利亚	2008	**2007 年调查**		爱尔兰	2003
克罗地亚	2008	柬埔寨	2007	以色列	2004
捷克共和国	2008	印度尼西亚	2007	日本	2003
丹麦	2008	老挝	2007	拉脱维亚	2003
爱沙尼亚	2008	马来西亚	2007	荷兰	2005
芬兰	2009	缅甸	2007	新西兰	2003
法国	2008	菲律宾	2007	**挪威**	2003
格鲁吉亚	2008	瑞士①	2008	菲律宾	2003
德国	2008	泰国	2007	波兰	2005
希腊	2008	土耳其	2009	葡萄牙	2004
匈牙利	2008	乌克兰	2008	俄罗斯	2003
冰岛	2009	英国	2008—	斯洛伐克	2004
爱尔兰	2008		2009	斯洛文尼亚	2003
意大利	2009	南斯拉夫	2008	南非	2003
科索沃	2008	**非洲晴雨表**		韩国	2003
拉脱维亚	2008	**第一波**		西班牙	2003
立陶宛	2008	博茨瓦纳	1999	瑞典	2003
卢森堡	2008	莱索托	2000	瑞士	2003
马其顿	2009	马拉维	1999	英国	2003
马耳他	2008	马里	2001	美国	2004
摩尔多瓦	2008	纳米比亚	1999	乌拉圭	2004
黑山	2008	尼日利亚	2000	委内瑞拉	2004
荷兰	2008	南非	2000	**拉丁美洲晴雨表**	
挪威	2008	坦桑尼亚	2001	**1995 年调查**	
波兰	2008	赞比亚	1999	阿根廷	1995
葡萄牙	2008	津巴布韦	1999	巴西	1995
罗马尼亚	2008	**国际社会调查项目（ISSP）**		智利	1995
俄罗斯	2008	**国家认同第二波调查**		墨西哥	1995

---

① 原文如此。下方的"乌克兰""英国""南斯拉夫"也依照原文排列于此。——译者注

巴拉圭	1995	乌拉圭	1997	**2002 年调查**	
秘鲁	1995	委内瑞拉	1997	阿根廷	2002
乌拉圭	1995	**拉丁美洲晴雨表**		玻利维亚	2002
委内瑞拉	1995	**2000 年调查**		巴西	2002
拉丁美洲晴雨表		阿根廷	2000	智利	2002
1996 年调查		玻利维亚	2000	哥伦比亚	2002
阿根廷	1996	巴西	2000	哥斯达黎加	2002
玻利维亚	1996	智利	2000	厄瓜多尔	2002
巴西	1996	哥伦比亚	2000	萨尔瓦多	2002
智利	1996	哥斯达黎加	2000	危地马拉	2002
哥伦比亚	1996	厄瓜多尔	2000	洪都拉斯	2002
哥斯达黎加	1996	萨尔瓦多	2000	墨西哥	2002
厄瓜多尔	1996	危地马拉	2000	尼加拉瓜	2002
萨尔瓦多	1996	洪都拉斯	2000	巴拿马	2002
危地马拉	1996	墨西哥	2000	巴拉圭	2002
洪都拉斯	1996	尼加拉瓜	2000	秘鲁	2002
墨西哥	1996	巴拿马	2000	西班牙	2002
尼加拉瓜	1996	巴拉圭	2000	乌拉圭	2002
巴拿马	1996	秘鲁	2000	委内瑞拉	2002
巴拉圭	1996	乌拉圭	2000	**拉丁美洲晴雨表**	
秘鲁	1996	委内瑞拉	2000	**2003 年调查**	
西班牙	1996	**拉丁美洲晴雨表**		阿根廷	2003
乌拉圭	1996	**2001 年调查**		玻利维亚	2003
委内瑞拉	1996	阿根廷	2001	巴西	2003
拉丁美洲晴雨表		玻利维亚	2001	智利	2003
1997 年调查		巴西	2001	哥伦比亚	2003
阿根廷	1997	智利	2001	哥斯达黎加	2003
玻利维亚	1997	哥伦比亚	2001	厄瓜多尔	2003
巴西	1997	哥斯达黎加	2001	萨尔瓦多	2003
智利	1997	厄瓜多尔	2001	危地马拉	2003
哥伦比亚	1997	萨尔瓦多	2001	洪都拉斯	2003
哥斯达黎加	1997	危地马拉	2001	墨西哥	2003
厄瓜多尔	1997	洪都拉斯	2001	尼加拉瓜	2003
萨尔瓦多	1997	墨西哥	2001	巴拿马	2003
危地马拉	1997	尼加拉瓜	2001	巴拉圭	2003
洪都拉斯	1997	巴拿马	2001	秘鲁	2003
墨西哥	1997	巴拉圭	2001	西班牙	2003
尼加拉瓜	1997	秘鲁	2001	乌拉圭	2003
巴拿马	1997	西班牙	2001	委内瑞拉	2003
巴拉圭	1997	乌拉圭	2001	**拉丁美洲晴雨表**	
秘鲁	1997	委内瑞拉	2001	**2004 年调查**	
西班牙	1997	**拉丁美洲晴雨表**		阿根廷	2004

玻利维亚	2004	玻利维亚	2006	澳大利亚	1981
巴西	2004	巴西	2006	芬兰	1981
智利	2004	智利	2006	匈牙利	1982
哥伦比亚	2004	哥伦比亚	2006	日本	1981
哥斯达黎加	2004	哥斯达黎加	2006	墨西哥	1981
多米尼加共和国	2004	多米尼加共和国	2006	南非	1982
厄瓜多尔	2004	厄瓜多尔	2006	韩国	1982
萨尔瓦多	2004	萨尔瓦多	2006	瑞典	1981
危地马拉	2004	危地马拉	2006	美国	1981
洪都拉斯	2004	洪都拉斯	2006	**世界价值观调查**	
墨西哥	2004	墨西哥	2006	**第二波**	
尼加拉瓜	2004	尼加拉瓜	2006	阿根廷	1991
巴拿马	2004	巴拿马	2006	白俄罗斯	1991
巴拉圭	2004	巴拉圭	2006	巴西	1991
秘鲁	2004	秘鲁	2006	智利	1990
西班牙	2004	西班牙	2006	中国	1990
乌拉圭	2004	乌拉圭	2006	捷克斯拉伐克	1990—1991
委内瑞拉	2004	委内瑞拉	2006	印度	1990
拉丁美洲晴雨表		**拉丁美洲晴雨表**		日本	1990
2005 年调查		**2009 年调查**		墨西哥	1990
阿根廷	2005	阿根廷	2009	尼日利亚	1990
玻利维亚	2005	玻利维亚	2009	波兰	1989
巴西	2005	巴西	2009	俄罗斯	1990
智利	2005	智利	2009	南非	1990
哥伦比亚	2005	哥伦比亚	2009	韩国	1990
哥斯达黎加	2005	哥斯达黎加	2009	西班牙	1990
多米尼加共和国	2005	多米尼加共和国	2009	瑞士	1990
厄瓜多尔	2005	厄瓜多尔	2009	土耳其	1990
萨尔瓦多	2005	萨尔瓦多	2009	印度	1990
危地马拉	2005	危地马拉	2009	**世界价值观调查**	
洪都拉斯	2005	洪都拉斯	2009	**第三波**	
巴西	2005	墨西哥	2009	阿尔巴尼亚	1998
墨西哥	2005	尼加拉瓜	2009	阿根廷	1995
尼加拉瓜	2005	巴拿马	2009	亚美尼亚	1997
巴拿马	2005	巴拉圭	2009	澳大利亚	1995
巴拉圭	2005	秘鲁	2009	阿塞拜疆	1997
秘鲁	2005	西班牙	2009	孟加拉	1996
乌拉圭	2005	乌拉圭	2009	白俄罗斯	1996
委内瑞拉	2005	委内瑞拉	2009	保加利亚	1997
拉丁美洲晴雨表		**世界价值观调查**		智利	1996
2006 年调查		**第一波**		中国	1995
阿根廷	2006	阿根廷	1984		

哥伦比亚	1997—1998	南斯拉夫	1996	南斯拉夫	2001
		世界价值观调查		津巴布韦	2001
克罗地亚	1996	**第四波**		**世界价值观调查**	
多米尼加共和国	1996	阿尔巴尼亚	2002	**第五波**	
萨尔瓦多	1999	阿尔及利亚	2002	阿根廷	2006
爱沙尼亚	1996	阿根廷	1999	澳大利亚	2005
芬兰	1996	孟加拉	2002	巴西	2006
格鲁吉亚	1996	波斯尼亚和黑塞哥维那	2005	保加利亚	2005
德国	1997			布基纳法索	2007
匈牙利	1998	加拿大	2000	加拿大	2006
印度	1995	智利	2000	智利	2006
拉脱维亚	1996	中国	2001	中国	2007
立陶宛	1997	埃及	2001	哥伦比亚	2005
马其顿	1998	印度	2001	埃及	2008
墨西哥	1995—1996	印度尼西亚	2001	埃塞俄比亚	2007
		伊朗	2000	芬兰	2005
摩尔多瓦	1996	伊拉克	2004	法国	2006
黑山	1996—1998	以色列	2001	格鲁吉亚	2009
		日本	2000	德国	2006
新西兰	1998	约旦	2001	加纳	2007
尼日利亚	1995	吉尔吉斯斯坦	2003	危地马拉	2004
挪威	1996	马其顿	2001	匈牙利	2009
巴基斯坦	1997	墨西哥	2000	印度	2006
秘鲁	1996	摩尔多瓦	2002	印度尼西亚	2006
菲律宾	1996	黑山	2001	伊朗	2007
波兰	1997	摩洛哥	2001	伊拉克	2006
罗马尼亚	1998	尼日利亚	2000	意大利	2005
俄罗斯	1995	巴基斯坦	2001	日本	2005
斯洛伐克	1998	秘鲁	2001	约旦	2007
斯洛文尼亚	1995	菲律宾	2001	马来西亚	2006
南非	1996	沙特阿拉伯	2003	马里	2007
韩国	1996	南非	2001	墨西哥	2005
西班牙	1995	韩国	2001	摩尔多瓦	2006
瑞典	1996	西班牙	2000	摩洛哥	2007
瑞士	1996	瑞典	1999	荷兰	2006
土耳其	1996	坦桑尼亚	2001	新西兰	2004
萨尔瓦多	1999	土耳其	2001	挪威	2007
乌克兰	1996	乌干达	2001	波兰	2005
英国	1998	美国	1999	罗马尼亚	2005
美国	1995	委内瑞拉	2000	俄罗斯	2006
乌拉圭	1996	越南	2001	卢旺达	2007
委内瑞拉	1996	中国	2001	斯洛文尼亚	2005

南非	2006	智利	2011	巴基斯坦	2012
韩国	2005	中国	2012	秘鲁	2012
西班牙	2007	哥伦比亚	2012	菲律宾	2012
瑞典	2006	厄瓜多尔	2013	波兰	2012
瑞士	2007	埃及	2012	罗马尼亚	2012
泰国	2007	爱沙尼亚	2011	俄罗斯	2011
特立尼达和多巴哥	2006	德国	2013	卢旺达	2012
土耳其	2007	加纳	2011	斯洛文尼亚	2011
乌克兰	2006	伊拉克	2013	韩国	2010
英国	2005	日本	2010	西班牙	2011
美国	2006	约旦	2014	瑞典	2011
乌拉圭	2006	哈萨克斯坦	2011	特立尼达和多巴哥	2010
越南	2006	科威特	2013	突尼斯	2013
南斯拉夫	2005	吉尔吉斯斯坦	2011	土耳其	2011
赞比亚	2007	黎巴嫩	2013	乌克兰	2011
世界价值观调查		利比亚	2013	美国	2011
第六波		马来西亚	2011	乌拉圭	2011
阿尔及利亚	2014	墨西哥	2012	乌兹别克斯坦	2011
亚美尼亚	2011	摩洛哥	2011	也门	2013
澳大利亚	2012	荷兰	2012	津巴布韦	2011
阿塞拜疆	2011	新西兰	2011		
白俄罗斯	2011	尼日利亚	2011		

附表 6.2 统计概要

	观察数	平均数	标准偏差	最小值	最大值
性别:0=缺失,1=女性,2=男性	771 502	1.470 381	0.511 242 9	0	2
以年计的年龄:0=缺失	771 049	41.032 69	16.803 29	0	108
受教育程度:0=缺失,1=初等教育或以下,2=中等教育,3=高等教育	771 530	1.850 169	0.793 202 2	0	3
婚姻情况:0=缺失,1=未婚,2=已婚	771 530	1.565 358	0.556 262 6	0	2
政治的重要性:0=缺失,1=否,2=是	771 530	1.219 854	0.645 126 7	0	2
宗教的重要性:0=缺失,1=否,2=是	771 530	1.352 786	0.571 648 7	0	2
阶级:0=缺失,1=下层或中产阶级,2=上层阶级	771 530	0.876 091 7	0.640 551 8	0	2
占总人口比例的群体规模(EPR)	170 467	0.570 520 5	0.313 546 8	0.000 4	0.979
群体的代表在地方/省政府中占主导地位(EPR)	170 467	0.020 238 5	0.140 815 6	0	1
在中央和地方政府中都没有群体的地表(EPR)	170 467	0.094 745 6	0.292 864 1	0	1
群体成员自政治上被歧视(EPR)	170 467	0.015 791 9	0.124 67	0	1
失去地位(EPR)	170 467	0.093 067 9	0.290 528 4	0	1
1946年以来在群体历史上的族群冲突数量(EPR)	170 467	0.070 377 3	0.321 946 1	0	4
被排斥人口的规模(EPR)	170 467	0.133 100 4	0.161 057 2	0	0.89
权力分享:0=无,1=有(EPR)	768 244	0.261 782 7	0.439 605 3	0	1
1946年以来在国家历史上的族群武装冲突数量(UCDP)	768 244	0.623 216 1	1.286 968	0	8
全球物质能力的比重(有记录的CWP)	771 530	-1.035 625	1.700 875	-10.378 3	2.988 596
以1 000美元计的军事开支(1816—,有记录的CWP)	771 530	7.357 169	2.533 796	-13.815 51	13.222 33
1816年以来拥有持续边界(包括省界)的年数(Wimmer and Min 2006)	768 244	0.226 187 3	54.830 72	-143	56
自第一个国家组织成立以来的年数(均值中心化)(Wimmer and Min 2006)	768 244	0.324 308 4	54.372 51	-105	103
英国前属地	768 244	0.163 191 6	0.369 540 7	0	1
2010年穆斯林人口比重(Pew)	768 244	24.192 4	28.548 04	0	99
1816年以来战争的数量(Wimmer and Min 2006)	771 530	5.883 761	5.093 534	-10	34
1816年以来专制/民主综合平均得分(Polity II)	768 244	0.718 183 8	4.659 064	-10	10
比例制或混合选举制(2005—)(IAEP)	768 244	0.782 860 7	0.412 298 5	0	1
联邦或联邦制(2005—)(IAEP)	768 244	0.609 211 4	0.487 927 4	0	1

对第六章的补充

附表 6.3　探测候选国家级别的控制变量(因变量:国家自豪感)

模型	变　　量	系数	个人层次的变量
1	全球一体化指数(2012—　)(KOF)	0.000 8 (−0.001)	是
2	人口规模(插补的,有记录的)(WDI)	0.073 6 (−0.057)	是
3	1816 年以来战争的次数(Wimmer and Min 2006)	0.041 1* (−0.024)	是
4	全球物质能力的比例,有记录的(CWP)	−0.088 1 (−0.059)	是
5	以固定美元计算的人均国内生产总值(插补的和外推的,有记录的)(WDI)	0.002 9 (−0.035)	是
6	英国前属地(Wimmer and Feinstein 2010)	0.264 1*** (−0.038)	是
7	1816 年以来拥有持续边界(包括省界)的年数 (Wimmer and Min 2006)	0.002 4** (−0.001)	是
8	自第一个国家组织成立以来的年数(平均中心化), (Wimmer and Feinstein 2010)	0.002 3** (−0.001)	是
9	2010 年时穆斯林人口比例(Pew)	0.001 9*** (−0.001)	是
10	成人识字率(插补的和外推的)(UNESCO; Wimmer and Feinstein 2010)	−0.000 5 (−0.003)	是
11	以 1 000 美元计的军事开支(2007—　,有记录的) (CWP)	−0.009 9 (−0.008)	是
12	第二次世界大战中的轴心国(1=是)	−0.403 3*** (−0.067)	是
13	1816 年以来战败的次数(CWP)	−0.022 23 (0.019)	是
14	比例制或混合选举制(2005—　)(IAEP)	0.061 9 (−0.068)	是
15	联邦或联邦体系(2005—　)(IAEP)	−0.086 8*** (−0.028)	是
16	人类发展指数(插补的)(UNDP)	0.292 3* (−0.17)	是
17	宗教分化(Fearon and Laitin 2003)	−0.277 2** (−0.123)	是
18	自独立以来的年份(CWP)	0.002 3** (−0.001)	是
19	共产主义国家	−0.202 4*** (−0.058)	是
20	德国前属地(Wimmer and Feinstein 2010)	0.097 2 (−0.077)	是

模型	变　　量	系数	个人层次的变量
21	1816 年以来专制/民主平均综合得分(Polity II)	−0.015 1*** (−0.005)	是
22	通过战争赢得独立(1＝是)	0.044 8 (−0.05)	是
23	语言的分化(Fearon and Laitin 2003)	0.188 3** (−0.089)	是
24	综合的专制(−10)到民主(＋10)得分(插补的)(Polity II)	0.003 (−0.004)	是
25	不平等的基尼指数(插补的)(UNU Wider,某些国家数据来自世界发展数据)	−0.001 1 (−0.002)	是
26	内陆国家(1＝yes)	0.024 8 (−0.055)	是

注:括号中是标准误差,常量未显示。
  *　$p < 0.1$;
  **　$p < 0.05$;
  ***　$p < 0.01$。

将族群类别从调查中匹配到族群权力关系数据集

我们能够将调查中的族群背景信息与族群权力关系(EPR)数据集中列出的 64 个国家共 224 个族群的族群类别相联系。这大约代表了 EPR 列出的从 1946 年到 2010 年全世界 758 个族群中的 1/3。这 64 个国家相当于 EPR 数据集涵盖的 157 个国家总数的一半略少一点。在所有调查中列出的 1 569 个族群类别中,有 164 个是来自没有 EPR 类别匹配的国家,因为 EPR 认为族群在这些国家里不具有政治相关性。在剩下的 1 405 个调查类别中,我们能够将 671 个(约占 50%)与 EPR 类别进行匹配。

由于 EPR 中列出的类别随时间而变化,我们确保使用的 EPR 类别列表是所调查的那个年度。我们利用了这样一个事实:许多族群分类系统是分段嵌套的,如附图 6.1 所示美国的族群分类。几个较低级别的类别在更高的级别上合并为更具包容性的类别,而这些类别又可能在第三个级别的差异化中聚合为更广泛的类别,依此类推。

附表6.4　以国家层次的控制变量来建构模型（因变量：国家自豪感）

	1	2
个体层次变量	是	是
1816年以来战争的数量（Wimmer and Min 2006）	0.017 0 (0.017)	
1816年以来拥有持续边界（包括省界）的年数 (Wimmer and Min 2006)	0.002 0 ** (0.001)	0.002 4 ** (0.001)
自第一个国家组织成立以来的年数（平均值中心化） (Wimmer and Feinstein 2010)	0.001 6 (0.001)	
英国前属地（Wimmer and Feinstein 2010）	0.382 6 *** (0.096)	0.279 6 *** (0.048)
2010年时穆斯林人口比重（Pew）	0.001 8 (0.001)	
第二次世界大战中的轴心国（1＝是）	−0.221 6 ** (0.091)	−0.231 2 *** (0.075)
联邦或联邦制（2005—　）（IAEP）	0.0816 *** (0.025)	0.0864 *** (0.026)
人类发展指数（插补的）（UNDP）	−0.443 7 (0.382)	
宗教的分化（Fearon and Laitin 2003）	−0.137 4 (0.137)	
自独立以来的年份（Correlates of War Project）	0.001 0 (0.001)	
共产主义国家	0.092 2 (0.120)	
1816年以来专制/民主平均综合得分（Polity II）	−0.006 1 (0.007)	
语言的分化（Fearon and Laitin 2003）	0.034 5 (0.106)	
个体数量	767 759	767 759
国家数量	123	123

注：括号中是标准误差，常量未显示。
　　** $p < 0.005$；
　　*** $p < 0.01$。

这让我们可以在以下情况下使用多对一和一对多的匹配。如果匹配的 EPR 类别代表更高级别的类别，我们用一多对来匹配。例如，在拉丁美洲晴雨表调查中区分了尼加拉瓜的梅斯蒂索混血族（Mestizos）和白人，而 EPR 仅列出了"尼加拉瓜人"（梅斯蒂索）。在更高级别的分类区分中，尼加拉瓜白人肯定会认同"尼

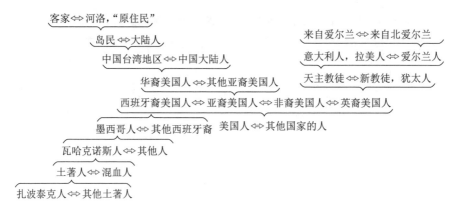

附图 6.1 族群分类嵌套系统的例子

加拉瓜人"类别。因此,我们给予在调查中认同自己为(尼加拉瓜的)白人或梅斯蒂索混血族的受访者在 EPR 的尼加拉瓜人类别的权力地位。举另外一个例子:在荷兰 EPR 列出了"后殖民移民",而 1995 年的国际社会调查(ISS)中则有克里奥尔人、苏里南人/斯拉南人和梅蒂斯人,所有这些人都被赋予了"后殖民移民"类别的政治地位。

相反,如果调查数据中列出了更高级别的类别,而 EPR 包含了一系列较低级别的类别,我们就用一对多来匹配。例如,巴拿马的各种土著群体就是这样的案例,其中 EPR 列出了库纳·亚拉族(Kuna Yala)、恩伯拉—德鲁阿族(Emberá-Drua)、库纳·德·马登甘迪族(Kuna de Madungandi)、恩戈比-布格莱族(Ngöbe-Buglé)和库纳·德·沃甘迪族(Kuna de Wargandi)。然而,2009 年的拉丁美洲晴雨表调查仅列出了"土著"类别。如果 EPR 将所有这些群体都归为具有相同的权力地位,则该政治地位就被分配到更高级别的调查类别;如果他们的地位是不同的,我们就将人口最多的 EPR 类别的政治地位与之相匹配,在巴拿马例子中就是库纳·亚拉族。

我还应该提一下,在许多情况下,调查中的族群背景的问题质量很差,尤其是在世界价值观调查和国际社会调查中。在最终的数据集中,22 个族群类别就是这样的情况。我们用虚拟变量加以标记,并在运行群体层次分析时没有用这些案例,结果仍然非常相似。

跨数据集编码个体层次变量

年龄(连续):缺失数据编码为 0。除了连续变量外,每个模型中都包含一个虚拟变量,其中 1 表示年龄缺失,0 表示不缺失。

教育(分类):0＝缺失,1＝初等教育或以下,2＝至少有些中等教育,3＝至少有些高等教育。

宗教性(分类):0＝缺失,1＝无宗教信仰,2＝有宗教信仰。如果个体每月至少参加一次宗教仪式,或者即使没有关于他们参与宗教活动的信息,但如果他们被认定是非常虔诚或虔诚的,那么他们就被编码为有宗教信仰。

婚姻状况(分类):0＝缺失,1＝未婚,2＝已婚。分居、丧偶或离婚的人被视为未婚,而与伴侣同居但未合法结婚的人则被视为已婚。

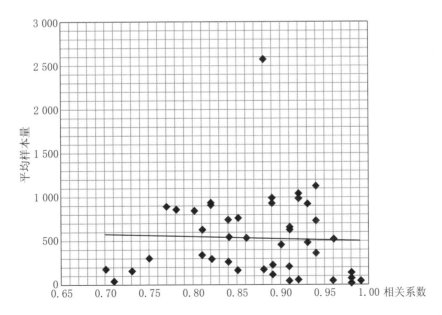

注:可进行两次不同调查的 43 个状态群体的平均样本量,以及在两个样本中的回应之间的相关系数。

附图 6.2　调查中的平均回应之间的样本量和相关性

性别(分类):0＝缺失,1＝女性,2＝男性。

政治对受访者的重要性(分类):0＝缺失,1＝不重要,2＝重要。如果受访者表示她对政治有些或非常感兴趣,或者缺失这样的表述,但是如果受访者表示她经常讨论政治或政治社会圈对她很重要,那么政治就被编码为重要。

主观的社会阶层(分类):0＝缺失,1＝中产阶层或以下,2＝上层阶层。如果人们表示他们是上层或上层中产阶层,或者他们的生活条件比其他人更好或好许多,或者他们说他们的生活水平相对较高或高,或者他们说在 10 分等级中他们的社会等级是 8 或以上,那么他们就是上层阶层。

国家层级变量的布尔模型(在 STAN 中运行)

附图 6.3 与正文中表 6.2 的模型 2 有关。它使用不同的估计技术,基于称为"STAN"的统计程序,通过布尔技术选择的一组不同的控制变量。此处仅显示国家层次的变量。

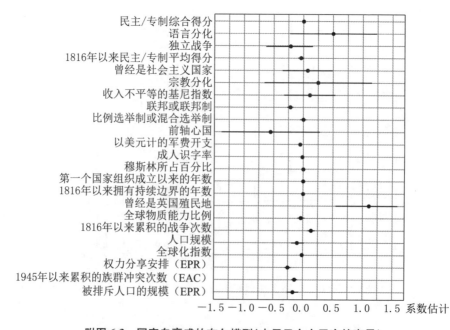

附图 6.3 国家自豪感的布尔模型(未显示个人层次的变量)

对第七章的补充

附表 7.1　表 7.1 至表 7.3 中带有殖民统治者控制的模型 7、模型 8 和模型 9

	因变量:铁路密度		因变量:成人识字率		因变量:婴儿死亡率	
	(1) 包含殖民前国家地位	(2) 包含农业占比和殖民前国家地位	(3) 包含殖民前国家地位	(4) 包含农业占比和殖民前国家地位	(5) 包含殖民前国家地位	(6) 包含农业占比和殖民前国家地位
奥斯曼帝国前属地 (Wimmer and Feinstein 2010)	−5,222 9* (3.130)	−3.814 6 (3.504)	−0.168 2 (0.305)	−0.172 2 (0.323)	1.579 3 (10.585)	4.361 7 (10.197)
法国前属地 (Wimmer and Feinstein 2010)	−2.107 7 (1.920)	−0.354 9 (1.878)	−0.572 2** (0.253)	−0.711 7*** (0.230)	−1.235 5 (8.216)	5.114 0 (6.886)
英国前属地 (Wimmer and Feinstein 2010)	−0.154 1 (2.190)	1.485 5 (2.061)	0.000 1 (0.264)	0.083 0 (0.245)	−6.765 6 (8.966)	−4.812 0 (8.139)
葡萄牙前属地 (Wimmer and Feinstein 2010)	0.976 9 (1.916)	2.849 3 (1.877)	−0.328 6 (0.224)	−0.305 4 (0.256)	9.444 1 (13.776)	8.976 9 (16.161)
专制和民主的综合得分 (Polity IV)	0.074 2** (0.030)	0.045 7* (0.027)	0.006 2** (0.003)	0.001 7 (0.002)	−0.256 7*** (0.070)	−0.142 2*** (0.051)
人均石油产量 (取 Humphreys 2005, BP 和 IHS 三者平均数)	−0.391 2* (0.211)	−0.571 0* (0.316)	−0.024 8* (0.013)	−0.020 8** (0.009)	0.529 3* (0.287)	0.599 3*** (0.222)
人均国内生产总值 (插补的和外推的, 延迟的) (Penn World Table)	0.870 2 (0.574)	1.215 7 (0.833)	0.078 7* (0.033)	0.051 1* (0.027)	−2.269 6*** (0.777)	−1.824 5** (0.735)
1816 年以来拥有持续边界 (包括省界) 的年数 (Wimmer and Min 2006)	−0.023 9 (0.022)	−0.023 7 (0.023)	0.002 1 (0.002)	0.001 6 (0.002)	0.018 8 (0.071)	0.026 1 (0.066)

续表

	因变量:铁路密度		因变量:成人识字率		因变量:婴儿死亡率	
	(1) 包含殖民前国家地位	(2) 包含农业占比和殖民前国家地位	(3) 包含殖民前国家地位	(4) 包含农业占比和殖民前国家地位	(5) 包含殖民前国家地位	(6) 包含农业占比和殖民前国家地位
年份	−0.024 8 (0.061)	−0.052 5 (0.055)	0.037 6*** (0.004)	0.037 8*** (0.005)	−1.773 2*** (0.177)	−1.439 5*** (0.187)
农业在经济中的比例(占国内生产总值的比重)(World Bank)		−0.051 3 (0.052)		−0.017 2*** (0.006)		0.826 4*** (0.195)
可获得数据第一年(独立之年或1946年)的被排斥人口的比例(EPR)	−1.324 2 (2.437)	0.784 6 (1.997)	−0.379 9 (0.365)	−0.212 4 (0.320)	8.331 2 (11.918)	1.516 9 (11.324)
语言分化(Soviet Atlas; Fearon and Laitin 2003)	−8.031 0 (5.511)	−3.491 0 (4.068)	−0.539 8 (0.453)	−0.270 6 (0.427)	22.919 8 (14.441)	16.727 0 (11.894)
殖民化之前的国家所统治人口的比例(HRAF; Müller 1999)	6.036 5** (2.781)	7.477 1** (2.776)	0.688 0** (0.308)	0.547 9* (0.295)	−5.222 6 (10.628)	−12.631 3 (10.701)
最高和最低海拔差(米)(Fearon and Laitin 2003)	−0.000 0 (0.000)	0.000 1 (0.000)				
人口规模(以千计)(Gleditsch)①			0.000 0 (0.000)	0.000 0 (0.000)		
1994年疟疾发病率(Sachs 2003)					31.310 9** (12.333)	16.438 2 (13.366)
常量	59.323 6 (120.958)	109.128 7 (107.815)	−74.697 7*** (7.790)	−74.716 1*** (9.055)	3 583.221 9*** (348.382)	2 908.196 6*** (368.793)
观察数	3 489	2 513	3 554	2 513	2 910	2 419
R平方	0.336	0.413			0.571	0.636

注:括号中是稳健标准误差。
① 扩大人口数据(Expanded Population Data)来自克里斯蒂安·斯克雷德·格莱迪奇(Kristian Skrede Gleditsch)的网站 http://privatewww.essex.ac.uk/~ksg/exppop.html。
* $p < 0.1$;
** $p < 0.05$。

附表 7.2 使用拉波塔的数据集进行稳健性测试:文盲率、婴儿死亡率和学业成绩等的最小二乘法回归

	全模型			不包含缺乏国家地位数据的国家			包含殖民前国家地位,没有族群分化			包含族群分化和殖民前国家地位		
	1 因变量:文盲率	2 因变量:婴儿死亡率	3 因变量:学业成绩	4 因变量:文盲率	5 因变量:婴儿死亡率	6 因变量:学业成绩	7 因变量:文盲率	8 因变量:婴儿死亡率	9 因变量:学业成绩	10 因变量:文盲率	11 因变量:婴儿死亡率	12 因变量:学业成绩
族群语言分化	12.683 8***	0.405 2***	-0.181 3	16.775 3**	0.351 0*	-0.080 6				14.059 9	0.239 9	0.138 8
	(4.711)	(0.117)	(0.115)	(7.889)	(0.188)	(0.205)				(9.029)	(0.216)	(0.219)
1980 年穆斯林人口比例	0.149 1***	0.003 8***	-0.003 8***	0.231 3***	0.001 8	-0.000 6	0.233 2***	0.001 6	-0.000 3	0.224 6***	0.001 5	-0.000 2
	(0.052)	(0.001)	(0.001)	(0.078)	(0.002)	(0.002)	(0.075)	(0.002)	(0.002)	(0.079)	(0.002)	(0.002)
1980 年天主教人口比例	-0.092 0	-0.001 0	0.000 9	-0.074 3	0.001 3	0.007 1**	-0.084 7	0.001 5	0.006 9**	-0.073 4	0.001 3	0.007 1**
	(0.057)	(0.001)	(0.001)	(0.133)	(0.003)	(0.003)	(0.132)	(0.003)	(0.003)	(0.134)	(0.003)	(0.003)
社会主义法律传统	-8.880 6	0.013 3	0.398 4*	-4.897 4	0.022 8		-6.102 2	0.001 9		-4.275 5	0.042 8	
	(7.649)	(0.145)	(0.214)	(9.309)	(0.212)		(9.085)	(0.204)		(9.413)	(0.212)	
法兰西法律传统	7.129 5***	0.218 0***	-0.198 0***	6.185 1	0.141 4	-0.254 5**	4.687 4	0.094 4	-0.251 6**	6.214 0	0.143 7	-0.253 2**
	(3.299)	(0.081)	(0.075)	(4.596)	(0.111)	(0.110)	(4.373)	(0.104)	(0.104)	(4.622)	(0.111)	(0.105)
德意志法律传统	-4.174 5	0.078 9	-0.234 2*	7.037 1	-0.961 7***	0.083 7	0.145 0	-1.030 6***	0.023 2	6.945 3	-0.955 8***	0.027 7
	(14.017)	(0.181)	(0.138)	(16.622)	(0.321)	(0.254)	(16.442)	(0.306)	(0.241)	(16.716)	(0.321)	(0.243)
斯堪的纳维亚法律传统		-0.189 5	-0.130 7									
		(0.203)	(0.174)									
绝对纬度	6.388 2	-0.427 6*	0.030 2	-12.708 9	0.292 5	0.203 8	-23.141 1	0.285 3	-0.084 7	-9.450 5	0.402 7	0.041 8
	(12.402)	(0.258)	(0.239)	(22.390)	(0.514)	(0.533)	(22.035)	(0.494)	(0.469)	(23.103)	(0.524)	(0.513)
人均国内生产总值(有记录的)	-12.284 3***	-0.472 4***	0.293 6***	-13.449 7***	-0.282 8***	0.293 8***	-11.329 8***	-0.279 8***	0.301 3***	-13.485 4***	-0.285 4***	0.310 4***
	(1.307)	(0.032)	(0.032)	(2.321)	(0.054)	(0.062)	(1.811)	(0.042)	(0.057)	(2.335)	(0.054)	(0.059)

续表

	全模型			不包含缺乏国家地位数据的国家			包含殖民前国家地位，没有族群分化			包含族群分化和殖民前国家地位		
	因变量：文盲率	因变量：婴儿死亡率	因变量：学业成绩	因变量：文盲率	因变量：婴儿死亡率	因变量：学业成绩	因变量：文盲率	因变量：婴儿死亡率	因变量：学业成绩	因变量：文盲率	因变量：婴儿死亡率	因变量：学业成绩
	1	2	3	4	5	6	7	8	9	10	11	12
殖民化之前的国家所统治人口的比例 (HRAF; Müller 1999)							−8.739 5 (5.322)	−0.263 4** (0.125)	0.239 9** (0.110)	−3.869 6 (6.144)	−0.152 9 (0.147)	0.275 8** (0.125)
常量	103.446 6*** (10.014)	7.040 9*** (0.238)	−0.538 8** (0.239)	109.379 5*** (15.722)	5.923 9*** (0.366)	−0.862 6* (0.450)	112.310 0*** (11.066)	6.232 7*** (0.257)	−1.009 3*** (0.353)	112.284 7*** (16.470)	6.049 5*** (0.385)	−1.186 3*** (0.453)
观察数	116	151	102	63	66	46	67	71	46	63	66	46
R^2	0.687	0.858	0.797	0.592	0.636	0.646	0.569	0.651	0.683	0.595	0.643	0.687

注：括号中是稳健的标准误差。
* $p<0.1$；
** $p<0.05$；
*** $p<0.01$。

附表 7.3　表 7.1 至表 7.3 中用多样性变量的四种不同编码构成的模型 1 和模型 7

	因变量:铁路密度		因变量:成人识字率		因变量:婴儿死亡率		因变量:铁路密度		因变量:成人识字率		因变量:婴儿死亡率	
	1	2	3	4	5	6	7	8	9	10	11	12
殖民化之前的国家所统治人口的比例 (HRAF; Müller 1999)		7.456 6 ** * (2.955)		0.650 4 ** * (0.317)		−5.387 4 (10.821)		5.328 6 (3.382)		0.732 0 ** (0.340)		−5.660 2 (11.415)
语言的分化(Alesina et al. 2003)	−15.335 4 * (8.287)	−6.091 9 (5.122)	−1.351 5 *** (0.342)	−0.523 2 (0.445)	23.984 5 *** (8.840)	25.529 5 * (13.820)						
族群语言的分化(Roeder 2001)							−23.657 3 *** (8.812)	−9.659 6 (6.212)	−1.254 3 *** (0.392)	−0.455 7 (0.491)	18.858 6 * (9.653)	12.960 4 (16.094)
观察数	6 296	3 462	6 376	3 527	4 976	2 873	6 354	3 505	6 369	3 505	5 108	2 916
R^2	0.231	0.174			0.660	0.541	0.241	0.191			0.654	0.531

	因变量:铁路密度		因变量:成人识字率		因变量:婴儿死亡率		因变量:铁路密度		因变量:成人识字率		因变量:婴儿死亡率	
	13	14	15	16	17	18	19	20	21	22	23	24
殖民化之前的国家所统治人口的比例 (HRAF; Müller 1999)		10.216 6 *** (3.211)		0.960 3 *** (0.310)		−11.030 2 (10.892)		11.841 1 *** (3.211)		1.164 0 *** (0.301)		−11.829 9 (10.967)
宗教的分化(Fearon and Laitin 2003)	6.291 3 (10.990)	3.678 8 (4.260)	0.174 6 (0.441)	0.748 4 (0.539)	−13.132 0 (9.483)	−23.400 6 (15.882)						
宗教的分化(Alesina et al. 2003)							7.001 0 (8.699)	10.624 4 ** (4.531)	0.553 4 (0.362)	1.246 7 *** (0.438)	−11.547 9 (9.343)	−19.444 9 (13.431)
观察数	6 471	3 505	6 551	3 570	5 108	2 916	6 457	3 505	6 537	3 570	5 108	2 916
R^2	0.211	0.151			0.649	0.536	0.213	0.204			0.649	0.537

注:括号中是稳健标准误差,所有模型包括表 7.1 至表 7.3 中的附加变量,常量未显示。

＊　$p<0.1$;

＊＊　$p<0.05$;

＊＊＊　$p<0.01$。

拉波塔等人(La Porta et al.)的数据不随时间变化但是代表横截面。它们包括一系列控制,这些控制与政府的规模和质量相关——这是他们文章的双重焦点。这些控制措施包括一个国家的法律传统——对于这应该如何影响公共物品的供应则没有清晰的理论预期——以及一个国家的宗教组成,其论点是穆斯林和天主教徒的人口由更为专制、不太倾向于提供公共物品的政府统治。从附表7.2 中的模型 1 至模型 6 可以看出,除了在学业成绩的模型中之外,族群语言分化与公共物品供给有关,再现了拉波塔的发现。

对于亚洲和非洲国家的全样本和减化样本,这都成立,我们可以从这些样本获得有关殖民前国家地位的信息。反过来,这个变量也与提供公共物品显著相关,除了在有关文盲的模型(模型 7 至模型 9)之外。当在同一模型(模型 10 至模型 12)中同时将国家地位和族群语言多样性考虑进去时,它们通常都失去了意义,除了在学业成绩模型(模型 12)中的殖民前国家地位变量之外。这是因为这两个变量相互之间高度相关(0.67),就如我们预期的那样,这是鉴于从历史上继承的国家地位水平与当代族群多样性之间有着内生关系。

附表 7.4　包含对帝国背景额外控制的表 7.4(语言分化的广义线性模型)

	(1)	(2)	(3)	(4)
1816 年以来被殖民统治或帝国统治的比例年份 (Wimmer and Feinstein)		−0.302 9		−0.311 4
		(0.674)		(0.450)
西班牙前属地		0.839 6		−1.056 6 ***
		(0.755)		(0.472)
奥斯曼帝国前属地		−1.419 6 ***		−0.598 1
		(0.402)		(0.388)
法国前属地		0.357 6		0.586 5 *
		(0.339)		(0.312)
英国前属地		0.241 4		0.450 5 *
		(0.305)		(0.256)
葡萄牙前属地		0.371 1		−0.035 9
		(0.420)		(0.703)
哈布斯堡王朝前属地		无观察		−0.429 9
				(0.426)
俄罗斯帝国前属地		无观察		0.443 5
				(0.355)
其他帝国前属地		−0.233 2		0.134 7
		(0.299)		(0.267)

对第七章的补充

续表

	(1)	(2)	(3)	(4)
人均国内生产总值(插补的和外推的,延迟的)(Penn World Table)	−0.027 5	−0.026 9	−0.052 1 ***	−0.049 0 ***
	(0.024)	(0.021)	(0.013)	(0.014)
全国各地区海拔高度分布(Michalopoulos 2012)	0.056 4	0.035 9	0.044 4	0.126 5
	(0.135)	(0.151)	(0.094)	(0.096)
农业适宜性在全国各地的分布(Michalopoulos 2012)	0.896 2	1.157 9 **	1.230 7 **	1.243 0 **
	(0.616)	(0.542)	(0.489)	(0.544)
1961—1990 年月平均降水量(1 000 毫米)(Michalopoulos 2012)	0.004 9 *	0.001 3	0.000 3	0.001 6
	(0.003)	(0.002)	(0.002)	(0.002)
离海岸的距离	0.825 6 *	0.493 8	0.343 1	0.051 6
	(0.479)	(0.475)	(0.300)	(0.336)
1816—1900 年族群民族主义战争的数量(Wimmer and Min)	0.515 2	0.602 3	−0.149 1	0.105 3
	(0.347)	(0.386)	(0.124)	(0.121)
殖民化之前的国家所统治人口的比例(HRAF; Müller)	−1.532 6 ***	−1.396 7 ***		
	(0.315)	(0.285)		
国家中央集权化累积指数(Putterman)			−1.251 5 ***	−1.258 3 ***
			(0.425)	(0.460)
常量	−0.633 9	−0.285 1	−0.507 6	−0.640 9
	(0.671)	(0.577)	(0.440)	(0.568)
观察数	75	75	135	135

注:括号中是稳健标准误差。

* $p < 0.1$;

** $p < 0.05$;

*** $p < 0.01$。

对第八章的补充

附表 8.1　一种冲突陷阱？过去的族群冲突和族群政治排斥
（被排斥人口比例的广义线性模型）

	系　数	稳健的标准误差	z	$P>|z|$	95％置信区间	
1946 年以来在国家历史上的族群冲突数量(EPR)	0.875 074	0.107 963 5	0.81	0.418	−0.124 097 1	0.299 111 9
每 1 000 平方公里铁轨长度(千米)(Wimmer and Feinstein 2010)	−0.024 039 8	0.006 730 4	−3.57	0.000	−0.037 231 2	−0.010 848 5
1970—2005 年人均协会总数(Schofer and Longhofer 2011)	−13.404 05	7.695 087	−1.74	0.082	−28.486 15	1.678 038
1960 年时的语言分化(Soviet Atlas; Fearon and Laitin 2003)	1.184 619	0.561 448 1	2.11	0.035	0.084 200 6	2.285 037
群体数量(EPR)	0.042 313 9	0.015 758 5	2.69	0.007	0.011 427 9	0.073 199 9
最大群体的规模(EPR)	0.907 541 7	0.442 030 8	2.05	0.040	0.041 177 2	1.773 906
日历年 1 的自然三次样条	−0.012 621 1	0.016 602 4	−0.76	0.447	−0.045 161 2	0.019 919
日历年 2 的自然三次样条	0.001 957 3	0.013 521 4	0.14	0.885	−0.024 544 1	0.028 458 7
常量	22.559 17	32.734 29	0.69	0.491	−41.598 86	86.717 2

注：观察数：4 472；国家代码中 141 个群集的标准误差已调整。

对第一章图 1.2 和图 1.3 的补充[①]

附表 A.1　世界各国三字母代码一览表

三字母代码	英文国家名	中文国家名
ABW	Aruba	阿鲁巴
AFG	Afghanistan	阿富汗
AGO	Angola	安哥拉
AIA	Anguilla	安圭拉
ALB	Albania	阿尔巴尼亚
AND	Andorra	安道尔
ARE	United Arab Emirates	阿联酋
ARG	Argentina	阿根廷
ARM	Armenia	亚美尼亚
ASM	American Samoa	美属萨摩亚
ATA	Antarctica	南极洲
ATF	French Southern Territories	法属南部领地
ATG	Antigua and Barbuda	安提瓜和巴布达
AUS	Australia	澳大利亚
AUT	Austria	奥地利
AZE	Azerbaijan	阿塞拜疆
BDI	Burundi	布隆迪
BEL	Belgium	比利时
BEN	Benin	贝宁
BES	Caribbean Netherlands	荷兰加勒比区
BFA	Burkina	布基纳法索

[①] 第一章图 1.2 和图 1.3 用联合国使用的三字母代码来识别国家和地区。译者特此补充并翻译世界各国名称的三字母代码一览表。——译者注

三字母代码	英文国家名	中文国家名
BGD	Bangladesh	孟加拉
BGR	Bulgaria	保加利亚
BHR	Bahrain	巴林
BHS	The Bahamas	巴哈马
BIH	Bosnia and Herzegovina	波黑
BLM	Saint Barthélemy	圣巴泰勒米岛
BLR	Belarus	白俄罗斯
BLZ	Belize	伯利兹
BMU	Bermuda	百慕大
BOL	Bolivia	玻利维亚
BRA	Brazil	巴西
BRB	Barbados	巴巴多斯
BRN	Brunei	文莱
BTN	Bhutan	不丹
BVT	Bouvet Island	布韦岛
BWA	Botswana	博茨瓦纳
CAF	Central African Republic	中非
CAN	Canada	加拿大
CCK	Cocos(Keeling) Islands	科科斯群岛
CHE	Switzerland	瑞士
CHL	Chile	智利
CHN	China	中国
CIV	Côte d'Ivoire	科特迪瓦
CMR	Cameroon	喀麦隆
COD	Democratic Republic of the Congo	刚果(金)
COG	Republic of the Congo	刚果(布)
COK	Cook Islands	库克群岛
COL	Colombia	哥伦比亚
COM	The Union of the Comoros	科摩罗
CPV	Cape Verde	佛得角
CRI	Costa Rica	哥斯达黎加
CUB	Cuba	古巴
CXR	Christmas Island	圣诞岛
CYM	Cayman Islands	开曼群岛
CYP	Cyprus	塞浦路斯
CZE	Czech Republic	捷克
DEU	Germany	德国
DJI	Djibouti	吉布提
DMA	Dominica	多米尼克
DNK	Denmark	丹麦

对第一章图 1.2 和图 1.3 的补充

三字母代码	英文国家名	中文国家名
DOM	Dominican Republic	多米尼加
DZA	Algeria	阿尔及利亚
ECU	Ecuador	厄瓜多尔
EGY	Egypt	埃及
ERI	Eritrea	厄立特里亚
ESH	Western Sahara	西撒哈拉
ESP	Spain	西班牙
EST	Estonia	爱沙尼亚
ETH	Ethiopia	埃塞俄比亚
FIN	Finland	芬兰
FJI	Fiji	斐济群岛
FLK	Falkland Islands	马尔维纳斯群岛(福克兰群岛)
FRA	France	法国
FRO	Faroe Islands	法罗群岛
FSM	Federated States of Micronesia	密克罗尼西亚联邦
GAB	Gabon	加蓬
GBR	Great Britain(United Kingdom；England)	英国
GEO	Georgia	格鲁吉亚
GGY	Guernsey	根西岛
GHA	Ghana	加纳
GIB	Gibraltar	直布罗陀
GIN	Guinea	几内亚
GLP	Guadeloupe	瓜德罗普
GMB	Gambia	冈比亚
GNB	Guinea-Bissau	几内亚比绍
GNQ	Equatorial Guinea	赤道几内亚
GRC	Greece	希腊
GRD	Grenada	格林纳达
GRL	Greenland	格陵兰
GTM	Guatemala	危地马拉
GUF	French Guiana	法属圭亚那
GUM	Guam	关岛
GUY	Guyana	圭亚那
HMD	Heard Island and McDonald Islands	赫德岛和麦克唐纳群岛
HND	Honduras	洪都拉斯
HRV	Croatia	克罗地亚
HTI	Haiti	海地
HUN	Hungary	匈牙利
IDN	Indonesia	印度尼西亚
IMN	Isle of Man	马恩岛

续表

三字母代码	英文国家名	中文国家名
IND	India	印度
IOT	British Indian Ocean Territory	英属印度洋领地
IRL	Ireland	爱尔兰
IRN	Iran	伊朗
IRQ	Iraq	伊拉克
ISL	Iceland	冰岛
ISR	Israel	以色列
ITA	Italy	意大利
JAM	Jamaica	牙买加
JEY	Jersey	泽西岛
JOR	Jordan	约旦
JPN	Japan	日本
KAZ	Kazakhstan	哈萨克斯坦
KEN	Kenya	肯尼亚
KGZ	Kyrgyzstan	吉尔吉斯斯坦
KHM	Cambodia	柬埔寨
KIR	Kiribati	基里巴斯
KNA	St. Kitts and Nevis	圣基茨和尼维斯
KOR	South Korea	韩国
KWT	Kuwait	科威特
LAO	Laos	老挝
LBN	Lebanon	黎巴嫩
LBR	Liberia	利比里亚
LBY	Libya	利比亚
LCA	St. Lucia	圣卢西亚
LIE	Liechtenstein	列支敦士登
LKA	Sri Lanka	斯里兰卡
LSO	Lesotho	莱索托
LTU	Lithuania	立陶宛
LUX	Luxembourg	卢森堡
LVA	Latvia	拉脱维亚
MAF	Saint Martin(France)	法属圣马丁
MAR	Morocco	摩洛哥
MCO	Monaco	摩纳哥
MDA	Moldova	摩尔多瓦
MDG	Madagascar	马达加斯加
MDV	Maldives	马尔代夫
MEX	Mexico	墨西哥
MHL	Marshall Islands	马绍尔群岛
MKD	Republic of Macedonia(FYROM)	马其顿

対第一章图 1.2 和图 1.3 的补充

三字母代码	英文国家名	中文国家名
MLI	Mali	马里
MLT	Malta	马耳他
MMR	Myanmar(Burma)	缅甸
MNE	Montenegro	黑山
MNG	Mongolia	蒙古
MNP	Northern Mariana Islands	北马里亚纳群岛
MOZ	Mozambique	莫桑比克
MRT	Mauritania	毛里塔尼亚
MSR	Montserrat	蒙塞拉特岛
MTQ	Martinique	马提尼克
MUS	Mauritius	毛里求斯
MWI	Malawi	马拉维
MYS	Malaysia	马来西亚
MYT	Mayotte	马约特
NAM	Namibia	纳米比亚
NCL	New Caledonia	新喀里多尼亚
NER	Niger	尼日尔
NFK	Norfolk Island	诺福克岛
NGA	Nigeria	尼日利亚
NIC	Nicaragua	尼加拉瓜
NIU	Niue	纽埃
NLD	Netherlands	荷兰
NOR	Norway	挪威
NPL	Nepal	尼泊尔
NRU	Nauru	瑙鲁
NZL	New Zealand	新西兰
OMN	Oman	阿曼
PAK	Pakistan	巴基斯坦
PAN	Panama	巴拿马
PCN	Pitcairn Islands	皮特凯恩群岛
PER	Peru	秘鲁
PHL	The Philippines	菲律宾
PLW	Palau	帕劳
PNG	Papua New Guinea	巴布亚新几内亚
POL	Poland	波兰
PRI	Puerto Rico	波多黎各
PRK	North Korea	朝鲜
PRT	Portugal	葡萄牙
PRY	Paraguay	巴拉圭
PSE	Palestinian territories	巴勒斯坦

三字母代码	英文国家名	中文国家名
PYF	French Polynesia	法属波利尼西亚
QAT	Qatar	卡塔尔
REU	Réunion	留尼汪
ROU	Romania	罗马尼亚
RUS	Russian Federation	俄罗斯
RWA	Rwanda	卢旺达
SAU	Saudi Arabia	沙特阿拉伯
SDN	Sudan	苏丹
SEN	Senegal	塞内加尔
SGP	Singapore	新加坡
SGS	South Georgia and the South Sandwich Islands	南乔治亚岛和南桑威奇群岛
SHN	St. Helena and Dependencies	圣赫勒拿
SJM	Svalbard and Jan Mayen	斯瓦尔巴群岛和扬马延岛
SLB	Solomon Islands	所罗门群岛
SLE	Sierra Leone	塞拉利昂
SLV	El Salvador	萨尔瓦多
SMR	San Marino	圣马力诺
SOM	Somalia	索马里
SPM	Saint Pierre and Miquelon	圣皮埃尔和密克隆
SRB	Serbia	塞尔维亚
SSD	South Sudan	南苏丹
STP	Sao Tome and Principe	圣多美和普林西比
SUR	Suriname	苏里南
SVK	Slovakia	斯洛伐克
SVN	Slovenia	斯洛文尼亚
SWE	Sweden	瑞典
SWZ	Swaziland	斯威士兰
SYC	Seychelles	塞舌尔
SYR	Syria	叙利亚
TCA	Turks and Caicos Islands	特克斯和凯科斯群岛
TCD	Chad	乍得
TGO	Togo	多哥
THA	Thailand	泰国
TJK	Tajikistan	塔吉克斯坦
TKL	Tokelau	托克劳
TKM	Turkmenistan	土库曼斯坦
TLS	Timor-Leste(East Timor)	东帝汶
TON	Tonga	汤加
TTO	Trinidad and Tobago	特立尼达和多巴哥
TUN	Tunisia	突尼斯

续表

三字母代码	英文国家名	中文国家名
TUR	Turkey	土耳其
TUV	Tuvalu	图瓦卢
TZA	Tanzania	坦桑尼亚
UGA	Uganda	乌干达
UKR	Ukraine	乌克兰
UMI	United States Minor Outlying Islands	美国本土外小岛屿
URY	Uruguay	乌拉圭
USA	United States of America(USA)	美国
UZB	Uzbekistan	乌兹别克斯坦
VAT	Vatican City(The Holy See)	梵蒂冈
VCT	St. Vincent and the Grenadines	圣文森特和格林纳丁斯
VEN	Venezuela	委内瑞拉
VGB	British Virgin Islands	英属维尔京群岛
VIR	United States Virgin Islands	美属维尔京群岛
VNM	Vietnam	越南
VUT	Vanuatu	瓦努阿图
WLF	Wallis and Futuna	瓦利斯和富图纳
WSM	Samoa	萨摩亚
YEM	Yemen	也门
ZAF	South Africa	南非
ZMB	Zambia	赞比亚
ZWE	Zimbabwe	津巴布韦

【注释】

[1] 关于模型规格的一些注释是有序的。附表 5.11 中所示的模型不包括时间控制，因为它们会产生共线性问题。所有模型都是在带有两阶段最小二乘估计的 Stata 中使用 ivreg2 命令实现的。其他模型规范（例如使用 GMM 估计量）产生基本相同的结果。对于所有工具变量模型，未显示第一阶段。

参考文献

Acemoglu, Daron, Simon Johnson, and James Robinson. 2001. "The colonial origins of comparative development: An empirical investigation," in *American Economic Review* 91: 1369–1401.

Acemoglu, Daron and James A. Robinson. 2006. *Economic Origins of Dictatorship and Democracy.* New York: Cambridge University Press.

———. 2012. *Why Nations Fail: The Origins of Power, Prosperity, and Poverty.* New York: Crown.

Ahlerup, Pelle. 2009. "The causal effects of ethnic diversity: An instrumental variable approach." University of Gothenburg Working Papers in Economics 386.

Ahlerup, Pelle and Gustav Hansson. 2011. "Nationalism and government effectiveness," in *Journal of Comparative Economics* 39: 431–451.

Ahlerup, Pelle and Ola Olsson. 2012. "The roots of ethnic diversity," in *Journal of Economic Growth* 17 (2): 17–102.

Albouy, David Y. 2012. "The colonial origins of comparative development: An empirical investigation: Comment," in *American Economic Review* 102: 3059–3076.

Alesina, Alberto, Reza Baqir, and William Easterly. 1999. "Public goods and ethnic divisions," in *Quarterly Journal of Economics* 114: 1243–1284.

Alesina, Alberto, Arnaud Devleeschauwer, William Easterly, Sergio Kurlat, and Romain Wacziarg. 2003. "Fractionalization," in *Journal of Economic Growth* 8 (2): 155–194.

Alesina, Alberto and Edward L. Glaeser. 2004. *Fighting Poverty in the US and Europe: A World of Difference.* Oxford: Oxford University Press.

Alesina, Alberto and Eliana La Ferrara. 2000. "Participation in heterogeneous communities," in *Quarterly Journal of Economics* 115 (3): 847–904.

———. 2005. "Ethnic diversity and economic performance," in *Journal of Economic Literature* 63: 762–800.

Alesina, Alberto, Stelios Michalopoulos, and Elias Papaioannou. 2016. "Ethnic inequality," in *Journal of Political Economy* 124 (2): 428–488.

Alesina, Alberto, Enrico Spolaore, and Romain Wacziarg. 2005. "Trade, growth and the size of countries," in Philippe Aghion and Steven N. Durlauf, eds., *Handbook of Economic Growth*, vol. 1B. Amsterdam: Elsevier. 1500–1542.

Algan, Yann, Camille Hémet, and David Laitin. 2011. "Diversity and public goods: A natural experiment with exogenous residential allocation." Institute for the Study of Labor Discussion Paper 6053.

Ali, Merima, Odd-Helge Fjeldstad, Boqian Jiang, and Abdulaziz B. Shifa. 2015. "Colonial legacy, state building and the salience of ethnicity in sub-Saharan Africa." Chr. Michelsen Institute Working Paper 2015:16.

Anderson, Benedict. 1991. *Imagined Communities: Reflections on the Origin and Spread of Nationalism.* London: Verso.

Andrey, Georges. 1986. "Auf der Suche nach dem neuen Staat (1798–1848)," in Ulrich Im Hof et al., eds., *Geschichte der Schweiz und der Schweizer.* Basel: Helbing & Lichtenhahn. 527–637.

参考文献

Ariely, Gal. 2012. "Globalisation and the decline of national identity? An exploration across sixty-three countries," in *Nations and Nationalism* 18 (3): 461–481.

Arvelle, Joel. 1995. *Histoire de la franc maconnerie belge*. Braine-l'Alleud: J.-M. Collet.

Bacikowski, Robert S. 1981. "Statistical power with group mean as the unit of analysis," in *Journal of Educational Statistics* 6 (3): 267–285.

Back, Les. 1996. *New Ethnicities and Urban Culture: Racism and Multiculture in Young Lives*. London: Routledge.

Bagby, Wesley M. 1992. *The Eagle-Dragon Alliance: America's Relations with China in World War II*. Cranbury: Associated University Presses.

Baldassari, Delia and Mauro Diani. 2007. "The integrative power of civic networks," in *American Journal of Sociology* 113 (3): 735–780.

Baldwin, Kate and John D. Huber. 2011. "Economic versus cultural difference. Forms of ethnic diversity and public goods provision," in *American Political Science Review* 104 (4): 644–662.

Banerjee, Abhijit, Iyer Lakshimi, and Rohini Somanathan. 2005. "History, social divisions, and public goods in rural India," in *Journal of the European Economic Association* 3 (2–3): 639–647.

Barkey, Karen. 2008. *Empire of Difference: The Ottomans in Comparative Perspective*. Cambridge: Cambridge University Press.

Bates, Robert H. 1983. *Essays on the Political Economy of Rural Africa*. Cambridge: Cambridge University Press.

Beck, Thorsten, George Clarke, Alberto Groff, Philip Keefer, and Patrick Walsh. 2001. "New tools in comparative political economy: The Database of Political Institutions," in *World Bank Economic Review* 15 (1): 165–176.

Bekhuis, Hidde, Marces Lubbers, and Maykel Verkuyten. 2014. "How education moderates the relation between globalization and nationalist attitudes," in *International Journal of Public Opinion Research* 26 (4): 487–500.

Bendix, Regina. 1992. "National sentiment in the enactment and discourse of Swiss political ritual," in *American Ethnologist* 19: 768–790.

Bendix, Reinhard. 1964. *Nation-Building and Citizenship: Studies in Our Changing Social Order*. New York: John Wiley.

Bennett, Andrew. 2010. "Process tracing and causal inference," in Henry Brady and David Collier, eds., *Rethinking Social Inquiry*, 2nd ed. Lanham, MD: Rowman & Littlefield. 207–220.

Bennett, Bruce. 2002. "Some historical background on minorities in Botswana," in Isaac N. Mazonde, ed., *Identities in the Millennium: Perspectives from Botswana*. Gabarone: Lightbooks. 5–15.

Billiet, Jaak, Bart Maddens, and Roeland Beerten. 2003. "National identity and attitude toward foreigners in a multinational state: A replication," in *Political Psychology* 24 (2): 241–257.

Binsbergen, Wim van. 1991. "Minority language, ethnicity and state in two African situations: The Nkoya of Zambia and the Kalanga of Botswana," in R. Fardon and G. Furniss, eds., *African Languages, Development and the State*. London: Routledge. 142–188.

Birnir, Johanna Kristin. 2007. *Ethnicity and Electoral Politics*. Cambridge: Cambridge University Press.

Birnir, Johanna Kristin and David M. Waguespack. 2011. "Ethnic inclusion and economic growth," in *Party Politics* 17 (1): 243–260.

Bjornskov, Christian. 2004. "Determinants of generalized trust: A cross-country comparison," in *Public Choice* 130 (1–2): 1–21.

Blanton, Robert, David T. Mason, and Brian Athow. 2001. "Colonial style and post-colonial ethnic conflict in Africa," in *Journal of Peace Research* 38 (4): 473–491.

Blau, Peter. 1986 (1964). *Exchange and Power in Social Life*. New Brunswick, NJ: Transaction.

Bockstette, Valerie, Areendam Chanda, and Louis Putterman. 2002. "States and markets: The advantage of an early start," in *Journal of Economic Growth* 7: 347–369.

Böhnke, Jan R., J. Köhler, and Christoph Zürcher. 2015. *Assessing the Impact of Development Co-operation in North East Afghanistan 2007–2013*. Bonn: Federal Ministry for Economic Cooperation and Development.

Böhnke, Jan R. and Christoph Zürcher. 2013. "Aid, minds, and hearts: The impact of aid in conflict zones," in *Conflict Management and Peace Science* 30 (5): 411–432.

Boix, Carles. 2015. *Political Order and Inequality*. Cambridge: Cambridge University Press.

Boldrin, Michèle, David K. Levine, and Salvatore Modica. 2015. "A review of Acemoglu and Robinson's Why Nations Fail," in *Huffington Post*. http://www.huffingtonpost.com/david-k-levine/why-nations-fail_b_2007916.html.

Bollen, Kenneth and Juan Diez Medrano. 1998. "Who are Spaniards? Nationalism and identification in Spain," in *Social Forces* 77: 587–621.

Bratton, Michael and Nicolas van de Walle. 1994. "Neopatrimonial regimes and political transitions in Africa," in *World Politics* 46: 453–489.

Braudel, Fernand. 1995. *The Mediterranean and the Mediterranean World in the Age of Philip II*. Berkeley: University of California Press.

Brecke, Peter. 2012. *Conflict Catalog: Violent Conflicts 1400 A.D. to the Present in Different Regions of the World*. Utrecht: University of Utrecht Centre for Global Economic History.

Broockman, David E. 2013. "Black politicians are more intrinsically motivated to advance blacks' interests: A field experiment with manipulating political incentives," in *American Journal of Political Science* 57 (3): 521–536.

Brubaker, Rogers. 1999. "The Manichean myth: Rethinking the distinction between 'civic' and 'ethnic' nationalism," in Hans-Peter Kriesi, Klaus Armingeon, Hannes Siegrist, and Andreas Wimmer, eds., *Nation and National Identity: Collective Identities and National Consciousness at the End of the 20th Century*. Chur: Rüegger.

———. 2002. "To return to assimilation? Changing perspectives on immigration and its sequels in France, Germany, and the United States," in *Ethnic and Racial Studies* 24 (4): 531–548.

———. 2013. "Language, religion, and the politics of difference," in *Nations and Nationalism* 19 (1): 1–20.

Bulag, Uradyn E. 1998. *Nationalism and Hybridity in Mongolia*. Oxford: Oxford University Press.

Burgess, Robin, Remi Jedwab, Edward Miguel, Ameet Morjaria, and Gerard Padro i Miquel. 2015. "The value of democracy: Evidence from road building in Kenya," in *American Economic Review* 105 (6): 1817–1851.

Busekist, Adrian von. 1998. *La Belgique: Politique des langues et construction de l'Etat de 1780 à nos jours*. Paris: Duculot.

Campbell, Lyle, Raina Heato, Nala Lee, Eve Okra, Sean Simpson, Kaori Ueki, and John Van Way. 2013. "New knowledge: Findings from the Catalogue of Endangered Languages." Paper given at the Third International Conference on Language Documentation and Conservation, Honolulu.

Cantillon, Bea, Veerle De Maesschalck, Stijn Rottiers, and Gerlinde Verbist. 2013. "Social redistribution in federalized Belgium," in Marleen Brans et al., eds., *The Politics of Belgium: Institutions and Policy under Bipolar and Centrifugal Federalism*. London: Routledge. 172–194.

Carlson, Elizabeth. 2015. "Ethnic voting and accountability in Africa: A choice experiment in Uganda," in *World Politics* 67 (2): 353–385.

Carneiros, Robert L. 1970. "A theory of the state," in *Science* 21 (169): 733–738.

Carrico, Kevin. 2012. "Recentering China: The Cantonese in and beyond the Han," in Thomas S.

Mullaney et al., eds., *Critical Han Studies: The History, Representation, and Identity of China's Majority*. Berkeley: University of California Press. 23–44.

Cederman, Lars-Erik, Andreas Wimmer, and Brian Min. 2010. "Why do ethnic groups rebel? New data and analysis," in *World Politics* 62 (1): 87–119.

Chai, Sun-Ki. 1996. "A theory of ethnic group boundaries," in *Nations and Nationalism* 2 (2): 281–307.

Chandra, Kanchan. 2004. *Why Ethnic Parties Succeed: Patronage and Ethnic Head Counts in India*. Cambridge: Cambridge University Press.

Chandra, Kanchan and Steven Wilkinson. 2008. "Measuring the effect of 'ethnicity,'" in *Comparative Political Studies* 41 (4/5): 515–563.

Chang, Chung-Li. 1967 (1955). *The Chinese Gentry: Studies on Their Role in Nineteenth Century Chinese Society*. Seattle: University of Washington Press.

Chao, Kuo-chün. 1955. "How Communist power is organized in China," in *Foreign Affairs* 34: 148–153.

Chaoju, Tang and Vincent J. van Heuven. 2009. "Mutual intelligibility of Chinese dialects experimentally tested," in *Lingua* 119: 709–732.

Coenders, Marcel, Mérauve Gijsberts, and Peer Scheepers. 2004. "Chauvinism and patriotism in 22 countries," in Mérauve Gijsberts, Louk Hagendoorn, and Peer Scheepers, eds., *Nationalism and Exclusion of Migrants: Cross-national Comparisons*. Aldershot: Ashgate. 26–69.

Cohen, Ronald and John Middleton. 1970. *From Tribe to Nation in Africa: Studies in Incorporation Processes*. Scranton: Chandler.

Collier, Paul and Nicholas Sambanis. 2016. "Understanding civil war," in *Journal of Conflict Resolution* 46: 3–12.

Congleton, Roger D. 1995. "Ethnic clubs, ethnic conflict, and the rise of ethnic nationalism," in Albert Breton et al., eds., *Nationalism and Rationality*. Cambridge: Cambridge University Press. 71–97.

Connor, Walker. 1972. "Nation-building or nation-destroying?" in *World Politics* 24: 319–355.

Dardanelli, Paolo and Nenad Stojanovic. 2011. "The acid test? Competing theses on the nationality-democracy nexus and the case of Switzerland," in *Nations and Nationalism* 17: 357–376.

Darden, Keith. 2013. *Resisting Occupation: Mass Schooling and the Creation of Durable National Loyalties*. Cambridge: Cambridge University Press.

Darden, Keith and Harris Mylonas. 2012. "The Promethean dilemma: Third-party state-building in occupied territories," in *Ethnopolitics* 11 (1): 85–93.

Dardess, John W. 2002. *Blood and History in China: The Donglin Faction and Its Repression*. Honolulu: University of Hawai'i Press.

Davidov, Eldad. 2009. "Measurement equivalence of nationalism and constructive patriotism in the ISSP: 34 countries in a comparative perspective," in *Political Analysis* 17: 64–82.

de Capitani, François. 1986. "Beharren und Umsturz (1648–1815)," in Ulrich Im Hof et al., eds., *Geschichte der Schweiz und der Schweizer*. Basel: Helbing & Lichtenhahn. 97–175.

de Luca, Giacomo, Roland Hodler, Paul A. Raschky, and Michele Valsecchi. 2015. "Ethnic favoritism: An axiom of politics?" Center for Economic Studies & Ifo Institute Working Paper 5209.

Desmet, Klaus, Shlomo Weber, and Ignacio Rotuno-Ortin. 2010. "Linguistic diversity and redistribution," in *Journal of the European Economic Association* 7 (6): 1291–1318.

Deutsch, Karl W. 1953. *Nationalism and Social Communication: An Inquiry into the Foundations of Nationality*. Cambridge, MA: MIT Press.

———. 1966. *Nationalism and Social Communication: An Inquiry into the Foundation of Nationality*. Cambridge, MA: MIT Press.

Diamond, Jared. 1997. *Guns, Germs, and Steel: The Fates of Human Societies*. New York: Norton.

Diamond, Larry Jay. 1994. "Toward democratic consolidation," in *Journal of Democracy* 5 (3): 4–17.

———. 1995. *Promoting Democracy in the 1990s: Actors and Instruments, Issues and Imperatives.* Washington, DC: Carnegie Commission on Preventing Deadly Conflict.

Dietrich, Simone and Matthew S. Winters. 2015. "Foreign aid and government legitimacy," in *Journal of Experimental Political Science* 2: 164–171.

Dikötter, Frank. 1991. *The Construction of Racial Identities in China and Japan: Historical and Contemporary Perspectives.* Honolulu: University of Hawai'i Press.

Dobbins, James F. 2003–2004. "America's role in nation-building: From Germany to Iraq," in *Survival* 45 (4): 87–110.

Duara, Prasenjit. 1993. "De-constructing the Chinese nation," in *Australian Journal of Chinese Affairs* 30: 1–26.

du Bois, Pierre. 1983. "Mythe et realité du fossé pendant la Première Guerre mondiale," in Pierre du Bois, *Union et division des Suisses: Les relations entre Alémaniques, Romands et Tessinois aux XIXe et XXe siècles.* Lausanne: Editions de l'Aire. 65–91.

Dunning, Thad and Janhavi Nilekani. 2013. "Ethnic quotas and political mobilization: Caste, parties, and distribution in Indian village councils," in *American Political Science Review* 107 (1): 35–56.

du Toit, Pierre. 1995. *State Building and Democracy in Southern Africa: Botswana, Zimbabwe, and South Africa.* Washington, DC: USIP.

Easterly, William. 2012. "The roots of hardship: Despite massive amounts of aid, poor countries tend to stay poor. Maybe their institutions are the problem," in *Wall Street Journal*, March 24.

Easterly, William and Ross Levine. 1997. "Africa's growth tragedy: Policies and ethnic divisions," in *Quarterly Journal of Economics* 112: 1203–1250.

Elkins, Zachary and John Sides. 2007. "Can institutions build unity in multi-ethnic states?" in *American Political Science Review* 101 (4): 693–708.

Elliott, Mark. 2012. "Hushuo: The northern other and the naming of the Han Chinese," in Thomas S. Mullaney et al., eds., *Critical Han Studies: The History, Representation, and Identity of China's Majority.* Berkeley: University of California Press. 173–190.

Elman, Benjamin A. 2013. *Civil Examinations and Meritocracy in Late Imperial China.* Cambridge, MA: Harvard University Press.

Encausse, Carrère d'. 1980. *Decline of an Empire.* New York: Newsweek Books.

Englebert, Pierre. 2000. "Pre-colonial institutions, post-colonial states, and economic development in tropical Africa," in *Political Research Quarterly* 53 (1): 7–36.

Ertman, Thomas. 1997. *The Birth of the Leviathan: Building States and Regimes in Medieval and Early Modern Europe.* New York: Cambridge University Press.

———. 2000. "Liberalization, democratization, and the origins of 'pillarized' civil society in nineteenth-century Belgium and the Netherlands," in Nancy Bermeo and Philip Nord, eds., *Civil Society before Democracy: Lessons from Nineteenth-Century Europe.* Lanham, MD: Rowman & Littlefield. 155–180.

Fairbank, John King. 1987. *The Great Chinese Revolution, 1800–1985.* New York: Harper.

Fearon, James D. 1999. "Why ethnic politics and 'pork' tend to go together." Unpublished manuscript, Department of Political Science, Stanford University.

———. 2003. "Ethnic and cultural diversity by country," in *Journal of Economic Growth* 8 (2): 195–222.

Fearon, James D. and David D. Laitin. 2003. "Ethnicity, insurgency, and civil war," in *American Political Science Review* 97 (1): 1–16.

Fenske, James. 2014. "Ecology, trade, and states in pre-colonial Africa," in *Journal of the European Economic Association* 12: 612–640.

Fernandez, James W. 1966. "Folklore as an agent of nationalism," in Immanuel Wallerstein, *Social Change and the Colonial Situation*. New York: John Wiley. 585–591.

Flora, Peter, Stein Kuhnle, and Derek Urwin. 1999. *State Formation, Nation-Building and Mass Politics in Europe: The Theory of Stein Rokkan*. Oxford: Oxford University Press.

Flyvbjerg, Bent. 2006. "Five misunderstandings about case-study research," in *Qualitative Inquiry* 12 (2): 219–245.

Franck, Raphael and Ilia Rainer. 2012. "Does the leader's ethnicity matter? Ethnic favoritism, education and health in Sub-Saharan Africa," in *American Political Science Review* 106 (2): 294–325.

Fukuyama, Francis. 2004. "Nation-building 101," in *Atlantic Monthly* 293 (1): 159–162.

———. 2011. *The Origins of Political Order: From Prehuman Times to the French Revolution*. New York: Farrar, Straus and Giroux.

———. 2014. *Political Order and Political Decay: From the Industrial Revolution to the Globalization of Democracy*. New York: Farrar, Straus and Giroux.

Gadibolae, Mabunga Nlshwa. 1985. "Serfdom ('Bolata') in the Nata area, 1926–1960," in *Botswana Notes and Records* 17: 25–32.

Geertz, Clifford. 1963. "The integrative revolution: Primordial sentiments and civil politics in the new states," in Clifford Geertz, ed., *Old Societies and New States: The Quest for Modernity in Asia and Africa*. New York: Free Press. 105–157.

Gellner, Ernest. 1964. *Thought and Change*. London: Weidenfeld and Nicolson.

———. 1983. *Nations and Nationalism*. Ithaca, NY: Cornell University Press.

Gelman, Andrew and Jennifer Hill. 2006. *Data Analysis Using Regression and Multilevel/Hierarchical Models*. Cambridge: Cambridge University Press.

Gennaioli, Nicola and Ilia Rainer. 2007. "The modern impact of precolonial centralization in Africa," in *Journal of Economic Growth* 12: 185–234.

Geraci, Robert P. 2001. *Window on the East: National and Imperial Identities in Late Tsarist Russia*. Ithaca, NY: Cornell University Press.

Gerring, John and Strom Thacker. 2008. *A Centripetal Theory of Democratic Governance*. Cambridge: Cambridge University Press.

Gerring, John, Strom Thacker, Yuan Lu, and Wei Huang. 2015. "Does diversity impair human development? A multi-level test of the diversity debit hypothesis," in *World Development* 66 (2): 166–188.

Gerring, John, Dominic Zarecki, and Michael Hoffman. 2013. *Ethnic Diversity and Democracy*. Boston: Department of Political Science.

Gerring, John, Daniel Ziblatt, Johan van Gorp, and Julian Arévalo. 2011. "An institutional theory of direct and indirect rule," in *World Politics* 63 (3): 377–433.

Giesen, Berhard and Christoph Schneider, eds. 2004. *Tätertrauma: Nationale Erinnerung im öffentlichen Diskurs*. Konstanz: Konstanzer Universitätsverlag.

Glennerster, Rachel, Edward Miguel, and Alexander D. Rothenberg. 2013. "Collective action in diverse Sierra Leone communities," in *Economic Journal* 123 (568): 285–316.

Golden, Miriam and Brian Min. 2013. "Distributive politics around the world," in *Annual Review of Political Science* 16: 73–99.

Goldin, Clauda and Lawrence F. Katz. 1999. "The shaping of higher education: The formative years in the United States, 1890–1940," in *Journal of Economic Perspectives* 13: 37–62.

Goldstein, Harvey. 2003. *Multilevel Statistical Models*. London: Edward Arnold.

Good, Kenneth. 1992. "Interpreting the exceptionality of Botswana," in *Journal of Modern African Studies* 30 (1): 69–95.

Gorenburg, Dmitry. 2006. "Soviet nationalities policy and assimilation," in Blair Ruble et al., eds., *Rebounding Identities: The Politics of Identity in Russia and Ukraine*. Baltimore: Johns Hopkins University Press. 273–303.

Gould, Roger V. 1995. *Insurgent Identities: Class, Community, and Protest in Paris from 1848 to the Commune*. Chicago: University of Chicago Press.

———. 1996. "Patron-client ties, state centralization, and the Whiskey rebellion," in *American Journal of Sociology* 102 (2): 400–429.

Gould, Roger V. and Roberto M. Fernandez. 1989. "Structures of mediation: A formal approach to brokerage in transaction networks," in *Social Methodology* 19: 89–126.

Grant, Sandy. 1980. "'Reduced to almost nothing?' Chieftancy and a traditional town. The case of Linchwe II Kgafela and Mochudi," in *Botswana Notes and Records* 12: 89–100.

Grenoble, Lenore A. 2003. *Language Policy in the Soviet Union*. Dordrecht: Kluwer.

Grodeland, Ase B., William L. Miller, and Tatyana Y. Koshechkina. 2000. "The ethnic dimension to bureaucratic encounters in postcommunist Europe: Perceptions and experience," in *Nations and Nationalism* 6 (1): 43–66.

Grunder, Hans-Ulrich. 1998. "Alphabetisierung," in *Historisches Lexikon der Schweiz*. Bern: Swiss Academy of Humanities and Social Sciences.

Guo, Longsheng. 2004. "The relationship between Putonghua and Chinese dialects," in M. Zhou and H. Sun, eds., *Language Policy in the People's Republic of China: Theory and Practice since 1949*. Boston: Kluwer. 45–54.

Guy, R. Kent. 2010. *Qing Governors and Their Provinces: The Evolution of Territorial Administration in China, 1644–1796*. Seattle: University of Washington Press.

Habyarimana, James, Macartan Humphreys, Daniel N. Posner, and Jeremy M. Weinstein. 2007. "Why does ethnic diversity undermine public goods provision?" in *American Political Science Review* 101 (4): 709–725.

Hajda, L. A. and Mark Beissinger. 1990. *The Nationalities Factor in Soviet Politics and Society*. Boulder, CO: Westview.

Hale, Henry E. 2000. "The parade of sovereignties: Testing theories of secession in the Soviet setting," in *British Journal of Political Science* 30: 31–56.

———. 2013. "Explaining machine politics in Russia's regions: Economy, ethnicity, and legacy," in *Post-Soviet Affairs* 19 (3): 228–263.

Handley, Antoinette. 2017. "The origins of state capacity in Southern Africa's mining economies: Elites and institution-building in Botswana, Zambia and South Africa," in Miguel Centeno et al., eds., *States in the Developing World*. Cambridge: Cambridge University Press. 217–247.

Harries, Patrick. 1989. "Exclusion, classification and internal colonialism: The emergence of ethnicity among the Tsonga-speakers of South Africa," in Leroy Vail, ed., *The Creation of Tribalism in Southern Africa*. London: James Currey. 82–110.

Harris, Marvin. 1969. *The Rise of Anthropological Theory: A History of Theories of Culture*. London: Routledge & Kegan Paul.

Harrison, Henrietta. 2001. *China: Inventing the Nation*. London: Hodder Education.

Hartzell, Caroline and Matthew Hoddie. 2003. "Institutionalizing peace: Power sharing and post–civil war conflict management," in *American Journal of Political Science* 47 (2): 318–332.

Hechter, Michael. 2000. *Containing Nationalism*. Oxford: Oxford University Press.

Hechter, Michael and Margaret Levi. 1979. "The comparative analysis of ethnoregional movements," in *Ethnic and Racial Studies* 2 (3): 260–274.

Hendrix, Cullen S. 2010. "Measuring state capacity: Theoretical and empirical implications for the study of civil war," in *Journal of Peace Research* 47 (3): 273–285.

Herbst, Jeffrey. 2000. *States and Power in Africa: Comparative Lessons in Authority and Control*. Princeton, NJ: Princeton University Press.

Hermans, Theo, ed. 1992. *The Flemish Movement: A Documentary History (1780–1990)*. London: Athlone.

Hess, Robert. 1967. *Italian Colonialism in Somalia*. Chicago: University of Chicago Press.

Heuschling, Xavier. 1851. *Résumé du Recensement Général de la Population, de L'Agriculture et de L'Industrie de la Belgique, Exécuté á la Date du 15 Octobre 1846*. Bruxelles: Etablissement Géographique.

Hillmann, Henning. 2008. "Localism and the limits of political brokerage: Evidence from revolutionary Vermont," in *American Journal of Sociology* 114: 287–331.

Hilty, Carl. 1875. *Vorlesungen über die Politik der Eidgenossenschaft*. Bern: Max Fiala.

Hirsch, Francine. 2005. *Empire of Nations: Ethnographic Knowledge and the Making of the Soviet Union*. Ithaca, NY: Cornell University Press.

Ho, Ping-ti. 1962. *The Ladder of Success in Imperial China: Aspects of Social Mobility, 1368–1911*. New York: Columbia University Press.

Holm, John D. 1987. "Botswana: A paternalistic democracy," in *World Affairs* 150 (1): 21–30.

Holm, John D. and Patrick P. Molutsi. "State-society relations in Botswana: Beginning liberalization," *Governance and Politics in Africa* (1992): 75–96.

Hopkins, Daniel J. 2011. "The limited impacts of ethnic and racial diversity," in *American Politics Research* 39 (2): 344–379.

Horowitz, Donald L. 1985. *Ethnic Groups in Conflict*. Berkeley: University of California Press.

———. 1993. "Democracy in divided societies," in *Journal of Democracy* 4 (4): 18–38.

———. 2002. "Constitutional design: Proposals vs. process," in Andrew Reynolds, ed., *The Architecture of Democracy: Constitutional Design, Conflict Management, and Democracy*. Oxford: Oxford University Press. 15–36.

Hroch, Miroslav. 2000 (1969). *Social Preconditions of Patriotic Groups among the Smaller European Nations*. New York: Columbia University Press.

Hucker, C. 1966. *The Censorial System of Ming China*. Stanford, CA: Stanford University Press.

Humphreys, Macartan. 2005. "Natural resources, conflict, and conflict resolution: Uncovering the mechanisms," in *Journal of Conflict Resolution* 49 (4): 508–537.

Humphreys, Macartan and Alan M. Jacobs. 2015. "Mixing methods: A Bayesian approach," in *American Political Science Review* 109 (04): 653–673.

Huntington, Samuel. 1996. "Democracy for the long haul," in *Journal of Democracy* 7 (2): 3–13.

Ikegami, Eiko. 2005. *Bonds of Civility: Aesthetic Networks and the Political Origins of Japanese Culture*. Cambridge: Cambridge University Press.

Im Hof, Ulrich and Nicolai Bernard. 1983. "Les relations des communautés linguistiques au sein des associations nationales suisses avant la création de la nouvelle Confédération de 1848," in Pierre du Bois, ed., *Union et division des Suisses: Les relations entre Alémaniques, Romands et Tessinois aux XIXe et XXe siècles*. Lausanne: Editions de l'Aire. 9–24.

Im Hof, Ulrich and François de Capitani. 1983. *Die Helvetische Gesellschaft: Spätaufklärung und Vorrevolution in der Schweiz*. Frauenfeld: Huber.

Jablonski, Ryan S. 2014. "How aid targets votes: The impact of electoral incentives on foreign aid distribution," in *World Politics* 66 (2): 293–330.

Jones, David S. 1983. "Traditional authority and state administration in Botswana," in *Journal of Modern African Studies* 21 (1): 133–139.

Jones, Stephen F. 2005. *Socialism in Georgian Colors: The European Road to Social Democracy, 1883–1917*. Cambridge, MA: Harvard University Press.

Jost, Hans-Ulrich. 1986. "Bedrohung und Enge (1914–1945)," in Ulrich Im Hof et al., eds., *Geschichte der Schweiz und der Schweizer*. Basel: Helbing & Lichtenhahn. 731–748.

———. 1998. "Der helvetische Nationalismus: Nationale Identität, Patriotismus, Rassismus und Ausgrenzungen in der Schweiz des 20. Jahrhunderts," in Hans-Rudolf Wicker, ed., *Nationalismus, Multikulturalismus und Ethnizität*. Bern: Haupt. 65–78.

Kaiser, Robert J. 1994. *The Geography of Nationalism in Russia and the USSR*. Princeton, NJ: Princeton University Press.

Kappeler, Andreas. 2001. *The Russian Empire: A Multiethnic History*. London: Routledge.

Kaufmann, Chaim. 1996. "Possible and impossible solutions to ethnic civil wars," in *International Security* 20 (4): 136–175.

Kaufmann, Eric. 2015. "Land, history or modernization? Explaining ethnic fractionalization," in *Ethnic and Racial Studies* 38 (2): 193–210.

King, Gary and Margaret E. Roberts. 2014. "How robust standard errors expose methodological problems they don't fix, and what to do about it," in *Political Analysis* 23: 159–179.

Kiser, Edgar and Xiaoxi Tong. 1992. "Determinants of the amount and type of corruption in state fiscal bureaucracies: An analysis of late imperial China," in *Comparative Political Studies* 25 (3): 300–331.

Knack, Stephen and Philip Keefer. 1997. "Does social capital have an economic payoff? A cross-country investigation," in *Quarterly Journal of Economics* 112 (4): 1251–1288.

Kohn, Hans. 1944. *The Idea of Nationalism*. New York: Collier.

———. 1956. *Nationalism and Liberty: The Swiss Example*. London: Allen & Unwin.

Konrad, Kai A. and Salmai Qari. 2012. "The last refuge of a scoundrel? Patriotism and tax compliance," in *Economica* 79: 516–533.

Koter, Domonika. 2013. "King makers: Local leaders and ethnic politics in Africa," in *World Politics* 65 (2): 187–232.

Kramon, Eric and Daniel N. Posner. 2016. "Ethnic favoritism in primary education in Kenya," in *Quarterly Journal of Political Science* 11: 1–58.

Kriesi, Hanspeter. 1999. "Introduction: State formation and nation building in the Swiss case," in Hanspeter Kriesi, ed., *Nation and National Identity: The European Experience in Perspective*. Chur: Rüegger. 13–28.

Kroneberg, Clemens and Andreas Wimmer. 2012. "Struggling over the boundaries of belonging: A formal model of nation-building, ethnic closure, and populism," in *American Journal of Sociology* 118 (1): 176–230.

Kunovich, Robert M. 2009. "The sources and consequences of national identification," in *American Sociological Review* 74 (4): 573–593.

Kurzban, Robert, John Tooby, and Leda Cosmides. 2001. "Can race be erased? Coalitional computation and social categorization," in *Proceedings of the National Academy of Sciences USA* 98 (26): 15388–15392.

Kymlicka, Will. 2007. *Multicultural Odysseys: Navigating the New International Politics of Diversity*. Oxford: Oxford University Press.

Laitin, David and Said S. Samatar. 1987. *Somalia: Nation in Search of a State*. Boulder, CO: Westview.

Laitin, David. 1977. *Politics, Language, and Thought: The Somali Experience*. Chicago: University of Chicago Press.

Laitin, David and Maurits van der Veen. 2012. "Ethnicity and pork: A virtual test of causal mechanisms," in Kanchan Chandra, ed., *Constructivist Theories of Ethnic Politics*. Oxford: Oxford University Press. 277–312.

Lange, Matthew. 2005. "British colonial state legacies and development trajectories: A statistical analysis of direct and indirect rule," in Matthew Lange and Dietrich Rueschemeyer, eds., *States and Development: Historical Antecedents of Stagnation and Advance*. Basingstoke: Palgrave Macmillan. 117–140.

———. 2009. "Developmental crises: A comparative-historical analysis of state-building in colonial Botswana and Malaysia," in *Commonwealth and Comparative Politics* 47 (1): 1–27.

La Porta, Rafael, Florencio Lopez-de-Silanes, Andrei Shleifer, and Robert Vishny. 1999. "The quality of government," in *Journal of Law, Economics, and Organization* 15 (1): 222.

Latham, Michael E. 2000. *Modernization as Ideology: American Social Science and "Nation Building" in the Kennedy Era*. Chapel Hill: University of North Carolina Press.

LeBas, Adrienne. 2011. *From Protest to Parties: Party-Building and Democratization in Africa*. Oxford: Oxford University Press.

Leibold, James. 2012. "Searching for Han: Early twentieth-century narratives of Chinese origins and developments," in Thomas S. Mullaney et al., eds., *Critical Han Studies: The History, Representation, and Identity of China's Majority*. Berkeley: University of California Press. 210–233.

Lemarchand, René. 1964. *Political Awakening in the Congo*. Berkeley: University of California Press.

———. 1972. "Political clientelism and ethnicity in tropical Africa: Competing solidarities in nation-building," in *American Political Science Review* 66: 68–90.

Levi, Margaret. 1988. *Of Rule and Revenue*. Berkeley: University of California Press.

Levi Martin, John. 2009. *Social Structures*. Princeton, NJ: Princeton University Press.

Levine, Ari Daniel. 2011. "Public good and partisan gain: Political languages of faction in late imperial China and eighteenth-century England," in *Journal of World History* 23 (4): 841–882.

Levy, Jack S. 2008. "Case studies: Types, designs, and logics of inference," in *Conflict Management and Peace Science* 25: 1–18.

Lewis, Ioan M. 1983. *Nationalism and Self Determination in the Horn of Africa*. London: Ithaca Press.

———. 1988. *A Modern History of Somalia: Nation and State in the Horn of Africa*. Boulder, CO: Westview.

———. 1994. *Blood and Bone: The Call of Kinship in Somali Society*. Lawrenceville, NJ: Red Sea Press.

———. 1999 (1961). *A Pastoral Democracy: A Study of Pastoralism and Politics among the Northern Somali of the Horn of Africa*. Münster: LIT & James Currey.

Li, Cheng. 2005. *One Party, Two Factions: Chinese Bipartisanship in the Making?* Washington, DC: Carnegie Endowment for International Peace.

Lieberman, Evan S. 2005. "Nested analysis as a mixed-method strategy for comparative research," in *American Political Science Review* 99 (3): 435–452.

Lieberman, Evan S. and Gwyneth C. H. McClendon. 2011. "Endogenous ethnic preferences." Princeton, NJ: Department of Political Science.

Lieven, Dominic. 1981. "The Russian civil service under Nicholas II: Variations on the bureaucratic theme," in *Jahrbücher für Geschichte Osteuropas* 29 (3): 366–403.

Lijphart, Arend. 1977. *Democracy in Plural Societies: A Comparative Exploration*. New Haven, CT: Yale University Press.

———. 1994. *Electoral Systems and Party Systems: A Study of Twenty-Seven Democracies, 1945–1990*. Oxford: Oxford University Press.

———. 1999. *Patterns of Democracy: Government Forms and Performance in Thirty-Six Countries*. New Haven, CT: Yale University Press.

Lindemann, Stefan and Andreas Wimmer. 2017. "Repression and refuge: Why only some politically excluded ethnic groups rebel." Vol. 54. Göttingen: Max-Planck Institute for Religious and Ethnic Diversity.

Linz, Juan J. 1990. "The perils of presidentialism," in *Journal of Democracy* 1 (1): 51–60.

Lipset, Seymour Martin. 1960. *Political Man: The Social Bases of Politics*. Garden City, NY: Doubleday.

Loveman, Mara. 2015a. *National Colors: Racial Classification and the State in Latin America*. Oxford: Oxford University Press.

———. 2015b. "Review of *Ethnic Boundary Making: Institutions, Power, and Networks* by Andreas Wimmer," in *American Journal of Sociology* 120 (4): 1226–1229.

Loveman, Mara and Jeronimo Muniz. 2006. "How Puerto Rico became white: Boundary dynamics and inter-census racial classification," in *American Sociological Review* 72 (6): 915–939.

Maddison, Angus. 2003. *The World Economy: Historical Statistics*. Paris: OECD.

Mahoney, James. 2000. "Path dependency in historical sociology," in *Theory and Society* 29: 507–548.

———. 2010. *Colonialism and Postcolonial Development: Spanish America in Comparative Perspective*. Cambridge: Cambridge University Press.

———. 2012. "The logic of process tracing tests in the social sciences," in *Sociological Methods Research* 41 (4): 570–597.

Mahoney, James and Gary Goertz. 2004. "The possibility principle: Choosing negative cases in comparative research," in *American Political Science Review* 98 (4): 653–669.

Mahzab, Moogdho, Mohsina Atiq, and Nino Devrariani. 2013. "Comparative analysis of ethnic diversity measures on provisioning of basic public goods: Cross country assessment." Unpublished manuscript, Center for Development Economics, Williams College.

Makgala, Christian John. 2009. "History and perceptions of regionalism in Botswana, 1891–2005," in *Journal of Contemporary African Studies* 27 (2): 225–242.

Mann, Michael. 1993. *The Sources of Social Power*. Vol. 2, *The Rise of Classes and Nation States, 1760–1914*. Cambridge: Cambridge University Press.

Martin, Terry D. 2001. *An Affirmative Action Empire: Nations and Nationalism in the Soviet Union, 1923–1939*. Ithaca, NY: Cornell University Press.

Masella, Paolo. 2013. "National identity and ethnic diversity," in *Journal of Population Economics* 26: 437–454.

Maundeni, Zibani. 2002. "State culture and development in Botswana and Zimbabwe," in *Journal of Modern African Studies* 40 (1): 105–132.

Mayda, Anna Maria and Dani Rodrik. 2005. "Why are some people (and countries) more protectionist than others?" in *European Economic Review* 49 (6): 1393–1430.

Mazur, Kevin. 2015. *Ordering Violence: Identity Boundaries and Alliance Formation in the Syrian Uprising*. Princeton, NJ: Department of Politics, Princeton University.

McClendon, Gwyneth C. H. 2016. "Race and responsiveness: An experiment with South African politicians," in *Journal of Experimental Political Science* 3: 60–74.

McCullagh, P. and J. A. Nelder. 1989. *Generalized Linear Models*. London: Chapman and Hall.

McRae, Kenneth. 1983. *Conflict and Compromise in Multilingual Societies: Switzerland*. Waterloo: Wilfrid Laurier University Press.

Messerli, Alfred. 2002. *Lesen und Schreiben 1700 bis 1900*. Tübingen: Niemeyer.

Meuwly, Olivier. 2010. *Les partis politiques: Acteurs de l'histoire suisse*. Lausanne: Presses polytechniques et universitaires romandes.

Meyer, John, John Boli, George M. Thomas, and Francisco O. Ramirez. 1997. "World society and the nation-state," in *American Journal of Sociology* 103 (1): 144–181.

Meyer, John W., Francisco O. Ramirez, and Yasemin Nuhoglu Soysal. 1992. "World expansion of mass education, 1870–1980," in *Sociology of Education* 65 (2): 128–149.

Michalopoulos, Stelios. 2012. "The origins of ethnic diversity," in *American Economic Review* 102 (4): 1509–1539.

Miguel, Edward. 2004. "Tribe or nation? Nation building and public goods in Kenya versus Tanzania," in *World Politics* 56 (3): 327–362.

Miguel, Edward and Mary Kay Gugerty. 2005. "Ethnic diversity, social sanctions, and public goods in Kenya," in *Journal of Public Economics* 89 (11–12): 2325–2368.

Miller, Alexei. 2008. *The Romanov Empire and Nationalism: Essays in the Methodology of Historical Research*. Budapest: CEU Press.

Miller, David. 1995. *On Nationality*. Oxford: Oxford University Press.

Mitchell, J. Clyde. 1974. "Perceptions of ethnicity and ethnic behaviour: An empirical exploration," in Abner Cohen, ed., *Urban Ethnicity*. London: Tavistock. 1–35.

Montalvo, José G. and Marta Reynal-Querol. 2005. "Ethnic polarization, potential conflict and civil wars," in *American Economic Review* 95: 796–816.

Mozaffar, Shaheen, James R. Scarritt, and Glen Galaich. 2003. "Electoral institutions, ethnopolitical cleavages, and party systems in Africa's emerging democracies," in *American Political Science Review* 97 (3): 379–389.

Müller, Hans-Peter. 1999. *Atlas vorkolonialer Gesellschaften. Sozialstrukturen und kulturelles Erbe der Staaten Afrikas, Asiens und Melanesiens. Ein ethnologisches Kartenwerk für 95 Länder mit Texten, Datenbanken und Dokumentationen auf CD-ROM*. Berlin: Reimer.

Müller-Peters, Anke. 1998. "The significance of national pride and national identity to the attitude toward the single European currency: A Europe-wide comparison," in *Journal of Economic Psychology* 19 (6): 701–719.

Mummendey, Amelie and Michael Wenzel. 2007. "Social discrimination and tolerance in ingroup relations: Reactions to inter-group difference," in *Personality and Social Psychology Review* 3 (2): 158–174.

Murphy, Alexander. 1988. *The Regional Dynamics of Language Differentiation in Belgium: A Study in Cultural-Political Geography*. Chicago: University of Chicago Press.

Murray, Andrew and Neil Parsons. 1990. "The modern economic history of Botswana," in Zbigniew A. Konczacki et al., eds., *Studies in the Economic History of Southern Africa*. London: Frank Cass. 159–199.

Mylonas, Harris. 2012. *The Politics of Nation-Building: Making Co-nationals, Refugees, and Minorities*. Cambridge: Cambridge University Press.

Nathan, Noah L. 2016. "Local ethnic geography, expectations of favoritism, and voting in Urban Ghana," in *Comparative Political Studies* 49 (14): 1896–1929.

North, Douglass C., John Joseph Wallace, and Barry R. Weingast. 2009. *Violence and Social Orders: A Conceptual Framework for Interpreting Human History*. New York: Cambridge University Press.

North, Robert C. 1952. *Kuomintang and Chinese Communist Elites*. Stanford, CA: Stanford University Press.

Nunn, Nathan. 2008. "The long-term effects of Africa's slave trades," in *Quarterly Journal of Economics* 123 (1): 139–176.

Nyati-Ramahobo, Lydia. 2002. "Ethnic identity and nationhood in Botswana," in Isaac N. Mazonde, ed., *Identities in the Millennium: Perspectives from Botswana*. Gaborone: Lightbooks. 17–28.

———. 2006. "Language policy, cultural rights and the law in Botswana," in Martin Pütz et al., eds., *Along the Routes to Power: Explorations of Empowerment through Language*. Berlin: Mouton de Gruyter. 285–304.

Nye, John V. C., Ilia Rainer, and Thomas Stratmann. 2014. "Do black mayors improve black relative to white employment outcomes? Evidence from large US cities," in *Journal of Law, Economics, and Organization* 31 (2): 383–430.

Olson, Mancur. 1965. *The Logic of Collective Action: Public Goods and the Theory of Groups*. Cambridge, MA: Harvard University Press.

Olsson, Ola. 2007. "On the institutional legacy of mercantilist and imperialist colonialism." University of Göteborg Working Paper in Economics 247.

Osafo-Kwaako, Philip and James A. Robinson. 2013. "Political centralization in pre-colonial Africa," in *Journal of Comparative Economics* 41: 6–21.

Osler Hampson, Fen and David Mendeloff. 2007. "Intervention and the nation-building debate," in Chester A. Crocker et al., eds., *Leashing the Dogs of War: Conflict Management in a Divided World*. Washington, DC: USIP Press. 679–700.

Parson, Jack. 1981. "Cattle, class and the state in rural Botswana," in *Journal of Southern African Studies* 7 (2): 236–255.

Parsons, Neil. 1985. "The evolution of modern Botswana: Historical revisions," in Louis Picard, ed., *The Evolution of Modern Botswana*. London: Rex Collings. 26–40.

Peel, John D. Y. 1989. "The cultural work of Yoruba ethnogenesis," in Elizabeth Tonkin et al., eds., *History and Ethnicity*. London: Routledge & Kegan Paul. 964–982.

Perrie, Maureen. 1972. "The social composition and structure of the socialist-revolutionary party before 1917," in *Soviet Studies* 24 (2): 223–250.

Petersen, Roger D. 2002. *Understanding Ethnic Violence: Fear, Hatred, and Resentment in Twentieth-Century Eastern Europe*. Cambridge: Cambridge University Press.

Pevehouse, Jon C., Timothy Nordstrom, and Kevin Warnke. 2004. "The COW-2 International Organizations dataset version 2.0," in *Conflict Management and Peace Science* 21 (2): 101–119.

Pierson, Paul. 2003. "Big, slow-moving, and . . . invisible: Macrosocial processes in the study of comparative politics," in James Mahoney and Dietrich Rueschemeyer, eds., *Comparative Historical Analysis in the Social Sciences*. Cambridge: Cambridge University Press. 177–207.

Pipes, Richard. 1997. *The Formation of the Soviet Union: Communism and Nationalism, 1917–1923*. Cambridge, MA: Harvard University Press.

Pirenne, Henri. 1902. *Histoire de Belgique*. Vol. 6. Brussels: Lamertin.

Polachek, James. 1991. *The Inner Opium War*. Cambridge, MA: Harvard East Asian Monographs.

Polasky, Janet. 1981. "Liberalism and biculturalism," in Arend Lijphart, ed., *Conflict and Coexistence in Belgium: The Dynamics of a Culturally Divided Society*. Berkeley: University of California Press. 34–45.

Poterba, James M. 1997. "Demographic structure and the political economy of public education," in *Journal of Policy Analysis and Management* 16 (1): 48–66.

Pratto, Felicia, Jim Sidanius, and Shana Levin. 2006. "Social dominance theory and the dynamics of intergroup relations: Taking stock and looking forward," in *European Review of Social Psychology* 17: 271–320.

Putnam, Robert. 2007. "E pluribus unum: Diversity and community in the twenty-first century," in *Scandinavian Political Studies* 30 (2): 137–174.

Putterman, Louis. 2006. *Agricultural Transition Year Country Data Set*. Providence: Department of Economics, Brown University.

Putterman, Louis and David N. Weil. 2010. "Post-1500 population flows and the long-run determinants of economic growth and inequality," in *Quarterly Journal of Economics* 125: 1627–1682.

Qari, S., K. A. Konrad, and B. Geys. 2012. "Patriotism, taxation and international mobility," in *Public Choice* 151: 695–717.

Rae, Douglas W. and Michael Taylor. 1970. *The Analysis of Political Cleavages*. New Haven, CT: Yale University Press.

Ragin, Charles. 1989. *The Comparative Method: Moving beyond Qualitative and Quantitative Strategies*. Berkeley: University of California Press.

Ranger, Terence. 1966. "Traditional authorities and the rise of modern politics in Southern Rhodesia, 1898–1930," in Eric Stokes and Richard Brown, eds., *The Zambesian Past: Studies in Central African History*. Manchester: University of Manchester Press. 94–136.

Rasler, Karen and William R. Thompson. ND. "War making and the building of state capacity: Expanding the bivariate relationship." Bloomington: Indiana University.

Read, James H. and Ian Shapiro. 2014. "Transforming power relationships: Leadership, risk, and hope," in *American Political Science Review* 108 (1): 40–53.

Regan, Patrick and David Clark. 2011. *Institutions and Elections Project*. Binghamton, NY: Department of Political Science.

Reilly, Benjamin. 2006. *Democracy and Diversity: Political Engineering in the Asia-Pacific*. Oxford: Oxford University Press.

Reis, Jaime. 2005. "Economic growth, human capital formation and consumption in Western Europe before 1800," in Robert C. Allen et al., eds., *Living Standards in the Past*. Oxford: Oxford University Press. 195–225.

Rigby, T. H. 1972. "The Soviet Politburo: A comparative profile, 1951–71," in *Soviet Studies* 24 (1): 3–23.

Robinson, Amanda Lea. 2014. "National versus ethnic identification in Africa: Modernization, colonial legacy, and the origins of territorial nationalism," in *World Politics* 66 (4): 709–746.

Robinson, James A. and Q. Neil Parsons. 2006. "State formation and governance in Botswana," in *Journal of African Economies* 15 (1): 100–140.

Rodrik, Dani. 1999. "Where did all the growth go? External shocks, social conflict, and growth collapses," in *Journal of Economic Growth* 4 (4): 385–412.

Rodrik, Dani, Arvind Subramanian, and Francesco Trebbi. 2004. "Institutions rule: The primacy of institutions over geography and integration in economic development," in *Journal of Economic Growth* 9: 131–165.

Roeder, Philip G. 2001. "Ethnolinguistic Fractionalization (ELF) Indices, 1961 and 1985." http://:weber.ucsd.edu\~proeder\elf.htm.

———. 2005. "Power dividing as an alternative to ethnic power sharing," in Philip G. Roeder and Donald Rothchild, eds., *Sustainable Peace: Power and Democracy after Civil War*. Ithaca, NY: Cornell University Press. 51–82.

———. 2007. *Where Nation-States Come From: Institutional Change in the Age of Nationalism*. Princeton, NJ: Princeton University Press.

Roessler, Philip G. 2011. "The enemy from within: Personal rule, coups, and civil wars in Africa," in *World Politics* 63 (2): 300–346.

Rohsenow, J. S. 2004. "Fifty years of script and written language reform in the P.R.C.," in M. Zhou and H. Sun, eds., *Language Policy in the People's Republic of China: Theory and Practice since 1949*. Boston: Kluwer. 21–43.

Ross, Michael. 2012. *The Oil Curse: How Petroleum Wealth Shapes the Development of Nations*. Princeton, NJ: Princeton University Press.

Rothchild, Donald. 1986. "Hegemonial exchange: An alternative model for managing conflict in Middle Africa," in Dennis Thompson and Dov Ronen, eds., *Ethnicity, Politics, and Development*. Boulder, CO: Lynne Rienner. 65–104.

Rothchild, Donald and Philip G. Roeder. 2005. "Power sharing as an impediment to peace and democracy," in Philip G. Roeder and Donald Rothchild, eds., *Sustainable Peace: Power and Democracy after Civil Wars*. Ithaca, NY: Cornell University Press. 29–50.

Ruffieux, Roland. 1986. "Die Schweiz des Freisinns (1848–1914)," in Ulrich Im Hof et al., eds., *Geschichte der Schweiz und der Schweizer*. Basel: Helbing & Lichtenhahn. 639–730.

Sachs, Jeffrey D. 2003. "Institutions don't rule: Direct effects of geography on per capita income." NBER Working Paper 9490.

Sacks, Audrey. 2012. *Can Donors and Non-state Actors Undermine Citizens' Legitimating Beliefs*. Washington, DC: World Bank.

Saideman, Stephen M., David J. Lanoue, Michael Campenni, and Samuel Stanton. 2002. "Democratization, political institutions, and ethnic conflict: A pooled time-series analysis, 1985–1998," in *Comparative Political Studies* 35 (1): 103–129.

Sala-i-Martin, Xavier, Gernot Doppelhoffer, and Ronald I. Miller. 2004. "Determinants of long-term growth: A Bayesian averaging of classical estimates (BACE) approach," in *American Economic Review* 94 (4): 813–835.

Samatar, Abdi Ismail. 1999. *An African Miracle: State and Class Leadership and Colonial Legacy in Botswana Development*. Portsmouth: Heinemann.

Sambanis, Nicholas. 2000. "Partition as a solution to ethnic war: An empirical critique of the theoretical literature," in *World Politics* 52: 437–483.

Sambanis, Nicholas and Jonah Schulhofer-Wohl. 2009. "What's in a line? Is partition a solution to civil war?" in *International Security* 34 (2): 82–118.

Sambanis, Nicholas and Moses Shayo. 2013. "Social identification and ethnic conflict," in *American Political Science Review* 107: 294–325.

Sambanis, Nicholas, Stergios Skaperdas, and William Wohlforth. 2015. "Nation-building through war: Military victory and social identification after the Franco-Prussian war," in *American Political Science Review* 109 (2): 279–296.

Scarritt, James R. and Shaheen Mozaffar. 1999. "The specification of ethnic cleavages and ethnopolitical groups for the analysis of democratic competition in contemporary Africa," in *Nationalism and Ethnic Politics* 5 (1): 82–117.

Schapera, Isaac. 1938. *A Handbook of Tswana Law and Custom: Compiled for the Bechuanaland Protectorate Administration*. Oxford: Oxford University Press.

———. 1952. *The Ethnic Composition of Tswana Tribes*. London: London School of Economics and Political Science.

Schapiro, Leonard. 1961. "The role of Jews in the Russian revolutionary movement," in *Slavonic and East European Review* 40 (94): 148–167.

Schofer, Evan and Wesley Longhofer. 2011. "The structural sources of association," in *American Journal of Sociology* 117 (2): 539–585.

Schryver, Reginald de. 1981. "The Belgian revolution and the emergence of Belgium's biculturalism," in Arend Lijphart, ed., *Conflict and Coexistence in Belgium: The Dynamics of a Culturally Divided Society*. Berkeley: University of California Press. 13–33.

Scott, James C. 1972. "Patron-client politics and politician change in Southeast Asia," in *American Political Science Review* 66 (1): 91–113.

Seawright, Jason and John Gerring. 2008. "Case selection techniques in case study research," in *Political Research Quarterly* 61 (2): 294–308.

Selolwane, Onalenna Doo. 2004. *Ethnic Structure, Inequality and Governance of the Public Sector in Botswana*. Geneva: UNRISD Project on Ethnic Structure, Inequality and Governance in the Public Sector.

Selway, Joel Sawat. 2010. "Cross-cuttingness, cleavage structures and civil war onset." *British Journal of Political Science* 41: 111–138.

Senghaas, Dieter. 1982. *Von Europa lernen: Entwicklungsgeschichtliche Betrachtungen*. Frankfurt: Suhrkamp.

Sewell, William H. 1996. "Three temporalities: Toward an eventful sociology," in Terence J. McDonald, ed., *The Historic Turn in the Human Sciences*. Ann Arbor: University of Michigan Press. 245–280.

Shachar, Ayelet. 2009. *The Birthright Lottery: Citizenship and Global Inequality*. Cambridge, MA: Harvard University Press.

Shayo, Moses. 2009. "A model of social identity with an application to political economy: Nation, class and redistribution," in *American Political Science Review* 103: 147–174.

Shils, Edward. 1972. "The integration of society," in Edward Shils, *The Constitution of Society*. Chicago: University of Chicago Press. 3–52.

Sidanius, Jim and Felicia Pratto. 1999. *Social Dominance: An Intergroup Theory of Social Hierarchy and Oppression*. Cambridge: Cambridge University Press.

Siegenthaler, Hansjörg. 1993. "Supranationalität, Nationalismus und regionale Autonomie: Erfahrungen des schweizerischen Bundesstaates—Perspektiven der Europäischen Gemeinschaft," in Heinrich August Winkler and Hartmut Kaelble, *Nationalismus–Nationalitäten–Supranationalität.* Stuttgart: Klett-Cotta. 309–333.

Simons, Gary F. and M. Paul Lewis. 2013. "The world's languages in crisis: A 20-year update," in Elena Mihas et al., eds., *Responses to Language Endangerment: In Honor of Mickey Noonan.* Amsterdam: John Benjamins. 3–19.

Singh, Prerna. 2015. *How Solidarity Works for Welfare: Subnationalism and Social Development in India.* Cambridge: Cambridge University Press.

Siu, Helen. 1993. "Cultural identity and the politics of difference in South China," in *Daedalus* 122: 19–28.

Slater, Daniel. 2010. *Ordering Power: Contentious Politics and Authoritarian Leviathans in Southeast Asia.* Cambridge: Cambridge University Press.

Smith, Anthony D. 1986. *The Ethnic Origins of Nations.* Oxford: Blackwell.

———. 1996. "Culture, community and territory: The politics of ethnicity and nationalism," in *International Affairs* 72 (3): 445–458.

———. 1998. *Nationalism and Modernism: A Critical Survey of Recent Theories of Nations and Nationalism.* London: Routledge & Kegan Paul.

Smith, Jackie and Dawn West. 2012. *Transnational Social Movement Organization Dataset, 1953–2003.* Ann Arbor, MI: Inter-university Consortium for Political and Social Research.

Smith, Jeremy. 2013. *Red Nations: The Nationalities Experience in and after the USSR.* Cambridge: Cambridge University Press.

Smith, Tom W. and Seokho Kim. 2006. "National pride in comparative perspective: 1995/6 and 2003/4," in *International Journal of Public Opinion Research* 19 (1): 127–136.

Soroka, Stuart, Richard Johnston, and Keith Banting. 2007. "Ethnicity, social capital, and the welfare state," in Fiona Kay and Richard Johnston, eds., *Diversity, Social Capital and the Welfare State.* Vancouver: University of British Columbia Press. 95–132.

Staerklé, Christian, Jim Sidanius, Eva G. T. Green, and Ludwin E. Molina. 2010. "Ethnic minority-majority asymmetry in national attitudes around the world: A multilevel analysis," in *Political Psychology* 31 (4): 491–519.

Stinchcombe, Arthur L. 1968. *Constructing Social Theories.* Thousand Oaks, CA: Pine Forge.

Stojanovic, Nenad. 2003. "Swiss nation-state and its patriotism: A critique of Will Kymlicka's account of multination states," in *Polis* 11: 45–94.

Subrahmanyam, Sanjay. 1997. "Connected histories: Notes towards a reconfiguration of early modern Eurasia," in *Modern Asian Studies* 31 (3): 735–762.

Subtelny, Orest. 2009. *Ukraine: A History.* 4th ed. Toronto: University of Toronto Press.

Tajfel, Henri. 1981. *Human Groups and Social Categories: Studies in the Social Psychology.* Cambridge: Cambridge University Press.

Tamir, Yael. 1995. *Liberal Nationalism.* Princeton, NJ: Princeton University Press.

Taylor, Ian. 2002. "Botswana's 'developmental state' and the politics of legitimacy." Paper given at the Towards a New Political Economy of Development conference, University of Sheffield, July 4–6.

Tefft, S. K. 1999. "Perspectives on panethnogenesis: The case of the Montagnards," in *Sociological Spectrum* 19 (4): 387–400.

Thelen, Kathleen and James Mahoney. 2015. "Comparative-historical analysis in contemporary political science," in James Mahoney and Kathleen Thelen, eds., *Advances in Comparative-Historical Analysis.* Cambridge: Cambridge University Press. 3–38.

Tilly, Charles. 1975. "Western state-making and theories of political transformation," in Charles Tilly, ed., *The Formation of National States in Western Europe.* Princeton, NJ: Princeton University Press. 601–638.

———. 1990. *Coercion, Capital and European States: AD 990–1990*. Oxford: Blackwell.

———. 2000. "Processes and mechanisms of democratization," in *Sociological Theory* 18 (1): 1–16.

———. 2005. *Trust and Rule*. Cambridge: Cambridge University Press.

———. 2006. *Identities, Boundaries, and Social Ties*. Boulder, CO: Paradigm Press.

Tordoff, William. 1988. "Local administration in Botswana," in *Public Administration and Development* 8: 183–202.

Trounstine, Jessica. ND. "One for you, two for me: Support for public goods investment in diverse communities." Unpublished manuscript, University of California, Merced.

UNESCO. 1957. *World Illiteracy at Mid-century: A Statistical Study*. Paris: UNESCO.

Van Evera, Stephen. 1997. *Guide to Methods for Students of Political Science*. Ithaca, NY: Cornell University Press.

Varshney, Ashutosh. 2003. *Ethnic Conflict and Civil Life*. New Haven, CT: Yale University Press.

Vigdor, Jacob L. 2004. "Community composition and collective action: Analyzing initial mail response to the 2000 census," in *Review of Economics and Statistics* 86 (1): 303–312.

Vogt, Manuel. 2016. "Colonialism, elite networks, and the origins of ethnic power sharing in multiethnic states." Unpublished manuscript, ETH Zurich.

Vries, C. W. de and J. de Vries. 1949. *Texts Concerning Early Labour Legislation I (1791–1848)*. Leiden: Brill.

Vu, Tuong. 2009. "Studying the state through state formation," in *World Politics* 62 (1): 148–175.

Wagner, Ulrich, Julia C. Becker, Oliver Christ, Thomas F. Pettigrew, and Peter Schmidt. 2012. "A longitudinal test of the relation between German nationalism, patriotism, and outgroup derogation," in *European Sociological Review* 28 (3): 319–332.

Wakeman, Frederic. 1972. "The price of autonomy: Intellectuals in Ming and Ch'ing politics," in *Daedalus* 101 (2): 35–70.

Wang, Yuan-kang. 2001. "Toward a synthesis of the theories of peripheral nationalism: A comparative study of China's Xinjiang and Guangdong," in *Asian Ethnicity* 2 (2): 177–195.

Weber, Eugen. 1979. *Peasants into Frenchmen: The Modernisation of Rural France, 1870–1914*. London: Chatto and Windus.

Weber, Max. 1968 (1922). *Economy and Society: An Outline of Interpretive Sociology*. New York: Bedminster Press.

Wei, Shang. 2015. "Writing and speech: Rethinking the issue of vernaculars in early modern China," in Benjamin A. Elman, ed., *Rethinking East Asian Languages, Vernaculars, and Literacies, 1000–1919*. Leiden: Brill. 254–301.

Weilenmann, Hermann. 1925. *Die vielsprachige Schweiz: Eine Lösung des Nationalitätenproblems*. Basel: Im Rhein-Verlag.

Wenzel, Michael, Amelie Mummendey, and Sven Waldzus. 2007. "Superordinate identities and intergroup conflict: The ingroup projection model," in *European Review of Social Psychology* 18: 331–372.

Werbner, Richard. 2002. "Cosmopolitan ethnicity, entrepreneurship and the nation: Minority elites in Botswana," in *Journal of Southern African Studies* 28 (4): 731–753.

———. 2004. *Reasonable Radicals and Citizenship in Botswana: The Public Anthropology of Kalanga Elites*. Bloomington: Indiana University Press.

Willerton, John P. 1992. *Patronage and Politics in the USSR*. Cambridge: Cambridge University Press.

Wilmsen, Edwin N. 2002. "Mutable identities: Moving beyond ethnicity in Botswana," in *Journal of Southern African Studies* 28 (4): 825–841.

Wimmer, Andreas. 1995. *Transformationen. Sozialer Wandel im indianischen Mittelamerika*. Berlin: Reimer.

Wimmer, Andreas. 2002. *Nationalist Exclusion and Ethnic Conflicts: Shadows of Modernity*. Cambridge: Cambridge University Press.

Wimmer, Andreas. 2008. "The making and unmaking of ethnic boundaries: A multi-level process theory," in *American Journal of Sociology* 113 (4): 970–1022.

Wimmer, Andreas. 2011. "A Swiss anomaly? A relational account of national boundary making," in *Nations and Nationalism* 17 (4): 718–737.

———. 2013. *Waves of War: Nationalism, State-Formation, and Ethnic Exclusion in the Modern World*. Cambridge: Cambridge University Press.

———. 2014. *Ethnic Boundary Making: Institutions, Networks, Power*. New York: Oxford University Press.

———. 2015. "Race centrism: A critique and a research agenda," in *Ethnic and Racial Studies* 38 (13): 2186–2205.

Wimmer, Andreas, Lars-Erik Cederman, and Brian Min. 2009. "Ethnic politics and armed conflict: A configurational analysis of a new global dataset," in *American Sociological Review* 74 (2): 316–337.

Wimmer, Andreas and Yuval Feinstein. 2010. "The rise of the nation-state across the world, 1816 to 2001," in *American Sociological Review* 75 (5): 764–790.

Wimmer, Andreas and Nina Glick Schiller. 2002. "Methodological nationalism and beyond: Nation state formation, migration and the social sciences," in *Global Networks* 2 (4): 301–334.

Wimmer, Andreas and Brian Min. 2006. "From empire to nation-state: Explaining wars in the modern world, 1816–2001," in *American Sociological Review* 71 (6): 867–897.

———. 2009. "The location and purpose of wars around the world: A new global dataset, 1816–2001," in *International Interactions* 35 (4): 390–417.

Wimmer, Andreas and Conrad Schetter. 2003. "Putting state-formation first: Some recommendations for reconstruction and peace-making in Afghanistan," in *Journal of International Development* 15: 1–15.

Winant, Howard. 2001. *The World Is a Ghetto: Race and Democracy since World War II*. London: Basic Books.

Witte, Els, Jan Craeybeckx, and Alain Meynen. 2009. *The Political History of Belgium from 1830 Onwards*. Brussels: Academic & Scientific Publishers.

Wolf, Eric. 1982. *Europe and the People without History*. Berkeley: University of California Press.

Woodberry, Robert D. 2012. "The missionary roots of liberal democracy," in *American Political Science Review* 106 (2): 244–274.

Woocher, Lawrence. 2009. *Preventing Violent Conflict: Assessing Progress, Meeting Challenges*. Washington, DC: United States Institute of Peace.

Xigui, Qiu. 2000. *Chinese Writing*. Berkeley: Chinese Popular Culture Project.

Young, Crawford. 1965. *Politics in the Congo: Decolonization and Independence*. Princeton, NJ: Princeton University Press.

———. 1994. *The African Colonial State in Comparative Perspective*. New Haven, CT: Yale University Press.

Zimmer, Oliver. 2003. *A Contested Nation: History, Memory and Nationalism in Switzerland, 1761–1891*. Cambridge: Cambridge University Press.

译后记

光阴似箭，如白驹过隙，自 2019 年 10 月《国家建构——聚合与崩溃》(*Nation Building*: *Why Some Countries Come Together while Others Fall Apart*，以下简称《国家建构》)中译本由格致出版社出版至今，倏忽已逾四年。大约就在该中译本问世四周年之际，格致出版社编辑通过微信与我联系：出版社准备更新出版《国家建构》。

对格致出版社计划更新出版由安德烈亚斯·威默著作的《国家建构》中译本之举，我作为译者既有些意外，但也颇觉这又在情理之中。说意外，是因为该书中译本自 2019 年 10 月出版后，因颇受读者欢迎而在 2020 年 6 月进行了第二次印刷；之所以觉得又在情理之中，则是因为格致出版社在近两年又先后推出了威默教授的另外两本专著——《战争之波：现代世界中的民族主义、国家形成与族群排斥》和《族群边界制定：制度、权力与网络》的中译本。

既然要再次推出威默的《国家建构》中译本，当然需要对第一版作全面的检查，仔细地考虑一下书名、译者序、全书正文及图表，乃至译者的注释和后记是否有需要修改的地方。其中最为重要的就是本书的书名——"Nation Building"该如何翻译了，因为热心的读者对此提出了不同的看法。其实这个问题在五年前本书开始翻译之时便已存在。在格致出版社与我签订委托翻译合同时，就将此书的中文译名定为"民族建构：国家为什么团结或崩溃"。但是，当我仔细地阅读了威默原作的绪论并大体看了全书的内容后，觉得虽然"nation building"确实可以翻译为"民族建构"，而且威默也在书中讨论了以"民族认同"为核心的"民族建构"问题,但是,更为重要的是,威默所讨论的主题是"国家建构"(其英语表述同样也是"nation building"),而"民族建构"则是通过强化国家内部各族裔群体对民族/国家(nation)的认同而包含在国家建构之中的重要过程。

在很大的程度上,威默写作这本名为"Nation Building"专著的重要目的之一,就是批评"在美国领导的阿富汗战争和伊拉克战争之后,西方智库、政府和军队的专家试图制定能在短短几年内就促进国家凝聚的计划"。其中特别有针对性的是批评詹姆斯·多宾斯(James Dobbins)等人在 2003 年推出的名为"国家建构:世界上唯一超级大国不可推卸的责任"(Nation Building:The Inescapable Responsibility of the World's Only Superpower)的兰德公司报告中的一系列观点。威默指出,多宾斯"在使用'国家建构'这个术语时将其与'民主化'等同起来"。多宾斯等人还将"国家建构"定义为"在冲突后利用武装力量来巩固向民主制的持久过渡"。很显然,多宾斯的报告名称"Nation Building"以及多宾斯所讨论的"nation building"只能翻译为"国家建构",而绝对不能用"民族建构"来做对应的翻译,因为在多宾斯看来,民主化是建构及建设国家而非建构和建立民族的必由之路。

威默就是针对多宾斯以及福山等人将"国家建构"(nation building)与"民主化"等同起来的观点展开批评,用定量和定性的实证方法,通过理论、对照比较和统计测试解释了国家为何兴盛,又为何失败。威默同时强调:"我们应该将国家建构与民主化区分开来……民主化不是国家建构的一个秘诀,因为许多最近已经民主化了的政府随后并没有变得更加包容。"由此可见,威默这部名为"Nation Building"的专著的主题就是"国家建构"。由此,我在正式开工进行翻译之前就与格致出版社沟通,指出这本英文名为"Nation Building"的学术专著的名称应该翻译为"国家建构"而非"民族建构"。经过一番讨论,出版社方面同意了我的想法,但希望我在完成译稿之后专门写一篇译者序来仔细说明为何将书名翻译为"国家建构"而非"民族建构"。于是便有了那篇长长的译者序,其中较为全面地说明了为何本书的中文书名为"国家建构"。同时,为了更简洁明了,英文原著的副标题"Why Some Countries Come Together while Others Fall Apart"也从原来定下的"国家为什么团结或崩溃"更改为"聚合与崩溃"。

然而,尽管我在前一版《国家建构》的译者序中用相当长的篇幅说明了为何将英文书名"Nation Building"翻译为"国家建构",但是在本译著正式出版后,依然有相当多的读者认为本书书名应该翻译为"国族建构",而不是"国家建构"。然而,殊不知"国族"一词只不过是"民族"一词在表述英文"nation"时的一种新的中文说法,因此所谓"国族建构"只不过是"民族建构"的另一种表述。窃以为这显然不符合英文标题的原意,具体原因已在译者序中进行了详细说明。要之,威默教授这部专著的书名"Nation Building"不能译为"民族建构",更不能翻成"国族建构",比较贴切的翻译应该还是"国家建构"。因此,本次出版的译著依然保持原有的中文书名《国家建构——聚合与崩溃》。在确定本译著的中文名称不变之后,我又对原来的译者序稍稍做了一些修改,除了增加一两段新内容,从而更为清楚地说明为何威默教授这部专著的书名"Nation Building"应该翻译为"国家建构"之外,其余的文字基本保持原貌。与此同时,我对前一版全书正文内容及图表做了全面的校订,修改了其中的一些文字错误。在此基础上,我再仔细地审阅译者注,尤其是审查指出本书原作者错讹部分的译者注。为了说明前一版译著的这些译者注并没出错,我对相关的注释做了相应的补充。当然,尽管做了种种努力,本次更新出版的《国家建构》应该比前一版更为完善,但是,似乎依然很难避免出错,如有出现,恭请新老读者不吝指正。

在《国家建构》新版中译本即将与读者见面之际,作为译者,我还是要诚挚地感谢格致出版社社长范蔚文先生,若非他的提议和努力促成,就不会有本书的初版和此次的出版!同时要真诚地感谢格致社总编辑潘丹榕女士,长期以来她给予了我很多帮助!当然更需要衷心感谢的是负责本书编辑工作的张苗凤女士和刘茹女士,她们的编辑工作都十分专业,而她们认真细致的工作使得《国家建构》中译本能顺利付梓且增色许多。刘茹女士在本次修订过程中与我就本书的书名和书中的一些内容做了非常深入和专业化的讨论,最终我们能达成共识而使本书的出版工作能顺利推进,对她的专业素养和职业精神我深表敬意。最后,就如前文已经指出的那样,在本次再版的译著中可能仍会出现一些错误,译者本人将对此负全责!

叶　江

2024 年元宵节

再度记于沪上海琪园陋室

图书在版编目(CIP)数据

国家建构：聚合与崩溃 /（瑞士）安德烈亚斯·威
默著；叶江译. — 上海：格致出版社：上海人民出版
社，2024.4
（格致社会科学）
ISBN 978 - 7 - 5432 - 3559 - 5

Ⅰ.①国… Ⅱ.①安… ②叶… Ⅲ.①民族国家-研
究 Ⅳ.①D032

中国国家版本馆 CIP 数据核字(2024)第 054060 号

责任编辑 顾 悦 刘 茹
封面设计 路 静

格致社会科学

国家建构——聚合与崩溃

[瑞士]安德烈亚斯·威默 著

叶 江 译

出 版	格致出版社	
	上海人 & 出版社	
	(201101 上海市闵行区号景路 159 弄 C 座)	
发 行	上海人民出版社发行中心	
印 刷	上海商务联西印刷有限公司	
开 本	720×1000 1/16	
印 张	23.25	
插 页	2	
字 数	360,000	
版 次	2024 年 4 月第 1 版	
印 次	2024 年 4 月第 1 次印刷	

ISBN 978 - 7 - 5432 - 3559 - 5/D · 191
定 价 98.00 元

上海市版权局著作权合同登记号：图字 09-2024-0043

政治学、社会学与社会理论——经典理论与当代思潮的碰撞
[英]安东尼·吉登斯　著
何雪松　赵方杜　译

历史视域中的人民主权
[英]理查德·伯克　昆廷·斯金纳　主编
张爽　译